Nepathya
नेपथ्य

लोकप्रिय यात्राको अन्तरङ्ग

गिरीश गिरी

nepa~laya

प्रकाशक : पब्लिकेसन नेपा~लय,
काठमाडौं, नेपाल
फोन : ०१-४५३९७८६
इमेल : publication@nepalaya.com.np
www.publicationnepalaya.com

© लेखक

संस्करण : पहिलो, सन् २०२४
१

आवरण : INCS
आवरण तस्बिर : दिपित राज
मुद्रक : थमसन प्रेस, भारत

प्रकाशकको अनुमतिबिना यस पुस्तकको कुनै अंश वा पूरै पुस्तक पुनर्प्रकाशन, फोटोकपी वा प्रसारण गर्न पाइने छैन । कसैले त्यसो गरेको पाइए प्रतिलिपि अधिकार ऐनअन्तर्गत कारबाही हुनेछ ।

ISBN : 978-9937-9682-6-3

Nepathya - Biography of a Nepali band

यस पुस्तकमा अभिव्यक्त धारणा र विचार निजी हुन् ।

MIX
Paper | Supporting responsible forestry
FSC® C010615

मेरो पुस्ताका धेरै सहरी तन्नेरीजस्तै म पनि क्यासेट चक्कामा नेपथ्य सुनेर हुर्केको हुँ । समाचारकर्मले मलाई यो ब्यान्डसँग नजिक्यायो । विशेष गरी ब्यान्डका संस्थापक एवम् गायक अमृत गुरुङसँग मेरा रुचि मिल्थे । हामीले सँगसँगै लामा-लामा पैदलयात्रा पनि गर्‍यौँ । त्यस क्रममा नेपथ्यको गीत सङ्कलन, परिमार्जन र प्रस्तुतिको साक्षी बन्ने मौका पाएँ ।

यो पुस्तक मूलत: अमृतले दिएका जानकारीमै आधारित छ । ब्यान्डका अन्य संस्थापक एवम् नेपथ्य यात्रामा सरिक व्यक्तिहरूसँगका औपचारिक अनि अनौपचारिक संवाद पनि समेट्ने प्रयास गरेको छु । नेपथ्यसँग यात्रा गर्दाका मेरा अनुभूति र स्मृति पनि पुस्तकमा अटाएका छन् ।

यो पुस्तक लेख्न स्वीकृति दिने नेपथ्य र नेपा~लय परिवारप्रति आभारी छु ।

गिरीश गिरी

ओ आम्मा ओ आम्मा, माई माई माई

यो लाइन दोहोऱ्याएपछि आवाज थामियो ।

सबैथोक रातको अन्धकारमै मिसिएजस्तो सामसुम भयो ।

केही निमेषको त्यस शून्यतालाई सिरसिरे हावाकै गतिमा बढेको मादलको धुनले चिर्न थाल्यो–

घिनिनिनि तिनिनिनि तिनिनिनि घिनिनिनि

फोकस लाइटको उज्यालो चौरभरिका टाउकाहरूमाथि तिरिमिरी खेल्न थाल्यो। मैदानमा उपस्थित झन्डै पाँच हजार दर्शकको चिच्याहट पनि बढ्दै गयो ।

मादलका साथमा अब बिस्तारै सुसेलेको जस्तो गरेर किबोर्ड पनि मिसियो। लगत्तै ड्रमसेट पनि मधुरोसँग जोडिन आइपुग्यो ।

यस धुनले एकैछिन मनमस्तिष्कलाई मथ्दै लगेको मात्र के थियो, अचानक ड्रमसेटको बडेमान सिम्बलले एक सय पाँच डेसिबलमा झसङ्ग पार्ने आवाज निकाल्यो ।

छ्याङ्ङ...

ठूलै चीज छताछुल्ल पोखिएजस्तो । हठात् उज्यालो भएजस्तो ।

अब गायकको पालो आइपुग्यो–

कुनचाहिँ फूल लाइछौ र सानु
वन सबै बसायो हजुर
भित्रै बसी नक्कल पाऱ्यौ
बाहिर बिस्कुन खायो लौ हजुर

पर गाउँबाट टिपेर ल्याएको अक्षर टेकेर गीत बज्दै थियो, उज्यालो नाच्दै थियो, माहोल रमाउँदै थियो। २०७९ मङ्सिर १६ गते विराटनगरको हाटखोला मैदानभरि ठेलमठेल दर्शक त्यसैको उल्लासमा उफ्रिरहेका थिए।

गीतको शब्दले स्थानीयतालाई रुकरुक्याउन सुरु गऱ्यो।

कोसीको पानी यो जिन्दगानी
सललल जाइजाने हौ हजुर
आमाको कोखमा बास मात्र लिएँ नि
कुन देशको मरण हौ हजुर

कोसी भेगका दर्शक शब्द र धुनमा मैदानभरि उफ्रिरहेकै बेला मेरा आँखा अघिल्तिर भने एक दशक अघिका दृश्य नाच्न थाले। त्यो थियो, मेरै सामुन्ने यो गीत जन्मिरहँदाको प्रसव दृश्य। कोसी किनारकै दृश्य।

सुरुमा प्रशंसक, त्यसपछि पत्रकार अनि समान रुचि बोकेको साथी हुँदै म नेपथ्यसँग नजिकिएको हुँ। यो सामीप्यले साथसाथै थुप्रै लामा पदयात्राहरू पनि गराएको छ।

पहिलो यात्राको सुरुवात अलिक बेग्लै तवरबाट भएको थियो।

२०६९ सालको बर्खायाम।

म मेरो व्यावसायिक जीवनकै सङ्क्रमणमा थिएँ। उता अप्रत्याशित रूपले भिसा प्रक्रियामा सङ्कट आएपछि नेपथ्यको अमेरिका यात्रा भर्खरै रद्द भएको थियो।

यो अलमल र अन्योलकै बीच एक साँझ मलाई नेपथ्यका मुख्य गायक एवम् सर्जक अमृत गुरुङको फोन आयो।

'काठमाडौँबाट पैदल हिँडेर सङ्खुवासभा जाँदै छु,' अमृत दाइ भन्दै थिए, 'दुई साताको यात्रा हो, तिमी पनि जाने भए हिँड।'

अखबारमा नयाँ सम्पादक आएपछि कुरा नमिलिरहेको र राजीनामा पनि स्वीकृत नभइरहेको अवस्थामा मलाई काठमाडौँको उकुसमुकुसबाट निकास चाहिएको थियो ।

लगत्तै एक बिहान अमृत र म दुवैले झोला कस्यौँ। हाम्रो लामो पदयात्रा सुरु भयो ।

त्यो यात्रा गरेको धेरैपछि मैले मञ्जुलको 'सम्झनाका पाइलाहरू' पढेको थिएँ। २०२८ सालमा कवि मञ्जुल र सङ्गीतकर्मी रामेशको जोडीले पूर्वी नेपालमा साङ्गीतिक पदयात्रा गर्दाखेरि समेटिएको अनुभवमा यो पुस्तक उभिएको छ। हामी मञ्जुल र रामेश हिंडेको त्यही बाटो हिंडिरहँदा मलाई असाध्यै खुसी लागेको थियो।

हामीले पनि त्यस बेलाको निर्माणाधीन बीपी राजमार्ग छेवैबाट सुनकोसी तरेका थियौँ। दिनभरि किनारै किनार माझीबस्ती भएर हिंडेपछि बेलुकीपख सान्नेको सुक्खा उकालो काटेका थियौँ। मुगीटारमा बास बसेर मन्थली टेक्नुअघि तामाकोसी नाघेका थियौँ। साँघुटारबाट लिखु तरेर ओखलढुङ्गातर्फ बढेका थियौँ। निशङ्खेबाट ओर्लेर हलेसी चढ्नुअघि दूधकोसी पार गरेका थियौँ। खोटाङ र भोजपुरको सिमाना 'चखेवा भन्ज्याङ' बाट ओरालो लागेपछि पिखुवाको कलकल छुटेको थियो। अनि, दिङ्लाबाट ओर्लेर तुम्लिङटार पुग्दै गर्दा अरुण भेटिएको थियो।

यसरी दुई साता लगाएर हामी अन्तिममा सभाखोला पुगेका थियौँ। त्यति बेला त्यहाँ पुल बनिसकेको थिएन। माझीको डुङ्गाबाट सभाखोला तरेपछि हामी झिसमिसे अँध्यारोमा अन्तिम गन्तव्य चैनपुर पुगेका थियौँ।

चैनपुरमा होटल खोज्नु अगावै सरासर बस्तीको अर्को कुनातर्फ लाग्यौँ। तेर्सै तेर्सो हिंडेपछि थोरै ओर्लिएका थियौँ। त्यहाँ थियो, दमाई टोल। त्यहीँ बस्थे, पुराना सङ्गीतसाधक ८० वर्षे डिल्ले दमाई।

केही दिनयता फरक-फरक कोसी तर्दै अघि बढ्ने क्रममा डिल्ले दमाईको बखान हामीले परैदेखि सुन्दै आएका थियौँ। हामीलाई काठमाडौँमै पनि साथी प्रभाकरले उनीबारे बताएका थिए।

हामी घर पुग्दा उनी सुत्ने तरखरमा रहेको थाहा पायौँ। हाम्रो खबर भित्र सुनाएपछि डिल्ले दाइले आफूलाई बाहिर आउन अलिक समय लाग्ने बताए। उनको अप्ठेरो छामेर हामी नै पिँडी हुँदै चोटातर्फ बढ्यौँ।

'दमाईंको घरमा के भित्र पस्नुहुन्छ ?' भित्रबाट डिल्ले दाइको खोकीसँगै मिसिएर वृद्ध आवाज आयो।

हामी हाँस्दै पस्यौँ।

अँध्यारो कुनामा धिपधिपे उज्यालोका बीच पहिलोपटक हामीले डिल्ले दमाईंलाई देख्यौँ। अनुहारका रेसाहरूमा अनुभवले दिएका मुजाहरूको थुप्रो लागेको थियो। घामले डढेर हो वा शरीरभित्रैका समस्याहरूले, केले उनको अनुहारमा यति धेरै कालो दाग देखिन्थे, थाहा भएन। त्यसमाथि गलेका आँखाको लत्रिएको हेराइ।

एउटा रुग्ण ज्यान हाम्रो अघिल्तिर टुसुक्क बसेको थियो।

गाउने र बजाउने पुस्तैनी परम्परा धान्दै आएका डिल्ले दाइले गाउँबस्तीको मौलिकता बोकेर उदाएका लोकभाकाहरूलाई विरासतमै प्राप्त गरेका रहेछन्। त्यसमा पनि विशेष गरी हजुरबुबा उजिरे दमाईं आफूसँग भएका सबै ज्ञान उनलाई दिएर गएका रहेछन्।

डिल्ले दाइको सिङ्गो उमेर त्यस भेगका बिहेबटुलादेखि मेलापात हुँदै धान रोप्ने बेला बेठी लगाएर बितेको थियो। दुईवटा नौमती बाजा दुईतिर झुन्ड्याएर एकसाथ बजाउँदै जन्तीलाई निकै परको सदरमुकाम खाँदबारीसम्मै पुऱ्याइदिएको अनुभव त कति हो कति! दशकौँअघि राजालाई आफ्नो कला देखाएर ३१ हजार रुपैयाँ बक्सिस पाएको सुनाइरहँदा उनको अनुहारमा पराक्रमी उज्यालो छिसिक्क देखियो।

हामीलाई अझ विस्तारमा कुरा गर्नु थियो। त्यो रात अँध्यारो कोठामा एकछिन भलाकुसारी गरेपछि भोलिपल्ट बिहानै फेरि भेट्ने कार्यक्रम तय भयो। डिल्ले दाइ आफैँ बजार उक्लिन तत्पर देखिए।

त्यसपछि हामी फेरि चैनपुर पुग्यौँ र टुँडिखेलछेउ होटल खोजेर सुत्यौँ।

भोलिपल्ट भनिएकै समयमा हामी माथि बजार निस्कँदा डिल्ले दाइ अघि नै आएर चौतारामा बसिसकेका रहेछन् ।

छेउछाउतिर कुनै घरमा बसेर कुरा गर्न सकिन्छ कि भनेर सोधिहेऱ्यौँ । तर डिल्ले दमाईलाई घरभित्र पसाउन कोही राजी भएनन् । चियापसलेले पनि रुचाएनन् । ताल्चा लागेकाले स्कुलजस्ता सार्वजनिक थलोमा पनि सम्भव भएन ।

उनलाई तल टुँडिखेलस्थित हामी बसेकै होटलमा लैजाने निधो गऱ्यौँ । त्यहाँ पनि उनलाई प्रवेश दिएनन् भने के गर्ने ? यो पिरलो बोकेरै अघि बढ्यौँ र होटलमा देखिएका एकाध कर्मचारीलाई अन्ततिर अलमल्याएर डिल्ले दाइलाई कोठाभित्र लैजान हामी सफल भयौँ । भित्र छिर्नासाथ ढोका थुन्यौँ ।

अमृतले काठमाडौँदेखि ल्याएको न्यानो दोसल्लाले त्यस वृद्ध शरीर ढाकिदिए । हाम्रो इच्छा सङ्गीतसँग जोडिएको उनको अनुभव जान्नेमै केन्द्रित थियो । त्यो सुन्नेबित्तिकै डिल्ले दाइले थोरै मदिरा पिउने चाहना जाहेर गरे । मैले कुद्दै होटलबाहिर गएर रक्सीको एउटा बोतल ल्याइहालेँ । गिलासमा लगाइदिएको गतिलै मात्रा डिल्ले दाइले एकैपटकमा स्वाट्ट पारे । त्यसपछि उनी पगिलएको मैनजस्तै गल्दै गए, बोल्दै गए, गाउँदै गए ।

त्यो बिहान डिल्ले दाइले तीनचारवटा गीत फन्डै पौने एक घण्टा लगाएर सुनाएका थिए । तिनमा पूर्वेली लोकभाका पालामदेखि हाक्पारेसम्म थिए । एउटा हाक्पारे गीत अमृतलाई विशेष लाग्यो । उनले त्यो गीतबारे थप जान्न खोजे । डिल्ले दाइले पनि बेलिविस्तार लगाइदिए ।

'यो हाक्पारे त मैले आफ्नै सुरबाट अलिक बेग्लै तरिकाले पनि गाउँदै आएको छु ।'

डिल्ले दाइले यति बोलेका मात्र के थिए, अमृतले रेकर्डर फेरि खोलेर त्यो 'बेग्लै' पनि सुन्ने इच्छा राखिहाले ।

'कोसीको पानी यो जिन्दगानी, सललल बगिजाने हौ हजुर
आमाको कोखमा बास मात्र लिएँ, कुन देशको मरण हौ हजुर'

सुनिरहँदा अमृतका आँखा चम्किला भइसकेका थिए ।

'त्यो दिन गरिएका सबै रेकर्ड काठमाडौँ ल्याएर मैले महिनौँसम्म बारम्बार सुनेँ,' अमृत भन्छन्, 'उनको परिमार्जित हाक्पारेचाहिँ नेपथ्यको स्वादमा अलिक नजिक पाएँ।'

त्यसका शब्दहरू पनि मौलिक र मन छुने थिए।

एक त त्यो सिङ्गो भेग उभिएको कोसी सभ्यताको कुरा। त्यसमाथि डिल्ले दमाईंका आफ्नै अनुभव।

टुँडिखेलमा सिपाही र भिरमा बाँदर नाचेको दृश्यलाई एउटा लोकसङ्गीत सर्जकले कसरी जोड्छ ? छोरीबेटीले भित्रै बसेर कोरीबाटी गर्दा बाहिर सुकाएको बिस्कुन खाइदिएको कसरी चाल पाउँदैनन् ?

मौलिक शब्दहरूले सिङ्गो समाज झल्काउने यो गीत स्वादको थियो। त्यसमा एकाध शब्द अमृतले सम्पादन गरे।

कालिकास्थानस्थित नेपालयको आरशालामा अभ्यास सुरु भयो।

'नेपथ्यका धेरै गीत वाद्यवादक साथीहरूसहित टिम बसेर आपसी तालमेलमा विकास भएका हुन्,' अमृत भन्छन्, 'यस गीतलाई पनि मैले साथीहरूमाझ राखेँ र हामी सबैका कल्पनाशीलता यसमा भरिँदै गए।'

नेपथ्यको खाकाभित्र मिलाउन खोज्दा कतिपय लोकगीत जस्ताको त्यस्तै उत्रिरहेका हुन्छन् भने कतिपयमा अलिक मेहनत गर्नुपर्ने हुन्छ। यस गीतमा पनि गतिलै मेहनत गर्नुपर्‍यो।

यसरी तयार भएको गीत हाक्पारेभन्दा कता-कता बेग्लै सुनिँदै थियो।

एक त सुरुमै डिल्ले दमाईंले गरेको परिमार्जन, त्यसमाथि फेरि नेपथ्यको थप प्रयास। यो सबले लोकभाकामा उभिँदाउभिँदै पनि गीत 'रक' विधातर्फ बढी ढल्किन पुग्यो।

यसरी बनेको गीतलाई रेकर्ड गरेर नेपथ्यले कन्सर्टमार्फत सार्वजनिक गर्‍यो।

तर नतिजा अर्कै निस्कियो। गीतमा जुन प्रकारको राप र ताप मिसाइएको थियो, त्यसमा श्रोताको प्रतिक्रिया चिसो र शान्त देखियो।

मेहनत गरेर हुर्काइएका सबै बोटमा चिताएजस्तो फूल फुल्दैन। यो फूल पनि फुलिदिएन। फुल्नु त परको कुरा राम्ररी चर्चामा समेत आएन।

जसका निम्ति मेहनत गरेर चीज तयार पारिएको हुन्छ, उनै श्रोताले नरुचाएपछि त्यसको नियति थन्किनु नै हो। यो गीत थन्किने लाइनमा गयो।

'सन् २०१५ मा अस्ट्रेलिया टुर गरिरहँदाको समय थियो,' अमृत सम्झन्छन्, 'डार्विन सहरमा आमाको मुख हेर्ने दिन कन्सर्ट राखिएको थियो।'

यस गीतमा रहेको 'आमाको काखमा बास मात्रै लिएँ, कुन देशको मरण हौ हजुर' भन्ने शब्दावलीले दिन विशेषका कारण आमा र माटो सम्झाएर त्यहाँ पुगेका नेपाली मनलाई पगाल्न सक्छ भन्ने अनुमान लगाइयो।

दिमागमा यिनै कुरा खेलाउँदै गर्दा सिङ्गो गीतलाई नै एकपटक परिमार्जन गर्ने कि भन्ने सोचाइ आयो।

'मैले गीतका केही शब्द र धुन यताउता पारेँ,' अमृत भन्छन्, 'विशेष गरी आमाको मुख हेर्ने दिन भएकाले गीतको त्यस भागलाई नै तानेर सबैभन्दा अगाडि ल्याएँ र शब्दले बोकेको सन्देश सजिलै बुझाउन सुरुको लाइन आलापमा बिस्तारै गाएँ।'

गीत पहिलेभन्दा अलिक बेग्लै र नयाँ सुनियो। नयाँ सुनिएको मात्र होइन, डार्विनमा यो गीत अत्यधिक रुचाइयो।

'ए यसरी गर्दा पो मन पराउने रहेछन्!'

गीतको नयाँ स्वरूपलाई थप दर्शकमा लैजाने र पुनः परख गर्ने निधो गरियो।

अस्ट्रेलियाका बाँकी सबै सहरका कन्सर्टमा यही ढङ्गबाट गीत समावेश भयो।

'जम्मै ठाउँका दर्शकले यो गीत रुचाए,' अमृत भन्छन्, 'नेपाल आउनासाथ नयाँ शैलीबाटै यो गीत रेकर्ड गरियो र यही ढाँचा स्थापित हुन पुग्यो।'

अब भने त्यही गीत लोकप्रिय हुन थाल्यो।

पैदल सङ्खुवासभा पुग्दा सङ्कलन गरिएको अनि रेकर्ड गर्नासाथ पाखा लागेको यो गीत अहिले नेपथ्यको युट्युब च्यानलमा ब्यान्डकै सर्वाधिक लोकप्रिय १० गीतमध्येमा पर्न सफल भइसकेको छ।

हिजोआज सबैजसो कन्सर्टमा नछुटाई यो गीत प्रस्तुत गरिरहँदा दर्शक पनि साथसाथै गाइरहेका हुन्छन्–

ओ आम्मा ओ आम्मा, माई माई माई

विराटनगरको कन्सर्ट भव्यतापूर्वक सफल भयो। मानौँ, सिङ्गै कोसीको पानीले त्यो रात थोरै पूर्वतिर बढेर पूरै सहर भिजाइदियो।

यो सुरुवात थियो।

कोभिड सङ्क्रमणले सिङ्गो मानव सभ्यतालाई हल्लाइदिएपछि पहिलोपटक आयोजित मुलुकव्यापी नेपथ्य भ्रमणको सुरुवात। यहाँ अर्को पनि सुरुवात जोडिएको थियो।

यसै बिन्दुबाट ब्यान्डले नयाँ अवतार धारण गर्दै छ– 'मानवताका लागि सङ्गीत'।

सङ्गीतलाई मनोरञ्जनमा मात्र सीमित नराखी समाजसँग जोड्ने उद्देश्य नेपथ्यले निकै अगाडिदेखि राख्दै आएको छ।

मुलुकको अवस्था र राजनीतिक संरचनाप्रति असहमति राखेर नेपाल कम्युनिस्ट पार्टी (माओवादी) ले २०५२ सालमा हतियारबन्द विद्रोह थालेपछि सिङ्गो देश १० वर्षसम्म द्वन्द्वको भुमरीमा फस्न पुगेको थियो। देशले प्रजातान्त्रिक संविधान पाएको पाँच वर्ष पनि ननाघ्दै गरिएको त्यस विद्रोहले मनस्थिति विभाजित गर्‍यो। द्वन्द्वकालको बेला राज्य र विद्रोही दुवै पक्षबाट धेरै मानिसले ज्यान गुमाउन पुगे। दुवै पक्षले अपनाएका अनेकानेक हिंसाको सिकार हुने सर्वसाधारणको सङ्ख्या पनि उत्तिकै ठूलो थियो।

समाज नराम्ररी बिथोलिएकै बेला नेपथ्यले सङ्गीतको ओखती बोक्दै 'सुन्दर शान्त नेपाल' अभियानका साथ देशव्यापी भ्रमण गरेको थियो। त्यसमा अग्रणी

कलाकारहरूको पनि संलग्नता थियो । त्यो ताका नेपालका दूरदराजमा हत्तपत्त मानिस पुग्न चाहँदैन थिए । चहलपहल ठप्प भएर ग्रामीण भेग सुनसान बनेका थिए ।

'मध्यपश्चिमतिर सारङ्गी बजाउँदै गाएर हिँड्ने गन्धर्वहरूलाई समेत हतियारधारीले कारबाही गरेको समाचार आइरहेको थियो,' अमृत सम्झन्छन्, 'हाम्रो मुलुकको बहुमूल्य सम्पत्ति अर्थात् लोकभाकाको परम्परालाई सशस्त्र द्वन्द्वले फेरि उठ्नै नसक्ने गरी धराशयी बनाइदियो ।'

त्यस्तो बेला नेपथ्यले 'सुन्दर शान्त नेपाल' को नारा घन्कायो । जोखिम मोलेरै दूरदराजको यात्रा गर्‍यो र गाउँलेलाई गीत-सङ्गीतको जादुमा डुबायो ।

त्यो प्रभाव कतिसम्म थियो भने सशस्त्र द्वन्द्वको सर्वाधिक प्रभावित क्षेत्रमा पर्ने दाङकै उदाहरण पर्याप्त छ । यो कार्यक्रम लिएर पुग्दा दाङको तुलसीपुरस्थित विशाल मैदानमा आँखाले देख्न सकिनेसम्मको क्षेत्र दर्शकले भरिएको थियो ।

'यति धेरै मानिस त यहाँ उहिले राजा वीरेन्द्र आउँदा मात्रै देखिएका थिए,' स्थानीयहरू सुनाउँथे ।

जबकि 'सुन्दर शान्त नेपाल' हेर्न जम्मा भएका ती दर्शक राज्यस्रोतको प्रयोगबाट होइन, बरु उल्टो टिकट काटेर आएका थिए ।

उक्त साङ्गीतिक अभियानले द्वन्द्वबाट सिर्जित घाउहरूमा सकेसम्म मलम लगाउने प्रयास गरेको थियो ।

दोलखामा यो कार्यक्रम पुगेको बेला सीता राउतको उपस्थितिलाई केन्द्रित गरेर बीबीसी टेलिभिजनले लघु वृत्तचित्र बनाएको थियो । उनका हुलाकी श्रीमान्लाई सेनाले माओवादीको आशङ्कामा मारेको थियो । चार्ल्स हेभिल्यान्डले तयार पारेको त्यो सामग्री दुई दशक नाघिसक्दा पनि युट्युबमा हेरिँदै छ ।

'सुन्दर शान्त नेपाल' सँगै नेपथ्यले आफ्नै प्रयासमा पहिल्यै थालेको 'शान्तिका लागि शिक्षा' अभियान पनि अघि बढायो । यो अभियान त अरू लामै समयसम्म चल्यो ।

यो पछिल्लो अभियान स-साना केटाकेटी पढ्ने विद्यालयकेन्द्रित थियो । लडाइँको बेला सुरक्षाकर्मी र विद्रोही दुवै पक्षले गाउँ-गाउँका विद्यालय कब्जामा

लिन थालेपछि त्यसैको विरोधमा यो अभियान उभिएको थियो। हतियारधारीहरूलाई निमुखा केटाकेटी पढ्ने स्कुलबाट परै बस्न खबरदारी गर्ने उद्देश्यले चलाइएको यस अभियानमा धेरैतिरका सामुदायिक विद्यालयसँग नेपथ्यले साझेदारी गरेको थियो। त्यसले तत्कालीन समयमा उल्लेखनीय प्रभाव पाऱ्यो। थुप्रै विद्यालयका निम्ति भौतिक संरचना निर्माणदेखि स्तरोन्नतिसम्मका लागि आर्थिक भरथेग पनि भयो।

विराटनगरको कन्सर्टभन्दा एक दिन अघिको सार्वजनिक समारोहमा गोग्राहा माध्यमिक विद्यालयकी पूर्वप्रधानाध्यापक मीना जोशी भावुक रूपमा प्रस्तुत भएकी थिइन्। करिब ८० वर्षकी उनले उक्त सरकारी स्कुलमा जिम्मेवारी सम्हाल्दाको रुग्ण अवस्था सुनाइन्। 'भौतिक रूपले जर्जर अनि आर्थिक रूपले दरिद्र हालत भएको स्कुलमा एउटी प्रधानाध्यापकको अवस्था के हुन्छ?' २० वर्ष अघिको दृश्य सम्झन खोज्दै उनले भनिन्, 'चाहेको जस्तो काम गर्न नपाएपछि म असफल हुन्छु भन्ने चिन्ताले रातदिन पिरोलिन थालेकी थिएँ।'

जोशीले जब 'शान्तिका लागि शिक्षा' कार्यक्रम विराटनगरमा हुन लागेको जानकारी पाइन्, नेपथ्यसँग संवाद अघि बढाइन्। कुरो मिल्यो। कन्सर्टबाट प्राप्त आर्थिक सहयोगले त्यति बेला स्कुललाई भरथेग गरेको उनले सार्वजनिक समारोहमै सुनाइन्। त्यति बेला कक्षा १० सम्म मात्र रहेको त्यस स्कुलमा अहिले कक्षा १२ सम्म पढाइ हुन्छ।

गोग्राहा स्कुलमा पढेर विभिन्न क्षेत्रमा महत्त्वपूर्ण योगदान गरिरहेका व्यक्तिहरूका नाम प्रधानाध्यापक जोशीले सुनाइन्। उनले यस उपलब्धिमा गोग्राहा स्कुलले गौरव मानिरहेको उल्लेख गर्दै त्यसको श्रेय नेपथ्यलाई दिइन्।

यसरी नेपथ्यले एकातिर द्वन्द्वकालमा बस्तीहरूमा सङ्गीत लगेर आशा उमार्ने काम गऱ्यो, अर्कातिर द्वन्द्वले रुग्ण भएका सरकारी विद्यालयको भरथेगमा हातेमालो गऱ्यो। यस क्रममा विभिन्न जिल्लाका ४० भन्दा बढी सरकारी विद्यालय नेपथ्यसँगको सहकार्यमा प्रत्यक्ष लाभान्वित भएका थिए।

विद्यालयलाई हतियारधारीबाट मुक्त पार्न आवाज उठाउने नेपथ्यको अभियानकै फलस्वरूप विद्यालयमा बन्दुकधारीको प्रवेश रोक्न देशभरिबाट खबरदारीका औंला उठे।

समय फेरियो ।

मुलुकले राजनीतिक स्थायित्वको बाटो समात्न खोजेपछि नेपथ्य 'मानवता प्रवर्द्धन अभियान' मार्फत मानवीय आयामहरूलाई आफ्नो आवाजको उद्देश्य बनाउने सोचमा अघि बढेको छ । हुन त यसअघि पनि नेपथ्यले अपाङ्गता भएकाहरूका लागि 'नेपथ्य फर डिजेबल्ड' र अप्ठेरामा परेका बालबालिका (सडक बालबालिका, अभिभावकसँगै जेलमा रहेका, अनाथ) का लागि 'नेपथ्य फर अल' जस्ता अभियान चलाएको थियो ।

यसपालि भने नेपथ्यले अग्रणी सामाजिक संस्था 'मानवसेवा आश्रम' सँग हातेमालो गरेर दीर्घकालीन हिसाबले मानवताका खातिर आफूलाई समर्पण गर्न थालेको छ । त्यसैको सुरुवातमा ब्यान्ड यस पालि देशव्यापी भ्रमणमा निस्किएको हो ।

मुनाफारहित परोपकारी संस्था 'मानवसेवा आश्रम' ले घरपरिवार र आफन्त नभएका, मानसिक रोग लागेका वा सडकमा जीवन बिताउन बाध्य मानिसलाई आश्रय प्रदान गर्दै आएको छ । विभिन्न जिल्लामा फैलिएको यस संस्थाले सिङ्गो देशलाई सडकआश्रित मानवविहीन बनाउने सङ्कल्प बोकेको छ। यस सङ्कल्पलाई सार्थक तुल्याउन मानवसेवा आश्रम र नेपथ्यबीचको नयाँ सहकार्य यसै विन्दुबाट सुरु हुँदै छ।

'द्वन्द्वकाल र त्यसपश्चात् पनि देशभर यात्रा गर्दा मानसिक सन्तुलन गुमाएर भौँतारिएकाहरू जताततै देखिन्थे,' अमृत भन्छन्, 'पछिल्लो समय सडकमा यस्ता मानिसको सङ्ख्या मानवसेवा आश्रमकै कारण घटेको थाहा पाएपछि हामीलाई पनि यस पुण्य कार्यमा हातेमालो गर्ने हुटहुटी जाग्यो ।'

मध्य मङ्सिर पार भइसक्दा पनि विराटनगर धेरै चिसो भइसकेको छैन । अघिल्लो बेलुकीको कन्सर्टबाट प्राप्त प्रतिक्रिया मात्र होइन, माहोलले पनि एक किसिमको न्यानोपना दर्साइरहेको थियो ।

विराटनगरमा नेपथ्यको कन्सर्ट हेर्न आउने दर्शकमा व्यापक विविधता थियो। कन्सर्ट अवधिभर अटेसमटेस भिडमा आफ्ना निम्ति जसोतसो हल्लिने ठाउँ बनाउँदै उफ्रिरहेका देखिन्थे विराट मेडिकल कलेजका प्रिन्सिपल एवम् चिकित्सक हेमसागर रिमाल।

हाटखोला मैदानको कन्सर्ट हेर्नुभन्दा झन्डै १० वर्षअघि डा. हेमसागरले पहिलोपटक मेलबर्नमा नेपथ्य अनुभव गरेका थिए। त्यति बेला उनी अस्ट्रेलियामै चिकित्सा पेसा अपनाएर सपरिवार बसोबास गर्दै थिए।

'नेपाली कन्सर्ट पनि हेरूँ न त भनेर म मेलबर्नको हलमा पुगेको थिएँ,' उनले सम्झे, 'त्यो पहिलो कन्सर्टले नै नेपथ्यको प्रभाव मभित्र गहिरोसँग बस्यो।'

त्यति बेला कन्सर्टमा गायक अमृतले मेलबर्नका नेपाली विद्यार्थीलाई पढाइ सकेपछि फर्किएर स्वदेशको सेवा गर्न आह्वान गरेका रहेछन्।

'मलाई पारिवारिक हिसाबबाटै पनि नेपाल फर्कन दबाब आइरहेको थियो,' डा हेमसागरले आफ्नो जीवनकै ठूलो निर्णयबारे रहस्योद्घाटन गरे, 'त्यस कन्सर्टको साँझ मेलबर्नमा गायकले मञ्चबाटै गाह्रोसाह्रो जेजस्तो भए पनि स्वदेश फर्किएर सेवा गर्नु उत्तम हुन्छ भनेपछि मैले आफूलाई थाम्न सकिनँ।'

आफू एक्लैलाई नेपाल फर्कन त समस्या थिएन। तर मेलबर्नमै स्कुल पढिरहेका छोराहरूलाई कसरी फर्काउने? हेमसागरका अनुसार अमृतले कन्सर्टमा गरेको आह्वान यति बलियोसँग मनमस्तिष्कमा बस्यो कि त्यसले परिस्थितिलाई सजिलै अनुकूलतामा बदल्न सघायो। र, उनी सपरिवार स्वदेश फर्किए।

परदेशको महत्त्वपूर्ण सम्झनामा जोडिएको नेपथ्य आफ्नो सहर विराटनगर आउँदै छ भन्ने जानकारी दुई दिनअघि मात्र डा हेमसागरले पाएका रहेछन्।

उनी ड्युटीमै रहेको बेला कन्सर्ट आयोजक मानवसेवा आश्रमको टोली सहयोगको अपेक्षाका साथ विराट मेडिकल कलेज पुगेको रहेछ। नेपथ्यको नाम सुन्नेबित्तिकै डा हेमसागरको मन विराटनगरबाट फुत्त उडेर मेलबर्न पुगेछ। एकैछिन पुराना दिन सम्झिएपछि उनको नजर मानवसेवाका स्वयम्सेवीहरूतर्फ सोझियो।

'मैले उत्तिखेरै आश्रमका साथीहरूलाई कक्षा-कक्षामा लग्दै विद्यार्थीसँग भेट गराइदिएँ,' डा हेमसागर भनिरहेका थिए, 'कलेजको प्रिन्सिपल भएयता यसरी कक्षाकोठा धाएर विद्यार्थीलाई बाहिरका कसैसँग भेट गराइदिएको यो पहिलो हो।'

आफू नेपथ्यको सङ्गीतको पारखी भए पनि यस ब्यान्डलाई गीतको माध्यमबाट मात्र बुझ्नु अधुरो हुने उनको धारणा छ।

'परदेशमा रहेका नेपालीले आफ्नो भनेर गौरवका साथ चिनाउने र उपस्थिति जनाउने कार्यक्रम भनेकै नेपथ्यको कन्सर्ट हुन्छ,' उनी भनिरहेका थिए, 'यसले बोकेका सामाजिक उद्देश्य र गायकले मञ्चबाट दिने सन्देशहरूको बेग्लै महत्त्व छ।'

आफूहरूलाई प्रभाव पार्ने सङ्गीत मात्र नभई जहिले पनि कुनै न कुनै राम्रो कारण बोकेर हिँडेकै अवस्थामा भेटिने नेपथ्य देख्दा असाध्यै श्रद्धा लाग्ने उनले सुनाए।

विराटनगरको स्वास्थ्य क्षेत्रमा उल्लेखनीय भूमिका निर्वाह गरिरहेका र गएको कोभिड महामारीको बेला सिङ्गो प्रदेशलाई नेतृत्वदायी तवरबाटै सेवा प्रदान गरेका कारण हाल डा हेमसागर यस भेगकै प्रतिष्ठित नाम बन्न पुगेको छ।

विराटनगर कन्सर्टको सफलताले डा हेमसागर मात्र होइन, सबै तह र तप्काका स्थानीयमा उत्साह देखिन्थ्यो। त्यसमाथि तन्नेरी पुस्ताको त के कुरा गरी साध्य भयो!

भोलिपल्ट बिहानै हामी विराटनगरबाट बिदा हुँदै गर्दा पनि उनीहरूमा कन्सर्टले उमारेको जोस र जाँगर थामिएको थिएन।

स्थानीय किशोरकिशोरीको डफ्फा उज्यालो नहुँदैदेखि गायक अमृतलाई भेट्न पर्खिरहेको देखिन्थ्यो। होटलबाट हामी 'चेक आउट' गरिरहँदा छेउको क्याफे, रिसेप्सनदेखि बाहिरैसम्म युवाको हुल देखिन्थ्यो। अमृत अलिक ढिलो यात्रा गर्नेवाला थिए। बाँकी हामी भने तन्नेरी प्रशंसकको माहोलको रमिता हेर्दै बिहान साढे ६ बजे होटलबाट बाहिरियौँ।

'आज त हामीलाई बाटामा खर्च गर्न २० हजार रुपैयाँ दिइएको छ,' राजमार्ग समातेपछि तीव्र रफ्तारमा दौडिरहेको भ्यानमा ड्रमर ध्रुव लामा भनिरहेका थिए, 'सक्नुपर्छ है साथी हो ।'

करिब १० जना सवार हाम्रो भ्यानमा अमृतबाहेकको नेपथ्य टोली अटाएको थियो । यस यात्रामा सिङ्गो टोली अर्थात् कलाकार, प्राविधिक, व्यवस्थापक गरेर ७० जना सदस्य छन् । पाँचवटा विशाल ट्रक, एउटा ठूलो बसबाहेक एउटा गाडीमा अमृत र किरण (नेपालयका प्रमुख तथा नेपथ्यका व्यवस्थापक किरणकृष्ण श्रेष्ठ) यात्रा गर्दै छन्, अर्को हायस भ्यानमा कलाकारसहित हामी छौँ।

भ्यानको तीव्रतामा विराटनगरका अन्तिम बस्तीहरू धकेलिँदै गए ।

खुला बाटो सुरु भएपछि आदिवासी महिलाले भक्का पकाउँदै बेचिरहेको दृश्य फाट्टफुट्ट देखिन थाल्यो । व्यवस्थापक अर्पण शर्माले उनको थातथलो झापाको अनुभवसहित यो रैथाने परिकारबारे वर्णन गरे । त्यतिन्जेल हामी सबैजसो भोका सहयात्री भक्काका पक्षमा एकमत भइसकेका थियौँ । इटहरीको मोड समातेपछि छेवैमा एक ठाउँ भक्का पाक्दै गरेको देखियो। भ्यान त्यतै रोकियो।

अन्दाजी २५ वर्षकी सुशीला चौधरी एकाग्र भएर भक्का बफाइरहेकी थिइन्। करिब आठ किलोमिटर पूर्वको मृगौलिया गाउँबाट उनी हरेक बिहान रैथाने स्वादको व्यापार गर्न इटहरी आइपुग्दी रहिछन्। कान्छी मुसुली (मन्सुली) को चामल पिँधेपछि गोलभँडाको अचार र माटाको चुलो बोकेर यो यात्रा गर्नु उनको दिनचर्या रहेछ ।

'मेरी सासूले यो काम गर्दै आउनुभएको थियो,' सुशीला भनिरहेकी थिइन्, 'उहाँ बुढी हुनुभएपछि मैले थामेकी छु ।'

सुशीलाले दाउरा ठेल्दै गएपछि माटोको चुलो ह्वारह्वार बल्न थाल्यो । माथि कसौँडीमा भकभकी पानी उम्लिरहेको थियो । कसौँडीमाथि दुलो भएको माटोकै भाँडो 'उकी' राखिएको थियो ।

यता कपडाले छोपेको सिलाबर डेक्चीमा चामलको पिठो थियो। सुशीलाले त्यसमा थोरै पानी छम्केर कचौरामा भर्दै उकीमाथि राखिन्। बाफमा दुई मिनेट राख्नेबित्तिकै भक्का तयार भयो। हामीले तात्तातो भक्का अचारमा चोप्दै खायौँ।

यो आदिवासी खान्की झापातर्फ राजवंशी र मोरङतिर थारू महिलाको आयआर्जनको माध्यम बन्दै आएको जानकारी नेपालयका अर्पण शर्माले दिए। भोजपुरमा जन्मे पनि झापा र मोरङमा लामो समय बिताएका ब्यान्डका मादलवादक शान्ति रायमाझीसँग पनि भक्काका पुराना सम्झना टन्नै रहेछन्।

अब पैसा तिर्ने बेला भयो।

दाम सोध्दा सुशीलाले केवल एक सय २० रुपैयाँ मागिन्।

'त्यति मात्रै पो?' पैसाको मुठो निकाल्दै ड्रमर ध्रुव चिन्ता प्रकट गर्न थाले, 'भक्कातिर लाग्ने हो भने यो २० हजार रुपैयाँ सकिँदैन, पक्का!'

जवाफमा सबै गलल्ल हाँसे।

'एउटा उपाय छ,' बीचैमा एक जनाले सुझाए, 'सिङ्गल माल्ट ह्विस्कीमा भक्का चोपेर खाने हो भने सकिन्छ।'

अब भने हाँसोको भोल्युम झनै चर्को बन्यो।

हाम्रो भ्यान महेन्द्र राजमार्गमा रफ्तार समातेर बढ्न थालिसकेको थियो।

सिङ्गल माल्टको प्रसङ्ग उठेसँगै मदिराका कारण पनि चर्चामा रहेका साङ्गीतिक हस्तीहरूका प्रसङ्ग निस्कन थाले।

नारायणगोपाल सम्झ्यौँ, गोपाल योञ्जन सम्झ्यौँ र अम्बर गुरुङ सम्झ्यौँ।

'अम्बर दाइकहाँ दिउँसै पुग्दा पनि माया गरेर प्याला थमाउनुहुन्थ्यो,' मादलवादक शान्तिले सुनाउन थाले, 'त्यसले उहाँको घरको साङ्गीतिक माहोललाई अरू रमाइलो बनाउँथ्यो।'

अम्बर गुरुङका शिष्य एवम् किबोर्डवादक सुरज थापा शान्तिको कुरा सुनेर मुसुमुसु हाँसिरहेका थिए। 'म त खाँदिनँ कुवाको पानी' र 'ढुङ्गे बगर' जस्ता गीतकी गायिका तीर्थकुमारी थापाका छोरा सुरज पनि गायक हुन्। सुरुमा भायोलिनवादकका रूपमा नेपालय प्रवेश गरेका सुरजभित्र सङ्गीतको समझ देखेपछि नेपथ्यको अर्को स्तम्भका रूपमा उनलाई उभ्याइएको थियो। कन्सर्टहरूमा अमृतपछि सुनिने नेपथ्य आवाज सुरजकै हुने गर्छ।

राजमार्गमा भ्यानले समातेका बस्तीहरूसँगै त्यताका साङ्गीतिक हस्तीहरूको सम्झना पनि हुन थाल्यो।

तीन दशकअघि म कोइलाको कारोबारमा संलग्न थिएँ। मेरा एक भारतीय आफन्त 'असम भ्याली ट्रेडिङ कम्पनी' नामको हिन्दुस्तानी कम्पनीमा एजेन्ट थिए। उनले लगाइदिएको जागिरअनुसार मैले काँकडभिट्टाबाट आउने कोइलाका ट्रकहरू नेपालका इँटाभट्टाहरूमा पुऱ्याउनेदेखि त्यसको हिसाबकिताब राख्नेसम्मका काम गर्नुपर्थ्यो।

एक दिन इटहरीको दक्षिण-पश्चिम कुनामा रहेको एउटा इँटाभट्टामा कोइलाको ट्रक पुऱ्याउन गएँ। त्यहाँका मालिक अलिक बेग्लै सीप र शैलीका पूर्वलाहुरे थिए। जङ्गी मिजासका। कुराकानी गर्दा पनि रसिक र हक्की स्वभाव देखाउने। पक्का पल्टने।

उनी हरेक वर्ष आफ्नो जमिनमा नयाँ ठाउँ खोस्रेर इँटाभट्टा चलाउँथे। त्यसो गर्दा बर्सेनि एउटा नयाँ माछापोखरी थपिँदो रहेछ। त्यहाँ थुप्रै पोखरी तयार भइसकेका थिए। ती पोखरीभरि जताततै लोभ लाग्ने गरी माछा उफ्रिरहेका देखिन्थे।

'लु भाइ आज यतै खाना खाएर जानुपर्छ,' माछा देखेर लोभिइरहेको मलाई ती मालिकले स्वादिलो प्रस्ताव राखे।

कोठामा बेतको टेबुलकुर्सीमा बसेर माछाभात खाँदै गर्दा मैले भित्तामा त्यस समयकी चर्चित गायिका पवित्र सुब्बाको सुन्दर तस्बिर देखेँ। त्यो कुनै म्यागजिनको मध्यपृष्ठका लागि बान्की मिलाएर खिचिएको पोस्टरजस्तै थियो। सङ्गीतमा रुचि राख्ने भएकाले मैले गायिका पवित्रबारे प्रशंसाका शब्द उल्लेख गरेँ।

'यो मेरी छोरी हो,' बुढा मानिसले गर्वका साथ बोले।

यता म स्सङ्ग भएँ।

धन्न, मैले केही उल्टासीधा कुरा गरिनछु। सुन्दर युवतीहरूबारे बोल्दा हामी प्राय: विचारै नगरी पुरुष आवेग प्रकट गर्छौं। त्यो दिन मलाई बाल-बाल बचेको अनुभूति भयो।

तीन दशकपछि म सङ्गीतकर्मीहरूकै साथमा त्यसै 'फार्महाउस' छेउबाट राजमार्गको यात्रा गरिरहेको थिएँ। लामो कालखण्ड अघिको मेरो अनुभव गाडीमा सवार नेपथ्यका सदस्यहरू रुचिपूर्वक सुनिरहेका थिए।

गाडी इनरुवा पुग्यो। हामी विधान श्रेष्ठ, उनका पिता गीतकार विजय श्रेष्ठ र विजयका दौँतरी गायक दीप श्रेष्ठका बारेमा गफिन थाल्यौँ। विजयका पिता दिलबहादुर श्रेष्ठ पञ्चायतकालका हस्ती थिए। गृहमन्त्रीसमेत बनेका दिलबहादुरको त्यो बेला सुनसरी जिल्लामा एकछत्र प्रभाव थियो। अर्कातिर विजय भने सङ्गीतको दुनियाँमा बेग्लै पहिचानका साथ उभिएका थिए।

विजयकै मित्रताका साथ गायनमा अघि बढेका दीप श्रेष्ठ नेपाली सङ्गीतमा पुरानो पुस्ताको प्रभावकारी हस्ताक्षर मानिन्छन्। दीपसँग नेपथ्यले 'सुन्दर शान्त नेपाल' का लागि सहकार्य गरेको थियो। विजयपुत्र विधानले नेपालयबाट आयोजना हुँदै आएको 'पलेँटी' मा गाइसकेका छन्।

गाडी भारदह पुग्यो। हामी गायक उदितनारायण झाका बारेमा गफिन थाल्यौँ। झन्डै अढाई दशकअघि मुम्बईकै अधेँरीस्थित झा निवासमा उदितपत्नी गायिका दीपाले पकाएको खाना सपरिवार खाएको अनुभव मसँग थियो। अहिले टेलिभिजनका कार्यक्रमहरूमा देखिने छोरा आदित्य त्यति बेला सानै थिए भने उदित सफलताको शिखर चुमिरहेका थिए।

नजिकको संसर्गपछि दीप, विधान र उदितका बारेमा मैले धेरैपटक पत्रिकामा लामा आलेखहरू लेखेको थिएँ।

राजमार्गमा कुद्दै गरेको गाडीको काम सम्झनाका दृश्यहरूलाई पछाडि पार्दै निरन्तर अघि बढ्नु त हो। अब भने बरमझिया आइपुग्यौँ।

बरमझियास्थित बुढा बाजेको पेँडाले हाम्रा गफको स्वादलाई गुलियो मोड दियो।

धनुषाको बौवा होटलमा दिवाभोजन तय थियो। राजमार्ग छेवैको खुला ठाउँमा राखिएका टेबलकुर्सीमै सबै जना बस्यौँ। मङ्सिरको घमाइलो दिन थियो। त्यसैले खानाभन्दा पहिले चिसो बियरको चुस्की चल्न थाल्यो। अगाडिको बोर्डमा परिकारहरूको लामै सूची थियो। पढ्दै जाँदा एक ठाउँमा 'फरेस्ट पोर्क' भनेर लेखिएको रहेछ।

'त्यत्ति जाबो पनि बुझ्नुहुन्न?' होटलका एक जना बौवाले हाम्रो जिज्ञासामा रन्किँदै जवाफ दिए, 'बँदेलको मासु कहिल्यै खानुभएको छैन कि क्या हो?'

बौवाको होटलमा बगेडी पनि पाइँदो रहेछ। कसो 'फरेस्ट स्प्यारो' लेखेनछन्!

बौवा होटलमा बसिरहँदा यसै भेगकी पुरानी नायिका एवम् नृत्याङ्गना साराङ्गा श्रेष्ठलाई हामीले सम्झिरहेका थियौं ।

'ओ सङ्गीता !' 'ओ सङ्गीता !'

एकताका भैरहवामा नेपथ्यको कन्सर्ट हुँदा साराङ्गाले यसै गीतमा नृत्य गरेकी थिइन् ।

'ओ सङ्गीता !'

स्वादै-स्वादको यात्राले कतिखेर हामीलाई वीरगन्ज पुऱ्यायो पत्तै भएन ।

वीरशमशेरले विकास गर्न लगाएको बस्ती वीरगन्ज कुनै समय स्तरीय सङ्गीतमा रमाउने हिसाबले पनि अग्रभागमा थियो ।

त्यसको इतिहासै छ ।

वीरशमशेरकै बेलामा विक्रम सम्वत १९५६ पुसमा वीरगन्ज महानगरकै बगहीमा विशाल सङ्गीत जलसा आयोजना भएको थियो । 'बगही जलसा' भनेर चिनिने त्यस उत्सवमा श्री ३ वीरकै आज्ञाले वस्ताज ताजअली खाँमार्फत भारतका विख्यात वस्ताजहरूलाई निम्त्याइएको थियो । त्यसबखत ध्रुपदमा ताजअली र रागका लागि आएका ढुण्डी खान अवधका नवाबहरूका विशेष प्रस्तोता मानिन्थे ।

त्यति बेला जम्मा भएका झन्डै सय जना वस्ताजमध्ये ७० जनाको नाम अहिले पनि दस्तावेजमै भेटिन्छ । उनीहरू ध्रुपद, जलतरङ्ग, पाखवाज, ठुमरी, सितार, खयाल, तबला, साराङ्गी, बिन, सरोद, तमोरा र शास्त्रीय नृत्यजस्ता साजहरूले सुसज्जित थिए। त्यस अवसरका तस्बिरहरू अहिले पनि पुरुषोत्तमशमशेर जबराको सङ्कलनमा सुरक्षित छन् ।

त्यति बेला ग्वालियरबाट आएका शास्त्रीय गायक रहमत खाँ विजयी घोषित गरिए । त्यो क्षण खुसी भई श्री ३ वीरले पुरुन्जेल पैसा थुपारिदिएर पुरस्कृत गरेका थिए । उनैले विजयी वस्ताजलाई मूल्यवान् मोतीको माला पनि उपहार दिएका थिए ।

यस्तो गौरवशाली विगत रहेको वीरगन्जमा अलिक अगाडिसम्म पनि भीम विराग, मधु क्षेत्री, प्रकाश श्रेष्ठजस्ता सङ्गीतकर्मीहरू जन्मिए ।

तर त्यसपछि...

त्यसपछि यो सहर नराम्ररी बिथोलियो । स्तरीय सङ्गीतको स्थान छाडा र भद्दा मनोरञ्जनले लियो । त्यसमाथि पनि जिब्रो टोक्नुपर्ने गीतहरू । भोजपुरीमै पनि गतिला शब्दले बनेका गीत र गायक नभएका होइनन् । तर ती चल्दैन थिए । छाडा र छिपछिपे गीतले श्रोता-दर्शक पनि आफ्नै अनुकूलका निर्माण गर्दै लगे । सङ्गीतको कार्यक्रम चलिरहेको बेला मारपिट र हुलदङ्गा गर्नैपर्ने । कतिसम्म भने सभ्य मानिसहरू यहाँका कुनै पनि साङ्गीतिक उत्सवमा सरिक हुन अप्ठेरो मान्थे । सकभर आफ्ना सन्तानलाई पनि पठाउन चाहँदैन थिए । हुर्केका छोरीलाई यस्ता कन्सर्टमा पठाउनु त लगभग असम्भवै ।

यस्तो सहरमा नेपथ्य १८ वर्षपछि प्रवेश गरेको थियो ।

यो एउटा ठूलो चुनौती थियो ।

कतिसम्म भने बजारका सबैजसो मानिस 'भोलिको कन्सर्ट के होला ?', 'कसो होला ?' भनेर लख काटिरहेका थिए ।

कन्सर्टको अघिल्लो दिन मानवसेवा आश्रमले सिर्सियामा चियापान समारोह आयोजना गरेको थियो । त्यसका मुख्य वक्ता महानगर प्रमुख राजेशमान सिंह र प्रमुख जिल्ला अधिकारी उमेशकुमार ढकालले एक स्वरबाट 'विश्वास गर्नुस्, भोलिको कन्सर्टमा कुनै पनि हालतमा हुलदङ्गा हुन दिँदैनौँ' भनेर वचन दिइरहेका थिए ।

यो अनिश्चितताकै बीच नेपथ्यका पुराना सङ्घर्षका दिनहरूले पनि कहालीलाग्दा घटनाहरू सम्झाइरहेका थिए ।

कतै दर्शकै नआइदिएको, कतै आएका दर्शकले हुलदङ्गा मच्चाइदिएको त कतै आयोजकसँग सडकमै मारामार गर्नुपरेको...

पहिलो एल्बम 'नेपथ्य' र दोस्रो एल्बम 'हिमाल चुचुरे' ले सङ्गीतको बजारमा नयाँ ब्यान्डलाई चर्चा दिलाइसकेका थिए । विशेष गरी दोस्रो एल्बमको 'छेक्यो छेक्यो' गीत त्यो बेला लोकप्रिय मानिन्थ्यो ।

लोकप्रिय गीतहरूको थुप्रो लाग्दै गएपछि अब ब्यान्डलाई विभिन्न ठाउँबाट गीत गाउने प्रस्ताव आउन थाल्यो ।

यस्तैमा २०५३ सालतिर भैरहवाबाट आएको निम्तो स्विकार्दै ब्यान्ड त्यता पुग्यो ।

त्यहाँको अवस्था भने अर्कै थियो ।

आयोजकहरू एकातिर व्यग्रताका साथ ब्यान्डलाई पर्खेर बसिरहेका थिए भने अर्कातिर कलाकार टोलीलाई बसाउन कुनै होटलको बन्दोबस्तै गरिएको थिएन ।

फ्लसमेत नभएको असाध्यै मच्छर लाग्ने कोठामा टोलीले यातनामा सिङ्गो रात बिताउनुपर्‍यो । भोलिपल्ट आयोजकलाई गुनासो गर्दा उल्टो उनीहरू नै समस्या सुनाइरहेका थिए ।

'बसोबासको मामलामा जे भयो भयो, अब कार्यक्रम गर्ने भनिएको सभागृह जाऔँ भन्यौँ,' अमृत सम्झन्छन्, 'सभागृहमा त बिहेभोजको अर्कै तयारी पो चलिरहेको देखियो ।'

हल बुक गरेको ठाउँमा कसरी यस्तो भयो भनेर कलाकारहरूले सोध्न थाले ।

केरकार गर्दा थाहा भयो, आयोजकले त हलधरि बुक गरेका रहेनछन् ।

अब के गर्ने ?

उता आयोजकहरू 'मौखिक कुरा भइसकेर पनि हामीलाई धोका दिए दाइ' भन्दै स्पष्टीकरण दिन खोजिरहेका थिए ।

यता दुई महिना अगावैदेखि पोस्टर र टिकटमा सभागृहको नाम उल्लेख भइसकेको थियो । कार्यक्रम देखाउन कलाकार पनि आइसके । अन्तिम अवस्थामा हल बुक भएकै छैन भन्ने सुनिरहँदा ब्यान्डका सदस्यहरूलाई भाउन्न छुट्न थाल्यो ।

'यो त भएन नि भाइ,' उनीहरूलाई सोध्न थाले, 'ब्यान्डका मानिस आइसक्दा पनि न बस्ने ठाउँको ठेगान छ, न खाने ठाउँको ठेगान छ। अब हुँदा-हुँदा यहाँ आएर कार्यक्रम गर्ने ठाउँको पनि ठेगान छैन, यो के हो ?'

कार्यक्रम आयोजनाको कुनै अनुभव नभएका ती आयोजकले सम्भावित स्थानका रूपमा रङ्गशाला देखाउन थाले। जबकि रङ्गशालामा कन्सर्ट गर्न जुन क्षमताको साउन्ड सिस्टम चाहिन्थ्यो, त्यो भैरहवामै थिएन।

के गर्ने र कसो गर्ने अलमलकै बीच उद्योग वाणिज्य सङ्घको अर्को हल छ भन्ने थाहा भयो।

अन्ततः त्यही हलमा कार्यक्रम तय गरियो।

उद्योग वाणिज्य सङ्घको हलमा साउन्ड सिस्टम सेट गरेर कार्यक्रम देखाउन ठिक्क पर्दा दर्शक भने कोही सभागृह, कोही रङ्गशाला त कोही उद्योग वाणिज्य सङ्घ गरेर तीन ठाउँमा पुगिरहेको रिपोर्ट आइरहेको थियो।

त्यो गर्मी महिनाको भैरहवा। हावाले समेत पोल्ने। कोचाकोच हलभित्र कार्यक्रम सुरु भयो।

कन्सर्ट ठीकठीकैसँग अघि बढ्दै थियो।

एक्कासि दर्शकदीर्घाबाट झिल्के पाराका एक व्यक्ति मञ्चतर्फ बढ्न थाले।

'को हो ?', 'किन मञ्चमा चढेको ?' जस्ता जिज्ञासा बढिरहेकै बेला उनी आयोजकमध्येकै एक हुन् भन्ने थाहा भयो।

डिङ्गो बुट लगाएका, लामो कपाल पालेका, हलभित्रसमेत कालो चस्मा लगाएर नक्कल देखाइरहेका ती युवक ढल्की-ढल्की मञ्चमा चढे र कलाकारले समातिरहेको माइक तानिहाले।

'कन्सर्ट भनेको मैले जर्मनीमा हेरेको माइकल ज्याक्सनको' भन्दै उनले खुट्टा भुइँमा हिर्काएर देखाउन थाले। 'तपाईंहरूलाई भैरहवामा स्वागत छ' भन्दै फेरि खुट्टा हिर्काउन सुरु गरे। खुट्टाले भुइँलाई ड्याङड्याङ ठोकिरहँदा उनी कम्मर पनि मर्काइरहेका थिए।

यता कलाकार चकित। उता दर्शक पनि चकित।

'हे राम ! अब यस नौटङ्कीको भारलाई कसरी मञ्चबाट बाहिर निकाल्ने ?'

परिस्थितिलाई अझ जटिल बनाउन ती झिल्के मानिसका टन्नै साथी बाहिर बसेका थिए। उनीहरू थपडी मारेर र सिटी बजाएर हौस्याइरहेका थिए। तिनको मनोबल झन्-झन् बढ्दै थियो। यता मञ्चमा बसेका कलाकारहरूको ओठमुख तालु सुकिरहेको थियो।

उता ती झिल्के भने माइक समात्दै 'माइकल ज्याक्सनले यसरी गाउँथ्यो' भन्दै शरीर घुमाएर एउटा कोण बनाउँथे अनि तलतिर बसेकाहरूलाई 'ए फोटो खिच खिच' भन्थे।

यता उनका साथीहरू रमाइरहेका थिए, उता दर्शक कराइरहेका देखिन्थे।

त्यो ताका नेपथ्यमा अलिक हक्की किसिमले बोल्ने भीम पुन थिए। उनी स्टेजबाटै चिच्याउन थाले। भीमले कराएको देखेपछि ब्यान्डलाई सघाउन गएका 'भुन्टे सान' अर्थात् राजु थापा पनि जङ्गिए। त्यसपछि उनीहरू दुवैले तानतुन पार्दै त्यस व्यक्तिको हातबाट माइक खोसे र मञ्चबाट तल ओरालिदिए।

तमासाकै बीच कार्यक्रम सम्पन्न भयो।

'भैरहवामा सुरुदेखि आयोजकको लापरबाही झेलेका हामीलाई अब नफर्कुन्जेल अरू पनि के-के दशा आइलाग्ने हो भन्ने चिन्ता थियो,' अमृत सम्झन्छन्, 'नभन्दै अर्को तमासा पनि त्यहाँ मञ्चित भयो।'

कन्सर्ट सकिनेबित्तिकै नेपथ्यका कलाकारहरूले आयोजकलाई 'हामीलाई भोलि बिहानै बिदा गर्नू है' भनेका थिए।

आयोजकले पनि 'हस् दाइ भइहाल्छ' भनेर जवाफ फर्काए।

भोलिपल्ट यता टोलीलाई हिंड्न अबेर भइसक्यो, उता आयोजकहरू होटलमा देखै पर्दैनन्।

कलाकारहरू बसेको 'साम्बाला गेस्टहाउस' का साहुजीले पनि ती आयोजकहरू अलिक लापरवाह पाराकै रहेको सुनाइरहेका थिए। त्यत्तिकैमा

उनीहरू होटलमा प्रकट भए। एक जनाले हातमा पैसा थमाउँदै 'यो भैरहवा हो दाइ, यहाँ बोर्डरमा त गोलीसोली पनि चल्छ' पो भन्न थाले।

अमृतले गितारवादक रत्नलाई पैसा गन्न लगाए।

रत्नले '४६ सय' भनेर जवाफ दिए। त्यो सम्झौताभन्दा असाध्यै थोरै रकम थियो। त्यति पैसाले त हलमा प्रयोग भएको साउन्ड र लाइट सिस्टमको पैसा तिर्न पनि पुग्दैन थियो। यता होटलको बिल फेरि बेग्लै।

उता आयोजकहरू भने 'बोर्डरमा गोली पनि चल्छ' भनेर थर्काइरहेका थिए।

त्यत्तिकैमा अमृतले चर्को स्वरमा 'ए ढोका थुन्' भनेर जङ्गिए।

ब्यान्डका मानिसहरूले हत्तपत्त ढोका थुने।

अब भने आयोजकहरूको अनुहार हल्का हच्किएजस्तो देखियो।

उत्तिखेरै अमृतले 'लौ कुरा गरौँ अब, के हो ?' भनेर ठूलो स्वरमा बोले। उनको स्वरमा साथ दिँदै ब्यान्डका अन्य सदस्य पनि मुखै छाडेर कराउन थाले।

भैरहवाका आयोजकहरू बल्ल अलिक तर्से।

'ठीक छ कति पैसा बाँकी हुन्छ, अहिले कागजपत्र गरौँ,' उनीहरू भन्न थाले, 'त्यो पैसा हामी पछि पठाइदिन्छौँ।'

'कागज गरेर के हुन्छ ? हामी त हिँड्नुपर्छ अब। खाना पनि खाएको छैन। पहिले होटलवालालाई भनौँ' भनेर होटलवालालाई बोल्न लगाइयो।

साहुजीलाई धरि ती केटाहरूमाथि विश्वास थिएन। 'यिनीहरूले तिर्दैनन्' भन्न थाले।

ब्यान्डले पाउनुपर्ने पैसा र होटलको बिल चुक्ता गराउनु जरुरी थियो। तर पैसा तिर्न केटाहरू तयारै देखिएनन्। यता ब्यान्डका सदस्यहरूलाई हिँड्न अबेर भइसकेको थियो।

यस्तोमा पछि भए पनि बक्यौता असुल्न सकिएला भनेर वकिलमार्फत कागजपत्र बनाउने तय भयो। त्यसका निम्ति वकिल खोज्नुपर्थ्यो। ब्यान्डका सदस्यहरू वकिल खोज्न गए। फर्किएर आउँदा त होटलको काउन्टरमा

बसिरहेका केटाहरू फेरि गायब।

अलिक पर भाग्दै गरेको अवस्थामा देखिए।

'समात् समात्,' नेपथ्यका सदस्यहरू ती आयोजकका पछि-पछि चिच्याउँदै दगुर्न थाले, 'समात्, यिनीहरूलाई छाड्न हुँदैन।'

उता आयोजकहरू अघि-अघि भागिरहेका थिए। यता कलाकारहरू तिनीहरूलाई समात्न पछि-पछि मुख छाडेर चिच्याउँदै कुदिरहेका थिए।

भैरहवाको व्यस्त सडकमा त्यो दिन दिउँसो यो अनौठो दृश्य देखेर भएभरका मानिस जिल्ल परिहेका थिए।

अन्तिममा ती आयोजक भाग्दाभाग्दै छरिए। कता हराए हराए।

यता लखेट्ने कलाकारहरूको ओठमुख सुकिसकेको थियो।

आयोजकले कुन हदसम्म गति छाड्न सक्छ भन्ने त देखिइरहेको थियो। अब कलाकारले पनि कतिसम्म लाज पचाउने भन्ने कुराको पनि पराकाष्ठा नाघ्न थाल्यो।

'भैगो फर्कौं,' ब्यान्डका एक सदस्यले भने र सबै लुरुलुरु फर्किए।

अन्तिममा त्यही ४६ सय रुपैयाँ समातेर 'जो हाथ सो साथ' भन्दै नेपथ्य ब्यान्ड लडाइँ हारेको सिपाहीजस्तै भैरहवाबाट फिर्ता आउनुपर्‍यो।

वीरगन्जको आदर्शनगर रङ्गशाला स्किक्स्काउ भएको छ।

मानिस पो कति आउलान्?

पर्दामा घडी देखिन सुरु भइसक्यो।

मैदानमा मुस्किलले दुईचार सय मानिस मात्र देखिन्थे।

उता पर्दाको घडी मिलिक-मिलिक गर्दै थियो, यता मुटुको धड्कन पनि ढकढक चल्दै थियो।

यस घडीको कथा पनि रोचक छ।

नेपालमा अहिले पनि सार्वजनिक कार्यक्रम भनिएको समयमा विरलै सुरु हुन्छन्। समयको पावन्दीलाई कसैले टेर्दैनन्। आयोजकदेखि सहभागीसम्म सबैको ध्याउन्न सकेसम्म ढिला गर्नेतिर हुन्छ।

अरु टिकट काटेर हेर्नुपर्ने कन्सर्टमा त झनै ढिला गरेर मानिस आइपुग्छन्।

यसले समयमा आइपुग्ने मानिसको बेइज्जत गर्थ्यो। सङ्ख्या थोरै भइदिए पनि उनीहरूको समयको पनि त मूल्य हुन्छ। तर यो कुरा कसले बुझिदिने ?

आम रूपमा प्रचलित यो परम्परा तोड्ने कसले ? बिरालोको घाँटीमा घण्टी नबाँध्ने कसले ?

नेपथ्यले यस प्रचलनको सुरुवात गरिदियो। अर्थात् भनेको समयमा घडीको सुईले ठ्याक्कै टेकेकै क्षण एक सेकेन्ड पनि नबिराएर कन्सर्ट सुरु।

नेपथ्यले डेढ दशकअघि सुरु गरेको यो नियम कडाइका साथ पालना गर्दै आएको छ।

यसको पहिलो पाइला भने लहानमा टेकिएको थियो।

त्यति बेला 'शान्तिका लागि शिक्षा' अभियानको चौथो शृङ्खला चलिरहेको थियो।

माओवादी भर्खर शान्ति प्रक्रियामा आएका थिए भने मधेशमा अर्को आन्दोलन उत्कर्षमा पुगेको थियो। एकातिर मधेशकेन्द्रित दलहरू शान्तिपूर्ण आन्दोलन गरिरहेका थिए भने अर्कातिर हतियारधारी भूमिगत सङ्गठनहरू च्याउजस्तै फैलिएका थिए।

यस्तोमा झापाबाट सुरु भएको 'शान्तिका लागि शिक्षा' त्यति बेलाको अशान्त लहान आइपुगेको थियो।

त्यस यात्रालाई पछ्याउँदै खिच्नका लागि कान्तिपुर टेलिभिजनले विशेष व्यवस्था मिलाएको थियो। काठमाडौँबाटै मालिभका सुब्बा, प्रियङ्का कार्की, निशा अधिकारी, सुरजसिंह ठकुरी, नवराज आचार्य लगायतका थुप्रै परिचित अनुहार पनि नेपथ्यसँगै यात्रामा थिए।

त्यतिन्जेलसम्म नेपथ्यको कन्सर्ट अधिकांश नेपाली कार्यक्रमजस्तै समयको कुनै पावन्दी नराखेर आयोजकको सुविधाअनुसार प्रारम्भ हुने गर्थ्यो। अरु त्यो बेला मोबाइलको प्रचलन त्यति बढिसकेको थिएन। अर्थात् अहिलेको जस्तो सबैको घडीले एउटै समय देखाउने पनि गर्थेन।

त्यसले ऊनै भद्रगोल पार्थ्यो।

लहानको कन्सर्ट सिनेमाघरमा आयोजित थियो।

मधेश आन्दोलनबाट अत्यधिक प्रभावित लहानमा अघिल्लो दिन त सहरै बन्द थियो।

के नमिलेजस्तो भान पार्ने गरी त्यहाँ भित्रभित्रै तनाव थियो। बेलुकी कर्फ्यु पनि चलिरहेकाले टाढाबाट आएका दर्शक समयमा घर पुगून् भन्ने चासो पनि जोडियो।

यस्तो अवस्थामा बजार घुम्दै गर्दा किरणले एउटा भित्तेघडी देखे। उनको दिमागमा एउटा आइडिया आयो। किनेर ल्याए। घडीमा भिडियो क्यामरा राखेर त्यसैलाई ठूलो देखिने गरी अगाडिको पर्दामा लगाइदिए। जसै घडीको सुईले निर्धारित विन्दु टेक्यो, वाद्ययन्त्र बज्न थाले अर्थात् निर्धारित समयमै कन्सर्ट सुरु भयो।

यसरी 'प्रोजेक्सन' पर्दामा घडी नै राखेर ठ्याक्कै समयमा नेपथ्य कन्सर्ट सुरु गर्ने परम्परा लहानको त्यही कन्सर्टले बसाल्यो।

त्यस बेलाको त्रस्त लहानमा कन्सर्ट हेर्न आएका मानिस समयमै घर फर्किऊन् भन्ने चिन्ता थियो। अहिले वीरगन्जमा भने त्यही घडीले सुरु गर्ने बेला पर्याप्त दर्शक पो आइपुग्लान् कि नपुग्लान् भन्ने चिन्ता बोकाइरहेको थियो।

'वीरगन्जमा इतिहास कायम भएको छ।'

आदर्शनगर रङ्गशालामा कन्सर्ट सकिनेबित्तिकै आयोजक समितिका संयोजक एवम् उद्योग वाणिज्य महासङ्घ मधेश प्रदेशका अध्यक्ष गणेशप्रसाद लाठ उत्साहका साथ बोले।

त्यो साँझ म जन्मेहुर्केको सहर वीरगन्जमा साँच्चै चमत्कार भएको थियो। दर्शक उपस्थितिको मात्र कुरा होइन, हत्तपत्त स्थानीयलाई पनि पत्याउन मुस्किल पर्ने गरी नेपथ्य कन्सर्टले केही मानक स्थापित गरिदिएको थियो।

एउटा मानक त रक सङ्गीतको स्वाद त्यति नबसिसकेको स्थानमा यस किसिमको कन्सर्टले पाएको सफलता थियो। नेपाली लोकभाकामा आधारित रहेर गाइएको रक कन्सर्ट हेर्न उपस्थित हजारौँ दर्शक सुरुदेखि अन्तिमसम्मै मैदानमा रमाएर बसेका देखिन्थे। यस्तो पहिलोपटक भएको थियो। दोस्रो र सबैभन्दा महत्त्वपूर्ण चाहिँ त्यत्रो दर्शकको उपस्थितिबीच पनि कन्सर्ट भव्य मात्र नभई सभ्य पनि देखिएको थियो। अब वीरगन्जका कुनै पनि अभिभावकले हुर्किएका छोरा मात्र होइन, छोरीहरूलाई पनि यस किसिमको कार्यक्रम हेर्न जानबाट नरोक्ने गरी ढोका खुलेको थियो।

अधिकांशका हकमा कार्यक्रमै बिथोलिने र नबिथोलिए पनि छिटपुट घटना भएरै छाड्ने वीरगन्जका विगत नरमाइला छन्।

टाउन हलमा गाउँदागाउँदै बीचैमा हार्मोनियम बोकेर फर्किएका नारायणगोपालको अनुभव होस्, त्यति बेला भर्खर बनेको त्रिमूर्ति सिनेमा हलमा गाएर काठमाडौँ फर्कनेबित्तिकै वीरगन्जेली ध्रुवचन्द्र गौतमसँगको अन्तर्वार्तामा प्रख्यात गजलगायिका पिनाज मसानीको प्रतिक्रिया 'देयर वेयर चायवालाज एन्ड पानवालाज' होस् वा भर्खर मात्रै भारतीय नायिका ममता कुलकर्णीको टोली आउँदा मञ्चमै भागाभाग मच्चिएको घटना। कुख्यातिको फेहरिस्त लामो थियो।

नेपथ्यको कन्सर्टमा त्यस्तो केही भएन। बरु उल्टो हुर्किएका छोरीहरू पूर्ण रूपले सुरक्षित महसुस गर्दै उन्मुक्त नाचिरहेको जतातत्तै देखिन्थ्यो। त्यत्रो सङ्ख्यामा उपस्थित युवतीमध्ये एक जनाले पनि अवरोध महसुस गरेको झलकसमेत कतै देखिएन।

उनीहरू गाइरहेका थिए, नाचिरहेका थिए र सङ्गीतको उल्लासमा चिच्याइरहेका थिए।

एउटा अर्को दृश्यले पनि त्यो माहोल र मनस्थितिको चित्रण गरिरहेको थियो।

वीरगन्ज कन्सर्टमा गाइएका सबै गीतमा अगाडि बसेका दर्शक सुरुदेखि अन्तिमसम्म नाचे तर अधिकतर गीतमा उनीहरूले त्यसका शब्द खुट्याउन सकिरहेका थिएनन्। बस्, खुसीमा उफ्रिएर नाचिरहेका थिए।

मञ्चमा गाइरहँदा पनि सामुन्नेका श्रोतासँग सङ्केतले संवाद गर्न खोज्नु गायक अमृतको विशेषता हो।

त्यो दिन आदर्शनगरको कन्सर्टमा अगाडि बसेका युवतीहरू ट्वाल्ल परेर उफ्रिरहेको देखेपछि अमृतले हात हल्लाउँदै 'गीतको शब्द आउँदैन?' भनेर सङ्केत गरे। प्रत्युत्तरमा उनीहरूले उफ्रँदै 'आउँदैन' भनेर हात हल्लाए। त्यत्तिकैमा एक युवतीले तत्काल मोबाइल निकालेर केही खोज्न थालिन्।

'गीतको शब्द नजाने पनि उनीहरूमा व्यापक उत्साह देखिरहेको थिएँ,' कन्सर्ट सकिएपछि अमृतले सुनाए, 'चलिरहेको कन्सर्टमै कुनै दर्शकले मोबाइलबाट गीतका शब्द खोजेरै गाउन सुरु गरेको देख्नु मेरो निम्ति नौलो थियो।'

वीरगन्जका छोरी-बुहारीहरू कन्सर्टमा यसरी रमाएको दृश्य देखिरहँदा यसै सहरमा जन्मेहुर्केको मेरो मनमा अनेक तर्कना खेलिरहेका थिए।

यिनीहरूभन्दा अघिको कुनै पनि पुस्ताका युवतीले यस सहरमा कन्सर्टमा गएर रमाइलो गर्ने सोच्न पनि सक्थेनन्। उनीहरूको त्यो हक किन खोसिएको थियो? कसले गरिदेला यो प्रश्न?

त्यो रात सम्पूर्ण वीरगन्ज सुतिसकेको थियो। नेपथ्य टोली भने सहरको सुनसान बाटामा अबेरसम्म समूहबद्ध भएर हिँडिरह्यो।

यो गण्डक क्षेत्रका तन्नेरीहरू लाहुर जाने बेला मुलुकसँग अन्तिम बिदाइ लिने ठाउँ हो। कतिसम्म पहिले भने त्यो समय रक्सौलमा रेल आइपुगेकै थिएन। कोलकाताबाट आएको रेल वीरगन्जबाट झन्डै ३० किलोमिटर परको सुगौली हुँदै दिल्लीतर्फ लाग्ने गर्थ्यो। त्यति बेला नेपालबाट भारत प्रवेश गर्नेहरू नरकटियागन्जबाट रेल चढ्थे। त्यस जमानामा पर्सा जिल्लाको ठोरीको बाटो प्रचलित थियो।

त्यही बेलाको अवस्था उद्धृत गर्ने एउटा गीत नेपथ्यले धेरै पहिलेदेखि गाउँदै आएको पनि छ–

तोरीको तेल, ठोरीको रेल

तिम्रो हाम्रो साली अब छैन बेला

ब्यान्डले गाउने 'मै नाचे छमछमी' गीतको यस भागले उति बेला देशको सीमा सरहद नाघ्दै गरेका लाहुरेहरूको मनोदशा कसरी यस ठाउँसँग जोडिएर अभिव्यक्त हुन्थ्यो भन्ने पनि देखाउँछ।

त्यसो त नेपथ्यकै निम्ति एउटा होली गीत बनाउने परियोजना पनि वीरगन्जसँग जोडिएको थियो।

तीन वर्षअघिको होलीमा अमृत गुरुङ मेरो आतिथ्य स्विकार्दै वीरगन्ज आइपुगेका थिए।

हामीलाई वीरगन्जकै युवा नेता अरविन्द सिंहले पदमौल नगरदाहा गाउँमा गएर होली गीत सुन्ने अवसर जुराइदिए।

लामो समयदेखि वामपन्थी भावका गीत गाउँदै आएका पर्सा जिल्लाकै गायक सोधा यादवकहाँ त्यस दिनको जमघट थियो। यति बेला चलिरहेका भोजपुरी गीतहरूले कतैबाट पनि हाम्रो सभ्यता र संस्कारलाई प्रतिनिधित्व गर्दैनन् भन्ने सोधाको ठहर छ। उनी यस परिस्थितिलाई फेर्न चाहन्छन्। त्यो दिन सोधा र उनको टिमले दिउँसो अबेरसम्मै हारमोनियम र अन्य वाद्ययन्त्रका साथमा होलीका थुप्रै भोजपुरी गीत सुनाएका थिए।

त्यसमध्ये एक थियो–

कि परदेशिया हमार, होलियामे घर चलि अइह

कहल दशहरामे आइब, ना हि अइल

रउवा बिना बितली दिवालिया ना मनाउल

कि बितगइल अब खिचडी त्यौहार हो

होलियामे घर चलि अइह

वैदेशिक रोजगारीमा परदेसिएका श्रीमान्लाई दसैँ, तिहार र खिचडी (माघे सङ्क्रान्ति) को बेला पनि किन नआएको भनेर गुनासो गर्ने एक श्रीमतीले होलीको बेलाचाहिँ पक्कै आउनू है भन्ने भावमा गाएको यो गीतभित्र हाम्रो आफ्नै भोजपुरी परिवेशको मौलिकता थियो ।

यस्ता थुप्रै गीत त्यो दिन गाइएका थिए ।

वीरगन्जमा धेरै खाले गीत सुनेर फर्किएपछि आफूले मधेशका विषयवस्तुमा लेखिएका थुप्रै पुस्तक पढेको जानकारी अमृतले दिए ।

कन्सर्टसँगै नेपथ्यले यो सहरसँग थप मिठो साइनो विकास गरेको छ ।

विराटनगर र वीरगन्जमा चिताएभन्दा राम्रो प्रतिक्रिया पाएपछि ब्यान्डका लागि अबको गन्तव्य भएको छ, हेटौँडा ।

वीरगन्जबाट एक घण्टामै पत्तै नपाइने गरी हेटौँडा पुग्यौँ। हाम्रा गाडीहरू सरासर नवलपुर पुगेर सहिद उद्यानतर्फ उक्लिए। उद्यानछेउ एकलासमा बनाइएको सुविधासम्पन्न होटलमा हाम्रो बसोबास मिलाइएको थियो ।

यो भेग कस्तरी फेरिएछ !

झन्डै ३८ वर्षपहिले म यता आएको थिएँ। त्यो बेला सहिद उद्यानको नामनिसान थिएन। त्यति बेलाका स्कुले हामी अनेरास्ववियुसँग जोडिएका थियौँ र सङ्गठनबाटै बर्सेनि वीरगन्जमा देउसी-भैलो खेल्थ्यौँ। देउसी-भैलोबाट उठेको पैसाले एकपटक हामी वनभोज खान यस स्थानमा आएका थियौँ। त्यो ताका हालको सहिद उद्यानभन्दा पनि पर एउटा पाखामा जोगीहरू बस्थे । त्यस स्थानलाई 'पुण्य क्षेत्र' भनिन्थ्यो । त्यसैको अलिक माथि ठूलै झरना थियो । हामीले झरनाको छेवैमा बसेर वनभोज खाएका थियौँ ।

त्यति बेला हाम्रो समूहलाई गीत सुनाउन भनेर अनेरास्ववियुकै कतै अन्तका एक गायक गितार बोकेर आएका थिए। गाउन र बजाउनमा पारङ्गत उनले

दिनभरि सुनाएका सामाजिक रूपान्तरणका गीत हाम्रो मनमस्तिष्कमा जीवनभरका लागि अटाउन पुगे।

त्यो मिठो सम्झना बोकेको यो भेग अब त चिन्नै पनि गाह्रो हुने गरी फेरिएको रहेछ।

बाटोघाटो बगैँचाले सुसज्जित।

अनेरास्ववियुका ती दाइले मिठा गीत गाएकै स्थानमा झन्डै चार दशकपछि म नेपथ्य ब्यान्डसँग यात्रा गरिरहेको थिएँ।

हेटौँडा मानवसेवा आश्रमको मुख्यालय रहेको स्थान पनि हो। २०६८ सालमा यसै स्थानमा संस्थाको जग हालिएको थियो। अहिले सातै प्रदेश समेट्ने गरी १८ जिल्लामा यसका २३ केन्द्र विस्तार भइसकेका छन्। यसका शाखाहरूको थप विकास र विस्तारकै निम्ति नेपथ्यले देशभर साङ्गीतिक यात्रा गरिरहँदा हेटौँडाकै लामसुरेधापस्थित मुख्यालयको भ्रमण ब्यान्डका निम्ति महत्त्वपूर्ण थियो।

सरकारले उपलब्ध गराएको फराकिलो क्षेत्रमा व्यवस्थित तवरले पोखरी र बगैँचा बनाइएका थिए। त्यहाँ फलफूल पनि लगाइएका थिए। हरियालीकै बीचमा आश्रम भवन उभ्याइएको रहेछ। सफा र व्यवस्थित अनि आधुनिक सेवासुविधा सहितको आश्रममा झन्डै दुई सय जनाले आश्रय लिइरहेका थिए। यहाँ आएर बसेकामध्ये कतिपयलाई परिवारमा पुनःस्थापना गराइएका उदाहरण पनि थुप्रै रहेछन्। पुनःस्थापित हुन नसकेकालाई स्वावलम्बी बनाउनेतर्फ संस्थाले प्रयास अघि बढाएको देखिन्थ्यो।

टोलीले भ्रमण गरेको ठीक तीन दिनपछि नेपाल सरकारले यस आश्रमलाई मानवअधिकार पुरस्कार प्रदान गर्ने निर्णय सार्वजनिक भएको थियो।

हामीले आश्रम भ्रमण गरेको भोलिपल्ट हेटौँडाको भुटनदेवी स्कुल मैदानमा कन्सर्ट थियो।

पश्चिमी आकाशबाट उज्यालाका अन्तिम रापहरू जसै बिदा हुने तयारी गरिरहेका थिए, हेटौँडापूर्वको मनकामना डाँडाबाट पूर्ण चन्द्रमा उसै गरी उदय हुँदै गरेको देखिन्थ्यो। मैदान दर्शकले भरिएको थियो, थप दर्शक आउने क्रम चलिरहेकै थियो।

यसैबीच ब्यान्डका सदस्यहरू दुईतिरबाट धमाधम स्टेजमा उक्लिन थाले। देब्रे कुनाबाट ड्रमर ध्रुव र बेसिस्ट सुबिनले पहिलो शुभकामना थाप्दै मञ्च टेके। लगत्तै अरूले निरन्तरता दिए। यता दर्शकदीर्घाबाट ठूलो हल्ला र चिच्याहटसहित स्वागतको आवाज सुनिँदै थियो।

मञ्चमा उक्लनेबित्तिकै सलबलाएका वाद्यवादकले यसपाला अघिल्ला दुई कन्सर्टभन्दा बेग्लै गीतबाट कार्यक्रम सुरु हुन गइरहेको सङ्केत दिन थाले। अर्थात् अघिल्ला सहरमा जस्तो 'भँडाको ऊनजस्तो' बाट होइन कि हेटौँडामा अरू नै गीतबाट कन्सर्ट प्रारम्भ हुँदै थियो।

बाजा बज्न थालेको एकैछिनमा गायक अमृत मञ्चमा चढे। दर्शकदीर्घाबाट चर्को आवाजका साथ भइरहेको स्वागतकै बीचमा उनले गाउन थाले–

आँगनैभरि हिउँ नै झरे
आरु फूल टिपिराखे है

गीतसँगसँगै स्टेजको पृष्ठभागमा ब्यान्डका स्थापनाकालीन सदस्यहरूका बेग्लाबेग्लै तस्बिर देखा पर्न थाले।

यो गीत नेपथ्यको पहिलो सिर्जना हो। ब्यान्डको गर्भावस्थाको कथा यस गीतमा जोडिएको छ।

कुनै ठूलो तयारी र प्रयत्नबाट होइन, साधारण झिल्कोबाट नेपथ्यको गर्भधारण भएको थियो।

~

२०४६ सालमा मुलुकले काँचुली फेर्न थाल्यो। झन्डै तीन दशकअघि जननिर्वाचित सरकारलाई अपदस्थ गरी खोसिएको प्रजातन्त्र जनआन्दोलनबाट

पुनःस्थापित हुने क्रममा थियो। लामो कालखण्डपछि स्वतन्त्रता अनुभूत गराउने गरी नेपालमा राजनीतिसँगै अरू पनि धेरै कुरा बदलिने क्रममा थिए। खुलापनसँगै सिङ्गो नेपाली समाज रूपान्तरणको प्रसव वेदनाबाट गुज्रिन थालेको थियो।

खास गरी यस कालखण्डमै नेपालका सहरी भेगहरूमा आवादी बढ्न थालेको थियो। गाउँ-गाउँबाट तन्नेरीहरू सहर छिरी कोठा भाडामा लिएर स्कुल र कलेज पढ्ने लहर चल्न थाल्यो। यस्ता तन्नेरीका रोजाइको दायरा गीतसङ्गीत र साहित्यमा मात्र सीमित रहेन, अरू थुप्रै विषयवस्तुमा फैलन थाल्यो। सहरमा भिडियो क्यामरा देखिन थालेको थियो, कम्प्युटर देखिन थालेको थियो। न्युरोडका पसलहरूमा चिल्ला म्यागजिन अनि विदेशी सङ्गीतका सीडी तथा क्यासेटहरू सजाएर राख्न थालिएको थियो। टेलिभिजनमा अङ्ग्रेजी गीतका कार्यक्रमहरू चल्न थालेका थिए। सहरबजारमा 'पप सङ्गीत' गतिलै चहलपहलका साथ जुरमुराउन थालेको देखिन्थ्यो।

यी तमाम परिवर्तनले युवा पुस्ताको जीवनमा अपूर्व तुफान ल्याइरहेको थियो। अर्कातिर हाम्रा घरधरायसचाहिँ उही पुरानै ढर्रामा हलचल नगरी स्थिर बसिरहेको थियो। यसरी नयाँ पुस्तामा फेरिएका दृश्यहरूका सन्तुष्टि पनि चुलिँदै गएका थिए भने फेरिन नसकेका दृश्यहरूका असन्तुष्टि पनि उक्लँदै थिए।

पोखरा महेन्द्रपुलको छेवैमा एउटा टोल छ, रानीपौवा। त्यसै टोलमा हुर्केबढेको एक तन्नेरीको जीवनमा पनि त्यस्तै उथलपुथल मच्चिरहेको थियो। बासँग छोराको कुरा नमिलेपछि जटिलता बढ्दै गए। उनी विरक्तिन थाले।

ती तन्नेरी अर्थात् अमृत गुरुङले एक दिन घर छाडे र बरालिँदै कास्कीकै याङ्जाकोट पुगे। त्यहाँ उनको पुरानो साथी पुष्कल गुरुङको घर थियो। अमृत त्यतै पाहुना लागे।

याङ्जाकोटमा खाली समय सदुपयोग गर्ने हिसाबले अमृतले बच्चाहरूलाई पढाउन सुरु गरे। स्कुलकै मास्टरले जस्तो नभई अनौपचारिक तवरबाट जानेको विद्या बाँड्ने प्रयास थियो त्यो।

रहँदा-बस्दा याङ्जाकोटका धेरै मानिससँग उनको सङ्गत भयो। पोखराबाट बैरागिएर हिंडेका उनले त्यहाँ गाउँलेबाट माया पाए।

गाउँभरि साथी पुष्कलको साइनो थियो। उनले जुन-जुन साइनोले जस-जसलाई बोलाउँथे, अमृतको पनि उनीहरूसँग त्यही साइनो गाँसियो। त्यस बसाइमै गाउँका अधिकतर घरबाट अमृतलाई खाना खाने निम्तो आउन थाल्यो। उनी यसरी पाएको मायालाई सहर्ष स्विकार्थे। बाटामा हिंड्दा पनि गाउँलेले बोलाउन थाले। परिवारबाट विरक्तिएर हिंडेका उनले यो बेग्लै दुनियाँमा आफ्नो मनमिल्दो संसार भेट्दै गए।

त्यस गाउँका बहुसङ्ख्यक तन्नेरी बुढापाकासँग गफ गर्न उत्ति रुचाउँदैन थिए। अमृत भने गाउँका बुढाबुढीसँगै लहसिए।

'नाता केलाउँदा त त्यहाँ मेरो कोही पनि थिएन,' उनी भन्छन्, 'तर पनि ख्वै किन हो, सबै मेरो रगतकै आफन्तजस्ता लागिरहेका थिए।'

गाउँलेसँग विकास हुँदै गरेको भावनाको नाताले उनमा गाढा प्रभाव पार्दै लग्यो।

वैशाख पूर्णिमाको दिन याङ्जाकोटमा ठूलो मेला लाग्थ्यो। मेलाको मुख्य आकर्षण भनेकै घाटु नाच हुन्थ्यो, जसमा सहभागी हुन लमजुङ, कास्की र तनहुँदेखिका गाउँले ओइरिन्थे। घरदेखि पसलसम्म पाक्दै गरेका सेलरोटी र झिलिङ्गाको बास्नाले सिङ्गो गाउँ बसाउँथ्यो।

मेलामा तीन दिन र तीन रात लगातार नाच्दा सिङ्गो गाउँ उत्सवमय हुन्थ्यो, जहाँ रङ खेल्ने, ठेलो हान्ने, ठाउँ-ठाउँमा दोहोरी चल्नेदेखि हेर्दाहेर्दै थुप्रै तन्नेरीले तरुनीलाई भगाउँदै लगेकोसम्म देखिन्थ्यो। यसरी मेलाबाट अलप भएका जोडी पछि दम्पतीका रूपमा झुल्किन्थे।

याङ्जाकोटमा अमृतको अर्को साथी बन्न पुग्यो- गितार। साथीहरूसँग जमघट हुँदा उनी गीत गाउँथे। पुष्कलको पनि राम्रो स्वर थियो। एक दिन गाउँको पानीट्याङ्कीमाथि बसेर अमृतले गीत लेखेका थिए-

हे माया तिमीलाई पर्खी बसेछु
हृदयभरि माया सँगालेर तिम्रै यादमा

उनले यी शब्दलाई सङ्गीतमा पनि ढाले ।

'त्यो बेला सूत्रबद्ध हिसाबले कम्पोजिसन जान्दिन थिएँ,' अमृत भन्छन्, 'आफ्नै किसिमले धुन बुन्ने काम गरेको थिएँ ।'

यसरी बनाएको गीत गाउँदा त मिठै सुनिएको थियो तर त्यसले आम श्रोताको घेराभित्र आउने मौका पाएन ।

त्यो पहिलो गीत लेखेकै बेला अर्को गीत पनि अमृतलाई फुऱ्यो । उनले त्यसलाई टिपे । लयबद्ध गरे । पछि साथीसँग मिलेर त्यसलाई वाद्ययन्त्रका साथ कम्पोज पनि गरे ।

कालान्तरमा एउटा ब्यान्ड तयार हुनेवाला थियो– 'नेपथ्य' । अनि नेपालको सङ्गीत इतिहासमै उल्लेखनीय स्थान बनाउने त्यस ब्यान्डको पहिलो सम्पत्तिका रूपमा त्यो गीत दर्ज हुनेवाला थियो ।

गीतले भन्थ्यो–

आँगनैभरि हिउँ नै झरे
आरु फूल टिपिराखे है
लेकैमा भरि बैँसमा फूले
मायाको मुस्कानमा
सम्झिदेऊ, सुम्पिदेऊ
त्यो जोवन हामीलाई

एउटा गीतको आयु कति हुन्छ ? पक्कै पनि त्यो गीत सुन्ने एउटा मात्र होइन, फरक-फरक पुस्ताको दृष्टिकोणले यसको आयतन निर्धारण गर्छ । झन्डै साढे तीन दशकपछि हेटौँडाको भुटनदेवी मैदानमा यही गीतसँगै हजारौँ दर्शक नाचिरहेका थिए । जबकि उनीहरूमध्ये अधिकतर जन्मिनुभन्दा निकै अघि यो गीत बनेको थियो । यी किशोरकिशोरीको अघिल्ला पुस्ताले त्यसै गरी टाउको हल्लाएर आनन्द लिएको यो गीत अहिलेको पुस्तालाई पनि उत्तिकै मिठो लागिरहेको प्रत्यक्ष प्रमाण बन्दै थियो, हेटौँडाको भुटनदेवी मैदान ।

मञ्चको पृष्ठभागमा भने यो गीत रेकर्ड गर्दाको अर्थात् नेपथ्यको स्थापनाकालीन टोलीका सदस्यहरूका मनप्रिय तस्बिर पर्दामा नाचिरहेका थिए। सिङ्गो ब्यान्डको साढे तीन दशक लामो यात्राका आरोहअवरोह दर्साउने तस्बिर पनि पृष्ठभूमिमा बगिरहेका थिए। फरक-फरक नेपाली पुस्ताले अनुमोदन गर्दै आएको नेपथ्यका गीतलाई भर्खरका तन्नेरीहरूले पनि मन पराइरहेको देखाउने ती जीवित तस्बिर थिए।

हेटौँडाले फेरि पनि नेपथ्यलाई न्यानो स्वागत गऱ्यो।

कन्सर्ट सकिएको साँझ ब्यान्ड बसेको होटलमा राति अबेरसम्म हल्लीखल्ली थियो।

अर्कातिर त्यही रात ब्यान्डका सदस्यहरूलाई तत्काल काठमाडौं पुग्नुपर्ने भयो। आगामी महिना नै अस्ट्रेलियामा हुने शृङ्खलाबद्ध कन्सर्टका निम्ति उनीहरू त्यता जानुपर्ने भयो। भिसा प्रक्रियाका लागि भोलिपल्टै काठमाडौंमा बायोमेट्रिक्स गर्नुपर्ने भइदियो।

केही घण्टाअघिसम्म हजारौं दर्शकका अघिल्तिर रङ्गीबिरङ्गी उज्यालो चम्काउँदै गीत सुनाइरहेको टोली अब भीमफेदीको कच्ची बाटो भएर मङ्सिरको चिसो रात छिचोल्दै काठमाडौंतर्फ जानेछ।

'बिहान ४ बजेसम्म काठमाडौं पुग्छौं,' मध्यरातमा हेटौंडाबाट बाहिरिँदै गर्दा व्यवस्थापक अर्पण शर्मा भनिरहेका थिए, 'भोलि बिहानै बायोमेट्रिक्सको काम सकेर बेलुकी चितवन फर्किसक्छौं।'

दुई दिनको अन्तरालमै छेवैको चितवनमा कन्सर्ट दिनुपर्ने ब्यान्डका सदस्यहरूलाई काठमाडौं पुगेर फर्किनुपर्ने बाध्यता आइलागेको थियो।

बाँकीका हामी भने यतैबाट चितवन जाने गरी हेटौंडामै बस्यौं।

ब्यान्ड काठमाडौँतर्फ लागेपछि यो बिहान हेटौँडाको होटल स्मारक अचानक शान्त छ ।

मेरो ओछ्यान अघिल्तिर कोठाजत्रै अग्ला सिसाका पर्खाल छन् । ती पारदर्शी पर्खालभन्दा उता सहिद स्मारक र पुण्य क्षेत्रका पहाडी भेगको उज्यालो दृश्य पर-परसम्म फैलिएको छ । मानौँ, ती दृश्यहरूकै बीचमा म पल्टिरहेको छु । कोठाभित्र मेरो छालालाई ठिक्क हुने तापक्रम सेट गरेको छु । तैपनि बेला-बेला चराका आवाज र बाहिर चलिरहेको वायु महसुस गर्न मन लाग्छ । सिसैको विशाल ढोका घरी खोल्छु, घरी बन्द गरिदिन्छु । कफीका कपहरू निरन्तर भरिँदै छन्, सकिँदै छन् ।

हिजोको कन्सर्ट क्या भव्य भयो !

मनमा गुलियो भरिएको छ भने तितो कफीजत्तिको मिठो अरू केही हुन्न ।

मलाई केही समयअघि मात्र ब्यान्डका अगुवा एवम् गायक अमृत गुरुङले नेपथ्य स्थापनाको कथा सुनाएका थिए–

याङ्जाकोटबाट त्यति लामो समयपछि फर्किंदा पनि घरले अमृतलाई स्वागत गरेन ।

'फलानै विषय पढ्नुपर्छ', 'फलाना-फलाना काम मात्र गर्नुपर्छ', 'फलानासँग मात्र सङ्गत गर्नुपर्छ', 'फलाना..., फलाना..., फलाना...'

अनि छोरालाई बाको गतिविधि पटक्कै मन नपरेकामा चाहिँ कुनै सम्बोधन हुनै नपर्ने !

घरकै मुली र छोराबीच कुरा नमिलेपछि परिस्थिति अन्य सदस्यका निम्ति पनि अप्ठेरो बनिदिन्छ । अमृत यही अप्ठेरोमा बाँचिरहेका थिए ।

उनी पोखरा छाड्न चाहन्थे । तर कहाँ गएर बस्ने ? के गर्ने ?

यस्तैमा एक दिन दीपकजङ्ग राणा पोखरा आइपुगे । सानैदेखि एउटै स्कुल गण्डकी बोर्डिङमा पढेका दीपक अमृतको मन मिल्ने साथी थिए । आज पनि घण्टौँ गफिँदा उत्तिकै रमाउने सङ्गत छ उनीहरूको ।

नेपथ्य स्थापनामा प्रमुख भूमिका निर्वाह गरेका दीपक यति बेला हेलिकप्टर उडाउने क्याप्टेन छन् ।

त्यो बेला भने दीपक काठमाडौँमा पढ्थे । पोखराबाट परिवारले पठाएको पैसामा उनी डेरा लिएर बसेका थिए ।

दीपक पोखरा आएको बेला अमृतले आफ्नो व्यथा सुनाए ।

र, भने, 'मिलेदेखि काठमाडौँ जाने इच्छा थियो ।'

'आइज, मेरो कोठामा सँगै बसौँला,' दीपकको जवाफ आयो, 'यहाँ यसरी पिरोलिनुभन्दा जे गरे पनि उतै मिलेर गरौँला ।'

अमृतका निम्ति योभन्दा खुसी अरू के हुन्थ्यो ? तत्कालै 'हुन्छ' भनिहाले ।

लगत्तै दीपक काठमाडौँ गए । अमृत भने चाँजोपाँजो मिलाउनतिर लागे ।

पोखरामा हिमचिम भएका पसले साथीहरू थिए । एउटै थालमा खाने, एउटै लुगा साटेर लगाउने । त्यस्ता साथीसँग काठमाडौँ जान सापटीकै रूपमा सय रुपैयाँ माग्दा पनि पाएनन् । घरपरिवारका निम्ति त बोझ थिए नै, यत्रो सङ्गत गर्दा आफूलाई जाबो सय रुपैयाँ पनि विश्वास गर्ने साथी नकमाएकामा असाध्यै बिस्मात लाग्यो । घरी-घरी मन भाउन्न भएर आउँथ्यो ।

'म आफूलाई शून्यमा बिलाउन थालेको महसुस गर्थें,' अमृत सम्झन्छन्, 'बारम्बार झस्किन्थें र सम्हालिन्थें ।'

अन्तिममा उनको हातमा आमाले सय रुपैयाँको नोट थमाइदिइन् र केही वाक्य पनि–

'मैले चाहेर पनि तिम्रो निम्ति राम्रो गर्न सकिनँ । यहाँ घरमा राख्न सकिनँ । राम्रोसँग जाऊ । मेरो चिन्ता लिनुपर्दैन ।'

बहिनी र भाइ सानै थिए ।

अमृतले एकपल्ट टाउको घुमाएर तिनीहरूलाई हेरे । 'म जान्छु है' भने । ती अबोधहरू त दाइको अवस्था बुझ्न सक्ने स्थितिमा पनि थिएनन् ।

'मान्छेले धन-सम्पत्ति लुटिनुलाई लुटिएको भन्छन्,' यसो भन्दै गर्दा अमृतको

कण्ठ अवरुद्ध भएको थियो, 'म त पहिचानसमेत लुटिएको अवस्थामा घर छाडेर निस्किएको थिएँ।'

उनी काठमाडौँ पुग्नेबित्तिकै सरासर कुपन्डोलस्थित दीपकको डेरामा गए। त्यहाँ पुराना साथीहरू निर्मल गुरुङ, नवनारायण श्रेष्ठ र विक्रम राई पनि भेटिन थाले।

दीपकको डेरामा बस्दै गएपछि अमृतलाई कलेज भर्ना भएर पढ्न मन लाग्यो। छोरालाई नेता बनाउन चाहने बाका पुत्र पाटन कलेजमा मानविकीतर्फ स्नातकमा भर्ना भए।

'त्यति बेलै मैले मिला आर्ट ग्यालरीमा पार्ट टाइम जागिर पनि पाएँ,' अमृत सम्झन्छन्, 'त्यहाँ ग्यालरी कुर्नुका साथै स्कुल बिदामा जम्मा हुने बच्चाहरूलाई पेन्टिङ सिकाउनु पर्थ्यो।'

महिनाभरमा पाँच सय रुपैयाँ तलब पाइन्थ्यो।

आर्ट ग्यालरीबाट जीवनकै पहिलो तलब थापेको दिन आधा महिनाभन्दा बढीको कमाइ अर्थात् दुई सय ७५ रुपैयाँको कुर्ता-सुरुवाल किनेर पोखरामा बहिनीलाई पठाइदिएको अहिले पनि अमृत सम्झन्छन्।

त्यो बेला एम रेस्टुरेन्टमा महिनाभरि भात खाँदा दुई सय रुपैयाँ खर्च हुन्थ्यो।

कुपन्डोलमा बस्ने, हिमालय होटलअगाडि ग्यालरी कुर्ने, पाटनढोकामा पढ्ने र हरिहर भवनमा खाना खाने– अमृतको दिनचर्या थियो।

बेला-बेला गर्ने एउटा अर्को काम पनि थियो– नरदेवी जाने। त्यहाँ 'गोल्डेन ग्रिल' भन्ने रेस्टुरेन्ट थियो। मधुसूदन जोशी र नवीन तुलाधर लगायतका साथीहरू त्यहाँ भेटिन्थे। त्यहीँबाट योजना बनाएर उनीहरू कहिले सिनेमा हेर्न त कहिले बजार घुम्न जान्थे। काठमाडौँ उपत्यकामा आयोजना हुने कन्सर्ट उनीहरू प्रायः छुटाउँदैन थिए।

त्यो ताका झुन्ड बनाएर कन्सर्टमा जानेहरू प्रायः झैझगडामा अल्झिएकै हुन्थे।

'तर हाम्रो समूह कहिल्यै झगडामा अल्झिएन,' अमृत भन्छन्, 'कन्सर्टमा पुगेका अरूले गर्ने फाइटचाहिं सधैँजस्तो देख्थ्यौँ।'

कहिले के कहिले के निहुँमा कन्सर्टमा तन्नेरीहरूबीच लफडा भइरहन्थ्यो। माहोल पनि उस्तै। उडिरहेको धुवाँमा गाँजाको गन्ध बगिरहेको हुन्थ्यो। छेउछाउमा भोड्काका बोतल फालिएका हुन्थे। सिगरेटका ठुटाहरूको त रुन् के हिसाब ?

यस्तो माहोलमा आउने-जाने गर्न थालेपछि अमृतको समूह पनि जमघटमा बस्ने र गितार बजाउने गर्न थाल्यो। त्यति बेलै डेरा पनि कुपन्डोलबाट पुल्चोक सऱ्यो। दमकलको ठ्याक्कै अगाडि। अनि त्यही ठाउँ बन्यो, उनीहरूको 'अखडा'।

बिहान कलेज जाने नियमित काम छँदै थियो। अब त्यही अखडामा बसेर साथीभाइसँग गितार बजाउँदै घण्टौँ बिताउने रमाइलो पनि थपियो। त्यस्तो बेला छेउछाउका औषधि पसलबाट फेन्सिडिलका बोतलहरू पनि आइपुग्थे।

विशेषतः खोकीका लागि प्रयोग गरिने यो ओखती त्यस समयका युवामा लागूऔषधका रूपमा व्यापक प्रयोग हुन्थ्यो।

पुल्चोकको जमघटमा एक दिन पोखराबाटै आएका अर्का साथी भीम पुन पनि थपिए। त्यहाँ अरू देखासिकीमै गाउने, बजाउने गर्थे। भीम भने पहिल्यैदेखि राम्रैसँग मादल, तबला र गितार बजाउन सक्थे। अमृतको बाल्यकालदेखिका साथी उनले उति बेलै पोखरामा साङ्गीतिक समूह खोलिसकेका थिए।

पोखरा छँदै एकपटक अमृतमा सङ्गीतको टस देखेपछि भीमले डाँफे कला मन्दिरमा लगेर गाउन पनि लगाएका थिए।

डाँफे कलाको मञ्च पोखरेलीका निम्ति श्रद्धेय थियो, जहाँ अम्बर गुरुङजस्ता सङ्गीत क्षेत्रका हस्तीहरूले पनि आफूलाई उभ्याएका थिए।

त्यो दिन अमृतले गाएको गीत थियो-

दिनहरू अनि रातहरू
जति-जति सत्य छन्
त्यति तिमीलाई
मेरो प्यार थियो

त्यो गीत गाउने बेलाको पनि एउटा सम्झना छ।

स्टेजमा गीत गाउन अमृतलाई लैजाँदा भीमले साथमा रक्सी ल्याएका थिए। उनले 'लौ यो खा' भनेर दिए।

अमृतले अप्ठेरो माने।

'बढ्ता कुरा नगर, खा खुरुक्क, नत्र कसरी गाउँछस् ?' भन्दै उनले दुईवटा गिलासमा रक्सी हाले।

दुवैले स्वाट्ट पारे।

पालो आउनासाथ उनीहरू स्टेजमा पुगे।

'त्यो अँध्यारो हलमा मैले अरू केही देखिरहेको थिइनँ,' अमृत सम्झन्छन्, 'टाउकै-टाउकाहरू मात्र थिए।'

गाउँदा जिउ थर्रर्र कामे पनि स्वरले सुर छाडेन। अमृतले त्यस कार्यक्रमको रेकर्ड निकै पछिसम्म आफूसँग राखेका थिए।

भीम काठमाडौँ आउनुको कारण थियो– राजधानीमा बन्दै गरेको उनकी दिदीको घर। घर बनिरहेको ठाउँ दिनभर रुँगेपछि उनी अमृतको समूहमा मिल्न पुल्चोक आइपुग्थे। अमृतले नै भीमलाई दीपकसँग चिनजान गराए। त्यसरी एकाकार भएका उनीहरू अब झनै रमाएर गाउन, बजाउन थाले।

त्यो बेला दार्जिलिङको 'यूएस ब्यान्ड' चल्तीमा थियो। काठमाडौँमा 'क्रिसक्रस ब्यान्ड' को नाम थियो। देव राना र सुवर्ण लिम्बूहरूको 'प्रिज्म ब्यान्ड' मा अलिक पाकाहरूको पोख्त प्रस्तुति हेर्न पाइन्थ्यो। मुक्ति शाक्यको 'इलिगेन्स' त्यस्तै दमदार। मुलुक बाहिरचाहिँ 'डिप पर्पल', 'पिङ्क फ्लोइड', 'लेड ज्यापलिन' का गीतहरूले तन्नेरी मनलाई रत्याउँथ्यो। 'क्विन' को 'बोहिमियन र्‍याप्सोडी' आफैँमा एउटा अद्भुत सिर्जना थियो। मुलुकभित्र र बाहिरका यिनै समूहको प्रत्यक्ष वा रेकर्डेड कार्यक्रम हेरेर अमृतको समूह आनन्दित हुन्थ्यो।

भृकुटीमण्डपमा मेला लागिरहन्थे। त्यस्ता मेलामा शुक्रबार र शनिबारको दिन कन्सर्ट पनि हुन्थ्यो।

अङ्ग्रेजी गीत गाउनका निम्ति नेपालीको त्यति माझिएको शैली थिएन। त्यसमाथि त्यस बेलाको अपरिष्कृत साउन्ड सिस्टम। यस्तोमा उनीहरूले न ढङ्गका साथ पश्चिमा सङ्गीतको दलिन समातेका हुन्थे न भुइँ अर्थात् आफ्नै मौलिकताको स्वादमा रमाउन सकिरहेका हुन्थे।

अमृतका शब्दमा त्यो ताका काठमाडौँमा हेरिने कन्सर्ट साङ्गीतिकभन्दा पनि बढी 'डडाङडुडुङ' सुनिन्थे। के गाएको भनेर हत्तपत्त नबुझिने। त्यसमाथि एकातिर केटाकेटीको भेट्ने थलो, अर्कातिर गाँजा, रक्सी र चुरोटको धुवाँ। मारपिट अनि पुलिसको लखेटालखेट।

'बरु नेपाली पाराकै गीत गाउन पाए कस्तो हुन्थ्यो होला हगि ?' उनीहरू सोच्थे।

यो कुरो गितारदेखि मादलसम्म बजाउने भीमको मनमै गढेछ।

'हामी एउटा ब्यान्ड खोलौँ न,' भीमले फ्याट्ट कुरा राखिहाले।

'तँ भोकलिस्ट, म गितार बजाइहाल्छु,' अमृतलाई ढाडस दिँदै उनले थपे, 'दीपक पनि छँदै छ। ल हामी ट्राई गरौँ।'

'हुन्छ नि त, गर्ने भए गरौँ,' अमृतले भने, 'थाल्ने हो भने सङ्गीतको सामान्य ज्ञानचाहिँ हामी सबैले राख्नै पर्छ।'

त्यसपछि सबै जनाबीच गितारको क्लास लिने सल्लाह भयो।

निकै पहिले बर्माबाट आएर काठमाडौँमा स्थापित भइसकेका सीबी क्षत्रीले त्यो बेला न्युरोडमा गितारको क्लास चलाउँथे। रेडियो नेपालमा लामो समय बिताएका क्षत्री पुराना गितारवादक हुन्। रेडियोमा रहँदा नारायणगोपाल र उनका समकालीनहरूका साथमा गितार बजाएको अनुभव क्षत्रीसँग छ।

अमृतको समूहले क्षत्रीसँगै नोटेसन सिक्दै गितारको क्लास लियो। सङ्गीतको अलि-अलि जानकारी भयो।

त्यसपछि उनीहरूले गाउन सुरु गरे।

त्यो बेला गाउने भनेकै हिमालयन ब्यान्डले हडकडतिर तयार पारेको 'मुसुमुसु हाँसिदेऊ न लै लै' जस्ता गीतहरू हुन्थे।

नारायणगोपाल, अम्बर गुरुङ, प्रेमध्वज प्रधानजस्ता गायकबारे पनि उनीहरू जिज्ञासु भएर गाउने कोसिस गर्थे । सुरुवाती दिनहरूमा ओमविक्रम विष्टका गीत पनि गाइए । त्यस लहरमा अरुण थापाका गीत छुट्थेनन् ।

पुल्चोक जमघटमा एक दिन मधुसूदन नयाँ युवकलाई साथै लिएर आए ।

'ऊ मेरो साथी रवीन्द्र,' मधुसूदनले सबैसँग परिचय गराए, 'उसले पनि गीत गाउँछ ।'

सबै जनाले रवीन्द्रका गीत सुने । त्यो बेला उनले गाएका थिए–

भेटौँला कान्छी घुमाउने चौतारीमा
वनपाखामा खोलानालामा

रेडियो नेपालमा बज्ने यो पुरानो लोकगीतसँगै रवीन्द्रले सुनील पराजुलीको चर्चित गीत पनि गाएका थिए–

आकाशैमा चिल उड्यो धर्तीमा छाया
गाँठो पारी बाँधिराख मेरै चोखो माया
आहै रेशमको रुमालैमा

८० को दशकमा पहिलोपटक नेपाली तन्नेरीहरूले 'क्लासिकल गिटार सोसाइटी' नाम दिँदै पप गीतहरूको सँगालो 'सुनसान रातमा' निकालेका थिए । सुनीलका साथमा अम्बर गुरुङका जेठा छोरा किशोर गुरुङ पनि त्यस एल्बममा संलग्न थिए । एउटा यादगार एल्बमका रूपमा नेपाली सङ्गीत इतिहासमा ठाउँ सुरक्षित पारेको त्यस एल्बमकै चर्चित गीत थियो यो । त्यसपछि सुनील र किशोर दुवै सङ्गीत पढ्न अमेरिका गए ।

त्यो दिन रवीन्द्रको स्वर सबैलाई राम्रो लाग्यो ।

'रवीन्द्रको स्वर मिठो छ,' उत्तिखेरै अमृतले प्रस्ताव राखिहाले, 'हाम्रो ब्यान्डमा अब उसैलाई भोकलिस्ट बनाऔँ ।'

अरू साथीहरू भने 'यति चाँडै निर्णय लिइहाल्ने र !' भन्ने मुडमा थिए ।

अमृतले 'उसले गायो भने गजब हुन्छ' भनेर तत्कालै निर्णयमा पुग्न दबाब दिए।

त्यसपछि सबै जना एकमत भए अनि रवीन्द्रलाई ब्यान्डमा निम्त्याए। रवीन्द्र पनि सहर्ष तयार भए।

रवीन्द्रले त्यसपछि पनि केही गीत सुनाए। साथी हिस्सी ताम्राकारसँग मिलेर उनले बनाएका गीतमध्ये एउटाले नेपथ्यको पहिलो एल्बममै स्थान पाएको थियो।

यसरी रवीन्द्र श्रेष्ठ नेपथ्यका गायक भए। नेपथ्यमा आएपछि उनको नयाँ नामकरण 'रविन' गरियो। आजसम्म पनि नेपथ्य मन पराउने श्रोताले ब्यान्डका यी प्रारम्भिक गायकलाई 'रविन' भनेरै चिन्दै आएका छन्।

अमृत र दीपकको डेरा पुल्चोककै मचागालमा सऱ्यो। घरबेटी थिए, विजयरत्न शाक्य। घरबेटीलाई सम्झिनुपर्ने कारण किन पनि छ भने जन्मने क्रममा रहेको नेपथ्यलाई स्याहार्न विजयरत्नले पनि योगदान गरेका थिए। यस्तो योगदान एम रेस्टुरेन्टका प्रकाश 'दादा' ले पनि पुऱ्याएका थिए। त्यस रेस्टुरेन्टमा काम गर्ने मानिस नभएको बेला प्रायः दीपक काउन्टरमा बसिदिन्थे, अमृतले भान्छामा पसेर ग्राहकका अर्डरहरू पकाइदिन्थे। त्यसले गर्दा पनि सजिलो भएको थियो।

नत्र ब्यान्डलाई यस्ता अल्लारे तन्नेरीहरूले जन्माइरहेका थिए, जससँग न समयमा घरबेटीलाई बुझाउनुपर्ने पैसा हुन्थ्यो न महिनौं खाएको होटलको बिल तिर्ने। त्यहाँमाथि जहिल्यै डेरामा भिडभाड र हल्लाखल्ला।

पछिल्लो डेरा त पोखराबाट आउने तन्नेरीहरूको अखडै बनेको थियो। विशेष गरी विदेश जाने लहडमा धेरै तन्नेरी त्यो बेला काठमाडौं आउँथे। उनीहरूका निम्ति यी पोखरेली साथीहरूको कोठा हुलमुलमा खाने, पिउने, मस्ती गरेर बस्ने 'धर्मशाला' जस्तो भइदियो।

पोखराबाट आउनेहरूको हुल नथामिने गरी बढ्दै जाँदा कहिलेकाहीं त अमृत र दीपक आफ्नै डेरामा पनि राति कसैले थाहा नपाउने गरी सुटुक्क पर्खाल नाघेर पस्थे।

डेरा छेउछाउका कोठाहरूमा क्युरियो पसलका सरसामान तयार पारिन्थ्यो। जुन बेला पनि ट्वाक-ट्वाक आवाज आइरहने। उताबाट धातुमा घनले ठोक्दा आउने आवाज र यताबाट बाजा बजाउँदा निस्किने आवाज एकापसमा मिल्दा अनौठो सुनिन्थ्यो। त्यस्तै माहोलका बीच ब्यान्डको अभ्यास पनि अगाडि बढ्दै गयो।

न्युरोडको पोखरेली हिराचन होटल र भोटेबहालस्थित मिलन सोल्टीको कोठामा पनि यस्ता जमघट र महफिल जम्ने गर्थे।

यस्तैमा सुरेश पुन पनि भेटिए। म्याग्दी मूलघर भएका सुरेश बुटवल बस्थे। अमृतका साथी सुनील पुनले उनीहरूबीच परिचय गराइदिएका थिए। केही समयमै उनले पनि ब्यान्डमा आउने इच्छा देखाए। नयाँ सदस्यका रूपमा थपिएर उनले ड्रम्स बजाउने तय भयो। उनी सिक्ने तयारीमा लागे।

केही दिनमै अमृतसँग कुराकानी गरेर पोखराकै बुद्धि गुरुङ पनि ब्यान्डमा थपिन आइपुगे। उनले किबोर्डको जिम्मेवारी पाए।

ब्यान्ड पूरा भएपछि रिहर्सल हुने भयो। अब जरुरी थियो गीतको। तर त्यो बेला यी नौला 'अल्लारे' हरूलाई कसले गीत दिने ? कसैले दिएनन्।

आफ्नै हिसाबले गीत जुटाउने सुरमा लागिरहेको बेला अमृतका साथी शुक गुरुङ भेटिए। उनी कम्पोजर पनि थिए। सुरुमा त उनले पनि खासै वास्ता गरेका थिएनन्। पछि भने बल्लतल्ल एउटा गीत दिए-

छेक्यो छेक्यो देउराली डाँडा
हुस्सु र कुहिरोले
छोडेन कहिल्यै जहाँ गए पनि
मायाको धुइरोले

गीत दिइसकेपछि पनि शुक अलमलमै देखिन्थे। उनले यस गीतमा २२ जना भायोलिनवादक प्रयोग गरिनुपर्छ भनेर अडान राख्न थाले। जबकि त्यति धेरै भायोलिनवादक प्रयोग गर्न यी तन्नेरीका लागि आर्थिक हिसाबले सम्भवै थिएन।

यस विषयलाई लिएर धेरै विवाद भयो। आजित भएर अमृतले 'यो

गीत नगाउने' भनेर निर्णय सुनाइदिए। त्यसैले हातमा हुँदाहुँदै पनि यो गीत ब्यान्डको पहिलो एल्बममा पर्न सकेन।

पहिलो एल्बमका निम्ति जेजस्ता गीत उपलब्ध भए, तिनैको तयारी अघि बढ्यो।

ब्यान्डको अभ्यासका लागि विजयरत्न शाक्यको घर अर्थात् अमृत र दीपकको डेरा पर्याप्त थिएन। त्यसमाथि त्यहाँ क्युरियोका सामान बनाउँदाको एकोहोरो आवाज आइरहन्थ्यो।

साथी महेश श्रेष्ठको घरमा भुइँतला खाली छ भन्ने थाहा भयो। महेशले कोठा मात्र होइन, आफूसँग भएको गितार पनि ब्यान्डलाई दिए। त्यहीँ अभ्यास गर्दागर्दै याङ्जाकोटमा सिर्जना गरिएको 'आँगनैभरि' ले अन्तिम स्वरूप पायो।

ब्यान्डसँग अझै पर्याप्त वाद्ययन्त्र थिएन। त्यसको खोजी चलिरहेकै थियो। त्यसै क्रममा पोखरा पार्दीस्थित अन्नपूर्ण ब्यान्ड त्यसै थन्किरहेको गितार र किबोर्ड दिन तयार भयो।

एकपछि अर्को सामग्री थपिँदै गए, रिहर्सल अघि बढ्दै गयो।

रिहर्सल चल्दाचल्दै एक दिन भीम, दीपक, रविन, सुरेश, बुद्धि र अमृतका बीचमा ब्यान्डको नाम राख्ने कुरा उठ्यो। के राख्ने त ?

'आफू-आफूले सोचौँ र हरेकको सुझावमा मिलेर बहस गरौँ' भन्ने कुरा भयो। त्यति बेला अमृतले ब्यान्डको नाम 'साथी सङ्गत' राखौँ भनेर प्रस्ताव गरेका थिए।

पुल्चोकको कोठामा उनीहरू चिया पिउँदै नामबारे छलफल गरिरहेका थिए। त्यति बेलै दीपकले ल्याएको नाम अलिक बेग्लै, अनौठो र मिठो सुनियो–

'नेपथ्य'

रङ्गमञ्चमा प्रयोग हुने यस शब्दको अर्थ 'नदेखिने पृष्ठभागमा बसेर स्टेजलाई योगदान दिने थलो' भन्ने लाग्छ।

नाम अर्थपूर्ण, नौलो र स्वादको थियो। ब्यान्डका सबैलाई यो नाम प्रिय हुने नै भयो।

अन्तिममा सर्वसम्मतिले 'नेपथ्य' पास भयो।

ब्यान्डका पुराना सदस्यहरूमध्ये एकथरीले 'नेपथ्य' नामकरण भएकै बेलालाई स्थापनाको क्षण मान्नुपर्छ भन्ने मत राख्दै आएका पनि छन्।

अभ्यासले माझिँदै गएपछि गीत रेकर्ड गर्ने तयारी पनि सुरु भयो। त्यसका निम्ति ब्यान्डका सदस्यहरूले पाँच-पाँच हजार रुपैयाँ उठाए।

एल्बमका निम्ति गीत र पैसा तयार भयो। तर कुनै चिनेजानेको कलाकार समेटिएनन् भने यी अल्लारेहरूले रेकर्ड गरेको क्यासेट कसले किनिदेला ? ब्यान्डका सदस्यहरूलाई चिन्ता पनि लाग्न थाल्यो।

यस्तोमा गायक अरुण थापालाई पनि गाउन लगाउने योजना बन्यो।

गायकका रूपमा अरुणको उदय पोखराबाटै भएको थियो। बैङ्कका जागिरे पितासँग पोखरा पुगेको बेला तीसको दशकमा विक्रम गुरुङ, विनोद गौचन, सरोजगोपालजस्ता अग्रज पोखरेलीहरूको सङ्गतमै अरुण रेडियो नेपालका परिचित गायक बन्न पुगेका थिए। अमृत केटाकेटी छँदैदेखि अरुणलाई चिन्थे।

पुराना गायक अरुण थापालाई गाउन लगाउने निधो त भयो। तर अरुण आफैँ भने गाउन सक्ने अवस्थामा थिएनन्। लागूऔषधका अम्मली उनी त्यति बेला जेलमा थिए। तैपनि ब्यान्डका सदस्यहरूले एकमत प्रकट गरेपछि 'लौ हुन्छ' भनेर अमृत अरुणलाई भेट्न भद्रगोल जेल गए।

गीतको प्रस्ताव सुन्नासाथ अरुणले भित्रबाटै 'पछि भेटौँला' भन्दै हलुकासँग टारिदिए। खासै गहिरो कुरा केही पनि हुन पाएन। अरुण छुट्ने बेला हुनै लागेको थियो। त्यसैले अब बाहिर निस्किएपछि नै भेट्ने हिसाबले अमृत फर्किए।

एकातिर रिहर्सल चलिरह्यो, अर्कातिर अरुणको पर्खाइ पनि।

एक दिन अचानक उनी जेलबाट छुटेको खबर आयो। मैतीदेवीस्थित उनका पुराना साथी आनन्द राईकहाँ अरुणको बसोबास रहेछ। पहिलेदेखिको

परिचित त्यस ठाउँमा दीपक र अमृत पुगे। एकैछिन पर्खाएपछि अरुण गाँजा गन्हाउँदै बाथरुमबाट निस्किए। भलाकुसारीलगत्तै अमृतले मीन गुरुङ रचित एउटा गीतको लाइन सुनाए–

जीवन यहाँ यस्तै छ, भन तिमीलाई कस्तो छ
मेरो त आँखाभरि आँसु नै सस्तो छ

गीत सरसर्ती सुनिसकेपछि अरुण थापाले भने, 'ए ठीकै रहेछ। हुन्छ, रेकर्डिङ गर्न केही समस्या छैन। कहाँ गर्ने हो ?'

'ठाउँ तय गरिसकेका छैनौं दाइ,' अमृतले भने, 'विचार गरिरहेकै छौं।'

'कमलादीमा भाइहरूले खोलेको सिम्फोनिक भन्ने नयाँ र राम्रो स्टुडियो छ,' अरुणबाटै सुझाव आयो, 'तिमीहरू पनि उतै जाओ न।'

त्यस ठाउँमा रेकर्ड गर्ने हो भने आफूलाई पनि पायक पर्ने अरुणको भनाइपछि अमृत र दीपक दुवै 'हस्' भनेर निस्किए।

अब अरुण थापाले सिफारिस गरेको त्यस स्टुडियोको खोजी सुरु भयो।

कमलादीमा रङ पनि नलगाइएको ठूलो भवन रहेछ।

माथि चढेपछि टेबलमा एक जना देखिए। नमस्ते गर्नासाथ उनले 'भाइहरू कहाँबाट आएको ?' भनेर सोधे।

त्यसरी सोध्ने मानिस थिए, दीप तुलाधर। गीत-सङ्गीतका माध्यमबाट पहिलेदेखि चिनिरहेका दीपलाई अमृतले त्यो दिन सिम्फोनिक स्टुडियोमा पहिलोपटक देखिरहेका थिए। मोटा-मोटा सिसा भएको चस्मा लगाएका। हल्का जुँगा पालेका। गोरा र खाइलाग्दा।

अरुण थापाको नाम लिनेबित्तिकै दीपले ती दुई तन्नेरीलाई त्यहींका जीवनदीप प्रधान र भूपालमान सिंहसँग परिचय गराइदिए।

त्यसपछि स्टुडियो कस्तो रहेछ भनेर हेर्ने जिज्ञासा भयो। जुत्ता फुकालेर भित्र छिर्दा त असाध्यै साधारण दृश्य पो देखियो। रेडियो नेपालको भव्य स्टुडियो देख्दै आएका ती तन्नेरीलाई मेसिनहरू पनि खासै नदेखिने र भित्ताभरि अण्डाका क्रेटहरू टाँसिएको यो स्टुडियो हेर्दै पत्यार नलाग्ने थियो।

त्यतै कतै सानो 'फोर ट्र्याक मेसिन' राखिएको थियो। त्यहीं 'क्रोम' क्यासेटमा रेकर्ड हुने रहेछ। उति बेला चलनचल्तीमा पाइने क्यासेटको रिलभन्दा क्रोम क्यासेट स्तरीय मानिन्थ्यो। त्यतै फेन्डर कम्पनीका दुईवटा गितार पनि देखिए। एउटा सेतो रङको बेस गितार पनि थियो। साधारण किसिमको किबोर्ड पनि थियो। रेडियो नेपालमा त मिक्सर पनि बडेमानका हुन्थे। यहाँ त त्यो पनि कति सानो !

स-साना, छिर्नै गाह्रो र दिउँसै पनि हेर्दै डरलाग्दो अन्धकार कोठा र चेपहरूमा उनीहरू सम्हालिँदै हिंडे। दुईवटा साँघुरा कोठालाई अण्डाका क्रेटहरू टाँसेर 'भोकल बुथ' भन्दै छुट्याइएको थियो।

रेडियो नेपालमा जाँदा फुलुक्क देखेर, सिनेमामा हेरेर अनि मानिसका चर्चा सुनेर उनीहरूको कल्पनामा जुन स्टुडियोको नक्सा बनेको थियो, त्यो यस ठाउँमा आएर दुर्घटनाग्रस्त भइरहेको थियो।

यसको अर्थ सिम्फोनिकमा केही थिएन भन्ने चाहिं होइन।

केही कुरा त्यहाँ उनीहरूले चिताएको भन्दा बढी थियो। त्यो भौतिक नभएर मानवीय सम्पत्ति थियो। अर्थात् त्यहाँ आवाजको दुनियाँका यस्ता हस्तीहरू थिए, जो रेकर्डिङका लागि पनि सिद्धहस्त मानिन्थे। त्यति बेलाका रेकर्ड गर्ने संस्थाहरूभन्दा बाहिरै रहेका तर यस विधाका निम्ति अत्यन्त ऊर्जा बोकेका मानिस थिए ती।

त्यति बेलाको सरकारी संरचनामा अटाउन नसकेका वा स्वतन्त्र किसिमले काम गर्ने ध्येयले यसरी जुटेका ती मानिसले तयार पारेको यो एउटा यस्तो महत्त्वपूर्ण थलो थियो, जहाँ घण्टाको हिसाबले पैसा तिरेर आरामले सङ्गीतकर्मीहरूले सेवा लिन सक्थे।

स्टुडियो जति अँध्यारो भए पनि मानवीय क्षमताको पाटो असाध्यै उज्यालो थियो। त्यो देखेरै उनीहरू दङ्ग परे।

त्यसको पनि कारण थियो। उनीहरू जुन सङ्गीतको दुनियाँमा भर्खर प्रवेश गर्न लागेका थिए, त्यसबारे कुनै ज्ञानै थिएन। कुनै अनुभवै थिएन।

'तिमीहरूको अरेन्जमेन्ट भयो त ?' सिम्फोनिकका प्राविधिकहरूले सोधे।

'भएको छैन,' जवाफ दिए ।

'ल, त्यसो भए उहाँ भूपाल दाइ, उहाँ सचिन, उहाँ अमूल कार्की ढली,' धमाधम औँलाले देखाउँदै भन्न थाले, 'उहाँहरूले अरेन्जमेन्ट गरिदिएपछि काम हुन्छ ।'

खासमा ती तन्नेरीहरूले आलोकाँचो ज्ञानकै भरमा जसरी गीत तयार पारेर लगेका थिए वा त्यसका कर्डहरू जसरी बनाएका थिए, त्यो प्राविधिक हिसाबले अत्यन्तै कच्चा थियो । रेकर्ड गर्ने बेला कतै नमिल्ने ।

त्यहाँका धुरन्धर अग्रजहरूले उनीहरूका गीतलाई धमाधम साङ्गीतिक टेको लगाएर उभ्याइदिए। मिठो बनाइदिए। ती नवयुवकहरूका कोरा सिर्जनाहरूले पारङ्गत 'ग्रामर' पाए ।

सिम्फोनिक स्टुडियोको पहिलो भेटघाटमै उनीहरू रेकर्डिङको मिति बोकेर फर्किए ।

त्यही साँझ पुल्चोक फर्कने बेला यो जमातसँग पोखराकै रत्नमान गुरुङको भेट भयो । जापान जाने तयारीमा रहेको एउटा टोलीलाई पछ्याउँदै रत्न काठमाडौँ आइपुगेका रहेछन् ।

रत्नले इच्छा प्रकट गरेपछि ब्यान्डमा नयाँ सदस्यका रूपमा उनी पनि जोडिए ।

'मसँगको तितो विगतले गर्दा रत्नलाई ब्यान्डमा समावेश गरेको भीमलाई पटक्कै चित्त बुझेको थिएन,' अमृत भन्छन्, 'मैले नै भीमलाई सम्झाएँ ।'

भीमको असन्तुष्टि यथावत् देखेपछि रत्नलाई निम्त्याउन छाडियो ।

'तर संयोग कस्तो हुन्थ्यो भने जहिले-जहिले रिहर्सल गर्न थाल्यो, रत्न टुप्लुक्क आइपुग्थ्यो,' अमृत सम्झन्छन्, 'एक दिन, दुई दिन, कहिले के, कहिले के गर्दागर्दै ब्यान्डसँग नजिकिँदै जान थाल्यो ।'

यसो गर्दागर्दै गितार बजाउने जिम्मा रत्नलाई नै दिइयो ।

यही बीचमा एक दिन अचानक एउटा नयाँ परिस्थिति सिर्जना भयो ।

त्यो ताका जर्मनी जान नेपालीले यहाँदेखि भिसा लिइरहनुपर्दैन थियो। शाही नेपाल वायुसेवा निगमको विमान फ्रयाङ्कफर्टसम्मै उड्थ्यो। सोझै उडेर पुगेपछि त्यहाँको विमानस्थलमै प्रवेशाज्ञा (भिसा) जारी गरिन्थ्यो।

थुप्रै नेपाली तन्नेरी जर्मनी पुग्ने र उतै बसेर कमाउने प्रचलन बढ्दै गएको थियो। त्यसले भीमलाई आकर्षित गरेछ।

ब्यान्डकै मेरुदण्ड भीमले लिएको त्यस निर्णयले पहिलो एल्बम तयार हुनै नपाई ब्यान्डको नियति अन्योलमा धकेलियो।

जर्मनी जानुअघि भीमले सबै साथीलाई पार्टी दिए। एकातिर ब्यान्डको अनिश्चितता, अर्कातिर प्रिय साथी टाढिने। तैपनि ती प्रिय साथीको खुसीका अघिल्तिर सबै नतमस्तक भइदिए। दुःख मान्ने हो भने कस्तो दुःख ? खुसी भन्ने हो भने कस्तो खुसी ? अलमलकै बीच पनि सबैले रमाएर भीमलाई बिदा गरे।

एकातिर सङ्गीत बुझ्ेका र अर्कातिर सम्पूर्ण व्यवस्थापन पनि सम्हालिरहेका सदस्य बिदेसिनु ब्यान्डका निम्ति ठूलो धक्का हुने नै भयो।

भीमको ठाउँ सम्हाल्न अमृत बाध्य भए। र, रेकर्डिङको प्रक्रियाले फेरि निरन्तरता पायो।

सिम्फोनिकले रेकर्डका लागि दिएको मिति पनि आइपुग्यो।

बोलाइएको समय बिहानै सिम्फोनिक पुगे पनि रेकर्डिङ राति १० बजे मात्रै हुन्थ्यो। एक त विद्यार्थी, त्यसमाथि खल्ती खाली। ब्यान्डका सदस्यहरू भोकले लखतरान परेका हुन्थे। अझ राति काम सकिएपछि भोकै हिंडेर पुल्चोक पुग्नुपर्थ्यो। कसैले पकाएर खाना राखिदिएको हुँदैन थियो।

'ती दिनहरू सम्झँदा अहिले पनि एक किसिमको यातनाजस्तो लाग्छ,' अमृत भन्छन्, 'तर पनि ख्वै कुन शक्तिले हो, हामीलाई अगाडि बढाउँदै लग्यो।'

नेपथ्यको पहिलो एल्बममा जति पनि वाद्ययन्त्रका आवाज प्रयोग भएका थिए, तिनमा एउटा गितार छाडेर बाँकी सबै सिन्थेसाइजरबाटै तयार पारेर निकालिएका थिए। गितारमा पनि ब्यान्डका सदस्यले तयार पारेका केही लिड पिसबाहेक रिदम गितार अरूले नै बजाइदिएका थिए।

वाद्यवादनमा ब्यान्डका सदस्यभन्दा पनि बाहिरकै व्यावसायिक वाद्यवादक हावी भएर रेकर्ड चल्दै थियो। त्यसो हुनु स्वाभाविक पनि थियो। नेपथ्यका सबैजसो सदस्य सङ्गीतको समझले भन्दा पनि रहरका भरमा एकजुट भएका थिए। अलिकता सङ्गीतको ज्ञान भएको भनेका उनै भीम थिए, जो रेकर्ड सुरु हुनु ठीक अगाडि जर्मनी गइसकेका थिए। सिम्फोनिक स्टुडियोका एकसे एक व्यावसायिकहरूका अधिल्तिर यी बाँकी सदस्यको कुनै दाल गल्थेन।

सबैभन्दा पहिले रेकर्ड पनि उही याङ्जाकोटमा तयार पारेको गीत नै भयो–

आँगनैभरि हिउँ नै झरे
आरु फूल टिपिराखे है

सुरुमा गीत रविनले मात्रै गाउने कुरा थियो। अमृतको चाहना पनि त्यही थियो। केही सदस्यचाहिँ अमृतलाई एकदुईवटा गीत गाउन जिद्दी गरिरहेका थिए।

त्यसैबीच 'हे माया तिमीलाई' भन्ने गीत रेकर्ड गर्ने बेला रविनले अलिक पारा ल्याएनन्। राति अबेर भइसकेको थियो। दीप तुलाधरले रविनलाई 'बाहिर आऊ' भन्दै बोलाए। रविन बाहिर निस्किएपछि 'यो गीत कसले बनाएको हो ?' भनेर सोधे।

अमृत अगाडि बढे अनि 'मैले बनाएको गीत हो दाइ' भने।

त्यत्तिकैमा दीपले 'त्यसो भए तिमी भित्र जाऊ' भने।

भित्र गएपछि अमृतले त्यो गीत गाउन थाले।

सुरुमा अमृतले पनि केही टेक लिनुपरेको थियो। तैपनि रेकर्ड सम्पन्न भयो।

यसरी आज नेपथ्यका मुख्य गायक बन्न पुगेका अमृतको जीवनकै पहिलो औपचारिक गीत हुन पुग्यो–

हे माया तिमीलाई
पर्खी बसेछु

'म त साथीहरूको कुरा पनि नमानेर गाउने जिम्मा एक्लो रविनलाई नै सुम्पनुपर्छ भन्दै अडिएको थिएँ,' अमृत भन्छन्, 'त्यो बेला अचानक स्टुडियोभित्र धकेलिदिएर मलाई गायक बनाइदिने दीप दाइको गुन कहिल्यै बिर्सन सक्दिनँ।'

त्यसपछि अर्को गीत पनि थियो–

उड्दाउड्दै आकाशमा छिनिदियो जिन्दगी
गुड्दागुड्दै धर्तीमा लडिदियो जिन्दगी

यस गीतमा पनि रविनले त्यति पारा ल्याएनन्।

पछि त्यो गीत पनि अमृतले नै गाए।

अमृतले नै गाएको अर्को गीत 'यहाँ केही सत्य छैन' पनि थियो। एउटा गीत 'आँखा तरी नजाऊ नानी' चाहिँ उनीहरू दुवैले मिलेर गाए।

बाँकी छवटा गीत रविनले गाए।

अरुण थापाले भने वाचा तोडेर नेपथ्यको पहिलो एल्बममा गीत गाइदिएनन्। जबकि स्वयम् गीतकार मीन गुरुङलाई नै बोलाएर उनका सामुन्ने शब्दबारे व्याख्या गर्न लगाइएको थियो।

चर्चित गायक अरुणको स्वर समेटिन सक्यो भने एल्बम चल्ने आकलन गरेर जोडतोडले लागेका तन्नेरीहरू निराश भए। त्यस स्वरको लोभमै उनीहरूले अरुणकै रोजाइको स्टुडियो तय गरेका थिए।

'त्यस गीतको शब्दलाई अरुण दाइको स्वरले मात्रै न्याय गर्न सक्छ भन्ने मानसिकता हामीमा पहिल्यै बनिसकेको थियो,' अमृत भन्छन्, 'हामीले दोस्रो एल्बममा पनि प्रयास गर्‍यौँ तर सफल भएनौँ।'

पछि तेस्रो एल्बम 'मीनपचासमा' को बेला बल्ल नयाँ गायक गौतम गुरुङको स्वरमा यो गीत रेकर्ड हुन सक्यो–

जीवन यहाँ यस्तै छ, भन तिमीलाई कस्तो छ
मेरो त आँखाभरि आँसु नै सस्तो छ

पहिलो एल्बम तयार पार्दा सबै काम सकिएपछि नचिताएको अर्को आपत् आइलागेको थियो।

हिजोआजजस्तो डिजिटल नभई क्यासेट चक्कामा रेकर्ड गरेर बेच्नुपर्ने जमाना थियो। त्यस्ता क्यासेट चक्कामा साइड ए र साइड बी हुन्थे। सुन्नेले पालैपालो फर्काएर बजाउनुपर्ने।

क्यासेट चक्का तयार पार्दा दुवै तर्फको सामञ्जस्य मिल्नुपर्थ्यो। नत्र कुनै एउटा साइडमा लामो समयसम्म आवाजविहीन भइदिन्थ्यो।

हिसाब गर्दा एल्बमका लागि एउटा गीत नपुग्ने भयो।

अब त्यो हुँदै नभएको गीत कहाँबाट ल्याउने ?

अलमलकै बीच एक दिन अमृत सिम्फोनिक स्टुडियोबाट फर्किरहेका थिए। पुल्चोक नपुग्दै राम्रैसँग दर्किएर पानी पर्‍यो। कहिलेकाहीं पोखरामा दर्किएर पर्ने झरीजस्तै।

भिजेरै हिँडिरहेको बेला अमृतलाई एउटा गीत फुर्‍यो र लेख्न बसिहाले–

वर्षात्को मौसम रिमझिम पानी
किन है रुझेकी

गीत लेखिसक्नेबित्तिकै अमृत झम्सिखेलस्थित बुद्धिको कोठामा पुगे। तुरुन्तातुरुन्तै यसलाई लयमा ढाल्ने काम पनि भइहाल्यो।

'त्यसअघि यति छिटो गीत तयार भएको मलाई सम्झना थिएन,' अमृत भन्छन्, 'भोलिपल्टै रविनलाई सुनाएँ, उनी पनि खुसी भए।'

लगत्तै सचिन सिंहले अरेन्जमेन्ट गरिदिए अनि यो गीत पहिलो एल्बममा समेटिन पुग्यो।

स्टुडियोमा पहिलो एल्बमको रेकर्डिङ सकियो।

अबको काम त्यसलाई क्यासेटमा भरेर बजारमा रिलिज गर्नु थियो।

रेकर्ड गर्नका लागि साथीहरू मिलेर यसअघि थुपारेको पैसा सकिइसकेको थियो। अब या त कुनै म्युजिक कम्पनीले जिम्मा लिएर बाँकी काम आफैँ अगाडि बढाइदिनुपर्थ्यो, नभए कुनै उदार लगानीकर्ता जन्मिनुपर्थ्यो। भर्खर जन्मेको ब्यान्ड त्यसमाथि पहिलो एल्बम, माथिका दुवै परिस्थिति सहज थिएनन्।

त्यो बेला सङ्गीतको बजारमा 'म्युजिक नेपाल' को रजगज थियो। त्यसैले सबैभन्दा पहिलो प्रयास त्यतै भयो। रेकर्ड लिएपछि म्युजिक नेपालले तन्नेरीहरूलाई 'हामी सुनेर जवाफ दिन्छौँ' भन्यो।

तर जवाफ आउँदै आएन।

तीनचारपटक जाँदा पनि म्युजिक नेपालले विभिन्न बहाना बनाएर फर्कायो।

उनीहरूलाई नरमाइलो लाग्न थाल्यो।

'एकपटक सुनेर एल्बमबारे केही भनिदिए कति जाती हुन्थ्यो!' अमृत त्यति बेलाको मनोदशा सुनाउँछन्, 'यो-यो चीज ठीक भएन भनेर कमजोरी औँल्याइदिएको भए पनि हामीले सच्चिने मौका पाउँथ्यौँ।'

हरेकचोटि जाँदा 'अर्कोपटक आउनुस्' सिवाय केही जवाफ नपाएपछि उनीहरू विकल्प खोज्नतिर लागे।

त्यो बेला अर्को म्युजिक कम्पनी थियो, 'हारती'। तन्नेरीहरूले रेकर्डको अर्को कपी लगेर त्यता पनि बुझाए। त्यताबाट पनि चासो देखाइएन।

अन्यत्र पनि सम्भावनाको खोजी भयो। तर अहँ। भर्खरका ठिटाहरूलाई कसैले पत्याएनन्।

अब जम्मा दुइटा बाटा थिए। एउटा त यति सब भइसकेपछि पनि 'भैगो' भनेर छाडिदिने र बिर्सिदिने।

तर त्यस्तरी प्रेमपूर्वक तयार पारेका गीतहरू त्यत्तिकै थन्क्याउन कसको मनले मान्छ? म्युजिक कम्पनीले मूल्याङ्कन नगरे पनि आफूले जन्माएको चीज त जसलाई पनि राम्रै लागिरहेको हुन्छ।

दोस्रो बाटो भनेको लड्दै र पड्दै भए पनि अब आफैँले काम अघि बढाइरहने र जेजस्तो परिस्थिति आउँछ, सामना गर्दै जाने।

उनीहरूले दोस्रो बाटो अपनाए।

सबैभन्दा पहिले सिम्फोनिककै माथि 'क्यालिग्राफिक' मा गएर एल्बमको कभर डिजाइन गर्न लगाए।

फोटोका निम्ति पुल्चोककै विहारमा रहेका बुट्टेदार पाँचवटा काठे झ्यालमा पाँच जना बस्ने तय भयो। फोटो खिचियो।

त्यही फोटो राख्ने तयारी त भयो तर अलिक कलात्मकता झल्किएन कि भन्ने कुरा निस्कियो।

बरु अमूर्त किसिमको कुनै तस्बिर वा चित्र राख्ने सोचाइ आयो।

त्यसैबीच एउटा पत्रिकामा छापिएको तस्बिरले उनीहरू सबैको ध्यान खिच्यो। दुईवटा आँखा, औँलाले छेकिएको।

'योचाहिँ काइदाको रहेछ,' उनीहरू सबै एकमत भए र निष्कर्षमा पुगे, 'यसैलाई कभरमा राखौँ।'

डिजाइनरले त्यही राखिदिए। त्यो बेला हिजोआजजस्तो प्रतिलिपि अधिकारको चेतना विस्तार भइसकेको थिएन। अरूको सिर्जना यसरी प्रयोग गर्नु हुन्न भन्ने कुरा थाहै थिएन।

फोटो तय भइसकेपछि कभरलाई लिएर एक दिन दीपकले पनि थप सुझाव राखे।

'हिजोआज सेभ दि इन्भायरन्मेन्टको नारा विभिन्न स्थानमा देखिन्छ,' दीपकले भने, 'हाम्रो एल्बमको कभरमा पनि यसलाई राखौँ।'

सङ्गीतसँगै वातावरणका कुरा उठाइदिँदा सुन्ने मानिससम्म राम्रो सन्देश पुग्ने र सचेत श्रोताले ब्यान्डलाई गम्भीरताका साथ लिइदिने उनको तर्कमा सबै सहमत भए।

त्यो नारा कभरमा समेटियो।

कभरको काम सकिएपछि अब पैसा झनै जरुरी भइदियो। पैसा ल्याउने कताबाट ?

अजिङ्गरको आहारा दैवले पुर्‍याउँछ भनेजस्तै भयो। त्यो बेला भर्खर हङकङको आईडी खुलेको थियो। पोखरेली साथी राजकुमार गुरुङ त्यतै जानका लागि काठमाडौँ आइपुगे। टोलीले सविस्तार आफ्नो सपनाको बिस्कुन लगायो।

राजकुमारमा सहानुभूति पलाएछ।

'हुन्छ नि त। म अलिक दिन ढिला गरूँला। हङकङ जाने टिकटको पैसा तिमीहरूलाई दिन्छु। तर पैसाचाहिँ फिर्ता हुनुपर्छ,' उनले भने।

सुकेको नलीमा रक्तसञ्चार भएजस्तो लागेपछि उनीहरूले पनि जुर्‍याकजुरुक उठ्दै 'ल हुन्छ' भनिहाले।

राजकुमारले प्लेनको टिकट काट्न ठिक्क पारेको मोटामोटी १८ हजार रुपैयाँ अब एल्बममा लगानी हुने भयो। त्यही पैसाले नेपथ्यको पहिलो एल्बमका तीन सय चक्का उत्पादन भए।

ती तीन सय चक्का आफैँसँग राखेर मात्र भएन। सबैभन्दा पहिला त विमोचन गर्नुपर्‍यो। यो विमोचन गर्ने तरिका के हो भन्ने उनीहरू कसैलाई थाहा थिएन।

१९९२ अप्रिल पहिलो तारिखको दिन ब्यान्डका सदस्यहरू दीपक, बुद्धि, सुरेश, रविन र अमृत कमलादी गए।

गणेशस्थान पुगेपछि सुरेशका हातबाट क्यासेटको खोल देउतालाई देखाउँदै नेपथ्यको पहिलो एल्बम सार्वजनिक गरियो।

सार्वजनिक गरिसकेपछि पो 'ओ हो, आज त अप्रिल फुलको दिन !' भनेर सबै जना रमाइलो मान्दै गललल हाँसे। त्यसपछि आफूहरूको यत्रो सपनालाई अप्रिल फुलको दिन पो बाहिर ल्याइएछ भनेर मरीमरी हाँस्दै उनीहरू क्यासेट बेच्न हिँडे।

भेटिएका साथीभाइलाई हातैहात त्यो क्यासेट जिम्मा लगाउन थाले। पहिलो तीन सय क्यासेट त केही दिनमै सकियो। उनीहरूले फेरि अर्को पाँच सय वटा अर्डर गरे। त्यो पनि सकियो।

'जति क्यासेट निकाले पनि सकिन्छ। हे प्रभु, यो के हो ?' उनीहरू जिल्ल पर्न थाले। अनि एकैचोटि एक हजार वटा अर्डर गरे।

एक हजार वटा अर्डर गर्दा धेरैका आँखीभौँ उचालिए। त्यसमध्ये एक थियो, हारती म्युजिक कम्पनी। सुरुमा अनुरोध गर्दा पनि वास्ता नगरेको हारती अब भने उनीहरूकै समीप आइपुग्यो।

'तिमीहरूलाई अलिक अप्ठेरो भएजस्तो लाग्यो। धन्दा नमान। अब हामी निकालिदिन्छौँ' भन्न थाले।

हारतीले डिजाइनहरू पनि मागेर लग्यो। एक रुपैयाँ २५ पैसा रोयल्टी दिने सर्तमा एल्बम निकाल्ने जिम्मा हारतीले पायो।

ब्यान्डको हातमा पैसा आइपुगेपछि उनीहरूले राजकुमारलाई सापटी फिर्ता गरे। त्यसपछि उनी हङकङतर्फ उडे।

त्यो ताका एल्बम जति बिक्री भएको छ, त्यसभन्दा धेरै गुणा बढाएर भन्ने चलन थियो। धेरैलाई एल्बम बिकाउन धौ-धौ थियो। त्यो समय क्रसरोडको 'माया मेरी माया हाम्रो मिलन कहिले हुन्छ' भन्ने गीत भने असाध्यै लोकप्रिय थियो।

अरूका हकमा हल्ला बढी हुन्थ्यो। एक जनाले २० हजार क्यासेट बिक्री भयो भनेपछि हारतीमा पुगेर खोजी गर्दा १२ सय वटा बिकेको देखियो। त्यस्तो बेला नेपथ्यको पहिलो एल्बम ३२ सय प्रति बिक्री भयो।

१९९२ को अप्रिल फुलको दिन पहिलो एल्बम 'नेपथ्य' ल्याएको नेपथ्य ब्यान्डको प्रवेश नै साङ्गीतिक दुनियाँमा सानदार बन्न पुग्यो।

∼

मङ्सिरको नरम घाम बिस्तारै रापिँदै थियो। हेटौँडा छाड्ने बेला आइपुग्यो।
ब्यान्डका सदस्यहरू सबै काठमाडौँ गएकाले हामी चुपचाप होटलबाट निस्कियौँ।

नत्र आयोजकले प्रत्येक स्थानमा स्वागत र बिदाइका कार्यक्रम राख्ने गरेका थिए।

राजमार्ग भएर गुज्रँदै गर्दा बाटामा टाँडी पर्‍यो। करिब सात वर्षअघि नेपथ्यले यस ठाउँमा पनि कन्सर्ट गरेको थियो। म पनि साथै आएकाले त्यो समय सम्झियौँ।

नेपथ्य सहरकेन्द्रित भयो भनेर टीकाटिप्पणी आइरहेको एक समय ब्यान्डले यस्तै बस्तीहरूमा आफूलाई प्रस्तुत गरेको थियो।

त्यही क्रममा अस्ति बाटामा परेका सिन्धुली, लालबन्दी, टाँडीजस्ता स्थानहरू प्राथमिकतामा परेका थिए। जिरी, वालिङ, फिदिम, फिक्कल, कुस्मा, तौलिहवा, गुलरिया, गगनगौंडा, लमही, तम्घास, सन्धिखर्क, बेनी, बागलुङजस्ता स्थानमा पनि नेपथ्यले आफूलाई प्रस्तुत गरेको थियो। अधिकतर साना सहरका कन्सर्टमा म पनि ब्यान्डसँगै उपस्थित थिएँ।

ठूला सहरभन्दा यी बस्तीहरूको माया फेरि बेग्लै हुन्छ। आँबुखैरेनी र विराटचोकमा कन्सर्ट गर्न गएको बेला बस्तीभरिका मानिसले मिलेर स्वागत जुलुसै निकालेको घटना घरी-घरी सम्झिरहन्छु।

आँबुखैरेनीको जुलुसमा आ-आफ्नो जातीय पोसाक लगाएका महिला, पुरुष रैथाने झाँकीसहित सहभागी भएका थिए। त्यहाँ नौमती बाजासमेत बजाइएको थियो। कुनै पनि ब्यान्डका निम्ति असाध्यै आत्मीय र लोभलाग्दा स्वागत थिए ती।

यस्ता बस्ती ठूला सहरजस्तो थुप्रै विषयमा अल्झिएका हुँदैनन्। त्यसैले धेरै कुरा एकोहोरो चलिरहेका हुन्छन्। उनीहरू आफ्नो पहिचानका विषयमा संवेदनशील पनि हुन्छन्। कुनै पनि कार्यक्रममा सिङ्गो बस्ती सरिक भइदिन्छ। र, त्यसले एउटा बेग्लै माहोल जन्माइरहेको हुन्छ।

साना बस्तीका कन्सर्टमा हुने छरितो उपस्थितिका कारण दर्शकदीर्घा र मञ्च बीचको भेद पनि असाध्यै पातलो हुने गर्छ। दर्शकघेराका स-साना कुनामा भइरहेका गतिविधि पनि देख्न पाइन्छ।

फिक्कलमा कन्सर्ट भइरहेको बेला दर्शकदीर्घामा बसिरहेकी एक आमाले आफूलाई थाम्नै नसकेर काखमा बोकेको बच्चा पनि उचाल्दै नाचेको दृश्य असाध्यै घतलाग्दो थियो। लघु आकारको त्यस सिनेमाहलमा तल बसेका हामी दर्शकले मात्रै त्यो दृश्य देखेका हौंला भन्ठानेको थिएँ। तर पछि अमृतले त्यसै दृश्यको चर्चा गर्दै आफूले पनि हौसला थाम्न नसकेर अन्तको भन्दा बेग्लै भावभङ्गिमासहित ती आमाकै तालमा मञ्चमा नाचिदिएको सुनाएका थिए।

टाँडी छिचोल्दै गर्दा यस्तै कुरा सम्भनामा आए ।

तिनै पुराना दृश्य खोतलखातल गर्दागर्दै भरतपुर पुगेको पत्तै भएन ।

होटल पुग्दा हामीभन्दा पहिले नै काठमाडौंको बायोमेट्रिक्स सकेर कलाकार टोली आइसकेको रहेछ ।

भरतपुरको होटलमै कार्टुनिस्ट राजेश केसी पनि हामीसँग मिसिन आइपुगे। उनी नजिकै नवलपरासीका स्थायी बासिन्दा हुन्। राजेश दाइसँग मैले लामो समय विभिन्न सञ्चार संस्थामा काम गरें। त्यसबाहेक पनि हामी दुवैको साझा रोजाइको विषय रहँदै आएको छ- नेपथ्य ।

लामो समयदेखिका आत्मीय मित्र राजेशलाई भेटेपछि गायक अमृत पनि आनन्दित देखिन्थे ।

त्यो रात हामीले साथमा खाना खायौं। मानवसेवा आश्रमले खुवाउने सादा खानामा होटलले आफ्नो तर्फबाट केही विशेष परिकार थपिदिएको थियो । त्यस होटलको पछिल्लो भागमा ब्यान्क्वेट थियो, जहाँ त्यो रात बिहेको भोज चल्दै गरेको देखिन्थ्यो । सायद त्यसैका निम्ति पाकेका केही पकवान हाम्रो बुफे टेबलसम्म आइपुगेका थिए ।

बिहेभोजबारे नेपथ्यको पनि एउटा पुरानो सम्झना छ। त्यो सम्झना अमृत घरी-घरी सुनाइरहन्छन् ।

पहिलो एल्बम 'नेपथ्य' बजारमा जानेबित्तिकै ब्यान्डलाई अनेक ठाउँबाट गीत गाउने निम्तो आउन थाल्यो ।

त्यो बेला कन्सर्टमा चलेका गायक-गायिका सबैलाई ताँती लगाएर बोलाइन्थ्यो। सुकमित गुरुङको 'रेलिमाई' खुबै हिट थियो। हरीश माथेमाको 'स्वप्निल रङमा रङ्गिएकी तिमी' भन्ने गीत पनि मानिसले असाध्यै मन पराएका थिए। सुनील उप्रेतीको 'सागरझैं गहिरो हाम्रो माया थियो' पनि उस्तै।

र, यी सबैमा पनि सर्वाधिक हिट मात्र नभनौं 'उनी नभए कतै कार्यक्रमै हुँदैन' भनेजस्तो अवस्था थियो, 'क्रसरोड' ब्यान्डका सञ्जय श्रेष्ठको ।

उनी आएर 'माया मेरी माया' गाउँदाको क्षण नै त्यस कार्यक्रमको उत्कर्ष हुन्थ्यो ।

नेपथ्यका सदस्यहरू भने भिडको अघिल्तिर उभिएर गाउन अलिक सङ्कोच मान्थे । धक फुकिसकेको थिएन । त्यसैले साङ्गीतिक कार्यक्रममै गाउन निम्तो आउँदाआउँदै पनि कतै जान्थेनन् ।

एकपटक नचिताएको परिस्थिति आइपुग्यो ।

एक परिचितले ब्यान्डका सम्पूर्ण सदस्यलाई भोजका निम्ति डाके । भोज थापाथलीस्थित रोटरी क्लबको भवनमा थियो । नेपथ्य टोली भोजभतेरको पहिरनमा सजिँदै निम्तो मान्न पुग्यो । तर त्यहाँ त बाजागाजासहित मञ्च नै पो बनाएका रहेछन् ।

'कस्तो ढिलो गर्नुभएको ? हामी त तपाईंहरूलाई अघिदेखि नै पर्खेर बसिरहेका छौँ,' भोज चलिरहेकै बेला पुग्दा पनि निम्ता गर्ने मानिसले यस्तो बेचैनी पो देखाउन थाले ।

'किन नि ?' उनीहरूले पनि अचम्म मान्दै सोधे ।

'तपाईंहरू आएर गाउनुहुन्छ, बजाउनुहुन्छ भनेर सुन्न रेडी बसेका छौँ,' उनीहरूले पनि भएको कुरा भनिहाले ।

'हामी यसरी भोजमा गाउने बजाउने गर्दैनौँ,' अमृत कड्किए ।

उता उनीहरू पनि गाउन लगाएरै छाड्ने हिसाबले कुरा गर्न थाले । ब्यान्डका सदस्यलाई भोजका लागि भन्दा पनि आएर गाइदिएबापत खुवाएर पठाउने हिसाबले निम्तो गरेकोजस्तो हस्को पो आउन थाल्यो ।

'कहाँ हुन्छ ? बजाउनुपर्छ,' उता उनीहरू जिद्दी गर्न थाले ।

'तपाईंले हामीलाई भोज खान निम्तो गर्नुभएको कि बजाउन बोलाउनुभएको ?' अमृतले मुख खोलेरै सोधे, 'बजाउन बोलाउनुभएको हो भने हामी फर्किहाल्छौँ ।'

त्यसपछि केटाकेटीसमेत लगाएर जोडबल गर्न थाले ।

अति भएपछि अमृत कुर्सीबाट जुरुक्क उठे ।

'गीत त कुनै हालतले गाइँदैन,' दीपकतिर हेर्दै भने, 'जाऔँ दीपक...'

टोली फर्कियो।

निम्तो गरेर बोलाएको भोजमा यसरी नखाएरै निस्कनुपर्दा एकतमासले दिमागमा अनेक नकारात्मक भाव आइरहेका थिए। अँध्यारो बाटामा भोकै हिँडिरहँदा उनीहरूको दिमागले एकोहोरो सोचिरहेको थियो– 'नेपाली समाजमा भर्खर पाइला चाल्न थालेको यस कलाकारिताले आउने दिनमा कस्ता-कस्ता मोडमा लगेर पछार्ने हो ?'

हिजोआज पनि भोजभतेरमा गएर मनोरञ्जन गरिदिने काम नेपथ्यले गर्दै गर्दैन।

यसका पछाडि अनेक तिता अनुभव छन्।

त्यस बिहेभोजको निकै पछि पनि एउटा पार्टीमा तय गरेरै गाउन पुग्दा ब्यान्डले बेइज्जती महसुस गर्नुपरेको थियो। त्यसपछि त सदाका निम्ति कसमै खाएर यो काम बन्द भयो।

त्यो घटनाचाहिँ यस्तो थियो–

नेपथ्य उकालो लाग्दै गयो। गीतहरू सुनिँदै जान थाले। काठमाडौँका रेस्टुरेन्ट व्यवसायीहरूको सङ्गठनले एकपटक ब्यान्डलाई कन्सर्टका निम्ति निम्तो दियो। त्यो कन्सर्ट भृकुटीमण्डपको प्रदर्शनी केन्द्रमा आयोजित थियो।

घोषित कार्यक्रमअनुसार ब्यान्डका सदस्यहरू मञ्चमा उक्लिए। उनीहरूले चारवटा गीत लगालग गाए। तर दर्शकको ध्यान ब्यान्डका गीतहरूभन्दा पनि खानपिन र आपसी गफगाफमै केन्द्रित थियो। औँलामा गन्न सकिने थोरै मात्रले ब्यान्डलाई सुनिरहेको देखिन्थ्यो। यो कलाको बेइज्जत हो। यस्तो अवस्थामा मञ्चमा गाइरहेको मानिसलाई बेइज्जती महसुस हुन्छ। कलाकारमा बारम्बार जागृत हुने त्यस स्वाभिमानले अमृतलाई भित्रैसम्म प्रहार गर्‍यो।

'ओ', 'हेलो', 'तपाईंहरू यता सुनिदिनुस् न...'

जति गर्दा पनि खानपिन र कुराकानीमा रमाइरहेका मानिसको ध्यान मञ्चमा आकर्षित हुँदै भएन। त्यसपछि अमृतले एक नजर चारैतिर दौडाए।

त्यस जमघटमा सपरिवार आएका उनका साथी रवीन्द्र पाण्डे देखा परे। उनका करिब चारवर्षे छोराले निकै चाख लिएर मञ्चमा हेरिरहेका थिए।

अमृतले इसारा गर्दै ती बालकलाई मञ्चमा बोलाए। बालक रमाउँदै खुरुखुरु आए। नजिकै आएपछि उनलाई उचालेर स्टेजमा ल्याइयो।

त्यसपछि बालकलाई बोकेर अमृतले 'माइकमा बोल्ने बाबु ?' भनेर सोधे। उनले टाउको हल्लाए। अमृतले पनि 'बोल' भनिदिए।

स्पिकरबाट बालसुलभ असाध्यै मिठो स्वरमा 'हेलो' भनेको आवाज फैलियो।

यति गरुन्जेल पनि खानपिनमा मस्त दर्शकको ध्यान मञ्चमा तानिएको थिएन।

अमृतले फेरि सोधे, 'बाबुलाई के भन्ने इच्छा छ ?'

उनले 'बाबा भन्ने इच्छा छ' भनेर सुनाए। अमृतले पनि 'हुन्छ, जोडले चिच्योएर भनिदेऊ' भने।

ती बालकले पनि बेस्कन चिच्याएर 'बाबा...' भनिदिए। त्यो तिखो आवाज भोजमा मगनमस्त मानिसको कानैमा ठोक्किन पुग्यो। सबैले फर्किएर मञ्चतिर हेर्न थाले।

सबैको ध्यान मञ्चमा परेकै बेला अमृतले ब्यान्डका सदस्यहरूतिर फर्कंदै 'अब कार्यक्रम अगाडि बढ्दैन, प्याकअप' भने।

उति बेलै आयोजकहरू दौडादौड आइपुगे।

'माफ गर्नुस्, यस्तो माहोलमा अब कुनै हालतले कार्यक्रम अगाडि बढ्दैन,' अमृतले भने।

आयोजकमा उनीहरूको लगानीको पनि चासो नरहोस् भनेर अमृतले 'बाँकी रकम पनि हामीलाई चाहिँदैन' भनेर प्रस्ट पारिदिए।

मञ्चबाट झर्नेबित्तिकै अमृतले रक्सी मगाए। खोलो बग्यो। जीवनमै सर्वाधिक मातिएको त्यो रात उनलाई भृकुटीमण्डपबाट साथीहरूले बोकेरै ट्याक्सीमा चढाउनुपरेको थियो।

'सङ्गीतको त्यस्तरी बेवास्ता गर्नेहरूका सामुन्ने प्रस्तुत हुनुपर्दा मेरो आत्मसम्मानलाई त्यो हदसम्म घात परेको थियो,' अमृत भन्छन्, 'त्यसपछि यस्ता भोजभतेरमा गीत गाउने काम कहिल्यै गरिएन।'

चितवनको त्यो रात विश्वकप फुटबल २०२२ को क्वार्टरफाइनल चल्दै थियो। हामीले कोठामा साथै बसेर फुटबल हेर्‍यौं। निर्धारित समयमा टुङ्गो लाग्न नसकेपछि दुवै खेलमा पेनाल्टीबाट निर्णय लिनुपरेको थियो। खेल अबेरसम्म चल्ने देखेपछि अमृत बीचैमा छाडेर सुत्न गए।

राजेश, अर्पण र म भने बिहानसम्मै बसेर एउटामा ब्राजिल हारेको अनि अर्कामा अर्जेन्टिनाले जितेको हेर्‍यौं।

रातभर जागा बसुन्जेल भोलिपल्ट सबेरै उठेर पैदलयात्रा गर्ने अघिल्लो बेलुकी तय गरिएको कार्यक्रम त भुसुक्कै बिर्सेछौं।

दुई घण्टा पनि सुत्न नपाउँदै राजेश र मेरो ढोकामा अमृतले ढकढक्याउन सुरु गरिहाले।

एक त राम्ररी सुत्न पाइएको छैन। त्यसमाथि अब भरतपुरदेखि शारदानगरसम्म झन्डै १५ किलोमिटर लामो पैदलयात्रा गर्नु छ।

त्यो बिहान जसोतसो हामी तीन जनाको टोली होटलबाट निस्क्यो। भरतपुरबाट क्यान्सर अस्पतालको गेट हुँदै दक्षिणवर्ती भेगतिरको बाटो समात्यौं।

मङ्गलपुर नपुग्दै बाटामा एक ठाउँ चिया पसल थियो। एकछिन थकाइ मार्न र चिया पिउन त्यहाँ बस्यौं।

त्यस पसलमा ८० हाराहारीका दुई जना बसेर गन्थन गरिरहेका थिए। एक जना बाहुन, अर्को गुरुङ।

'पहाड घर कता हो बा ?' अमृतले सोधे।

'गोरखा,' उनीहरूले भने।

'गोरखा कहाँ ?' अमृत थप जिज्ञासु भए।

'भनेर के फाइदा ?' ब्राह्मण वृद्धले हल्का कटाक्ष गर्दै भने, 'तपाईंहरूलाई ठाउँ थाहा भए पो ?'

'के ठेगान, म पुगेको छु कि ?' अमृतले पनि छाड्न मानेनन्।

'लु कहाँ-कहाँ पुग्नुभएको छ, भन्नुस् त ?' वृद्धले सोधे।

अमृतले धमाधम गाउँको नाम लिन सुरु गरे। धादिङको आरुघाटबाट गोरखा सदरमुकाम उक्लिने गाउँहरूदेखि एकपटक पोखराबाट पैदलै काठमाडौं हिँड्दा बाटामा परेका गाउँहरू। मनासलु हिमालको आधार शिविरतर्फ जाने बेला लार्के पासतिर लाग्दा पनि अमृतले गोरखाकै ग्रामीण भेगको बाटो समातेका थिए। नौलो मानिसको मुखबाट ती नाम सुनेर दुवै वृद्ध दङ्ग पर्न थाले।

त्यति बेलै अमृतले गोरखा सदरमुकामबाट एकपटक आफूले बारपाकतर्फको यात्रा गर्दा सिरानचोकको बाटो समातेको चर्चा गरे।

यति बेला भने दुवै वृद्धका आँखा चम्किला भए।

बाटामा पर्ने गाउँहरूको नाम धमाधम लिँदै गर्दा उनको मुखबाट एउटा गाउँको नाम निस्क्यो— 'भच्चेक'।

दुवै वृद्ध मुसुक्क हाँसे।

'हो हो त्यही भच्चेकका हौं हामी,' दुवैले एकसाथ बोले।

दुवैका आँखीभौं ठाडा देखिन थाले। अनुहार उज्यालियो।

अमृतले भच्चेकका उकालीओराली र स्कुलका कुरा पनि निकाल्न थाले।

'ए राम राम राम !' ब्राह्मण वृद्धको बक फुट्यो, 'हाम्रातिरका जम्मै ठाउँ खर्लप्पै भ्याउनुभएको रहेछ !'

'तपाईंकहाँतिर मात्र होइन, देशभरि यसै गरी सबैतिर पुगेर गीत सङ्कलन गर्ने मानिस हो उहाँ,' हामीले भन्यौं।

त्यसपछि भने गुरुङ वृद्ध चनाखो भए ।

'कुन-कुन गीत गाउनुभएको छ ?' उनले सोधे, 'म पनि जमानामा गाउने मानिस नै हुँ ।'

अब भने अमृत यी वृद्धप्रति जिज्ञासु बन्न थाले र परिचय सोधे ।

'म दलबहादुर गुरुङ,' उनले भने, 'भारतीय गोर्खामा भर्ती भई रिटायर्ड ।'

अमृतले सोधे, 'देहरादुन ब्यारेकतिर पनि बस्नुभएको थियो ?'

'थिएँ,' वृद्धले जवाफ दिए ।

'त्यो नैन ताल भन्ने गीत तपाईंलाई गाउन आउँछ बा ?' अमृतले सोधे ।

बुढा दलबहादुरको अनुहारमा फेरि उज्यालो फैलियो । आँखा चम्किला भए ।

'किन नआउनु ?' उनले थपे, 'त्यो त हामीले रोज गाउने गीत थियो ।'

त्यसपछि अमृतको अनुरोधमा ८० वर्षे दलबहादुरले लाहुरेहरूबाट आएको र नेपथ्यले पनि पछिल्लो समय गाउँदै हिँडेको 'नैन ताल' गाएर सुनाए ।

'कहाँबाट पाउनुभयो यो गीत ?' बुढाले अमृतसँग जिज्ञासा राखे ।

'मेरा पनि बाजे र मावल खलक लाहुरे थिए,' अमृतले भने, 'केटाकेटीदेखि सुन्दै आएको त्यस गीतलाई आजभोलि मैले पनि गाउने गरेको छु ।'

बुढा असाध्यै खुसी भए । हामी एकपछि अर्को चियाको कप रित्याउँदै थियौं ।

गोर्खा भर्तीबाट फर्किएपछि पनि आफूले गाउँमा ठेलो हान्ने गरेको दलबहादुरले सुनाए ।

ऊ बेला ठेलो हान्ने मानिस मेलापातमा पुग्ने र गीत पनि गाउने गरेको सन्दर्भ अमृतले सुनाए ।

'अरू कुन-कुन गीत गाउनुहुन्छ ?' बुढालाई सोधे ।

'ऊ जमानामा सुनिमाया, सालैजो, यानीमाया, रेलिमाई सबै गीत गाइयो,' बुढाले जवाफ फर्काए ।

'मलाई रेलिमाई सुन्न मन छ,' अमृतले भने, 'गाउन सक्नुहुन्छ ?'

त्यसपछि बुढाले लय हालेर एउटा गीत गाउन सुरु गरे ।

'होइन होइन,' अमृत र राजेश बीचैमा बोले, 'यो त तपाईंले ठाडो भाका पो गाउनुभयो ।'

अमृतले रेलिमाई नै गाएर सुनाउन अनुरोध गरे ।

बुढाले धेरै कोसिस गर्दा पनि सम्झिन सकेनन् ।

घाम बिस्तारै चर्किन लागेको थियो। हामी शारदानगर पुग्न अझै आधाभन्दा बढी बाटो हिँड्नै थियो । त्यसैले चियापसलबाट बिदा भयौँ र अगाडिको यात्रा थाल्यौँ ।

~

शारदानगरबाट हामी फर्कंदा ब्यान्डका व्यवस्थापक अर्पण भोलिको कन्सर्टका लागि प्रेस विज्ञप्ति तयार पार्ने चटारोमा थिए ।

'के छ चितवनको विशेष ?' मैले गायक अमृततिर फर्किएर सोधेँ ।

'यहाँको रमाइलो छ,' अमृतले आफ्नै शैलीमा जवाफ दिए, 'कुनै समय हिजोआजको जस्तो इमेल चल्थेन । चिठीपत्र आउँथे । नेपथ्यलाई त्यसरी प्राप्त हुने प्रशंसकहरूको पत्र नेपालभरिमै सबैभन्दा बढी यहीं चितवनकै हुने गर्थ्यो ।'

स्थानीयतालाई जोड्न सकियो भने त्यस्तो प्रेस विज्ञप्ति यान्त्रिक देखिँदैन ।

अर्पण बिदा भएपछि हामी फेरि फुर्सदले गफिन थाल्यौँ ।

'त्यो एउटा पुरानो गीत थियो नि ?' मैले सोधेँ, 'चिठीपत्रको ।'

'हो,' अमृतले भने, 'त्यो गीत उति बेला खुबै चलेको थियो ।'

उनले गुनगुनाए–

बिन्ती छ मेरो ए मेरी मायालु
एउटा चिठी कोरी पठाइदेऊ
तिम्रा हृदयका सारा भावनाहरू
त्यही चिठीमै कोरी पठाइदेऊ

यो गीत ब्यान्डकै दोस्रो एल्बममा अटाएको रहेछ ।

हाम्रो कुरा अब त्यही दोस्रो एल्बमतिर सोभियो ।

पहिलो एल्बम 'नेपथ्य' बाट श्रोतामाझ सामान्य पहिचान बनाएको नेपथ्य दोस्रो एल्बमबाट भने आम श्रोताबीच आफूलाई स्थापित गर्न सफल भयो । उक्त एल्बममा रहेका एक से एक कालजयी गीतहरूले यो सफलता दिलाएका थिए ।

शमशेर गहतराजका शब्दमा अमृतको समेत मेहनत परेर तयार भएको माथिको गीत 'बिन्ती छ मेरो ए मेरी मायालु' त छँदै थियो ।

एल्बममा जादु गर्ने सबैभन्दा ठूलो श्रेय भने अर्को गीतलाई गयो–

छेक्यो छेक्यो देउराली डाँडा
हुस्सु र कुहिरोले
छाडेन कहिल्यै जहाँ गए पनि
मायाको धुइरोले

शुक गुरुङले यो गीत पहिलो एल्बमका निम्ति नै दिएका थिए । तर अर्केस्ट्रा प्रयोग गरेर रेकर्ड गर्नुपर्ने उनको सर्त नेपथ्यले पूरा गर्न नसकेपछि गीत थन्किन पुगेको थियो ।

उता शुक भने 'मेरो गीत गाइदिएनन्' भनेर गुनासो गर्दै हिंडेछन् ।

त्यो थाहा पाएपछि ब्यान्डका सदस्यहरूले एक दिन शुकका साथमा जमघट आयोजना गरे । त्यहाँ शुक भावुकै भइदिए ।

'तपाईंले भनेजस्तो भायोलिन बजाउने २२ जना मान्छे हामीले कताबाट

पाउने ?' अमृतले बाध्यता बताएछन्, 'त्यसमाथि हामीसँग पैसा पनि छैन । एउटै गीतमा त्यति धेरै लगानी गर्न कसरी सक्छौँ ?'

ब्यान्डले आफ्नै पारामा गाउँदा हुन्छ भने दोस्रो एल्बममा राख्न तयार रहेको उनीहरूले बताए ।

'मैले कहिले हुँदैन भनेको छु र !' शुकले भनेछन्, 'सक्दो राम्रो गरिदिन्छौ कि भन्ने आसले पो त्यसो भनेको थिएँ ।'

यति सुन्नेबित्तिकै नेपथ्य टोलीले 'लौ त्यसो भए अब गाउने' भनेर त्यहीं टुङ्गो गरे ।

शुकको त्यस गीतलाई सबैभन्दा पहिले त अरेन्जमेन्ट चाहिएको थियो । नेपथ्यका सदस्यहरूले अरेन्जमेन्ट आफैँले तयार पार्ने कोसिस गरे तर पार लागेन । जति गरे पनि सोचेजस्तो राम्रो सुनिएन । गायक रविनका अनुसार त्यो पहिलो अरेन्जमेन्ट उनले नै अस्वीकार गरेका थिए ।

त्यसपछि अरेन्जमेन्टको जिम्मा सिम्फोनिकका भूपालमान सिंहलाई दिइयो ।

त्यतिन्जेल अन्य गीतको रेकर्डिङ सकिने बेला भइसकेको थियो । 'छेक्यो छेक्यो' 'रिअरेन्जमेन्ट' प्रक्रियामा गएकाले अलिक समय पर्खनुपर्ने भयो ।

भूपालमान कम्मर कसेर त्यस गीतमा लागे । जब अरेन्जमेन्ट तयार भयो, सुन्दा त उनले गीतमा जादु पो गरिदिएछन् ।

भूपालमानले न्याउली बाजा र मादलको धुनसमेत मिसाएर आफ्नै मौलिक शैलीले यस गीतमा 'सुनमाथि सुगन्ध' थपिदिएका थिए ।

बाहिरबाट एउटा गितारबाहेक केवल सिन्थेसाइजरबाट निस्किएको आवाजका भरमा तयार भए पनि त्यो गीत गजब सुनिन थाल्यो ।

'साँच्चै भन्ने हो भने गीतकार शुक गुरुङले गरेको परिकल्पनाभन्दा सुन्दर गीत बन्न पुग्यो,' अमृत स्विकार्छन्, 'कथम्कदाचित् हामीले आफ्नै पाराबाट अरेन्जमेन्ट गर्दै रेकर्ड गरिदिएको भए यति राम्रो हुने थिएन ।'

अमृत र रविन दुवै 'छेक्यो छेक्यो' का लागि सबैभन्दा ठूलो जस भूपालमानलाई दिन्छन् ।

प्रत्येक गीतमा लेख्ने, सङ्गीत दिने र गाउनेले त मेहनत गरेकै हुन्छन् । तर ती सबैलाई मिलाएर चटक्क पारिदिने काम अरेन्जरको हुन्छ। वाद्ययन्त्रको संयोजनका रूपमा प्रस्तुत हुने यो कला 'छेक्यो छेक्यो' मा यस्तरी खुल्न पुग्यो कि त्यो शब्द, सङ्गीत र गायकीभन्दा उच्च आसनमा बसिदियो।

यो गीत नेपथ्यको करिअरमै सुपरहिट बन्न पुग्यो । ब्यान्डकै पहिलो बलियो खम्बा।

सुरु–सुरुमा त यस गीतलाई मानिसले त्यति वास्ता गरेका थिएनन् । फाट्टफुट्ट रेडियोमा बज्दै थियो । हेर्दाहेर्दै यसले रफ्तार समात्दै गयो, दिन प्रतिदिन लोकप्रियता चुलिँदै जान थाल्यो। बिहेबटुलोमा ब्रास ब्यान्डले समेत यो गीत बजाउन थालेपछि नेपाली समाजको कुनाकाप्चासम्मै यो गीत भिज्ने गरी पस्यो। आज पनि नेपथ्यको कन्सर्टमा कहिल्यै नछुट्ने पुराना गीतमध्ये 'छेक्यो छेक्यो' मुख्य हुने गरेको छ।

अर्को सार्वकालिक हिट गीत पनि यस एल्बममा थियो–

जाऊँ भने जाऊँ त नि
दुईचार महिना घुमेर आऊँ त नि
हिमाल चुचुरे
दाइको मन कस्तो बानी निष्ठुरे

यस गीतले कतिसम्म प्रभाव पारेको थियो भने ब्यान्डको दोस्रो एल्बमको नामै 'हिमाल चुचुरे' राख्ने निधो गरियो।

यस गीतको पनि रोचक पृष्ठभूमि छ।

केटाकेटीमा दीपक र अमृत गण्डकी बोर्डिङ स्कुलमा पढ्थे, होस्टलमा पनि साथै बस्थे।

एक दिन सङ्गीत जानेका दुई जना गोरा उनीहरूको स्कुलमा आइपुगे। हिप्पीजस्ता ती गोराले स्कुलमा सांस्कृतिक कार्यक्रम गर्ने भए । साथमा जादु र चटक पनि देखाउने भनिएको थियो। कार्यक्रमका निम्ति तोकिएको

'डाइनिङ हल' मा विद्यार्थीको भिड लाग्यो ।

त्यो दिन उनीहरूले थुप्रै गीत सुनाए । तीमध्ये धेरैजसो अङ्ग्रेजी थिए । एउटा भने सङ्कलन गरिएको नेपाली लोकगीत थियो ।

त्यो गीत सुनाइरहँदा अर्कै कुराले रमाइलो हुन पुग्यो । ती गोराहरूले गितार बजाउँदै उनीहरूको लबजमा 'दाइको मन कस्तो' उच्चारण गर्न खोज्थे, जुन 'डाइको मन क्यास्टो' सुनिन्थ्यो । यसरी जिब्रो चिप्लिँदा विद्यार्थीहरू खुबै स्वाद मानेर रमाउँथे ।

कतिसम्म भने गण्डकी बोर्डिङका केटाहरू पछिसम्मै 'बहिनी त कस्तो राम्रो' भन्नुपर्दा 'क्यास्टो राम्रो' भन्थे ।

जिब्रो र मस्तिष्कलाई प्रभाव पारेको त्यस गीतको सम्झना दीपक र अमृतको स्मृतिमा ताजै थियो । कालान्तरमा उनीहरूले नै खोलेको ब्यान्डको दोस्रो एल्बम निस्कने बेला त्यही स्मृतिबाट निकालेर ब्यान्डले यो गीत तयार पार्‍यो ।

त्यो बेला ब्यान्डको रिहर्सल गायक रविनको बागबजारस्थित घरमा चल्थ्यो । उनको बैठक कोठामा सबै सामान लगेर सेट गरिएको थियो । रविनकी आमाले छोराका साथीहरूलाई पनि माया गरेर मिठो परिकार खुवाउँथिन् । बाजाका चर्का आवाजहरूले समस्या जन्माउँदै लगेपछि भने विकल्प खोज्नुपरेको थियो ।

'हिमाल चुचुरे गीतलाई सुरुमा बिग्रिएको जिब्रोअनुसारै क्यास्टो भनेर रेकर्ड गर्ने चाहना थियो,' अमृत भन्छन्, 'तर साथीहरूमा मत नमिलेपछि अलिक मिलाएरै तयार पार्‍यौं ।'

यसरी स्कुल जीवनमा प्रभाव पारेको गीत नेपथ्यको दोस्रो एल्बममा अटायो ।

त्यस एल्बममा अर्को गीत पनि थियो–

पारि गाउँकी नक्कली कान्छी
मेला है हेर्न हिंडेकी

यस गीतको पनि अमृतसँग मिठो सम्झना छ।

यसका शब्द अमृतले लेखेका हुन्। लेख्दै जाँदा एक ठाउँमा ती पारि गाउँकी नक्कलीलाई 'कान्छी, राम्री, सोझी' भनिएको छ। त्यसपछि फेरि अर्को कुनै विशेषण दिनुपर्ने भयो। तर त्यहाँ मिल्दो विशेषण जनाउने शब्द अमृतलाई आउँदै आएन।

'यति धेरै प्रशंसा गरिसकेपछि अब फेरि किन विशेषण दिइरहनु भनेजस्तो भयो,' अमृत भन्छन्, 'त्यसपछि मैले विशेषणको ठाउँमा ब्लुज पाराले हुहु भनेर चिच्याउने आवाज राखेँ।'

त्यसैलाई श्रोताले मन पराइदिएपछि आफूलाई पनि आनन्द लागेको उनी सुनाउँछन्। यस गीतलाई अमृत र दीपकले सङ्गीतबद्ध पारेका हुन्। स्वर भने रविनकै थियो।

अमृतका अनुसार यस किसिमको आवाज मिसाउने प्रेरणा उनलाई यसै एल्बमको अर्को 'सम्हालिदिन आइदियौ भने दिने थिएँ माया तिमीलाई' भन्ने गीतबाट मिलेको थियो। यो गीत सुशीला शेरचनले लेखेकी थिइन्।

त्यस एल्बममा 'ए लजाउने मायाको' र 'सहनाईसँगै' जस्ता श्रोताले पछिसम्मै मन पराएका गीत पनि समेटिएका थिए।

एल्बमका गीतहरूसँगै कभरको तयारी पनि चल्यो।

कभरमा फोटो नभई स्केच राख्ने सल्लाह भयो– ब्यान्डका पाँच सदस्यले चेक सर्ट लगाएको स्केच। त्यस्तो स्केच तयार पार्न कलाकार हरेराम जोजुलाई जिम्मा दिइयो। चित्र तयार भएर आइपुग्यो।

सोचेभन्दा अलिक बेग्लै त्यो स्केच त कार्टुनजस्तो पो देखियो। नेपथ्य टोलीलाई आफ्नै चित्र हेरेर हाँसो उठ्यो।

'भैगो यो नगरौँ,' उनीहरूको विचार फेरियो, 'बरु फोटो नै राखौँ।'

फोटोका निम्ति आकाशतिर बादलका बीचमा एउटा मान्छे गितार बोकेर हिँडिरहेको दृश्य उनीहरूले परिकल्पना गरे। सोच्न त जे सोचे पनि भयो। तर अहिलेजस्तो डिजिटल प्रभाव नभित्रिएको बेला त्यस्तो फोटो खिच्ने कसरी ?

उनीहरूले विकल्पका लागि फेरि म्यागजिनका पानाहरू पल्टाए। त्यसमै देखिएको एउटा फोटो छनोटमा पऱ्यो। त्यसमा थप सुझावसहित हारतीका अनिल स्थापितलाई उनीहरूले सुनाए।

आवरणमा चित्र राखे पनि पहिलो एल्बममा जस्तै भित्रचाहिँ आफूहरूकै तस्बिर राख्नुपर्छ भन्ने मत आयो।

त्यसपछि अमृतका साथी दिवाकर घलेको मिनोल्टा क्यामरा मागेर टोली शङ्खमूल घाट पुग्यो। पोज-पोजका तस्बिर खिचिए। त्यसैमध्येको एउटा लगेर डिजाइनर अनिललाई उनीहरूले जिम्मा लगाए।

विशालबजार सामुन्ने म्युजिकको एउटा प्रसिद्ध पसल थियो- 'टिक एन्ड टक'। त्यस पसलमा त्यति बेलाको चर्चित ब्यान्ड 'क्रसरोड' देखि 'सुरसुधा' सम्मका तस्बिर हुन्थे। पसलेले 'ल्याइदिनुभयो भने हामी तपाईंहरूको तस्बिर पनि राखिदिन्छौँ' भनेका थिए।

हिमाल चुचुरे एल्बममै भित्र राख्न खिचिएको शङ्खमूलको तस्बिरलाई अनिलले पोस्टरका रूपमा डिजाइन गरेर पठाइदिए। त्यसपछि नेपथ्यको तस्बिर पनि 'टिक एन्ड टक' को भित्तामा टाँसियो। त्यसले कालान्तरमा ब्यान्डको चर्चा र क्यासेटलाई थप बिक्री हुन सघाउ पुऱ्यायो।

खुद्रा काम त सम्पन्न भए तर ठूलो खर्चको जोहो कसरी गर्ने ?

पहिलेदेखि चिनिरहेका एक थरी 'पोखरेली भाइहरू' अमृतसँग अलिक घनिष्ठ बन्न थालेका थिए। उनीहरू न्युरोडको पोखरेली हिराचन होटलमा बस्थे र काठमाडौँमा पुरानो टोयोटा कार किनेर पोखरा पुऱ्याउँदै बेच्थे। त्यसपछि अर्को गाडी नभेटिन्जेल अघिल्लो कमाइको पैसाले काठमाडौँमा मोजमस्ती गरेर बिताउँथे।

त्यस समूहमा सबैभन्दा सक्रिय थिए, दीपेन्द्र श्रेष्ठ।

दीपेन्द्रले भारतमा बनेको एउटा बेस गितार, एउटा इलेक्ट्रिक गितार र ड्रमसेट ब्यान्डका लागि किनिदिए। त्यसपछि पनि पैसा, गाडीदेखि खानपिनसम्मको खर्च बेहोरिदिन थाले।

सबै काम सकिएपछि क्यासेट निकाल्ने र बजार प्रवर्द्धन गरिदिने जिम्मा फेरि पनि हारतीले नै लिइदियो।

दीपेन्द्रको भरथेगले दोस्रो एल्बमको तयारी अन्तिम चरणमा पुगिरहेकै बेला एक दिन सुगन्धसहितको सप्तरङ्गी समाचार हावामा उड्दै आइपुग्यो।

भीम जर्मनीबाट फर्किए।

नेपथ्यका साथीभाइलाई अब के चाहियो ?

जाँदाखेरिका दुब्ला पातला भीम फर्किंदा मोटाएर गान्टे देखिएका थिए। रातोपिरो ज्यानमाथि रातै कोट।

पुल्चोकमा जम्काभेट भयो, कुराकानी पनि जमेरै भयो। जर्मनीमा बिक्री भएको अघिल्लो एल्बमको पैसा पनि भीमले ल्याइदिएका थिए।

दोस्रो एल्बमका निम्ति तयारी चल्दै छ भन्ने थाहा पाएपछि भीमले त्यसमा आफ्नो पनि भूमिका खोजी गर्न थाले।

'धन्दा नमान्,' साथीभाइ जिस्किएर भन्थे, 'एल्बममा लगानी गर्ने डल्लै भूमिका तेरै निम्ति सुरक्षित छ।'

ख्यालठट्टाकै बीच एल्बममा भीमको आवाज कसरी समेट्ने भन्ने खोजी सुरु भयो।

प्राय: सबै गीत रेकर्ड भइसकेका थिए। एउटा गीतमा भने कोरसजस्तो आवाज भर्न बाँकी थियो।

'बिन्ती छ मेरो ए मेरी मायालु' बोलको गीतमा ब्याक भोकलले 'मायालु, मायालु, मायालु' भनेर आवाज थप्नुपर्थ्यो। त्यो आवाज अब भीमको राख्ने सर्वसम्मतिबाट टुङ्गो भयो। सबै मक्ख परे। भीम त झनै मक्ख भए।

भीमको आगमनसँगै एक हिसाबले ब्यान्ड फेरि सलबलायो।

तर त्यो जोस धेरै दिन टिक्न सकेन।

एक दिन दीपकले अमृतसँग अप्रत्याशित कुरा गरे।

'अमृत, एक जना भाइ हेलिकप्टर पाइलट पढ्न रसिया जाँदै छ,' उनले थपे, 'म पनि जानुपर्छ कि क्या हो...'

सुरुमा त अमृतलाई त्यसको जवाफै आएन। के भनेर उत्तर फर्काउने ?

अन्तिममा मौनता तोडे।

'तँलाई इच्छा छ भने जा न त।'

ब्यान्डका एक संस्थापक फर्किएको खुसी राम्ररी मनाउन नपाउँदै अर्का संस्थापक बाहिर जाने भए।

त्यसपछि दीपक घरसल्लाह गर्न भनेर पोखरा गए। कुरा सुरु भएको तीन साताभित्रै सबै थोक तय भएर मिलि पनि हाल्यो।

रसिया उड्ने दिन दीपकलाई छाड्न अमृत भारी मन बोकेर एयरपोर्ट गए।

'हामी झन्डै सात वर्ष सँगै बसेका थियौँ,' अमृत भन्छन्, 'एक किसिमले मलाई उसको साथको आदत परिसकेको थियो।'

अमृत घरी-घरी 'दीपकले मलाई छाडेर गयो' भन्दै झस्किन थाले। एक्लै परेको महसुस भयो। नरमाइलो लागेर छटपटिन थाले। रातभरि सुत्न सकेनन्।

त्यति बेला ब्यान्डका अन्य साथीहरूसँग अमृतको मनमुटाव चलिरहेको थियो। त्यसमा दीपक सेतु बनिरहेका थिए। अब त्यो सेतु पनि भत्किने भयो।

त्यो सोचेर पनि अमृतले झनै एक्लो महसुस गर्न थालेका थिए।

'एयरपोर्टमा बिदा गरेर फर्किएको रात कहालीलाग्दो थियो,' अमृत भन्छन्, 'कतिसम्म भने यति लामो अवधि बितिसक्दा पनि त्यो क्षण सोच्दा

अहिले विरक्त लाग्छ।'

यताबाट उता कोल्टे फेर्दा पनि छटपटीले निद्रा नलागेपछि उनी उठे। त्यो सिङ्गो रात के नमिलेको के नमिलेको जस्तो हुन थाल्यो। मचागलपारिको पोखरीमा पनि के हिंडेको के सलबलाएको जस्तो लागिरहेको थियो।

'एक मन त जुरुक्क उठेर सडकै सडक हिँडिदिऊँजस्तो पनि लाग्दै थियो,' उनी भन्छन्, 'तर मध्यरातमा कता जाने ?'

त्यस छटपटीमै केही शब्द दिमागमा फुरेजस्तो भयो।

अमृत कलम समातेर लेख्न थाले।

यसरी लेखेको शब्द मिठो पो लाग्यो !

'छेउमै गितार थियो,' उनी सुनाउँछन्, 'तत्कालै त्यसलाई प्लकिङमा कम्पोज पनि गरें।'

आज पनि नेपथ्यका धेरै श्रोताले मन पराउने त्यो गीत हो–

अभाव अभावै भयो, तिमीबिना यो जीवन
मनको व्यथा कसलाई पोखूँ
कहाँ जाऊँ कसलाई सुनाऊँ
मेरो यो कहानी... मेरो यो कहानी

अमृतलाई हिजोआज पनि यो गीत गाउने बेला एक ठाउँ चिच्याउँदै अघि बढेको लाइनले ठीक त्यही समयमा पुऱ्याएको भान पार्छ–

मिरमिरेमै ब्युँझिएछु, तिम्रो नाम लिएर...

त्यो रात पूरै छटपटी र त्यसलाई गीतका रूपमा ढाल्दाढाल्दै बित्यो। यसो बाहिर हेर्दा उज्यालो हुन थालिसकेको थियो।

अँध्यारो सकिएर के भयो ? निद्रा नपुगेर के भयो ? गीत तयार पारेपछि मन हलुका भइसकेको थियो।

'हिजोआज पनि त्यो गीत गाइरहँदा दीपक रसिया गएको त्यो कहालीलाग्दो रात उभिन आइपुग्छ,' अमृत भन्छन्, 'जबकि कन्सर्टभरिका श्रोताचाहिँ प्रेमी-प्रेमिकाको भाव भेटेर त्यसमा रमाइरहेका हुन्छन् ।'

दोस्रो एल्बमको अन्तिम चरण चलिरहँदा बनेको यो गीत एक वर्षपछि निस्किएको तेस्रो एल्बम 'मीनपचासमा' भित्र समेटिन पुग्यो ।

दीपक रसिया उडेपछि चित्त बुझाउने बाटो भनेको उनै भीम थिए ।

भीमसँग सानो स्कुटर थियो । त्यही स्कुटरमा अमृत सवार हुन्थे ।

मनमा रत्तीभर पाप नभएका भीम रमाइलो गरिरहनुपर्ने मानिस हुन् । खुबै हँसाउनुपर्ने । उनी बसेको ठाउँलाई नै रमाइलो पारिदिन्छन् ।

भीमको यो चटपटे गुण केटाकेटीमा पोखरा हुँदैदेखि अमृतले देख्दै भोग्दै आएका थिए ।

'केटाकेटी छँदाको एउटा घटना जहिल्यै मेरो दिमागमा आउँछ,' अमृत भन्छन्, 'त्यो दृश्य सम्झँदा आज पनि रमाइलो लाग्छ ।'

जहिले पनि कुनै न कुनै उटुङ्ग्याइँ गरिरहने भीमले एक दिन सिङ्गो टोललाई हैरान पारिदिएका थिए ।

भीमको टोल अर्थात् रामबजारस्थित इन्डियन पेन्सन क्याम्प क्षेत्रमा अघिल्लो रातिसम्म त सबै ठीकठाकै थियो । बिहान अचानक हल्लीखल्ली मच्चियो ।

भएभरका पसल र होटलको साइनबोर्ड आपसमा साटिएका थिए । सैलुनको बोर्ड किराना पसलमा झुन्ड्याइएको थियो भने किराना पसलको बोर्ड रेस्टुरेन्टमा । अरू औषधि पसलको बोर्ड रक्सी पसलमा र रक्सी पसलको बोर्ड औषधि पसलमा राखिदिँदा त सबै अलमलमा परे । टोलभरिका मानिसचाहिँ तमासा हेर्दै हाँसेर बसिरहेका थिए ।

रातारात कसले गऱ्यो यो उपद्रो ?

पर बसेर ती दृश्यको मजा लिँदै मुसुमुसु हाँसिरहेका भीमबाहेक अरू को हुन सक्थ्यो !

यस्ता गतिविधि गरेर उनी कहिल्यै थाक्दैन थिए ।

'त्यस्तो मानिस पछि एक्लिएर जर्मनीमा कसरी बाँच्यो होला भन्दै हामी अचम्म मान्थ्यौँ,' अमृत भन्छन्, 'उता ऊचाहिँ जर्मनीमा रहँदाका अनुभव धक नमानेर साथीभाइलाई सुनाउँथ्यो र फेरि रमाइलो पारिदिन्थ्यो ।'

जर्मनीबाट आएपछि भीममा अझ रौसेपना थपिएको थियो ।

यो तितोमिठोकै बीच दोस्रो एल्बम पनि बजारमा आयो ।

'छेक्यो छेक्यो' ले तहल्का मच्चायो । नेपथ्यका दिन सुरु भए ।

दर्शक-श्रोताबीच जताततै उनीहरूको माग बढ्न थाल्यो । जहाँ गए पनि 'प्रोग्राममा आउनुपर्‍यो' भनेर प्रस्ताव आउन थाल्यो ।

नेपालमा मात्र होइन, विदेशबाट पनि ।

त्यस क्रममै आएको निम्तो मान्दै ब्यान्ड हङकङ लाग्यो । दोस्रो एल्बमका निम्ति सहयोग गरेका दीपेन्द्र श्रेष्ठ पनि टोलीमा समावेश भए । दीपेन्द्र ब्यान्डलाई आफूले गरेको सहयोगबारे कहींकतै कसैलाई पनि भन्दै हिंड्दैन थिए । त्यसले गर्दा पनि ब्यान्ड उनीप्रति अनुगृहीत थियो । हङकङ पहिलो विदेश यात्रा भएकाले सुरुमा दीपेन्द्र असाध्यै रमाएका थिए । त्यो बेला हङकङ पुगेपछि नेपाली तन्नेरीहरू उतै बस्न खोज्ने प्रवृत्ति थियो । त्यसविपरीत दीपेन्द्र भने गएको केही दिनमै फर्कन हतारिएका थिए ।

हङकङ कन्सर्ट सकेर नेपाल फर्किएपछि भने दीपेन्द्रसँग ब्यान्डको उत्ति सम्पर्क भएन । सबै आ-आफ्नै धुनमा लागे ।

त्यसको केही समयमै दीपेन्द्रको निधन भएको अप्रत्याशित खबर सुनेर हामी स्तब्ध भयौँ । जन्डिस लागेको बेला अनियन्त्रित खानपानले अल्पायुमै उनको चोला उठेको रहेछ ।

'नेपथ्यलाई यसरी परेको बेला सहयोग गर्ने धेरै साथीभाइ छन्,' अमृत भन्छन्, 'दीपेन्द्र भाइलाई सम्झिरहँदा ती तमाम सहयोगीप्रति पनि आभार प्रकट गर्न मन लाग्छ ।'

'स्टारडम' र 'क्रेज' कस्तो हुँदो रहेछ भन्ने कुरो ब्यान्डका सदस्यहरूले दोस्रो एल्बमपछि देखे ।

त्यही न्युरोडमा केही महिनाअघि हिंड्दा उनीहरू अपरिचित थिए। अबचाहिँ गुञ्जँदै गर्दा छेउछाउका मानिस 'ए नेपथ्यका केटाहरू' भनेर खासखुस गरेको सुनिन थाल्यो। 'हेर हेर नेपथ्य' भन्थे। युवतीहरू गाडीभित्रबाट हात हल्लाएर जान्थे। कतिपय युवती परैसम्म फर्की-फर्की हेर्दै जान्थे।

'अरू कोही कोही युवती त अलिक बढी नै उत्ताउलो भएर फ्लाइङ किस नै दिइरहेका हुन्थे,' अमृत सम्झन्छन्, 'बजारमा भिडबीचको आकर्षण बन्दै गर्दा गजब रमाइलो लाग्न थाल्यो।'

यसरी दोस्रो एल्बम 'हिमाल चुचुरे' ले नेपथ्यलाई चुचुरोको स्वाद दिलाएको थियो।

चितवनमा पनि अन्यत्रजस्तै आयोजकले कन्सर्टको अघिल्लो दिन चियापान कार्यक्रम राखेका थिए। यस्ता कार्यक्रममा सबैतिर अमृतलाई सम्मान गर्न स्थानीय उच्चपदस्थ व्यक्तिहरू आउने गर्छन्।

यहाँ पनि प्रहरी प्रशासनका प्रमुखहरूदेखि राजनीतिक नेतृत्वसम्मको उपस्थिति थियो। भरतपुर महानगरपालिकाका प्रमुख र उपप्रमुख दुवैले गायक अमृतलाई स्वागत गरे।

एउटा बेग्लै कारणले त्यस समारोहमा अग्रपङ्क्तिको दृश्य उल्लेखनीय लाग्दै थियो।

अघिल्लो लहरकै कुर्सीमा एकातिर भरतपुर महानगरपालिकाकी प्रमुख रेनु दाहाल बसेकी थिइन् भने अर्कातर्फ दिवङ्गत भगवानदास श्रेष्ठकी श्रीमती थिइन्। भगवानदासलाई जिल्ला अनुगमन समितिमा बसेकै कारण माओवादीले द्वन्द्वकालमा गोली हानेर हत्या गरेको थियो। अर्कातर्फ बस्ने महानगर प्रमुख रेनु उक्त राजनीतिक दलका प्रमुख पुष्पकमल दाहालकी छोरी हुन्।

त्यस समारोहमा भगवानदास श्रेष्ठ परिवारको उपस्थितिचाहिँ परोपकारका क्षेत्रमा गरेको योगदानका कारण भएको थियो।

चितवनमा मानवसेवा आश्रमको भवन बनाउन करोडौं मूल्य पर्ने १० कट्ठा जग्गा दिवङ्गत भगवानदासकै स्मृतिमा उनको परिवारले दान गरेको रहेछ।

आश्रमका प्रमुख रामजी अधिकारीले समारोहमा भगवानदासकी श्रीमतीलाई सम्मानका साथ परिचय गराएका थिए। त्यो विक्षिप्त चेहराले उपस्थितहरूमा गाढा छाप छाडेको थियो।

अमृत भने त्यतिखेर केही वर्षअघि मात्र दिवङ्गत भएका चलचित्रकर्मी चेतन कार्की सम्झिरहेका थिए। भगवानदासले कुनै समय निर्माण गरेको चर्चित नेपाली चलचित्र 'कान्छी' मा कार्कीको महत्त्वपूर्ण योगदान थियो। उनीहरू दुवै मिल्ने साथी थिए।

यता चेतन कार्की र अमृतबीच पनि उत्तिकै राम्रो हिमचिम थियो। कार्की स्याङ्जाका भए पनि उनको कर्मक्षेत्र पोखरा थियो। त्यसबाहेक यी दुवै लोकगीत सङ्कलक।

आफ्ना अग्रजलाई भेट्न गएको बेला अमृतसँग कार्कीले धेरैपटक दिवङ्गत मित्र भगवानदासको सम्झना गरेका थिए।

'त्यस घटनाले चेतन दाइभित्र माओवादीप्रति अत्यन्तै घृणा भरिदिएको थियो,' अमृत सम्झन्छन्, 'उहाँले कहिल्यै माफ गर्नुभएन।'

भरतपुरमा सम्मानित हुँदै गर्दाको त्यो क्षण अमृतका लागि जटिल बनेको थियो। तर उनले सहजतापूर्वकै लिए। सबैलाई मुस्कानपूर्वक हेरे।

यस्ता दृश्यले पनि नेपथ्य यात्रालाई अनेकथरी अनुभवयुक्त बनाउँदै लगिरहेको छ।

चितवन सदैव नेपथ्यको प्रिय थलो रहँदै आएको छ। जति बेला अन्यत्रका कलाकार बोलाएर विरलै कन्सर्ट आयोजना गरिन्थ्यो, त्यो कालखण्ड अर्थात् नेपथ्यको स्थापनाकै बेला पनि यहाँका तन्नेरीहरूले ब्यान्डलाई निम्तो गर्थे।

चितवनमा नेपथ्य कहिल्यै निराश हुनुपरेको छैन। काठमाडौँबाहिर सबैभन्दा बढी कन्सर्ट भएका स्थानमध्येमा यो सहर पर्छ। यहाँ खुला आकाशमुनि पनि नेपथ्यले आफूलाई पटक-पटक प्रस्तुत गरिसकेको छ। पछिल्लो समय नारायणी नदीको फराकिलो किनारमा लगातार दुईचोटि नेपथ्य प्रस्तुत हुँदा घेराबन्दी गरिएको सम्पूर्ण क्षेत्र ओगट्ने गरी हजारौँ दर्शक उपस्थित भएका थिए।

त्यस क्रमले यसपाला पनि निरन्तरता पायो।

हेटौँडामा पाँच हजारभन्दा बढी दर्शक देख्दा यति धेरै दर्शक अन्यत्र पनि आउलान् र भनेर खासखुस चलेको थियो।

अन्यत्रको के कुरा ? लगत्तै चितवनमा भएको कन्सर्टमा हेटौँडामा भन्दा पनि व्यापक दर्शक देख्न पाइयो।

त्यो रात क्याम्पाचौरका दर्शक देखेर सबै चकित परेका थिए। एकपछि अर्को कोसेढुङ्गा कायम हुँदै गएको यस पटकको यात्रामा चितवनले त्यही क्रमलाई भव्य निरन्तरता दिएको थियो।

'आजको कन्सर्टलाई मैले महत्त्वपूर्ण मानेको छु,' त्यो रात थाकेर होटल आइपुगेका अमृत भनिरहेका थिए, 'यहाँसम्म आइपुग्न ब्यान्डले धेरै मूल्य चुकाएको छ।'

नेपथ्यले आजसम्मको यात्रामा धेरै उतारचढाव बेहोरेको छ। साङ्गीतिक समूहहरूमा जटिलता ल्याउने मुख्य कारण नै ब्यान्डका सदस्यहरूबीच मनमुटाव र इगो हुने गर्छ। यस ब्यान्डमा दोस्रो एल्बमको सफलतापछि नै त्यस्तो समस्या चुलिएको थियो। अमृतले त्यही अनुभव सुनाउन थाले–

दोस्रो एल्बम निस्किनेबित्तिकै नेपथ्यलाई दार्जिलिङ र सिक्किमबाट निम्तो आयो। टोली छलफलमा बस्यो।

एल्बम निकाल्न त त्यति गाह्रो थिएन। रेकर्ड गर्दा स्टुडियोका कलाकारले बिग्रेका सबै मिलाइदिइहाल्थे। लाइभ कन्सर्टमा त्यो सुविधा कसैले पाउँदैन।

कन्सर्टमा श्रोतासामु प्रत्यक्ष रूपमा आफ्नो बर्कत देखाउन ब्यान्ड तयार हुनुपर्छ। कहींकतै चुक्नेबित्तिकै आफूलाई मन पराउनेहरूको नजरबाट झर्ने डर हुन्छ। यहाँ त चुक्ने मात्र कुरो थिएन, मञ्चमा सामुन्ने बसेर साङ्गीतिक प्रस्तुति दिन कत्तिको सक्षम छौं भन्ने नै ब्यान्डका सदस्यहरूका लागि चुनौती थियो।

अमृतले दार्जिलिङको साङ्गीतिक माहोललाई थोरबहुत बुझेका थिए।

अङ्ग्रेजले भित्र्याएको पश्चिमादेखि तल रवीन्द्र सङ्गीतसम्मको प्रभाव परेको त्यस भेगमा रागरागिनी बुझेका मानिस धेरै थिए। त्यताका अधिकतरले कुनै न कुनै बाजा बजाउन जानेकै हुन्थे। गीत, कविता बुझ्थे र गाउन पनि जान्दथे। अरू त अरू काठमाडौंमा आधुनिक नेपाली सङ्गीतको जग हाल्न सघाउने मुख्य हस्तीहरू उतैबाट आएको इतिहास थियो।

सबैभन्दा पहिले बुद्धिले किबोर्ड बजाउन सक्छन् कि सक्दैनन् भन्ने भयो। उनमा 'टाइमिङ' को समस्या थियो। त्यसमाथि बेला–बेला आत्तिन्थे। अमृत आफैं गितारवादकका रूपमा प्रस्तुत हुन चाहन्थे। तर 'सक्दिनँ' भन्ने परेपछि उनी पन्छिए। सुरेशले ड्रम्स सम्हाल्न सक्छु भनेर जसोतसो हिम्मत देखाए। भीम त पारङ्गत थिए, उनले सम्हाल्ने लिड गितारमा समस्या थिएन।

बोलायो भन्दैमा लडखडाएको टिम लिएर दार्जिलिङजस्तो ठाउँमा कसरी जाने ?

'नजाने।'

अमृतले यो निर्णय सुनाउनेबित्तिकै समूहमा विवाद भइहाल्यो।

अमृत र अन्य साथीहरूबीच आपसी मतभेद अलिक अगाडि नै सुरु भइसकेको थियो।

पहिलो एल्बम 'नेपथ्य' निस्किएलगत्तै अमृतलाई 'ग्ल्यान्ड टीबी' भएको थियो। उपचारमा धेरै खर्च लाग्ने भयो। उनले पोखरा घरमा गुहारे। तर घर छाडेर गएको छोराप्रति बाले रत्तीभर सहानुभूति देखाएनन्।

सँगै बस्ने साथी निःसहाय भएर रोइरहेको दृश्य दीपकलाई कत्ति पनि मन परिरहेको थिएन।

पाँच महिनासम्म चल्ने उपचार खर्चका लागि दीपकले 'ब्यान्डको पैसा झिकेर चला' भनेर सल्लाह दिए। त्यसैअनुसार अमृतले हारती रेकर्डिङमा गएर ब्यान्डको हिसाबबाट चार हजार रुपैयाँ चलाइदिए। त्यही पैसाले उनको उपचार अघि बढ्यो।

दीपक र अमृतबाहेक अरूलाई यसबारे जानकारी थिएन। जब थाहा पाए, स्वाभाविक रूपमा साथीहरूबीच विवाद उत्पन्न भयो। तै जसोतसो सामसुम भएर दोस्रो एल्बम निस्किएको थियो।

अब यो दार्जिलिङ र सिक्किमबाट आएको निम्तो मान्दै उता कन्सर्ट गर्न नजाने अमृतको अडानले फेरि नयाँ विवाद निम्ताइदियो।

उताका आयोजकहरूसँग लगातार सम्पर्क भइरहेको थियो। टोलीका सदस्यहरू पनि मौका पाएको बेला कार्यक्रम गर्न नगए कहिले जाने भनिरहेका थिए।

भीमलगायत सिङ्गो समूह एकातिर भयो। अमृत अर्कातिर।

अमृत यो सब जन्जालबाट पन्छिएर पोखरा हिंडे।

बाँकी साथीहरू भने दार्जिलिङ र सिक्किम यात्राका लागि अभ्यास गर्नतिर लागे।

पोखरा फर्किएपछि अमृत स्थानीय 'मिसफिट' भन्ने ब्यान्डसँग नजिकिए। उनले नै चिनेका पोखरेली भाइहरूले त्यो ब्यान्ड चलाएका थिए। उनीहरू राम्रो बजाउँथे। अमृतलाई उनीहरूको सीप देखेर सँगै अभ्यास गर्ने इच्छा भयो। अभ्यास सुरु भयो। हिमचिम झनै बढ्यो। त्यसपछि उनीहरूले पोखरामै 'मिसफिट नाइट विथ अमृत गुरुङ' भनेर कार्यक्रम गरे।

मध्यान्तरअघि मिसफिटले अङ्ग्रेजी गीत सुनायो, मध्यान्तरपछि अमृतले गाए। अमृतलाई नेपथ्यका रत्नले गितार बजाएर साथ दिए। कार्यक्रम रमाइलो गरी सकियो।

यता काठमाडौँमा दार्जिलिङ जान भनेर तम्सिएको टोली अलमलमै थियो। अन्तिममा उनीहरूले दार्जिलिङ, सिक्किम जाने योजना रद्द गरे।

त्यसपछि नेपथ्य ब्यान्डको गतिविधि सुस्ताउन थाल्यो।

वर्षात् सुरु भयो।

वर्षाको मौसममा पोखराको सौन्दर्य अझ खुल्छ । चारैतिर फैलिएको उज्यालोलाई मौसमले अनेक नाटकीय पहिरनमा रोमाञ्चक बनाइदिन्छ। विविधता हुन्छ त्यहाँ प्रकाशको। हरिया डाँडाकाँडामा जताततै पानी बगेको देखिन्छ। माटो बसाउन सुरु गर्छ। झरनाहरू उस्तै। खोलानाला पनि तरङ्गमा बगिरहेका हुन्छन् । हिमाल खुलेको बेला त छर्लङ्गै देखिन्छ । एकैछिनमा बादल हराउँछ त एकैछिनमा फेरि कालो बादल मडारिन्छ। यसरी मडारिएर आउने बादलले पानी झररर पारेपछि खेतबारी उस्तै रमाइला देखिन्छन् । एउटा मात्र होइन, घरी-घरी एकसाथ तीनचारवटै देखिने इन्द्रेणीले अचम्मै पार्छन्। खेतमै व्यस्त रहेका र हलो जोतिरहेकाहरूको एक किसिमको उत्सवमय झाँकी देख्न पाइन्छ। त्यस्तो बेला अमृत गाउँघरतिर घुम्न निस्कन्थे ।

अमृत पोखरामै रमाइरहेका थिए । उनको खाँचो भने काठमाडौँमा थियो। भलै अमृतलाई यसको वास्ता नहोस् तर दीपकले यो कुरा कदापि बिर्सन सक्दैन थिए ।

हो, नेपथ्यका संस्थापक अनि अमृतका जिगरी दीपकजङ्ग राणा रुसमा पाइलटको पढाइ सकेर नेपाल आइसकेका थिए ।

दीपकले पोखरा आउनेबित्तिकै सबैभन्दा पहिले अमृतलाई खोजे। चिप्लेढुङ्गा अगाडिको चौतारीमा दुई साथीको भेट भयो ।

त्यो साँझ झमझम पानी परिरहेको थियो। दीपकले चुरोट सल्काउँदै 'तँ के गरेर बसिरहेको यहाँ ? खुरुक्क काठमाडौँ जानुपर्दैन ?' भनेर हकारे ।

अमृतको घरमा परिस्थिति फेरिएको थियो। छोरो घर फर्किएपछि थोरै पग्लिएका बाले अब उनकै इच्छाअनुसार चल्न दिने र सहयोग पनि गर्ने भनेर वाचा गरेका थिए । त्यसअनुसार अमृत फोटो स्टुडियो र कलर ल्याब खोल्ने भनेर तात्तिएका थिए। पछि फेरि त्यसका निम्ति लगानी गर्न बा मानेनन् ।

गो अलमलकै तीन आफू पोखरा बसिरहेको कुरा अमृतले दीपकलाई सुनाए।

'भो छोड्,' दीपक रिसाए, 'खुरुक्क हिँड् काठमाडौँ ।'

कीर्तिपुरमा स्नातकोत्तर गर्दागर्दैको पढाइ हापेर र गरिरहेका काम पनि सबै लथालिङ्ग छाडेर आएको हुनाले अब फेरि कुन मुखले जाने भनेर अमृत सङ्कोच मान्न थाले।

'कुनै चिन्ता नलिई खुरुक्क आइज,' दीपकले थपे, 'तैँले बाँकी जे गरे पनि म्युजिक र फोटोग्राफी छाड्नु हुँदैन।'

दीपकले पुरानो डेराबाट सबै सामान सारेर वनस्थलीमा अर्को राम्रो डेरा लिएको पनि सुनाए।

'आउनलाई पैसा चाहिन्छ भने ला...' भनेर दीपकले हजार रुपैयाँको नोट पनि अमृतको हातमा राखिदिए।

'मेरो त भोलि नै फ्लाइट छ,' दीपकले बिदा माग्दै भने, 'अहिले हिँडें।'

त्यो बेला दीपक रसियन हेलिकप्टर 'एमआई सेभेन्टिन' मा को-पाइलट थिए।

'यसले उडाएको हेलिकप्टर म पनि हेर्छु' भनेर भोलिपल्ट बिहानै अमृत एयरपोर्ट गए। दीपक हेलिकप्टरभित्र छिरिसकेका थिए। अमृतले बाहिरैबाट नियाले। त्यो सुन्तला रङको ठूलो हेलिकप्टर थर्कने आवाज निकाल्दै 'फ्याट्फ्याट् फ्याट्फ्याट्' गर्न थाल्यो।

हेर्दाहेर्दै जुरुक्क उचालिएर हावामा अडियो। त्यसपछि फनक्क घुम्यो र काठमाडौँतिर सोझियो अनि विशाल चरीको उडान सुरु भयो। त्यो हेलिकप्टर उडेर पर गएको हेरिरहँदा अमृतलाई रमाइलो लाग्यो।

बाल्यकालदेखिका साथी अनि नेपथ्य ब्यान्डका संस्थापक दीपक पोखराबाट हेलिकप्टर उडाएर काठमाडौँ जाँदै थिए। तिनै दीपक जसले अमृतका बारेमा सदैव चासो राखे।

अमृतका मनमा यो कुरा खेल्दाखेल्दै हेलिकप्टर सानो बन्दै गयो। एकैछिनमा त थोप्लोजस्तो मात्रै देखियो। त्यही थोप्लो पनि अलि पर पुगेपछि बादलभित्र पसेर कता हरायो हरायो!

अमृतले पोखरामै रहेका नेपथ्यकै अर्का सदस्य रत्नलाई भेटे र आफू फेरि काठमाडौँ फर्किएर विश्वविद्यालयको पढाइ र म्युजिकतिरै लाग्ने निधोमा पुगेको सुनाए।

'म पनि जान्छु,' रत्न पनि कस्सिए, 'सँगै जाम्।'

केही दिनमै खत्र्याकखुत्रुक व्यवस्थापन गरेपछि दुई भाइ पोखराबाट काठमाडौँ हिंडे।

काठमाडौँ टेकेपछि बालाजु झरेर सरासर वनस्थलीस्थित दीपककै कोठामा पुगे।

दीपक अब 'पाइलट दीपक' भइसकेका थिए।

फराकिलो बेडरुम, थप दुई कोठा र भान्छासमेत भएको फ्ल्याटै थियो।

'यो कोठा तेरो,' आफ्नो बेडरुमपछिको अर्को ठूलो कोठाको ढोका खोल्दै दीपकले भने, 'सामान ल्याएर राख्।'

अमृतका साथमा रत्नलाई देखेर दीपक झस्किए।

'ऊ एकदुई दिनलाई मात्र यहाँ बस्छ,' अमृतले स्पष्ट पारे, 'उसको सोल्टीको घर छ, उतै जान्छ रे!'

दीपकले नै पैसा दिएपछि अमृत फेरि कीर्तिपुर गएर त्रिभुवन विश्वविद्यालयमा भर्ना भए। वनस्थलीको डेरामा गितार पनि आइपुग्यो।

गितारको आवाज फैलन कतिबेर लाग्छ र! फेरि उस्तै गरी साथीभाइको जमघट हुन थाल्यो। वनस्थलीका कोठामा पनि पुल्चोककै दिनहरू फर्कन थाले। दीपकचाहिँ कहिले कता कहिले कताको उडानमा हुन्थे। कुनै बेला चारपाँच दिनसम्मै आउँदैन थिए।

नयाँ डेरामा ब्यान्डको गतिविधि फेरि जुर्मुराउन सुरु भयो।

चितवनपछि अबको यात्रा नेपालगन्जतर्फ थियो।

नारायणघाट-बुटवल खण्डलाई चार लेनको बनाउने क्रममा महेन्द्र राजमार्ग अस्तव्यस्त बन्न पुगेकाले त्यस दिनको यात्रा निकै लामो हुनेवाला थियो। त्यसैले सक्दो सबेरै हामी होटल छाड्ने तरखरमा थियौं।

खाजा खान लाइन लाग्यौं। त्यति बेलै केही तन्नेरी आइपुगे।

तिनैमध्येका एक थिए, अङ्कित गौतम। रत्ननगरका उनी १८ वर्षपहिले खिचिएको तस्बिर लिएर भेट्न आएका थिए। तस्बिरमा एउटा बालक आफ्ना पिताद्वारा बोकिएको देखिन्थ्यो। पिताका छेउमा भने कपाल र जुँगा कालै छँदाको तन्नेरी अमृत उभिएका थिए।

गोरखास्थित मनकामना मन्दिरको प्राङ्गणमा खिचिएको त्यो तस्बिर देखाउँदै अङ्कित भनिरहेका थिए, 'यो बोकिएको बच्चा मै हुँ।'

इभेन्ट म्यानेजमेन्टको काम गरिरहेका अङ्कितको कुरा सुनेपछि खाजा खाइरहेका सबैको ध्यान उनीतिरै गयो।

खाजा खाएर होटलको रिसेप्सनतर्फ लाग्दा बिदाइ गर्न मानवसेवा आश्रमको टिम आइसकेको थियो।

बिदाइ टोलीमा युवकयुवतीदेखि पाकासम्मको उपस्थिति देखिन्थ्यो।

बोलीदेखि व्यवहारसम्म अत्यन्तै औपचारिकतामा ध्यान दिने मानवसेवा टोली यदाकदा धार्मिक समूहजस्तो पनि प्रतीत हुन्थ्यो।

उनीहरूमध्ये कसैले धमाधम टीका लगाइदिन थाले भने कसैले खादा त कसैले फूलको माला।

बिदाइ चलिरहँदा रिसेप्सनमा पछाडिपट्टि रहेको विशाल टेलिभिजनमा देखिएको दृश्यले मेरो ध्यान खिच्यो। यता टीका-माला लगाउने काम अत्यन्तै भद्र तथा पुण्य पाराले चलिरहेको बेला पछाडिको ६५ इन्च ठूलो टेलिभिजनमा सोनी म्याक्स च्यानलले अत्यन्त अप्ठेरो पार्ने दृश्य देखाइरहेको थियो। टेलिभिजनको आवाज भने बन्द गरिएको थियो। त्यसमा कुनै अङ्ग्रेजी सिनेमा देखाइँदै थियो, जसमा पुरानी नायिका सिन्डी क्रफोर्ड नायकको काखमा बसेर चुम्बन

गरिरहेकी थिइन् । दृश्य लगातार कामुकतातर्फ बढिरहेको थियो । पश्चिमका सिनेमाहरूमा कुन दृश्य बढ्दै गएर कति हदसम्म चुलिन्छ भन्ने ठेगान हुँदैन ।

उता टेलिभिजनको पर्दामा चुपचाप चलिरहेको दृश्य र यता चहलपहलका साथ सम्पन्न भइरहेको पुण्य कार्य ठीकविपरीत परिस्थितिका थिए । पछाडिको दृश्य कसै गरी आपत्तिजनक अवस्थामा पुग्यो र अगाडि पुण्य कार्य गरिरहेका मानिसको नजर त्यता पर्न गयो भने के कस्तो परिस्थिति जन्मिएला भनेर मेरो मन हडबडाइरहेको थियो ।

तै धन्न, त्यो पछाडिको दृश्य चुम्माचाटीमै सकियो ।

मैले चैनको श्वास फेरेँ ।

एकैछिनमा आयोजकले ग्रुप फोटो खिच्ने कुरा निकाले ।

हामी फटाफट फोटो खिचेर गाडीमा चढ्यौँ ।

चितवनसँग बिदाइका हात हल्लायौँ ।

चितवन आएको बेला जहिले पनि अमृत यस ठाउँमा नेपथ्यले गरेको पहिलो कन्सर्ट सम्झन्छन् । अझ बढी त रविनको सम्झना हुन्छ ।

२०५३ सालतिर नारायणघाटको गणेश टाकिजमा कन्सर्ट सकिनासाथ टोलीलाई प्रशंसकहरूले चारैतिरबाट घेरेका थिए । घेरिएर सबैभन्दा सास्ती बेहोर्नेचाहिँ गायक रविन थिए । उनलाई युवतीहरूले तानातान गरुन्जेल त ठीकै थियो । हुँदा-हुँदा लगाइरहेको कमिजसमेत थुतेर निकालिदिए । त्यो कमिज युवती स्वयम्ले पहिरिएको देखियो । त्यसपछि पनि रविनले मुक्ति पाएनन् । उनको छाती र ढाडभरि लिपिस्टिकका दाग देखिन्थे ।

यस्ता रविन पनि एक दिन ब्यान्ड छाडेर गइदिए ।

नेपथ्यलाई प्रारम्भमा उभ्याउने काम दीपक, अमृत र भीम मिलेर गरेको भए पनि ब्यान्डको सुरुवाती चरणका मुख्य गायक थिए, रविन ।

रविन मात्र होइन, लगभग एकै समयमा ब्यान्डका अन्य हस्तीहरू भीम र सुरेश पनि अलग भएका थिए।

मैले नेपथ्य ब्यान्डलाई नजिकबाट चिन्नुभन्दा निकै अघिको त्यस घटनाबारे यहाँ अमृतको भनाइ जस्ताको त्यस्तै राखेको छु-

रविन, भीम र सुरेश गुमाउँदा

–अमृत गुरुङ

हाम्रो दोस्रो एल्बम 'हिमाल चुचुरे' र त्यसमा पनि 'छेक्यो छेक्यो' गीतले ठूलो हलचल मच्चाएपछि सुरुमा त दार्जिलिङ जाने विषयलाई लिएर साथीहरूबीच मतान्तर भयो। साथीहरूसँग कुरा नमिलेपछि म पोखरा गएर बसेँ। दीपक पाइलट पढेर नेपाल फर्किएलगत्तै उसले मलाई फेरि काठमाडौँ ल्यायो।

दीपकको वनस्थलीस्थित नयाँ डेरामा बस्दै गएपछि हाम्रो गतिविधि फेरि सुरु भयो। ब्यान्ड ब्युँताउनुपर्छ भन्ने सबैको सल्लाहबमोजिम म सक्रिय हुन थालेँ।

म सबैभन्दा पहिले सुरेशको घरमा गएँ।

सुरेशको मन ब्यान्डबाट हटिसकेको रहेछ। उसले 'होइन दाइ, मलाई अब म्युजिक गर्ने रुचि नै रहेन' भन्न थाल्यो।

मैले सक्दो सम्झाउने कोसिस गरेँ। ऊ मानेन। अब रुचि नै छैन भनेपछि के गर्ने ?

तैपनि भीममार्फत एकपटक सुरेशलाई कुरा गर्न लगाएँ। यो प्रयास पनि काम लागेन।

यता सुरेशले म्युजिक नगर्ने भनेर अड्डी लियो, उता बुद्धिले नसक्ने भयो।

ड्रम्स भीमले सम्हाल्ने र गितार अनि बेसका निम्ति अरू नै मानिस खोज्ने योजना बन्यो।

बेसका निम्ति पोखराकै केशर गुरुङको कुरा आयो। उनले सहमति जनाए।

गितारमा पोखराकै अर्का भाइ असीम शेरचनलाई पनि ल्याउने कुरा भयो। रत्नको साथी ऊ काठमाडौं बसेरै पढिरहेको थियो।

अब रिहर्सल सुरु भयो। असीम बजाउन सक्थ्यो। ऊ तत्काल सङ्गीत टिप्न पनि सक्थ्यो।

रिहर्सल गर्दागर्दै एक दिन रोशनप्रताप राणा दाइ आइपुगे।

कलेज पढ्दाका सिनियर दाइ रोशनप्रताप मलाई लामो समयदेखि आफ्नै भाइजस्तो माया गर्थे। आज पनि गर्छन्। उनी त्यो बेला सङ्गीतकर्मीमात्र नेपाल टेलिभिजनको हस्तीका रूपमा चिनिन्थे। उनले चलाउने साङ्गीतिक कार्यक्रम लोकप्रिय थियो। रोशनप्रताप दाइ म्युजिक भिडियो पनि बनाउँथे।

'ए भाइ तँ कहाँ छस्? यहाँ आइज। तिमीहरूको छेक्यो छेक्यो भन्ने गीतले धेरै राम्रो गरिरहेको रहेछ। मैले सुनेँ। अब त्यसको म्युजिक भिडियो बनाउनुपर्छ,' दाइले भने।

'हस् दाइ' भनेँ।

त्यसपछि हामी सबै तयार भएर बस्यौँ।

एकछिन एकछिन

पख्नुस् है, रोशनप्रताप दाइसँगको यसभन्दा पहिले पनि हामीले म्युजिक भिडियो बनाएका थियौँ। पहिले त्यो मार्मिक अनुभव एकपटक भन्छु है–

ब्यान्डको पहिलो एल्बम 'नेपथ्य' भर्खर निस्किएको थियो। एक दिन रोशनप्रताप दाइ आइपुगे।

'ए भाइ तिमीहरूले एल्बम निकालेका रहेछौ। खोइ देऊ, म सुन्छु' दाइले भने।

सुनिसकेपछि 'आँगनैभरि हिउँ नै झरे' मन परेछ।

रोशनप्रताप दाइले 'यो गीतको म्युजिक भिडियो गर्नुपर्छ भाइ' भने।

टेलिभिजनमा रेकर्डका निम्ति जान तयार भयौं। हामीसँग केही इन्स्ट्रुमेन्ट थिए। खास गरी पोखराको अन्नपूर्ण साङ्गीतिक परिवारका गितार र किबोर्ड हामीसँगै थिए। साथीकहाँबाट ल्याएका दुइटा रसियन गितार पनि थिए। सुरेश भाइले कतैतिरबाट लिएर आएको इन्डियन ड्रमसेट पनि थियो।

ती सबै दुईवटा ट्याक्सीमा राखेर हामी पुल्चोकबाट बाहिरियौं।

नेपाल टेलिभिजनको गेटमा पुगेपछि मैले मेरो ट्याक्सीमा भएका सबै सामान निकालेँ। आ-आफ्नो सामान बोकेर माथि स्टुडियो उक्लियौं। रोशनप्रताप दाइ कुरिरहेका थिए।

क्यासेट बजाउनका निम्ति दियौं र सामान 'सेटअप' गर्न थाल्यौं। जसै बजाउने तयारी भयो, त्यहाँ त गितारै देखिएन। 'खोइ गितार ?' भन्दा साथीभाइहरू 'थाहा छैन' पो भन्छन्। मैले त आफू भएको ट्याक्सीबाट सबै सामान निकालेको थिएँ। अन्नपूर्ण ब्यान्डबाट मागेर ल्याएको थोमस भन्ने गितार साथीहरूले अर्को ट्याक्सीमा छाडिदिएछन्। त्यो बेला २२ हजार पर्ने गितार। बेखर्ची जीवन बाँचिरहेकालाई झन्डै मोटरसाइकलको दाम।

त्यस्तो महँगो गितार बोकेर ट्याक्सी कता गइसक्यो ! त्यसपछि त अब केको रेकर्ड ? मुडै अफ भयो। सबै एकले अर्कालाई दोषारोपण गर्न थाले।

यत्तिकैमा रोशनप्रताप दाइले 'छोडिदेओ अब भयो, रेडियोमा भन्, पत्रपत्रिकामा छपा, पाइयो भने पाइयो, नभए छोडिदेओ, अब यो कामचाहिँ सिध्याउनुपर्‍यो' भनेपछि त्यो 'आँगनैभरि' गीतलाई हामीले ओठ चलाएर गाएजस्तो भान पर्ने गरी 'लिप-सिङ्क' गर्न थाल्यौं।

उता चक्का बजिरहेको छ। यता हामी यन्त्रवत् ओठ चलाइरहेका छौं। टेलिभिजनका क्यामरा अघिल्तिर यस्तो नाटक गर्नुपरिरहेको छ। ह्याँ दिमागमा मागेर ल्याएको महँगो गितार हराउँदाको सन्ताप छ। अनुहार र शरीरले भने सङ्गीतमा झुमेर रमाइरहेको देखाउनु छ। यो हाम्रा निम्ति साह्रै महँगो अभिनय थियो। एक हिसाबले पीडादायी। तर परिस्थितिबाट भाग्न पनि नमिल्ने।

जसोतसो सिध्यायौं र त्यहाँबाट फर्कियौं।

फर्किंदा ट्याक्सीको रेडियोबाट अरुण थापा दाइको त्यतिखेरको सुपरहिट गीत बजिरहेको थियो–

चोट के हो व्यथा के हो, मजस्तो घाइतेलाई सोध
मिलन के हो खुसी के हो, मसँग कहिल्यै सोध्दै नसोध

मलाई आफू त्यस गीतकै पात्र बनेको महसुस भइरहेको थियो।

त्यो दिन मलाई साह्रै नरमाइलो लाग्यो।

अब त्यो गितारको हर्जाना तिर्नुपर्छ। आफूसँग पैसा छैन। अर्कासँग मागेर मैले नै जिम्मा लिएर ल्याएको चीज।

ती साथीभाइलाई त पोखराको अन्नपूर्ण ब्यान्ड कसको हो भन्ने पनि थाहा थिएन। त्यो गितार मैले कसरी ल्याएँ भन्ने पनि उनीहरूलाई पत्तो थिएन। जे अप्ठेरो पर्नेवाला थियो, त्यो त मैलाई थियो।

रेडियोमा 'पुल्चोकबाट सिंहदरबार आउने बेलामा खैरो र पहेँलो रङको गितार हराएकाले पाउनुहुने महानुभावले फलानो नम्बरमा सम्पर्क राखिदिनुहोला' भनेर फुक्न लगायौँ। रेडियोले फुक्याफुक्यै गरिदियो। त्यति बेला एम रेस्टुरेन्टको नम्बर दिएका थियौँ। पत्रिकामा पनि सूचना निकाल्यौँ। पाइहालिएला कि भन्ने आस त थियो। तर फिर्ता भएन।

जुन ट्याक्सीमा गितार हामीले छाडेका थियौँ, उसले फिर्ता गर्ने मनसाय राखिदिएन। समाज प्रतिविम्बित हुने भनेको यस्तै कुराले रहेछ।

एउटा ट्याक्सीवालाले त्यति विवेक पुऱ्याइदिएको भए 'केही गर्छौं' भनेर जुरमुराएका तन्नेरीहरू त्यसरी हतोत्साहित हुनुपर्ने थिएन।

त्यो क्षण असाध्यै उदासीमा बित्यो। असाध्यै पीडादायी। अहिले सम्झँदा पनि नरमाइलो लागेर आउँछ।

जे होस्, त्यो थियो रोशनप्रताप दाइसँगको पहिलो म्युजिक भिडियो अनुभव। फेरि दोस्रो एल्बमको 'छेक्यो छेक्यो देउराली डाँडा' गीतलाई भिडियो बनाउन

दाइले नै प्रस्ताव ल्याएका थिए।

दीपकलाई त्यस भिडियोमा 'तँ पनि हुनुपर्छ' भन्यौँ।

रोशनप्रताप दाइ टेलिभिजनबाट क्यामरा लिएर आइपुगे। हामी बालाजु हुँदै माथि तीनपिप्लेतिर गयौँ।

त्यहाँका बच्चाहरूलाई पनि राखेर सुटिङ सुरु गरियो।

अघिल्लो म्युजिक भिडियोजस्तो फेरि कुनै तलमाथि नहोस् भनेर एक-एक कुरामा ध्यान पुऱ्याएका थियौँ। त्यसैले त्यस्तो केही भएन। रमाइलो मात्र भयो। हाँसोखुसीमै सुटिङ सकियो।

सुटिङ सकिएपछि दाइले नै 'ए भाइ, अब फलानो दिन टेलिभिजनमा आउनेवाला छ, तिमीहरू सबैले हेर् है' भने।

जब टेलिभिजनमा म्युजिक भिडियो प्रसारण भयो, हामी मक्खै पऱ्यौँ। जसरी भूपाल दाइको मेहनतले त्यो गीत चम्केको थियो, त्यसै गरी रोशनप्रताप दाइले केवल दुई घण्टाकै सुटिङका भरमा त्यति राम्रो म्युजिक भिडियो तयार पारिदिएछन्!

त्यति बेला नेपाल टेलिभिजनमा 'सङ्गीत सौगात' भन्ने असाध्यै लोकप्रिय कार्यक्रम थियो। एकताका त त्यो कार्यक्रम 'छेक्यो छेक्यो' नबजाईकन पूरै नहुनेजस्तो स्थिति आइपुगेको थियो। हरेकपटक फर्माइस आउने। जता पुग्दा पनि त्यो गीत रेडियोमा बजिरहेको सुनिन्थ्यो।

अबचाहिँ बल्ल हामीले कार्यक्रम दिने ठीक समय आयो जस्तो लाग्न थाल्यो। सुरेश भाइलाई फेरि भेटेर ब्यान्डमा फर्कन अनुरोध गरेँ। उनले फेरि पनि मानेनन्।

ब्यान्डबाट अलग्गिए पनि हामीबीच सम्बन्ध सुमधुर नै थियो। उनी बिदेसिएपछि भने देखभेट हुन छाड्यो। तिनै सुरेशलाई मैले धेरै वर्षपछि लन्डनको वेम्बली एरिनामा नेपथ्यले कन्सर्ट दिँदै गर्दा भेटेको थिएँ।

सुरेश र बुद्धिलाई छाडेर भीम, रविन, म, रत्न, असीम अनि केशरले म्युजिकको अभ्यास अघि बढायौँ । यो काम बागडोलस्थित महेशको घरमा हुन्थ्यो । र, त्यति बेला हाम्रा लागि सम्पूर्ण लगानी दीपकले गरेको थियो ।

नेपथ्यको पहिलो स्टेज कार्यक्रम कीर्तिपुरस्थित त्रिभुवन विश्वविद्यालयको अडिटोरियममा भयो ।

विश्वविद्यालयको अङ्ग्रेजी विभागका विद्यार्थीले स्वागत कार्यक्रमका निम्ति हामीलाई निम्तो गरेर कन्सर्ट राखेका थिए ।

कन्सर्टमा केवल दुईवटा गितार प्रयोग गरेर 'अकोस्टिक' हिसाबले प्रस्तुत गरेका थियौँ । त्यसमा हामीले पाँचवटा गीत गायौँ । एक त ब्यान्ड विश्वविद्यालयका विद्यार्थीको घेरामा उभिएको थियो भने अर्कातर्फ नेपथ्यको पहिलो एकल कन्सर्ट थियो त्यो ।

ब्यान्डलाई सहयोग गर्न साथी सुजिता शाही आइपुगिन् ।

सुजिताजीको निम्तोमा एकपटक 'पब्लिक युथ नाइट' भइसकेको थियो । त्यसपछि उनले प्रायोजनका लागि प्रस्ताव लेखेर हामीलाई सहयोग गर्न थालिन् । उनी त्यति बेला 'रिभाइभल' नामको अङ्ग्रेजी पत्रिकामा संलग्न थिइन् ।

सुजिताजीकै सक्रियतामा धेरै ठाउँमा हामीले कार्यक्रमको प्रस्ताव राखेका थियौँ । त्यसमध्ये टुबोर्गले प्रायोजन गरेको कन्सर्ट नेपथ्यको सुरुवातकै सबैभन्दा भव्य थियो ।

यो सन् १९९६ को कुरा हो ।

त्यस समयमा यस्ता कन्सर्ट मुख्यतया सिगरेट र बियर कम्पनीले प्रायोजन गर्थे । हामीले प्रायः सबै कम्पनीमा प्रायोजनका निम्ति प्रस्ताव पेस गरेका थियौँ ।

टुबोर्ग बियरले हाम्रो प्रस्ताव स्वीकार मात्र गरेन, त्यसको भव्य प्रचारप्रसारसमेत गरिदियो । कन्सर्टको आयोजकचाहिँ साथी दिवाकर घले संलग्न रहेको 'महावीर क्लब' थियो ।

हामीले पहिलोपटक व्यापक प्रचारप्रसार पाएको त्यही बेला हो । काठमाडौँका

कुना-कुनामा नेपथ्यको तस्बिरसहितका पोस्टरहरू टाँसिएका थिए। रेडियो र टीभीमा पनि उत्तिकै विज्ञापन बजेको थियो।

कन्सर्टका निम्ति प्रज्ञा-प्रतिष्ठानको मञ्च यति झकिझकाउ सिँगारिएको थियो कि हामीले त्यसको कल्पनासमेत गरेका थिएनौं। आफूहरूलाई अचानक भव्य रूपमा उभ्याइँदा एक किसिमको अत्यास चल्न थालेको थियो। धक मान्दामान्दै हामी भव्य मञ्चमा प्रस्तुत हुँदै थियौं।

पर्दा खुल्नेबित्तिकै हल पूरै भरिभराउ देखियो।

झन्डै दुई घण्टा लगाएर हामीले १८ वटा गीत सुनायौं।

'छेक्यो छेक्यो' गाउँदा दर्शक कुर्सीमाथि समेत चढेर उफ्रिरहेका देखिन्थे।

हिजोआज नेपथ्यको कन्सर्टमा जताततै दर्शकको जुन उल्लास देखिन्छ, त्यसको प्रारम्भचाहिँ प्रज्ञा-प्रतिष्ठानको त्यही कन्सर्टमा भएको हो।

त्यो कार्यक्रम दर्शकले जति मन पराए, त्यसभन्दा धेरै गुना बढी नेपथ्यको चर्चा यत्रतत्र फैलियो।

उपत्यकाभित्र र बाहिरबाट धमाधम निम्तो आउन थाल्यो।

आयोजकहरूसँगको अनुभव आफ्नै ठाउँमा भए पनि हामी सङ्गीतप्रेमीमाझ निरन्तर हिट हुँदै थियौं। हामीबारेका समाचार पत्रपत्रिकामा नियमित आउन थाले।

काठमाडौंबाट लामो दूरीका बस छुट्ने सुन्धारा बागदरबार क्षेत्रमा भर्खर लजहरू खुल्न थालेका थिए। त्यति बेलै खुलेको प्रिया गेस्टहाउस हाम्रो अखडा बन्यो। म दीपकको वनस्थली डेराबाट आउजाउ गर्ने भए पनि अन्य साथीहरू त्यहीं बस्थे। त्यहाँ कहिलेकाहीं दारुपानी बिहान ११ बजे सुरु भएर मध्यरातसम्मै लम्बिन्थ्यो। टेलिभिजनका चर्चित प्रस्तोतादेखि अन्य ब्यान्डका चिनिएका कलाकारहरूसम्मको जमघट चल्थ्यो।

हजारौं रुपैयाँको बिल उठ्थ्यो। ब्यान्डको पैसा यसरी सिध्याएकामा मलाई चित्त बुझ्दैनथ्यो। भीमचाहिँ कलाकारिता गरेर एक पैसा पनि घर लैजान

नपाइरहेको अवस्थामा खानपिन गरेरै भए पनि रमाउनुपर्छ भन्दै हँसाउँथ्यो। साँच्चै भन्दा भिडियोहरूमा देखिने 'रकस्टार' कै पाराका हाम्रा दिनचर्या थिए।

एक दिन ठमेलस्थित 'वन आवर लन्ड्री' का सञ्चालक रिखी गुरुङ र हङकङस्थित 'अशोक क्लब' रेस्टुरेन्टका मालिक राजेश गुरुङ ब्यान्ड खोज्दै आइपुगे। रिखी र पूर्व गोर्खा क्याप्टेन राजेश हङकङमा नेपथ्यलाई प्रस्तुत गर्न चाहन्थे।

हङकङ कन्सर्ट हाम्रा निम्ति कलाकारिताभन्दा पनि पर्यटकका हिसाबले बढी आकर्षक बनेको थियो। विदेश यात्रा गरेर आनन्द लिने। झिलिमिली हङकङ अनि साथीभाइसँग भेटले यात्रा रमाइलो हुने नै भयो।

हङकङ जता हेर्‍यो, उतै उज्यालो। चिल्ला मोटरहरूको लस्कर। भूमिगत रेल। एटीएमबाट पैसा निस्कने। हरेक दृश्यले कौतूहल जगाउँथे।

हामीलाई चुङकिङ मेन्सन्सस्थित नेपालीले नै चलाएको गेस्टहाउसमा बस्ने व्यवस्था मिलाइएको थियो। आयोजककै 'अशोक क्लब' मा खाना खान्थ्यौँ। हामीले त्यसमा खासै असहज मानेनौँ। उनीहरूले नै हङकङ पनि घुमाइदिए।

खानपिन, नशा र घुमफिर। बस्, त्यत्ति थियो हाम्रो काम।

कन्सर्ट कसरी राम्रो बनाउने र के गर्ने भन्ने चिन्ता कसैमा फिटिक्कै थिएन। त्यहाँ केवल मोजमस्ती थियो।

कार्यक्रम प्रस्तुत गर्न विदेश पुगे पनि हामी पूरै अल्लारे थियौँ। त्यसको परिणाम त भोग्नै थियो।

घोषित दिनमा कार्यक्रमस्थल पुग्यौँ। स्टेजमा यसो हेर्दा त ड्रमसेट नै छैन। स्पिकरहरू पनि हलको आकारअनुसार क्षमतै नपुग्ने खालका। २२ सय मान्छेले हेर्न सक्ने क्षमताको त्यो स्टार फेरीस्थित 'हङकङ कल्चरल सेन्टर' मा अर्केस्ट्रा शोसमेत चल्ने गरेको थियो। यता हाम्रो म्युजिक बेग्लै। त्यहीँ नाच हुन्छ, त्यहीँ फेरि गीत गाउनुपर्ने। त्यहीँ भाषण पनि गर्नुपर्ने।

हलमा दर्शक छिर्न सुरु भइसक्यो। अर्थोक नभए पनि काम चल्ला, ड्रमसेटै छैन। बुक गराउने आयोजकको फोनै लाग्दैन। साथीहरू सबै 'स्टार' भइहाले।

खोज्ने कसले ? म आफैं बाहिर निस्किएर दौडादौड १० मिनेट परको चुङकिङ मेन्सन्स पुगेर आयोजकलाई भेटें। त्यहाँ टिकट बेचिरहेका आयोजकले सोधखोज गरेपछि अडिटोरियमकै एक कुनामा ड्रमसेट राखिएको थाहा पाइयो।

हलभित्र 'ड्रम्स पाइयो रे !' भनेर हल्ला फैलियो।

टिकट काट्ने मान्छेको भीड छिचोल्दै ड्रमसेट भित्र ल्याइयो। त्यसपछि कार्यक्रम सुरु भयो।

गीत बज्नेबित्तिकै सबैले गाइदिए, ताली बजाइदिए। त्योचाहिँ रमाइलो लाग्यो।

विदेशमा कार्यक्रम प्रस्तुत गर्ने आयोजक र घुमन्ते आनन्दमा रमाउने हामी कलाकारहरू जेजस्ता भए पनि नेपाली श्रोता र दर्शकचाहिँ एक हिसाबले देउतै हुन्। उनीहरू जहिले पनि र जस्तो अवस्थामा पनि नेपाली सङ्गीत र कलाकारलाई माया गरिरहन्छन्। हाम्रा तमाम कमजोरीका बाबजुद हङकङमा त्यत्रो हल पूरै भरिने गरी दर्शक आइदिएका थिए।

त्यस कार्यक्रमले हामीलाई पहिलो विदेश यात्राको जति अप्रतिम आनन्द दिएको थियो, उत्तिकै वियोगको भारी पनि बोकायो। एक त कार्यक्रम सकिनेबित्तिकै आयोजक बेपत्ता हुने आम समस्या त्यहाँ पनि दोहोरियो। कार्यक्रम चलिरहँदै उनीहरूबीच मनमुटाव देखिएको थियो। एकले अर्कालाई दोषारोपण गरिरहेका थिए।

त्यसबाहेक नेपथ्यका केही साथीहरू कार्यक्रम सकिएपछि हङकङमै बस्ने निधोमा पुगे।

सबैभन्दा मुख्य त संस्थापक तथा ड्रमर भीम कार्यक्रम सकिएपछि हङकङमै बस्ने भयो। रत्न पनि उतै बस्यो।

बाँकी असीम, रविन, महेश अर्थात् माइकल र मचाहिँ फर्कियौं। खासमा त्यति बेला जो बस्न चाहन्थ्यो, उसलाई हङकङको आईडी बन्दोबस्त हुनेवाला थियो। यस्तो अवस्थामा चाहेकाहरूले त्यही बाटो समाते।

नेपाल आएपछि ब्यान्डसँग रविनको दूरी बढ्दै गयो। ऊ अभ्यासका निम्ति

कहिले आउने त कहिले नआउने गर्न थाल्यो। ब्यान्डका अन्य साथीहरूले रविनमाथि धेरै भर नपर्न मलाई दबाब दिन थाले।

उता रविनले एकल कार्यक्रम दिन थालिसकेको थियो।

'छेक्यो छेक्यो' हिट भएपछि यसका रचनाकार शुक गुरुङले पनि रविनसँग मिलेर साङ्गीतिक क्षेत्रमा अलग्गै अघि बढ्ने जमर्को गरिरहेका थिए।

त्यस क्रममा शुक गुरुङकै शब्द र सङ्गीतमा शर्मिला बर्देवासँग रविनले नेपथ्यभन्दा अलग रहेर गाएको 'आँखैमा फुलफुली, हितैको दौंतरी' गीत पनि लोकप्रिय भइसकेको थियो।

ब्यान्डभन्दा बेग्लै रहेर रविनले चर्चा कमाउन थालेपछि हामीबीच नदेखिने गरी परस्पर मनमुटाव, ईर्ष्या र साङ्गीतिक प्रतिस्पर्धाको बीजारोपण हुन थाल्यो। एकातिर रविन, अर्कातिर नेपथ्य। कस्तो दुर्भाग्य!

त्यति बेला ब्यान्ड टुबोर्ग बियर कम्पनीसँग सम्झौतामा बाँधिएको थियो। हामी सबैले हस्ताक्षरै गरेका थियौँ। त्यसमा ब्यान्डका सदस्यले अन्य कम्पनीका निम्ति गाउन नपाउने स्पष्ट प्रावधान थियो। तर मुख्य गायक रविनले यस्तो गम्भीर कुरामा ठीक उल्टो काम गरिदियो। उसले सानमिगेल बियरले प्रायोजन गरेको कार्यक्रममा गएर गाइदियो।

सम्झौता उल्लङ्घन गरिएपछि त्यसको जवाफदेहिता मैले वहन गर्नुपर्‍यो। मलाई 'किन यस्तो भयो?' भनेर सोधियो। म नाजवाफ भएँ। माफी मागेँ।

त्यसपछि अर्को एउटा घटना पनि भयो। सिम्फोनिक स्टुडियोमा हाम्रो रेकर्डिङ चलिरहेको थियो। एक दिन म स्टुडियो पुग्दा त्यहाँ एकसाथ तीनवटा एल्बम रेकर्ड हुँदै थिए। एउटा त नेपथ्यकै भयो। बाँकी दुईवटामा चाहिँ एकातिर सुरेश र अर्कातिर रविनको अरेन्जमेन्ट चलिरहेको थियो। म फसङ्ग भएँ। ब्यान्डकै काम भइरहेको स्टुडियोमा साथीहरूले बेग्लै निजी एल्बम बनाइरहेको अवस्था मेरा निम्ति पत्याउनसमेत गाह्रो पर्ने थियो।

त्यस घटनाले पनि रविनसँगको दूरी फनै बढ्यो।

त्यसपछि मिठो स्वर भएको रविनलाई नेपथ्यले र साथीका रूपमा अफ बढी मैले गुमाएँ।

केही समयपछि रविन विवाह गरेर हङकङ गयो । हङकङबाटै बेलायत पुगेको ऊ अहिले पनि बेलायतमै बसोबास गरिरहेको छ ।

नारायणी नदी तरेर पश्चिमतर्फ बढेपछि खाल्डाखुल्डी सुरु भयो। बुटवलसम्मै चार लेन बनाउने तयारीमा ठेकेदारले बाटो खोतलिदिएका थिए। हामी गाडीमा उफ्रिँदै र थेच्चिँदै अघि बढ्दै थियौँ।

चितवन छाडेको एकैछिनमा दलदले आइपुग्यो।

मलाई ठ्याक्कै एक वर्ष अगाडिको सम्झनाले छोप्यो ।

त्यति बेला म र अमृत पोखराबाट एक सातासम्मकै पैदलमा महेन्द्र राजमार्गको यस बस्तीसम्म आइपुगेका थियौँ ।

त्यो यात्रा वास्तवमा अन्तै कतैको थियो। कताको यात्रा कता मोडियो ।

सन् २०२१ को अन्तिम साता पोखरामै बसिरहेका अमृतले मलाई अचानक फोन गरे ।

'जुम्लातिर ट्रेकिङ जाने हो ?' फोनमा सोधे, 'सदरमुकाम खलङ्गासम्म प्लेनमा गएर सिँजा उपत्यका पुग्ने र फर्कंदा उताको उतै जाजरकोट निस्कने।'

मैले यात्राबारे थप बुझ्न चाहेँ ।

त्यो पदयात्रासँग त निकै रोचक विषय पो जोडिएको रहेछ। सुनेपछि त्यता पुग्ने हुटहुटी बढाउने खालको ।

खस भाषा र संस्कृतिको व्युत्पत्तिथलो जुम्लाको सिँजा क्षेत्रमा खेलिने देउसीभैलो र बाँकीको नेपालमा खेलिने देउसीभैलोबीच ठूलो अन्तर रहेछ।

हामीले बाँकीको नेपालमा अनुकरण गर्दा देउसीभैलोलाई कात्तिकतिर तिहारको बेला ल्याएर जोड्यौँ । जबकि मूलथलो सिँजा उपत्यकामा देउसीभैलोको रमाइलो पुसको दोस्रो-तेस्रो सातातिर हुँदो रहेछ।

उता खेलिने देउसीभैलोमा केही अन्तर पनि रहेको सुनेपछि अमृतलाई त्यहीँ पुगेर हेर्ने इच्छा भएछ।

'जाने भए तिमी काठमाडौँबाट पोखरा आइपुग,' उनको प्रस्ताव थियो, 'यताबाट बाँकीको प्रबन्ध म मिलाउँछु।'

यति भएपछि अब मलाई के चाहिन्थ्यो ?

म २०२२ जनवरी १ मा काठमाडौँबाट पोखरा उड्ने तय भयो। त्यो दिन अचानक देशभरको मौसम खराब भइदियो। मध्य पुसको वर्षात्ले पहाडी भेगमा व्यापक हिमपात गरायो भने अन्य भेग पनि बदली भएर ढपक्कै ढाकिए। त्यसले गर्दा देशभर हवाई यातायात प्रभावित भइदियो।

म बिहान अँध्यारैमा काठमाडौँ विमानस्थल पुगे पनि प्रतिकूल मौसमकै कारण मेरो उडान दिउँसो मात्र भयो। फन्डै ११ बजे। उता पोखराबाट नेपालगन्जका निम्ति उड्न हाम्रो टिकट त्यही दिन बिहान १० बजेर ३५ मिनेटको थियो।

'धन्दा नमान्नुस्,' काठमाडौँ एयरपोर्टमा बुद्ध एयरका कर्मचारीहरूले मलाई सम्झाए, 'तपाईंलाई काठमाडौँबाट पोखरा लैजाने प्लेनले नै पोखराबाट नेपालगन्ज पनि उडाउने हो, फरक पर्दैन।'

म ढुक्क भएर पोखरा ओर्लिएँ।

ओर्लनासाथ पोखराबाट नेपालगन्जतर्फ बुद्धको उडान मौसमको खराबीले रद्द गरिएको जानकारी पाइयो।

म पुग्दा अमृत विमानस्थल परिसरमै एउटा रूखमुनि रुकस्याकलाई सिरानी हालेर पल्टिरहेका थिए।

भेट्नासाथ हामीले अन्य विमानबाट भए पनि नेपालगन्जतर्फ उड्न सक्दो कोसिस गर्‍यौँ। काम लागेन।

त्यही साँझ नेपालगन्जबाट जुम्लाको खलङ्गा उड्न पनि हामीले टिकट काटिसकेका थियौँ।

यता नेपालगन्जै पुग्न पाइएन।

त्यति बेलै खलङ्गाबाट सिँजा उपत्यकातर्फ जाने बाटाहरू हिमपातका

कारण हिँड्नै नसक्ने अवस्थामा रहेको खबर त्यताका बासिन्दाले दिए। हाम्रो मूल उद्देश्य अर्थात् हेर्न जाने भनेको देउसीभैलो एकदुई दिनमै सिद्धिने अवस्था थियो। त्यसो भए के गर्ने ?

'लौ, यसपालालाई मिलेन,' अमृत भन्न थाले, 'मौसमले नै साथ नदिएपछि अब के गर्ने ?'

टुरिस्ट वेशभूषामा कत्रो जोस र जाँगरका साथ पोखरा पुगेको मेरो योजना स्वाहा भयो।

दिउँसो अबेर भइसकेकाले भोक लाग्न थाल्यो।

'थकाली खानामा जाने कि अमर दाइकहाँ जाने ?' अमृतले सोधे, 'अमर दाइकहाँ आज रमाइलो चलिरहेको छ।'

त्यो दिन सङ्गीतकर्मी अमर पोखरेलीकहाँ गीतकार तथा सङ्गीतकार विक्रम गुरुङ र अर्का सङ्गीतकर्मी जसकाजी गुरुङको रमाइलो जमघट रहेछ। हामी दाइहरूको रमझममै मिसियौँ।

जुम्ला जाने योजना तुषारापात भएपछि म त्यही साँझ काठमाडौँ फर्कन चाहन्थेँ। तर भनेजस्तो भइदिएन।

अन्तिममा उही अमृत गुरुङको गोठमा बास हुने भयो।

गोठ। मेरो प्रिय गोठ।

~

खेतीकिसानीसँग मेरो कुनै साइनो छैन।

तैपनि तराई, पहाड अनि लेकतिरका गोठहरू डुलेर अलि-अलि अनुभव गरेको छु।

मेरो बुझाइमा एउटा किसानलाई चिन्न उसको गोठमै बस्नुपर्छ।

कास्की र स्याङ्जा जिल्लाको सिमानामा पर्ने त्यस गोठमा म दर्जनौँपटक बस्ने गरी गएको छु। कहिलेकाहीँ त बसाइ हप्ता दिनसम्मै लम्बिएको छ।

यो हो अमृत गुरुङको गोठ।

अब कुरा आउँछ, मैले यत्तिका वर्षदेखि सङ्गत गर्दै आएका अमृत गुरुङ गायक हुन् कि किसान ?

घरी-घरी बडो रनभुल्लमा पर्छु।

यी मानिसलाई मैले नेपालभित्र दर्जनौँ र बाहिर पनि दर्जनजति मञ्चमा हजारौँ दर्शकलाई उफार्दै गाएको प्रत्यक्ष देखेको छु। ती रुपैयाँ, डलर, येन, युरो, दिरामको मोटै बिटो बुझाएर आउने दर्शकमा यी गायकप्रति जुन आकर्षण देख्छु, एउटा फोटो खिच्नकै निम्ति पनि जुन घच्चापच्ची देख्छु, ती दृश्यले पराया भूमिमा बसिरहँदा पनि नेपाली हुनुमा गर्व महसुस गराएका छन्।

अनि तिनै मानिस लगत्तै नेपाल आएपछि जब गोठमा गएर बस्छन्, म उनको अर्को अवतार देखेर झनै चकित पर्छु।

गोठमा बसेर र हलो समातेर मात्रै अमृत किसान देखिएका होइनन्। उनी पक्का किसान हुन्। एक साताअघि मात्र युरोप वा अमेरिकाका भव्य तारे होटलमा बसेर आएका यी मानिसको शरीरबाट गोठ पुगेको केही दिनमै फेरि माटो, गोबर र ओलनको 'लेक्टोज' महकको मिसमास गन्ध आउन थालिसकेको हुन्छ।

बिहान उठ्नासाथ गोठको घ्युमा पकाएको मगमग बास्ना आउने गरी कोदोको रोटी तयार हुन्छ। छेवैमा मौरीका घारहरू छन्। मौरीलाई पन्छ्याउँदै निकालिएको दुलैदुलो देखिने पहेँलो टुक्रालाई चक्कुले च्वाप्प काट्दा प्लेटभरि ताजा मह सलल्ल बग्न थाल्छ। त्यसमा चोपेर कोदोको रोटीसँग बाक्लो दूध पिउँदाको मजै अर्को।

त्यसको एकैछिनमा जगल्टा फिँजाएका अमृत हार्मोनियम समातेर रियाज गर्न मात्र के लागेका हुन्छन्, कता-कताबाट एक हुल बाँदर आएर गोठमा उधुम मचाउन थाल्छ। केही बेरको वितण्डापछि दुवै हातमा एक-एकवटा अनि मुखमा एउटा मकै च्यापेर बाँदर गुरुरुरु जङ्गलतिर दगुर्दै गरेको दृश्य देखिन्छ। बाँदरले मकैको डाँठजति सबै भाँचेर सिध्याइसकेका हुन्छन्।

कति मेहनतले लगाएको बाली यसरी गिजोल्न आएपछि अमृतलाई झोँक चल्छ। 'ए किस्नप्रसाद, ए डिल्लीराम, ए कमल' उनी राग तान्दातान्दै गोठका सहयोगीहरूको नाम लिएर चिच्याउन थाल्छन्। हार्मोनियम छाड्छन् र टिन ठटाउँदै बाँदरको पछि-पछि दगुर्छन्। एउटा विचित्रको रमिता देख्न पाइन्छ।

रात परेपछि फेरि दुम्सीको आतङ्क। जङ्गलबाट आउने दुम्सीले पनि त्यसै गरी रातारात बाली सखाप पारिदिँदा रहेछन्।

गोठमा आश्रित वन्यजन्तुमा खतरनाक प्रजातिका पनि उत्तिकै हुन्छन्। सबैभन्दा धेरै त चितुवा। ती गोठमा गाईबाख्रा वा कुखुरा खोज्दै आइपुग्छन्।

चितुवा आएको सबैभन्दा पहिले गोठका कुकुरहरूले थाहा पाउँदा रहेछन् अनि भुक्न सुरु गर्छन्। कुनै-कुनै बेला त कुकुरहरू नै चितुवाले तानेर लगिदिन्छ।

कतिपय पटक गोठ पुग्नासाथ पहिलेका परिचित कुकुरलाई चितुवाले लगिदिएको खबर सुन्नुपर्दा त्यहाँ बसुन्जेलै खिन्न लाग्छ। गोठ पुग्दा पुच्छर हल्लाउँदै भुक्ने टिकुली र बहादुरको याद अहिले पनि उत्तिकै आउँछ। उनीहरू गोठको रक्षा गर्दागर्दै चितुवाको सिकार भएका थिए।

हरेकपटक गोठ जाँदा अमृतले त्यहाँ बसोबास गर्ने परिवारका लागि आवश्यक सामानका साथ केटाकेटीका निम्ति कापीकलम, पुस्टकारी, नरिवल र मिस्रीका थुप्रै पोका बोकेका हुन्छन्। खानेकुराका हकमा बिरालाहरूको पनि हिस्सा लाग्छ। शुक्रबारको रात एकसाथ बसेर सिनेमा हेरिन्छ।

चिकेन दोपियाजा पकाउने मेरो रहर धेरैपटक गोठमा पुगेर दुर्घटनाग्रस्त भएको छ। कहाँ काठमाडौँको बगरे पसलबाट साइज मिलेका ब्रोइलर कुखुराको मासुलाई बिजुली चुलोमा तापको मात्रा मिलाई-मिलाई पकाउँदाको अनुभव, कहाँ गोठको लोकल कुखुरालाई माटाको चुलोमा दाउरा ठेल्दै र आँसु पुछ्दै पकाउनुपर्दाको सास्ती!

'प्याज कहाँ छ ?'

'बारीमा छ उखेलेर ल्याऊ।'

'खुर्सानी कहाँ छ ?'

'बारीमा ।'

'गोलभँडा कहाँ छ ?'

'बारीमा ।'

'धनियाँ कहाँ छ ?'

'बारीमा ।'

यो बारी र चुलो गर्दागर्दै रन्केको दाउराले उता मासु डढाइसकेको हुन्छ।

'भो छोड मै पकाउँछु,' त्यसपछि रन्किँदै आउने अमृत चुलो सम्हाल्दै भुनभुनाउन थाल्छन्, 'गोठमा आएर केको चिकेन दोपियाजा ?'

यसरी पाकेको मासुको बास्ना कहिलेकाहीँ १२ किलोमिटर परको पोखरासम्मै पुग्छ। त्यसैले त गोठमा कला र साहित्यका पोखरेली हस्तीहरूको जमघट बारम्बार चलिरहन्छ। नछुटाई आउनेहरूमा अमर पोखरेली, जसकाजी गुरुङ र काशी बसेल हुन्छन्। बारम्बार आइरहनेमा भने कवि तीर्थ श्रेष्ठदेखि गीतकार सङ्गीतकार विक्रम गुरुङ, मीन गुरुङसम्म छन्। सङ्गीत, साहित्य र कलाकारितामा चिनिएका काठमाडौँका हस्तीहरू पनि उत्तिकै पुगिरहेका हुन्छन्। त्यस्तो जमघटले गोठलाई मध्यरातसम्मै जागा बनाउँछ।

एकपटक गोठमा काठमाडौँदेखि पुगेका सङ्गीतज्ञ आभास र अमृतका बीच 'खान्नँ म त लामपाते सुरती' गीत गाउँदागाउँदै जुगलबन्दी चल्न सुरु भयो। फरक पहिचानका दुई सङ्गीतकर्मीबीच चलेको फरक-फरक शैलीको प्रस्तुतियुक्त जुगलबन्दी सुनिरहँदा त्यो मध्यरात एउटा गजबको क्षण अनुभूत गर्न पाइएको थियो।

माथि सङ्गीत चलिरहँदा तल जङ्गलमा फाट्टफुट्ट वन्यजन्तु डुलेको पनि यदाकदा देखिन्छ।

यस्तो लाग्छ, सिङ्गो वातावरण सङ्गीतमा रमाइरहेको छ।

अब यो अमृतका लागि बानीजस्तै भइसक्यो।

'रिहर्सल वा रेकर्डिङका लागि नियमितजसो काठमाडौँ गइरहनुपर्छ,' अमृत भन्छन्, 'यताको बानी लागिसकेपछि त्यहाँ निसास्सिएको महसुस हुन्छ।'

खेत, खर्क, खोरिया र खरबारीले भरिएको जङ्गल बीचको अमृतको

गोठ करिब ७० रोपनीमा फैलिएको छ। उनको जन्मस्थल वा मूलघर कास्की कालाबाङको ठीक तल सिद्धार्थ राजमार्ग छेवैमा पर्ने यो गोठ अमृतकी हजुरआमा भाइमाया गुरुङको देन हो। त्यसैले त अमृतका साथीहरूले गोठको नामै 'बज्यैआमा गोठ' राखिदिएका छन्।

अमृत केटाकेटी छँदा हजुरआमाको हात समातेर गोठ आइरहन्थे। यस गोठले त्यति बेला अमृत र उनको परिवारलाई अन्न र तरकारी खुवाउँथ्यो। यसैका उब्जनीहरू बेचेर स्कुलको फी तिरिन्थ्यो।

हजुरआमाको पोखरा बसाइँसराइपछि गोठ बेवारिसेजस्तै बन्न पुग्यो। लामो कालखण्डपछि अमृतलाई आमाले त्यसै गोठमा लगिन् र यससँग रहेको पारिवारिक सामीप्य सम्झाइन्। त्यसपछि त्यत्तिकै छाडिएको गोठलाई झन्डै डेढ दशकअघि अमृतले ब्यूँताएका हुन्। उनका निम्ति यस गोठमा जतातत्तै हजुरआमाका यादहरू छन्।

अर्को श्रद्धाको ठाउँ छ, गोठको देउता।

अमृत जहिले पनि गोठ पस्नासाथ सबैभन्दा पहिले तिनै 'भयाँरबाजे देवता' को दर्शनमा जान्छन्। त्यो विशाल ढुङ्गामा रूखसमेत पलाएको देखिन्छ।

'यहाँका सिमेभूमे देउतालाई पुज्ने मात्र होइन,' सल्काएको धूप लिएर अघि बढ्दै गर्दा अमृत भन्छन्, 'यस क्षेत्रमा नजानेर कुनै गल्ती भएछ भने त्यसका लागि माफी पनि नियमित मागिरहेको हुन्छु।'

अमृत अर्गानिक खेतीका लागि गोठकै गाईभैंसीको मल प्रयोग गर्छन्।

उनलाई गोठले आर्थिक रूपमा फाइदा भने गराएको छैन।

'हिजोआज इमानदार भएर खेतीकिसानीमा लाग्दा फाइदा त ठ्याम्मै हुँदैन रहेछ,' अमृत अनुभव सुनाउँछन्, 'मेरो परिवारलाई पालेको यो भूमि बाँझो रहन दिन्नँ भन्ने भावनाले मात्रै यहाँ काम गरिरहेको छु।'

बितेको कोरोना महामारीकाल अमृतले गोठमै बसेर बिताए। गोठमा काम गर्न आउने मानिसलाई पनि प्रशासनले रोकछेक गर्न थालेपछि अमृत आक्रोशित भएका थिए।

उनी गोठबाटै फोन गरेर मलाई सोध्थे।

'यसरी खेतमा अन्न पनि रोप्न नदिने हो भने भोलिपर्सि मानिस के खाएर बाँच्छन् ?' उनको तर्क हुन्थ्यो, 'सुरक्षा उपाय पो अपनाउने हो, झनै खतरा निम्त्याउने त होइन नि !'

त्यसपछि उनले आवश्यक पर्ने कामदारलाई गोठमै राखेर काम लगाउन सुरु गरे।

'यहाँ बाँच्नो रहेर म भोकै पर्नेवाला थिइनँ,' अमृत भन्छन्, 'तर मैले पनि बेथितिसँग सम्झौता गरिदिएँ भने कसले बोल्छ ?'

कोभिडको सन्त्रास चलिरहेकै बेला पनि उनले आफ्ना खेतहरूलाई खाली रहन दिएनन्।

'खेतमा गरिनुपर्ने खेती अफिसमा बसेर निर्देशन दिने हाकिमको इसाराले हुँदैन,' अमृत फेरि पनि फोन गरेर मुरमुरिन्थे, 'समयमा बाली लगाउनुपर्छ। समय घर्केपछि केही गरे पनि बिउ उम्रँदैन।'

उनी कोरोनाकालमा जारी गरिएका निर्देशनहरू परख गरेर मात्र पालना गर्थे। समयमा खेत रोप्न लगाएरै छाड्थे।

त्यसको प्रतिफल मिल्थ्यो। अनि त्यो प्रतिफल उनी आफू उपभोग गर्ने मात्र होइन, पोखरादेखि काठमाडौँसम्म 'गोठको उपहार' भन्दै ल्याइदिन्थे। घ्यु, मह, फलफूल, तरकारीदेखि गोठको स्वादिलो जेठाबुढा चामलसम्म।

'सङ्गीतमा लागेर प्रसिद्धि कमाएँ,' उनी भन्छन्, 'तर सन्तुष्टिचाहिँ यही गोठले दिइरहेको छ।'

त्यो दिन जुम्ला उड्न नपाएपछि पोखराबाट रन्किँदै र फन्किँदै हामी ट्याक्सीमा यही गोठ आइपुगेका थियौँ। अँध्यारो पर्न लागिसकेको थियो। आँगनमा आगो बाल्यौँ।

आसपासका गाउँबाट अमृतका आफन्तले उनलाई प्रेमपूर्वक पठाइदिएको 'नारे पा' (कोदोको रक्सी) आगो ताप्दै सुर्क्याउन थाल्यौँ। मध्यरात पर्दै

गर्दा अमृतले एउटा उपाय निकाले।

'तिमी हिंड्न भनेर ह्वाँदेखि आइसकेको मानिस, त्यसै फर्कनुभन्दा एउटा विकल्प छ,' उनले थपे, 'भोलि बिहानै उठेर दाजुभाइ पैदलै मधेश पुगौँ।'

राजमार्ग बन्नुअघि ओहोरदोहोर गरिने त्यो बाटो स्याङ्जा, तनहुँ हुँदै अन्तिममा कालीगण्डकी तरेर नवलपरासी पुग्थ्यो। नवलपरासीमा पनि देउचुलीको उकालो काटेर ओर्लिएपछि महेन्द्र राजमार्गको कावासोती भेटिँदो रहेछ।

यत्तिकै काठमाडौँ फर्किन त मलाई पनि मन थिएन। तत्कालै 'हुन्छ' भनें। भोलि बिहानै उठेर हिंड्ने योजनाअनुसार सुत्न पनि गइहाल्यौँ।

सबेरै उठेर झोला बोक्यौँ र गोठबाट बिदा भयौँ। त्यसपछि सिद्धार्थ राजमार्ग समातेर उक्लिन सुरु गर्‍यौँ।

अमृतलाई झोला बोकेर राजमार्गमा हिंड्दै गरेको देख्दा मोटरमा गइरहेका परिचितहरू रोक्दै 'लिफ्ट चाहिन्छ कि ?' भनेर सोध्थे। हामी भने एकोहोरो हिंडिरह्यौँ।

स्याङ्जाको कुभिन्डेबाट राजमार्गको साथ छुट्यो। यो भन्ज्याङ सिद्धार्थ राजमार्गकै सबैभन्दा अग्लो स्थानमा पर्दो रहेछ। हामी भने त्यसपछि पनि पूर्वतर्फको उकालो उक्लियौँ।

यात्राको पहिलो दिन बिहानको खाना खान स्याङ्जाको मट्टीखान भेगमा पर्ने अमृतको पुर्ख्यौली थलो पुग्यौँ। उनका माइला बाबासँग सपरिवार बसेर खाना खायौँ। यस भेगको यात्रामा अमृतका अन्य नातेदारहरू पनि भेटिएका थिए।

बाटाभरि सुन्तला फलेका थिए। डाँडाभरि लालुपाते देखिन्थे। माछापुच्छ्रे र अन्नपूर्ण शृङ्खला पोखराभन्दा दक्षिणतिरबाट झनै राम्रो देखिन्छ भन्ने मैले त्यस भेगमा पुगेपछि नै जानकारी पाएँ।

यी सब रमाइलो अनुभव गर्दै हामी हिंड्दै गयौँ र एक सातामा कावासोतीभन्दा अलिक वरको राजमार्गमै पर्ने यही दलदले निस्किएका थियौँ। उहिले लाहुर जानेहरूको यो रुट विशेष गरी तनहुँको रिसिङ भेगतिर पुग्दा असाध्यै रमाइलो भएको थियो।

एक वर्षपछि दलदले भएर नेपथ्यकै कन्सर्टका लागि नेपालगन्जतर्फ लाग्दै गर्दा मैले हामी हिँडेको त्यो माथिको बाटो र त्यसका यादहरूलाई फेरि सम्झेको थिएँ ।

हाम्रो मोटर दाउन्नेको उकालो काटेर ओरालो लाग्न थाल्यो। त्यसको एक घण्टा नबित्दै बुटवल आइपुग्यो ।

बुटवलबाट थोरै मात्र उत्तरतर्फ पाल्पा पर्छ ।

पाल्पा सदरमुकाम तानसेनमा कुनै समय 'देउराली ब्यान्ड' को जगजगी थियो।

चाहे त्यो 'म सानो छैन, रेलमा चढी सुइँकन बेर छैन' होस् वा 'कस्तो तिम्रो बानी हो सर्माई रिसाउने' । कुनै समय तानसेनबाट देउराली समूहले फैलाएका यी गीतहरू देशभरिका तन्नेरीले गाउँथे ।

त्यसमा पनि उति बेला देउरालीको चर्चित गीत थियो–

चरी मर्‍यो सिसैको गोलीले
माया बस्यो मखमली चोलीले
माया काखैमा उडायो रेलैले

२०२७ सालमा स्थापना भएर डेढ दशकजति सक्रिय रहेको त्यो ब्यान्ड कालान्तरमा सामसुम भएर गयो ।

तर देउराली ब्यान्डका गीतहरू पुराना मानिसको स्मृतिबाट हराएका थिएनन्।

गीत कसो-कसो अमृतसम्म पनि आइपुग्यो ।

कथा रोचक छ ।

दोस्रो एल्बम 'हिमाल चुचुरे' तयार पारेर सफलताको चुचुरो उक्लिएको नेपथ्य उसका श्रोतालाई छिट्टै तेस्रो एल्बम दिन चाहन्थ्यो ।

त्यसका लागि दुई चीज जरुरी थियो ।

गीत र गायक ।

गीत त जरुरी हुने भई नै हाल्यो । रविनले छाडेर गएपछि अब एक जना गायक पनि चाहिएको थियो ।

त्यसका निम्ति उपस्थित भए गौतम गुरुङ । अमृतलाई कलेज पढ्दाका साथी मनोज गुरुङले गौतमसँग परिचय गराएका थिए । स्वर सुन्दा मिठो लाग्यो । त्यसपछि ब्यान्ड गौतमलाई लिएर केही कन्सर्टमा प्रस्तुत भयो ।

नयाँ मान्छे ल्याएपछि सबैभन्दा पहिले उसलाई स्थापित गर्नुपर्ने हुन्छ । त्यति बेला ब्यान्डलाई रक्षे गुरुङले एउटा गीत दिएका थिए–

जोमसोमे बजारमा बाह्र बजे हावा सरर
ए हजुर घर हाम्रो पोखरा

०४७ सालताका जनसांस्कृतिक मञ्चसँग आबद्ध रहेकै बेला रक्षेले यो गीत तयार पारेका थिए । मुस्ताङकै नेत्री श्रीमाया थकालीको घरमा बसेको बेला तयार पारिएको यो गीत सुन्दै मिठो थियो । त्यसैले यसलाई विशेष तवरले प्रस्तुत गर्ने सल्लाह साथीभाइमा चलिरहेको थियो ।

रविनले छाडेर गइसकेपछि त्यस गीतलाई अमृतले नै गाउनुपर्ने ब्यान्डका साथीहरूको दबाब थियो । तर अमृत मानेनन् । उनी नयाँ गायक गौतमलाई स्थापित गराउन चाहन्थे । उनले गौतमको नाम अघि सारे ।

एल्बममा कुनै राम्रो गीत आफ्नो स्वरमा पनि आइदेओस् भन्ने अमृत चाहन्थे । त्यस्तो गीत कुन हुन सक्ला ? खोजी चल्न थाल्यो ।

तेस्रो एल्बममा ब्यान्डसँग जम्मा भइसकेका गीतहरूको अरेन्जमेन्ट धमाधम चल्दै थियो । त्यसै क्रममा एकपटक अमृत सिम्फोनिक पुगे । त्यहाँ थप एक व्यक्तिको उपस्थिति थियो ।

'ए लाउरे यसलाई चिन्छस् ?' ती व्यक्तितर्फ औँल्याउँदै सिम्फोनिकका दीप तुलाधरले अमृतलाई सोधे ।

'चिन्छु,' अमृतले जवाफ दिए ।

उनी थिए, गोरखापत्रका परिचित फोटो पत्रकार भरत देउराली। क्यामरा बोक्दै हिंड्ने देउराली काठमाडौंका कार्यक्रमहरूमा बारम्बार देखा पर्ने गर्थे।

भरत देउरालीको अर्को पनि परिचय थियो– पाल्पाको देउराली ब्यान्डको सदस्य। देउराली समूहका सबै सदस्यले उति बेला आफ्नो थरै फेरेर 'देउराली' बनाएका थिए।

सिम्फोनिक स्टुडियोमा भेट्दा अमृतले 'चिन्छु' भन्नुका पछाडि गोरखापत्रकै परिचय जोडिएको थियो।

आफूसँग कुरा गर्न देउराली इच्छुक रहेको जानकारी पाएपछि अमृत चियाको कप समातेर बसे।

'ए भाइ, त्यो अस्ति एकेडेमीको कन्सर्टमा तिमीले गाएको 'उडायो रेलैले' भन्ने गीत कसको हो, थाहा छ ?' देउरालीले सोधे।

'ख्वै दाइ, पूर्वतिरको एक जना भाइले ईश्वर (गुरुङ) दाइलाई सुनाएको रे ! मैले त नमस्ते स्टुडियोमा सुनेको हो। कन्सर्टमा गाउन गीत पुगिरहेको थिएन। त्यसैले त्यही गीत मैले गाइदिएको थिएँ,' अमृतले इमानदारीपूर्वक जवाफ दिए।

'लाज छैन मुलाहरू !' देउराली अचानक जङ्गिए र भने, 'मेरो गीतलाई अरूको भनेर गाउने ?'

एकेडेमीमा आयोजित नेपथ्यको कन्सर्टमा ईश्वर गुरुङ हर्ताकर्ता भएर बसेका थिए। त्यहाँ अमृतले ईश्वरबाटै सुनेको यो गीत उनकै नाम लिएर गाइदिएका थिए। जबकि त्यति बेला भरत देउराली त्यहीँ उपस्थित रहेछन्। दर्शकको भीडमा बसेर गोरखापत्रका निम्ति तस्बिर खिचिरहेका उक्त गीतका सर्जकलाई मञ्चमा गाइरहेका गायकले श्रेय अरूलाई दिएको पटक्कै चित्त बुझेनछ। त्यसपछि रनथनिएका उनी अमृतको खोजी गर्दै सिम्फोनिकसम्म आइपुगेका रहेछन्।

देउरालीको कुरा सुनेर अमृत झसङ्ग भए।

'२०२८ सालमै रेडियो नेपालमा रेकर्डिङ भएको त्यो गीत हाम्रो हो,' भरत देउराली भनिरहेका थिए, 'देउराली समूहको गीत हो त्यो।'

देउरालीको अनुहार आक्रोशको रङमा बदलिँदै गयो।

'कस्ता लाज पचेका नकचरा!' थपे, 'शब्ददेखि धुनसम्म सबै हाम्रो सिर्जनाको गाउने अनि आफ्नो भन्ने ?'

भरतले अहिले पनि यो गीत रेडियो नेपालसँग सुरक्षित रहेको जानकारी दिए।

'तिमीले गाएका रहेछौ,' भरत थोरै नरम देखिए र थपे, 'बरु तिमीलाई इच्छा छ भने गाए हुन्छ।'

ईश्वर गुरुङले गाइरहेको गीत उनैको होला भन्ठानिरहँदा अमृतका सामुन्ने यो नयाँ भेद खुलेको थियो।

अब फेरि अर्को सङ्कट आइलाग्यो।

यता वास्तविक सर्जक भरत देउराली उनलाई गाए हुन्छ भनिरहेका थिए भने उता पोखराकै दाइ ईश्वरले के भन्लान् भन्ने चिन्ता पनि थियो।

'त्यसको गीतै होइन, त्यसले भनेर हुन्छ ?' भरत कड्किए, 'मैले अहिले नै तिमीलाई स्वीकृति दिएँ। रेकर्ड गर्ने हो भने चाहिं एकपटक फेरि मसँग भेट्न आउनू।'

अमृत असमञ्जसमै परिरहेको बेला दीप तुलाधरले पनि 'दाइले गाए हुन्छ भनेर दिएपछि गाइदिए भइहाल्यो नि!' भन्न थाले।

अमृतले नमस्ते स्टुडियोमा आएर आफूलाई सङ्कलक दाबी गर्ने ती 'पूर्वतिरका भाइ' लाई खोजे।

'तिमीले त्यो 'उडायो रेलैले' कहाँ सुनेर यता ल्याएका हौ ?'

'त्यो त भोजपुरमा सबैले सुनेको गीत हो नि!' उनले पूर्वेली लबजमै भने।

ती भाइ बोल्दा पनि अलिक फिल्मी पारा निकाल्न खोज्थे। उनको पारा र गीतको शिल्पका बीचमा त्यसै पनि मेल खाइरहेको थिएन।

'त्यो त रेडियोमा रेकर्ड भइसकेको गीत रहेछ,' अमृतले थपे, 'त्यसै मैले सङ्कलन गरेको भन्दै हिँड्ने ?'

ती भाइले भने अझै पनि त्यो आफ्नै सङ्कलनको गीत हो भन्ने जिद्दी छाडिरहेका थिएनन्।

अमृत फेरि भरत देउरालीलाई भेट्न महाराजगन्ज चक्रपथपारिको घर पुगे।

त्यो गीत गाउने निधोमा आफू पुगेको जानकारी दिए र फेरि अनुमति मागे।

देउरालीले 'तिमीले गाए हुन्छ' मात्रै भनेनन्, गीतका बाँकी अन्तरा पनि सिकाइदिए।

त्यसको अरेन्जमेन्ट पहिले नै नमस्ते ब्यान्डले गरिसकेको थियो। त्यसैलाई आधार बनाएर भूपालमान सिंहलाई काम सुम्पेपछि उनले नै फाइनल अरेन्जमेन्ट तयार पारिदिए।

अरेन्जमेन्ट गरुन्जेल ईश्वर जापानतिर थिए। गीत रेकर्ड हुनै लाग्दा नेपाल आइपुगे।

त्यस गीतलाई लिएर ईश्वर र अमृतबीच विवाद सुरु भयो।

ईश्वर अझै पनि त्यसलाई आफ्नो गीत दाबी गरिरहेका थिए। ती आफूलाई सङ्कलक भन्ने भाइलाई पनि आफैँले सिकाएको ईश्वरको कथन थियो। परस्पर बाझिने कुराले विश्वसनीयता झनै खस्किँदै गयो। देउरालीको तर्क अरु बलियो बन्दै थियो।

एकछिनको विवादपछि ईश्वरले फैसला सुनाए, 'यो गीत नगाएस्।'

अमृत पनि मानेनन्। त्यसपछि दुवैको ठाकठुकै पऱ्यो।

'दाइ, मलाई यति बेला एउटा राम्रो गीतको असाध्यै जरुरत छ,' अमृत भन्न थाले, 'आखिर तपाईंको गीत पनि होइन रहेछ। तपाईं जे भन्नुस्, म यो गीत गाउँछु।'

अन्तिममा ईश्वरले 'त्यसो भए अरेन्जमेन्टमा मेरो नाम राख्नुपर्छ' भन्न थाले ।

त्यो पनि भूपालमान सिंहले गरिसकेकाले ईश्वरको नाम दिन मिल्दैन थियो।

पाल्पालीको गीतलाई लिएर दुई पोखरेली गुरुङहरूमा भनाभनै चर्किए पनि अमृतले त्यस गीतलाई आफ्नो स्वरमा रेकर्ड गरेरै छाडे ।

यस्तो कथा बोकेको 'उडायो रेलैले' पछि हिट भइदियो ।

'त्यस गीतले ईश्वर दाइ र मेरो बीचमा सदाका लागि एक किसिमको तुस रोपिदियो,' अमृत भन्छन्, 'तर आफूले गल्ती गरें भन्ने मलाई कतै पनि लागेको छैन ।'

कुनै समय आफूलाई गीत दिएर गुन लगाएको देउराली ब्यान्डलाई नेपथ्यले एकपटक पाल्पामै गएर 'ट्रिब्युट' दिएको थियो ।

साङ्गीतिक अभियान 'सुन्दर शान्त नेपाल' का लागि दोस्रोपटक मुलुकभरको यात्रा चल्दै थियो । यात्रा दाङको घोराही हुँदै तानसेन पुग्यो । तानसेनमा कार्यक्रम गर्दा देउराली समूहका अग्रज स्रष्टाहरूलाई पनि समेट्ने निधो भयो ।

देउराली समूहले साङ्गीतिक सक्रियता छाडेको लामो अवधि भइसकेको थियो ।

नेपथ्यले गाउने मञ्चमा साथै राखेर प्रस्तुति दिने प्रस्तावबाट देउरालीका सदस्यहरू पनि रमाउन पुगे ।

त्यो दिन नेपथ्यले 'चरी मर्‍यो सिसैको गोलीले' गाउँदा देउराली परिवारका सम्पूर्ण सदस्यले मञ्चमा आएर साथ दिए। त्यो अविस्मरणीय क्षण थियो।

पुराना पुस्ताका सर्जकहरूको सिर्जनालाई नयाँ पुस्ताका श्रोतासम्म पुर्‍याउने मात्र नभई एउटै मञ्चबाट दुवैथरी मिलेर प्रस्तुति पनि दिएको त्यस कार्यक्रमले आफैँमा एउटा इतिहास रचेको थियो ।

त्यसै क्रममा नेपथ्यलाई यस गीतको पृष्ठभूमि पनि थाहा पाउन मौका मिल्यो। गीतमा एउटा लाइन छ- 'उडायो रेलैले'। रेलले कसरी उडाउँछ भनेर ब्यान्डका सदस्यहरूलाई जहिले पनि जिज्ञासा लागिरहन्थ्यो।

पूर्वतिर जिस्कनुलाई 'रेला गर्नु' भन्ने चलन छ। त्यस्तै रेला पो हो कि भन्ने पनि थियो। 'रेला गरेर उडाएको' भन्ने अर्थमा।

तर होइन रहेछ।

यो त साँच्चिकै गुड्ने रेलले पो उडाएको प्रसङ्ग गीतमा समेटिएको रहेछ।

देउरालीका सदस्यहरूले त्यो रेल उडेको रहस्य यसरी खोले-

त्यो ताका मौसम सफा भएको दिन तानसेनबाट दक्षिणतर्फ पर-परसम्मका फाँटहरू देखिन्थे। भैरहवाभन्दा अरू पर फराकिला भारतीय मैदानसमेत देख्न सकिन्थ्यो। त्यस्तो बेला नौतनवाबाट गुड्दै गरेको रेललाई तानसेनदेखिका आँखाले हेर्न भ्याउँथे। भारतीय मैदानमा गुड्दै गएको रेल पर-पर पुगेपछि बादलको बीचबाट गुज्रेको जस्तो भान पर्थ्यो। त्यही भान परेको स्वप्निल दृश्यलाई समेटेर लेखिएको थियो- उडायो रेलैले।

'माया साथैमा उडायो रेलैले'

त्यो दिन मञ्चमा सँगसँगै गाइरहँदा नेपथ्य र देउराली मात्र होइन, सिङ्गो पाल्पा रमाएको थियो।

तेस्रो एल्बममा ब्यान्डले अलिक पहिल्यै तयार पारेका केही गीत पनि समेटिएका थिए। जस्तो कि, पहिलो एल्बममै अरुण थापाले नगाइदिएर थन्किएको 'जीवन यहाँ यस्तै छ, भन तिमीलाई कस्तो छ' र ब्यान्डका संस्थापक दीपक पढ्न रुस उड्दा अमृतले बनाएको गीत 'अभाव अभावै भयो, तिमीबिना यो जीवन'।

एल्बममा गौतमकै स्वरमा 'गण्डकीको तीरैमा लुकीछिपी खेलेको' पनि समेटिएको थियो। गण्डकी बोर्डिङ स्कुलको माछापुच्छ्रे होस्टलमा रहँदा दुई विद्यार्थी नवीन गुरुङ र हेमन्त कार्कीले सिर्जना गरेको गीत थियो यो।

नेपथ्यले युवा पुस्तामाझ लोकप्रियता आर्जन गर्दै गएपछि सिनेमाको दुनियाँमा लागेका मानिसको पनि चासो बढ्न थाल्यो । यसै क्रममा एक निर्देशकले नेपाली सिनेमाका लागि एउटा गीत तयार पारिदिन उनीहरूसँग अनुरोध गरे।

गीतको परिस्थिति ती निर्देशकले यसरी वर्णन गरेका थिए–

'गीत यस्तो होस् कि इलामको चियाबारीमा राजेश हमाल दौडिने गरी छायाङ्कन गर्न सकियोस् ।'

निर्देशकको बयान सुनेर सुरुमा नेपथ्य टोली हाँस्यो ।

त्यसपछि उनीहरूले त्यस्तै मुडको गीत तयार पारिदिए–

गोरेटो गाउँको, डुल्दै म हिँड्दा
भेटिइन् एउटी सुन्दरी
को हो को हो
मोहनी लाउने मुहारकी

अमृतले नै मिठोसँग गाएर यसलाई तयार पारिदिएका थिए। तर गीत बनाइसकेपछि ती सिनेमा निर्देशकले लगेनन्। त्यसपछि यो गीत पनि ब्यान्डकै एल्बममा समेटिन पुग्यो ।

नेपथ्यको तेस्रो एल्बम 'मीनपचासमा' श्रोताका निम्ति प्रिय गीतहरूले भरिन पुग्यो। ब्यान्डका लागि अर्को 'हिट एल्बम' थपियो ।

एल्बमका निम्ति सघाएका हितमान गुरुङ, ज्ञानेन्द्र शेरचन र प्रकाशजङ्ग शाहलाई क्यासेटको खोलमै धन्यवाद दिइएको थियो ।

एल्बमका दुई गीत 'चरी मऱ्यो' र 'जोमसोमे बजारमा' आज पनि नेपथ्यले प्रत्येकजसो कन्सर्टमा नछुटाई प्रस्तुत गर्दै आएको छ ।

नेपथ्यको तेस्रो एल्बम म्युजिक नेपालले निकालिदिएको थियो। तर त्यसले फेरि अर्को सङ्कट पैदा गऱ्यो ।

त्यो बेला नेपालमा भर्खर-भर्खर एफएम स्टेसन खुल्न थालेका थिए। सरकारी नियन्त्रणको रेडियो नेपालभन्दा व्यावसायिक तवरका प्रसारण संस्थाका रूपमा खुलेका यी एफएम रेडियोले अलिक राम्रो गीत छ भने बजाएको बजायै गरिदिन्थे। त्यसले गर्दा गीतको लोकप्रियता अझ चुलिन पुग्थ्यो।

ठीक त्यही बेला म्युजिक नेपालले आफ्नो लेबल लागेर निस्किएका गीतहरू एफएममा बजाउन रोक लगाइदियो। नेपालमा कपीराइटको कुरा पनि त्यति बेला भर्खर-भर्खर सलबलाउन थालेको थियो। त्यसै मुताबिक म्युजिक नेपालले कलाकारहरूलाई करारमा राखेको थियो। त्यही करारमा नेपथ्य टोली अडिएरै बस्यो।

'नेपथ्यले त्यस नियमलाई शतप्रतिशत पालना गऱ्यो,' अमृत सम्झन्छन्, 'तर म्युजिक नेपालले संस्थागत हिसाबले नभई व्यक्तिगत तवरबाट अरूका गीत खुसुखुसु बजाउने अनुमति दिंदो रहेछ।'

यस्तो अवस्थामा एफएम रेडियो सञ्चालकका नजरमा नेपथ्य पो अप्ठेरो रहेछ भनेजस्तो पर्न गयो। त्यसैले एफएम रेडियोमा यस ब्यान्डका गीत कमै बजे।

गीतहरूको प्रवर्द्धन नै नहुने हो भने त एल्बम निकालेर मात्रै खासै फाइदा हुन्थेन। त्यसैले कम्तीमा म्युजिक भिडियोचाहिँ बनाउनुपर्छ भन्ने कुरा आयो। त्यसका निम्ति 'जोमसोमे बजारमा' छनोट भयो।

त्यस जमानामा अधिकतर म्युजिक भिडियोको सुटिङ नेपाल टेलिभिजनको स्टुडियोमै कलाकारलाई उभ्याएर गरिन्थ्यो। कोही-कोही विशेष प्राथमिकतामा पर्न सफल भए भने बाहिर क्यामरा लैजान सक्थे, त्यो पनि उपत्यकाभित्र मात्रै सीमित थियो।

जोमसोमको बयान गर्ने त्यस गीतलाई काठमाडौँ वरपर सुटिङ गरेर हुँदैन भन्नेमा ब्यान्डका सदस्यहरू एकमत भए। उनीहरूबीच मुस्ताङै जाने टुङ्गो भयो।

यो सन् १९९६ तिरको कुरा हो। त्यो बेला जोमसोम जानु हिजोआजजस्तो सजिलो थिएन।

क्यामराम्यान सुदर्शन चित्रकार र उनका सहयोगीलाई लिएर नेपथ्य बाटो लाग्यो। एक रात पोखराको इन्द्रेणी होटलमा बसेर भोलिपल्टै उनीहरू जोमसोमतिर लागे।

ज्ञानेन्द्र शेरचन, विश्व थकाली र सुरज लालचन लगायतका मित्रहरूले उताका सबै बन्दोबस्त मिलाएका थिए। ब्यान्डका सदस्यलाई कालीगण्डकीपारिको पुरानो जोमसोमस्थित जिम्मी हेन्ड्रिक्स लजमा राखियो।

सङ्गीत क्षेत्रमा विश्वका ठूलठूला हस्तीहरू नेपाल आएको कथ्य असाध्यै बढी प्रचलित छन्। अधिकांश कथ्यको तथ्यसँग कुनै मेल खाँदैन। त्यसमध्ये एउटा जिम्मी हेन्ड्रिक्सको पनि थियो। उनी कुनै समय नेपाल आएर जोमसोमतिर गएका थिए भन्ने हल्ला व्यापक सुनिन्थ्यो। अमृतले त्यसलाई विभिन्न तवरबाट पुष्टि गर्न नखोजेका होइनन्। तर जति खोज्दा पनि त्यसको आधार कतै भेटिएन।

जे होस्, त्यति बेला जिम्मी हेन्ड्रिक्सका नामबाट खुलेको लजमै बसेर म्युजिक भिडियोको काम सुरु भयो। हिमाल र पठारका दृश्य समेट्दै खिच्न थालियो।

त्यस बेलाको टिठलाग्दो कुरा फेरि अर्कै थियो। त्यत्रो जोमसोममा म्युजिक भिडियो खिच्न भनेर गएको छ। भरे क्यामरामा राखेर खिच्ने टेपचाहिँ जम्मा दुईवटा मात्रै बोकिएको रहेछ। उनीहरूले अपुग टेपमै अन्धाधुन्ध सुटिङ गरे।

सकिएपछि टेलिभिजन टोलीलाई जहाजमा फर्कने प्रबन्ध मिलाइयो। ब्यान्डका सदस्यहरूलाई भने प्लेन चढ्न पुग्ने पैसा थिएन। उनीहरू त्यतै बसे।

अब फर्कनलाई केही न केही उपाय त निकाल्नु थियो। त्यसैले जोमसोममा कार्यक्रम गर्ने कुरा निस्क्यो।

स्थानीय साथीहरूले त्यहीँ टिकट छापेर तयारी पनि सुरु गरे। त्यहाँको सहकारी हलमा 'नेपथ्य साँझ' आयोजना भयो। केवल हलो गितारहरू

बजाएर प्रस्तुति दिइएको त्यो पूरै अकोस्टिक कन्सर्ट थियो। जोमसोमको चिसो साँझमा उनीहरूले स्थानीयलाई पहिलोचोटि तिनको थातथलो उल्लेख गरिएको गीत सुनाए–

जोमसोमे बजारमा
बाह्र बजे हावा सरर
ए हजुर...
घर हाम्रो पोखरा

कार्यक्रमबाट ब्यान्डका सदस्यहरूलाई फर्कनका निम्ति प्लेनको टिकट खर्च उठ्यो।

बल्लतल्ल फर्किन तयार रहेको बेला अचानक मौसम बिग्रिएर जहाजै नआउने भइदियो। त्यसपछि उनीहरू हिंडेरै मार्फा, टुकुचे, कालोपानी, घाँसा, दाना हुँदै बेनी आइपुगे। बेनीबाट भने बस चल्थ्यो।

काठमाडौँ पुग्नेबित्तिकै 'जोमसोमे बजारमा' को सम्पादन सुरु भइहाल्यो। सम्पादन गर्ने बेला सटहरू नै पुगेन। ३० मिनेटका जाबो दुईवटा बेटाक्याम टेपले कति थेग्थ्यो ? बीचमा हाल्नुपर्ने 'इनसर्ट' का निम्ति दृश्य नै भएन।

ब्यान्डका सदस्यहरूले रोशनप्रतापलाई जसरी पनि काम अघि बढाइदिन अनुरोध गरे। त्यसपछि गायक गौतमलाई फेरि पोखराबाट काठमाडौँ बोलाइयो। जोमसोम पुग्न त सम्भव थिएन। सुटिङका लागि टोली नागार्जुन पारिको तपोवनबाट अलिक माथि पुग्यो। त्यहाँ टाउको र आकाश मात्र देखिने गरी ओठ चलाइएका केही सट खिचिए।

बल्लतल्ल 'जोमसोमे बजारमा' को म्युजिक भिडियो तयार भयो। भिडियो जब नेपाल टेलिभिजनमा बज्न थाल्यो, गीत सुपरहिट भयो। गौतम स्टार बने।

तेस्रो एल्बमले नेपथ्यलाई अझ माथिल्लो खुड्किलो चढायो।

एल्बमको नाम 'मीनपचासमा' राखिनुसँग यसमा समावेश गीतहरूको कुनै साइनो थिएन।

यो सन्दर्भ पनि रोचक छ।

काठमाडौँमा पहिले–पहिले हिउँदतिर असाध्यै चिसो हुन्थ्यो। त्यसमा पनि सबैभन्दा चिसो चल्ने पुस र माघका पचास दिन हुन्थे। त्यो समय पानीमा बाँच्ने माछालाई पनि जाडो लाग्छ भन्ने मान्यतामा 'मीनपचास' भनिएको थियो। त्यो चिसो पचास दिन नै उपत्यकामा जाडो छल्न स्कुलमा बिदा दिने प्रचलन बस्यो। पछि–पछि यो बिदा 'मीनपचास' नभनेर 'जाडोको छुट्टी' वा बोर्डिङ स्कुलतिर 'विन्टर भ्याकेसन' जस्ता शब्दावलीमा खुम्चिँदै गयो। मीनपचासलाई सबैले बिर्सँदै गए।

एउटा प्रचलित मौलिक नेपाली शब्द हराउन लागेको चिन्तामै नेपथ्यका सदस्यहरूले तेस्रो एल्बमको नाम 'मीनपचासमा' राख्ने निधो गरेका थिए।

दोस्रो एल्बम 'हिमाल चुचुरे' को सफलतालगत्तै विभाजन बोकेको ब्यान्ड तेस्रो 'मिनपचासमा' सम्म आइपुग्दा यसका कालजयी मिठा गीतहरूका कारण झनै उकालो लाग्न पुग्यो।

अब त के चाहियो ? जता गयो उतै प्रशंसक।

'हाइ–हाइ' गर्ने जमातमा युवती पनि उत्तिकै हुन थाले। परिणाममा ब्यान्डका सबैजसो सदस्य युवतीसँग जोडिन पुगे। अझ कसै–कसैलाई त युवतीहरूसँगको सम्बन्धले भ्याई नभ्याई हुन थाल्यो।

साथी ज्ञानेन्द्र शेरचनको परिवारले ठमेलमा 'होटल ब्लु ओसन' खोलेको थियो। नेपथ्यका सदस्यहरू त्यसैमा कोठा लिएर बस्न थाले। रक्सीका बोतल रित्तिन थाले, गाँजाका धुवाँ उड्न थाले, युवतीहरूका ओहोरदोहोर बाक्लिन थाले।

कहिलेकाहीँ कुनै–कुनै सदस्यलाई भेट्न एकसाथ यति धेरै युवती आउँथे कि एक जनालाई कोठामा राखेर डेट गरिरहेकै बेला उता तल अर्की युवती आइपुगेको खबरले बिथोल्थ्यो। पहिला आएकालाई फेरि अर्को कोठामा राखेर कुराउनुपर्ने।

एकपटक अमृत होटलको रिसेप्सनबाट सरासर माथि कोठामा पुग्दा एक जनालाई युवतीका साथमा देखे। उनी तल झरे।

झर्दै गर्दा ठ्याक्क अर्की युवती नेपथ्यका तिनै सदस्यलाई खोज्दै आइपुगिन्।

अमृतले इमानदारीपूर्वक कोठा नम्बर बताइदिए।

'हस् दाइ' भन्दै ती युवती सरासर उक्लिहालिन्।

ती युवतीसँग पनि माथिका सदस्यको चक्कर चलिरहेको रहेछ। पछिल्लोपटक माथि जाने त झनै 'गर्लफ्रेन्ड' रहिछन्। एकसाथ दुई युवती एकै ठाउँमा भेटिँदा ती सदस्यलाई निकै असहज पर्‍यो।

तै हतार-हतार अर्को कोठामा लगेर परिस्थिति मिलाए।

त्यो ताका यस्ता काण्ड धेरै भए। कलाकारहरूसँगको आकर्षणले लहसिएकाहरूसँग शारीरिक सम्बन्ध स्थापित हुन बेर लाग्दैन। यस्तोमा विवेक प्रयोग गरिएन भने त्यस्तो सम्बन्धले जटिलता बढाइदिन्छ। त्यस्तै केही विवेकहीन सम्बन्धले उत्पन्न गरेका जटिलतालाई पनि ब्यान्डले नै दायित्व लिएर व्यवस्थित गर्नुपरेको थियो। सम्झँदा पनि नरमाइलो लाग्ने कुरालाई फेरि उप्काउनुभन्दा उनीहरूका गोपनीयतालाई सलाम गर्दै यो प्रसङ्ग यति नै।

~

चितवनबाट दिनभरिको यात्रापछि हामी नेपालगन्ज आइपुग्यौँ। त्यो दिन थाकेकाले सबै जना बेलैमा सुत्यौँ।

हरेकजसो सहरमा कन्सर्टको अघिल्लो बिहान म र अमृत प्रातकालीन हिँडाइमा निस्कने गरेका छौँ। यस्तो बेला सहरका गल्लीहरू घुम्दै हामी ब्यान्डका बारेमा गफिन्छौँ। त्यता कतै पुराना सम्झना छन् भने त्यसबारेमा पनि चर्चा हुन्छ।

नेपालगन्जको बिहान पनि हामी त्यसै गरी होटलबाट निस्क्यौँ।

यस सहरमा १० वर्षअघि कन्सर्ट गर्दा अमृतले पुराना एवम् प्रतिष्ठित गायक प्रेमप्रकाश मल्लको उपचारार्थ आर्थिक सहयोग जुटाएका थिए। मल्लले नेपालगन्ज बसेरै सङ्गीत साधना गरे। हाल दिवङ्गत भइसकेका उनी त्यति बेला पक्षाघात पीडित थिए। जीवनको उत्तरार्धमा उनी उपचार खर्चको समस्या झेलिरहेका थिए। त्यस्तो बेला अमृतले सहयोग गरेको जानकारी मैले उक्त कन्सर्टका स्थानीय आयोजक जयनारायण शाहबाट सुनेको थिएँ।

म यस विषयमा थप जान्न चाहन्थेँ।

तर अमृतले यसबारेमा बोल्ने इच्छा देखाएनन्। कुरालाई अन्तै-अन्तै लगे। उनलाई चाहना नभएको कुरो मैले कोट्याउन पनि चाहिनँ।

'कलाकारको जीवन विचित्रको हुन्छ,' अमृत भनिरहेका थिए, 'ऊ स्वयम् भित्रभित्रै जेजस्तो परिस्थितिमा बाँचिरहे पनि बाहिर संसारका निम्ति अर्कै बनेर बाँच्नुपर्ने बाध्यताले छाड्दैन।'

एकातिर आत्मसम्मानको चिन्ता र अर्कातिर व्यावहारिक परिस्थितिले नेपालमा कलाकारहरूलाई असाध्यै पिरलोमा बाँच्न विवश पार्ने अमृतको भनाइ थियो।

'जस्तै?'

'जस्तै के नि?' उनले भने, 'हेर न, हाम्रो देशका कति राम्रा-राम्रा कलाकारहरू बिदेसिएर बाँच्न बाध्य भइरहेका छन्।'

हो त।

हठात् मेरो मनमा जिज्ञासा आयो- 'के अमृतले त्यसरी बिदेसिने प्रयत्न गरेनन्?'

'यस समाजमा म मात्रै कसरी अपवाद हुन सक्थेँ?' उनले स्विकारे, 'मैले पनि एकपटक बिदेसिने सोचाइ बनाएको थिएँ।'

तेस्रो एल्बम 'मीनपचासमा' निस्किएको केही समयपछि अमृतले प्रेमिकासँग घरजम गर्ने सोच बनाए। तर अमृतको परिवारले स्वीकृति दिएन। सुरुमा त प्रेमिकाकै बाआमाले पनि 'हुन्न' भनेका थिए। तर बेलायती सेनामा अधिकृत रहिसकेका दाजुसँग अमृतले सोझै भेटेर 'तपाईंकी बहिनीलाई जिन्दगीभरि माया र सम्मान गरेर राख्छु' भनेपछि परिस्थिति फेरिएको थियो।

पोखरामै गरिएको बिहेमा बेहुलीका सबैजसो आफन्त भेला भएका थिए। बेहुलाका साथमा भने उनी त्यति बेला बसेको होटलमा काम गर्ने एक जना भाइ मात्रै थिए। साथीहरूमा भने दीपक दम्पती अनि बेहुलाबेहुलीकै केही संयुक्त साथी। मानौँ, कुनै टुहुरो केटोको बिहे हुँदै छ। तै निकैपछि बल्लतल्ल अमृतका साना भाइबहिनी कान्छी छ्यामासँग बिहेस्थल पोखराको बौद्ध अर्घौं सदन आइपुगेका थिए।

बिहेपछि अमृत दम्पती काठमाडौँ आएर स्युचाटारमा डेरा लिई बस्न थाले।

अमृतको नयाँ संसार तयार त भयो तर त्यसलाई आर्थिक तवरबाट टेको दिने भरपर्दो आधार थिएन। नेपाल टेलिभिजनमा रोशनप्रतापको सहायकका रूपमा अमृतले जागिर सुरु गरेका थिए। तर त्यसबाट आउने पैसा पर्याप्त हुन्थेन।

ब्यान्डको गतिविधि पनि सुस्ताएको थियो।

जीवनयापन कठिन भइरहेको बेला एक दिन अचानक हङकङबाट अमृतलाई निम्तो आयो। उनी गए।

त्यो बेला हङकङमा नेपालीहरूका एकसाथ दुई कार्यक्रम हुँदै थिए। दुवैतिरबाट अमृतलाई गाउन निम्तो आएको थियो। पैसाको लोभमा उनले दुवै थरीलाई 'हुन्छ' भनिदिएका थिए।

त्यहाँ पुगेपछि त एउटा कार्यक्रमका आयोजकले 'तपाईं उता पनि गाउने, यता पनि गाउने, त्यो त मिल्दैन' भने।

अमृतले आफूलाई पैसा जरुरत रहेको सुनाए।

आयोजकले अलिक अप्ठेरै माने।

अमृतले लाजै पचाएर दुवै ठाउँमा गाइदिए र पैसा लिए।

यो सब देखेर अमृतकै पुराना साथीहरूले पनि नरमाइलो माने।

नजिकका साथीहरूले नमिठो मानेपछि उनको अप्ठेरो झनै बढ्यो।

कतिपय साथीले 'त्यस्तै छ भने बरु हङकङको आईडी कार्ड दिलाइदिन्छु, यतै बस्' भने।

त्यस्तोमा के रहेछ भनेर अमृतले बुझ्न चाहे।

अमृत भीमको कोठामा बसेका थिए। भीम काममा गएपछि अमृत दिनभरि यताउता डुलेर बिताउँथे।

काम सकिएपछि भीम ट्रेनबाट पार्कमा झर्थे। उनले बियर किनेर ल्याएका हुन्थे। दुवै बसेर पिउँथे र राति अबेर कोठा पुग्थे।

भीमको बानी फेरि कस्तो अचम्म भने बेलुकी सुताउन गाह्रो, बिहान उठाउन गाह्रो ।

अरूचाहिँ बिहान ५ बजे नै उठ्थे । अघिल्लो बेलुकी पकाएको खानेकुरा टिफिन बक्समा राखेर पालैपालो भीमलाई 'ए उठ, ए उठ' भन्दै जान्थे । भीमचाहिँ सबैलाई 'ल, ल' भन्दै सुतिरहेकै हुन्थे ।

अन्तिममा भीम उठ्थे र अनुहार बिगारेर चारैतिर हेर्थे ।

'थुक्क ! यस्तो जाबो जुनी,' उनी आफैँले आफैँलाई धिक्कार्थे, 'बेकार हङकङ आइयो ।'

सुत्न मन लाग्दालाग्दै पनि काममा जानुपरेकामा भीमले दिग्दार मानेको दृश्यले अमृतलाई उदेक लाग्थ्यो ।

'ल बेटा, म गएँ है,' अन्तिममा ठसठसी कन्दै भीम निस्कन्थे र 'बस छुट्ला' भन्दै हतार-हतार जुत्ता लगाएर दौडिन्थे ।

भीम र अमृतले केटाकेटीदेखि एकअर्कालाई बेटा भन्दै आएका छन् ।

एक दिन अमृत भीमले काम गर्ने ठाउँ पनि हेर्न गए ।

उनलाई त्यहाँको जीवन रमाइलो लागेन ।

त्यसो त त्यहाँ बस्ने नेपाली उति बेलै मोबाइल बोक्थे, महँगो जिन्स लगाउँथे र खुट्टामा ब्राजिलियन डिङ्गो हुन्थे । बाहिरबाट हेर्दा सम्पन्न र खुसी नै देखिन्थे ।

साथीहरू जुन मोबाइल, एटीएम कार्ड र लुगाकपडामा रमाइरहेका देखिन्थे, ती सबमा अमृतले कुनै आकर्षण देखिरहेका थिएनन् ।

'चारैतिरबाट विचार गरेपछि मैले विदेश बस्ने सपना दिमागबाट पूरै निकालिदिएँ,' आफ्नो कुरा टुङ्ग्याउँदै अमृतले भने, 'त्यसको केही दिनमै हङकङका साथीभाइसँग बिदा मागेर नेपाल फर्किएँ ।'

कुरा गर्दागर्दै पनि नेपालगन्जको हाम्रो पैदलयात्रा जारी थियो ।

पुस टेक्नै लाग्दाको त्यो बिहान अलिक अबेरै भइसकेको थियो । तैपनि तराईको यस खण्डमा घाम उदाउने कुनै सङ्केत थिएन । हुस्सु बाक्लिँदै थियो ।

चिसोमा दुई केटाकेटी अघि लगाउँदै एक वृद्ध हिँडिरहेका देखिए। उनले बोकेको झोलाका आधारमा यी वृद्धले ती केटाकेटीलाई स्कुल पुऱ्याउँदै छन् भन्ने लख काट्न सकिन्थ्यो।

अमृत जिज्ञासु भएर कुरा गर्न अघि सरे।

अघि-अघि लागेका दुवै नाबालक आफ्ना नाति रहेको र उनीहरूलाई स्कुल छाड्न जान लागेको ती वृद्धले बताए।

नाम के हो ?

'दुलारे सोनखर,' उनले जवाफ दिए।

ती वृद्धले नहरछेउमै आफ्नो घर रहेको र त्यहींको रैथाने भएको उल्लेख गरे।

मैले त्यति बेलै नातिहरूलाई तिनको नाम सोधेँ।

दुवैले पालैपालो नाम बताए–

'शिवाजी खटिक', 'अतुल खटिक'।

हजुरबा दुलारेले त्यतिखेरै 'सोनखर हो सोनखर' भनेर सच्याउन खोजे।

केटाकेटी वाल्ल परे।

खटिक तराईमा परिचित दलित थर हो। सोनखर पनि प्रचलितै थर हो तर दलित हो भनेर कमैले जान्दछन्।

अर्थात् बाजे आफ्नो परिचय लुकाउन चाहन्थे, नातिहरू सगौरव उल्लेख गरिरहेका थिए।

'के गर्ने, समाज यस्तै छ,' वृद्धले अनुहारमा टिठलाग्दो हाँसो फैलाउँदै बोले, 'हामीले दुःख पायौँ, अब बच्चाहरूको राम्रो होस् भनेर पढाउन लागेका छौँ।'

यो सुन्नेबित्तिकै अमृत उत्साहित भए।

'कस्तो राम्रो, एकदमै राम्रो गर्नुभयो। पढाउनुस्, खुब पढाउनुस्।'

त्यसपछि नातिहरू लिएर दुलारे एकातिर लागे, हामी अर्कातिर।

हाम्रो कुराकानी फेरि दलित विषयवस्तुलाई लिएरै अघि बढ्यो। अमृत सन् १९९८ ताका श्रव्यदृश्यको विद्यार्थी भएर सिरहा जिल्लाको स्थलगत भ्रमण गरेको सम्झिन थाले।

'त्यो बेला हामी सिरहाको सदा अर्थात् मुसहर बस्ती पुगेका थियौं,' उनले थपे, 'केवल टाटीका भरमा उभिएको घर अनि जतातते फोहोर, त्यसमाथि भान्छामा डढेर कालै भएको एउटा खाली भाँडोबाहेक केही थिएन।'

बिजोग कतिसम्म थियो भने मुसहर बस्तीमा घुम्न गएकै कारण अन्य जातिका गाउँलेले अमृतको टोलीलाई समेत हेयका दृष्टिले व्यवहार गर्न थालेका थिए।

'म जन्मेहुर्केको पहाडी समाजमा पनि दलितहरू थिए,' उनी सुनाइरहेका थिए, 'मधेशमा त झनै कति व्यापक विभेद रहेछ भन्ने थाहा पाएर चकित परेँ।'

सामाजिक विषयवस्तुमा अमृतका धारणा मैले पहिलेदेखि सुन्दै-देख्दै आएकाले उनका यी भनाइ सुनुन्जेल मेरो दिमाग भने कतै अन्तै अड्किरहेको थियो।

के उनी सिनेमाका पनि विद्यार्थी थिए ?

कहिले ? कसरी ?

मेरो जिज्ञासाले नेपथ्य ब्यान्डकै अर्को एउटा गाढा इतिहास खोतल्नेवाला थियो।

सन् १९९८ ताका अमृतलाई सङ्गीत छाडेर सिनेमाको विद्यार्थी बनाउने त्यो घटना के थियो ?

'नेपथ्य आफ्नो जीवनमा एकपटक हङकङमा गएर भत्कियो,' अमृतले भने, 'त्यसको दुई वर्ष पनि नबित्दै अर्कोपटक जापानमा गएर थला पऱ्यो।'

सन् १९९८ मा जापानबाट फर्किएपछि भने अमृतले नेपथ्यलाई ब्युँताउने कुनै बाटो देखेका थिएनन्। फेरि सङ्गीतमा नलाग्ने अठोटका साथ उनी श्रव्यदृश्यसम्बन्धी कला सिक्न गएका रहेछन्।

अहो ! भनेपछि जापानमा त कुनै ठूलै किस्सा रहेछ।

जरुर।

के थियो त्यो किस्सा ?

अब फेरि यहाँबाट सुरु हुन्छ, जापानको कहानी अमृतकै जुबानी–

जापान : पतनको दुःखदायी कथा

– अमृत गुरुङ

सन् १९९९, जापानको हामामाचु सहर। भव्य हल, चकाचौंध उज्यालो र अत्याधुनिक साउन्ड सिस्टम।

नेपथ्य प्रस्तुत हुने समय घर्किनै लागिसक्यो। तर नौ सय सिट क्षमताको विशाल हलमा ब्यान्डका सदस्य, आयोजक र केही जापानी प्राविधिकसमेत जोडेर गन्ती गर्दा जम्माजम्मी ४२ जना देखिन्छ। खोइ त दर्शक?

जति कुर्दा पनि दर्शक सङ्ख्या बढ्ने सङ्केत देखिएन।

हंसले ठाउँ छाड्दै गयो। उता कार्यक्रम सुरु गर्न अबेर भइसक्यो।

'मान्छे त हेर्न आएनन् भाइ, अब के गर्ने?' नीरज थापाले नमिठो अनुहार लगाएर सोधे।

नीरज दाइ सङ्गीतमा रुचि राख्ने पोखराका अग्रज। जापानमै रहँदाको बखत हाम्रो कन्सर्टबारे थाहा पाएर आइपुगेका। उनको अनुहारमा चिन्ता झल्किन्थ्यो।

आयोजकहरू कार्यक्रम रद्द गरौं भन्न थाले। उनीहरूको भनाइमै बल पुग्ने गरी ब्यान्डका साथीभाइ पनि सहमत देखिए। ब्यान्डका साथीहरूले मनजिकै आएर 'दर्शकै नभएको ठाउँमा कसरी कार्यक्रम गर्ने?' भनिरहेका थिए।

मेरै पहलमा ब्यान्ड जापान पुगेको थियो। त्यसैले सबैका अनुहार मैतिर टोलाइरहेका थिए। आयोजनामा संलग्न जापानीहरू पनि कार्यक्रम रद्द गरेकै बुद्धिमानी होला भन्न थाले।

मलाई भाउन्न छुटेजस्तो भयो। हल्का कामज्वरोजस्तो पनि। यस्तो बेला मेरो मनले जहिल्यै भित्रदेखि नजिकको मानिस खोज्छ। नीरज दाइको चिन्तामा

मैले हामीप्रतिको माया देख्दै थिएँ।

'धेरै दर्शक आएनन् भन्दैमा आएका थोरैलाई पनि असम्मान गर्न मिल्दैन,' नीरज दाइतर्फ हेरे पनि सबैले सुन्ने आवाजमा मुख खोलें, 'जेजस्तो भए पनि कार्यक्रम रोकिँदैन।'

बहस चल्यो। म एक्लै भए पनि अडिइरहें। उता तोकिएको समयभन्दा एक घण्टा ढिलो भइसक्यो। उपस्थितिचाहिँ उही, प्राविधिकसमेत मिलाएर ४२ जना।

कार्यक्रम गरेरै छाड्ने अडानमा म टसमस नभएपछि ब्यान्डका साथीभाइले रक्सी खाने कुरा निकाले। हामीले ह्विस्की मगायौं। आयोजकले ल्याइदिए। त्यसपछि सबै कलाकार बसेर पियौं। नशाले मतमतिएपछि स्टेज चढ्न तयार भयौं।

कार्यक्रम सञ्चालकले 'भाइ, तपाईंहरूको परिचय म कसरी दिऊँ?' भनेर सोधे।

'दाइको विचारमा जसरी मन पर्छ, त्यसै गरी दिनुस्' भन्यौं।

हामी नेपालीलाई जस्तोसुकै अवस्थामा पनि औपचारिकता पछ्याउनै पर्छ।

दर्शकै नभएको हलमा हाम्रो परिचय सुरु भयो।

'नेपालबाट भाइहरू आउनुभएको छ। नेपथ्य समूह। हाम्रा भाइहरू हुनुहुन्छ। तपाईंहरूलाई कस्तो लाग्छ सुनिदिनुस्।'

त्यसपछि हामी एकठाउँ जम्मा भयौं। 'जे भयो भयो। ठीकै छ। आजको कार्यक्रम राम्रोसँग सम्पन्न गरौं' भन्यौं र स्टेजमा चढ्यौं।

त्यति थोरै दर्शक भएको हलमा उभिएर कसरी कन्सर्ट गर्ने? हामी एक-एकवटा कुर्सी बोकेर मञ्चमा चढेका थियौं। त्यही कुर्सीमा बसेर गाउन सुरु गर्‍यौं।

मानिसलाई आफूले जीवनमा नगरेको अनुभव सामना गर्नुपर्दा अत्यास छुट्छ। हामी त्यही अत्यास बोकेर स्टेज चढेका थियौं।

कुर्सीमा बसिसकेपछि केही पनि नसोचेर गाउन थाल्यौं। त्यहाँ केवल सुरुवात गर्ने आँटको जरुरत थियो। जसै गीत गाउँदै गयौं, परिस्थिति पनि

बिस्तारै सामान्य बन्दै गयो। एक त मात चढेको थियो। त्यसमाथि धुनहरूको प्रभावले एकतमास बनाउँदै लग्यो। हामी कुनै कोठामा आमुन्नेसामुन्ने बसेर गीत सुनाएजस्तै प्रस्तुत भइरहेका थियौँ। 'अनप्लग्ड' भनेजस्तो।

म अगाडि बसेर सुनिरहेका एक-एक दर्शक नियाल्दै थिएँ।

चिनेजानेका आँखामा 'कठै' को भाव तैरिरहेको थियो। बहकिएको सुरमा त्यो 'कठै' ले झनै भित्रसम्म घोचिरहेको थियो। ती आँखाको भावलाई मुस्कानले जवाफ फर्काउँदै मैले गाइरहेँ।

त्यो दिन छोटो कार्यक्रम गर्‍यौँ। त्यो एउटा बेग्लै किसिमको अनुभूति दिने कन्सर्ट थियो। मञ्चबाट ओर्लियौँ। मेरा साथीहरू त्यति खुसी देखिएनन्। 'यस्तो पनि हुन्छ?' भनेर चित्त दुखाइरहेका थिए। मनका सबै गुनासालाई थाती राखेर फेरि रक्सी पियौँ। यसै पनि सम्हालिन कठिन थियो।

साथीहरू जुन क्षण चरम निराश थिए, मचाहिँ त्यस्तो परिस्थितिलाई पनि सहजताका साथ सामना गरेर निस्कन सकेकामा सन्तुष्ट। योभन्दा पनि जटिल परिस्थिति सामना गर्नुपर्ने हुन सक्छ। भोलिको कुरा कसलाई के थाहा?

जापानमा नेपथ्य टोलीसहित पुगेको यो पहिलोपटक थियो।

यसभन्दा ठीक एक वर्षपहिले म एक्लै गएको थिएँ। त्यति बेलै सामूहिक भ्रमणको तारतम्य मिलाएपछि ब्यान्डको यो यात्रा सम्भव भएको थियो।

एक्लै पुग्दा बरु यस्तो अप्रिय केही भएको थिएन।

सन् १९९८। त्यति बेला नेपथ्य लगभग निष्क्रिय अवस्थामा थियो। साथीहरू सबै आ-आफ्नो सुरमा तितरबितर भइसकेका थिए।

म पनि आफ्नै धुनमा लागिरहँदा एक दिन नमस्ते ब्यान्डका ईश्वर गुरुङ दाइको फोन आयो।

'भाइ, तँलाई तमु धिँको कार्यक्रममा यसपाला जापान बोलाउने कुरा छ। तैँले नेपथ्यका नामबाट उता गएर कार्यक्रम गरिदिनुपर्छ।'

मैले ट्र्याकमा गाउन नसक्ने बताएँ।

गायकहरूले ट्र्याक बोकेर एक्लै यात्रा गर्ने चलन चल्न थालेपछि सङ्गीतकर्मी वाद्यवादकले कामै नपाउने अवस्था बन्न थालेको थियो। म नेपथ्यका मामलामा

यो परिस्थिति नआओस् भन्ने चाहन्थें। त्यसमाथि ट्र्याकमा गाउँदा कृत्रिमता हाबी भइदिन्छ।

'होइन, जसकाजी (गुरुङ) दाइ, मिनामी, गान्ता, तेरेकातो र केन सानहरूले बजाउँछन्,' ईश्वर दाइ भन्दै गए, 'तँचाहिँ जा।'

मैले 'हुन्छ' भनें।

दूतावासमा आवश्यक प्रक्रिया पूरा गरेपछि केही दिनमै भिसा पाएँ। शाही नेपाल वायुसेवाको विमान चीनको साङ्घाई हुँदै जापानको ओसाकासम्म पुग्थ्यो। म राष्ट्रिय ध्वजावाहकमा एक्लै ओसाका पुगें। त्यसपछि टोकियो।

टोकियो एयरपोर्टमा मलाई जसकाजी दाइले स्वागत गरे। गितार बजाउने दाइ पोखरामा आफ्नो जमानाका हिरो, जसलाई म एकोहोरो हिसाबले सानैदेखि चिन्थें।

विमानस्थलबाट योकोहामास्थित बासस्थान लगिएँ, जहाँ जसकाजी दाइको परिवारसँगै मेरो बसोबास भयो।

जसकाजी दाइकी श्रीमती अर्थात् कृष्णा दिदीसँग म साइनोका हिसाबले पनि नजिक थिएँ। मैले जापान बसुन्जेल आत्मीय माया पाएँ।

जापान बस्नेहरूका निम्ति समय निकाल्नु मुस्किल काम हो। तैपनि हामी दिउँसो रिहर्सल गर्न जान्थ्यौं। टोकियोकै हाचिको पार्कनजिकै रिहर्सल गर्ने ठाउँ थियो।

जसकाजी दाइ लगायतको टिमसँग केही चरण रिहर्सल चल्यो।

मेगुरो भन्ने ठाउँमा कन्सर्ट राखिएको थियो। जापानको स्टेजमा त्यो मेरो पहिलो अनुभव थियो।

कन्सर्टको बेला म चाहिनेभन्दा बढी नै 'कन्सस' भइदिएँ। पहिलो गीत थियो- 'ए लजाउने मायाको, चुलबुले तिम्रो मुहार'।

गाउन खोज्छु, स्वरै निस्कँदैन। एकछिन त निकै छटपटी भयो।

सबै स्तब्ध भए। म पनि के गरौं, कसो गरौंको अवस्थामा पुगें।

वाद्यवादकले धुनलाई एक चरण घुमाएर फेरि गीत सुरु गर्ने क्षणमा ल्याइदिए।

यसपटक भने मैले हृदयभित्रैदेखि आवाज निकालें–

हरियाली चियाबारीमा देख्दा तिमीलाई...

स्वर फुट्यो। गीत अघि बढ्यो। त्यसपछि कुनै समस्या भएन।

मैले पाँचवटा गीत सुनाएँ।

कार्यक्रम सकिएपछि 'गजब भयो' भन्दै सबै साथीभाइ घेर्न आइपुगे।

म ब्याकस्टेजमा पुगेँ। त्यहीं एक जना मानिस आइपुगे।

'ओय्, मलाई चिन् त, म को हो ?' उसले सोध्यो।

को हो को हो। यस्सो हेर्छु, मान्छे चिन्दिनँ।

'तैंले चिन्दैनस्,' उसले टिठ मान्दै भन्यो।

मैले एकछिन अन्दाज गरेँ। जोकसैले मलाई 'तँ' भन्दैन थियो। यो पक्कै कुनै साथी होला।

'पख् पख् एकछिन्,' भनेँ।

मेरो दिमागमा झलक्क याद आयो।

'ए चन्द्रे..., तँ पनि यहाँ ?' यति मात्र के भनेको थिएँ, ऊ त फुरुङ्ग भइहाल्यो।

'चिनिस् पख् पख्,' भन्दै उसले मलाई ग्वाम्लाङ्ग अँगालो माऱ्यो।

ऊ थियो, मेरो साथी चन्द्रबहादुर ठकुरी। मुस्ताङको। हामी कक्षा ५ मा पढ्दा ऊ नारायणगोपालका गीत मिठो गरी गाउँथ्यो।

उसलाई मैले झन्डै १८-१९ वर्षपछि भेटेको थिएँ।

'यत्रो वर्षपछि भेट्दा पनि तैंले चिनिस्, बुझिस् !' ऊ फुरुङ्ग बन्यो।

यसरी नवीकरण भएको सम्बन्धले केही समयमै लोकप्रिय गीतको भाका 'रेशम्' दिनेवाला थियो।

चन्द्रले मलाई खाना खुवाउने इच्छा राख्यो। मैले 'हुन्छ' भनेँ।

विदेशमा हुने यस किसिमका भेट असाध्यै आत्मीय हुन्छन्।

त्यो पहिलो जापान यात्रामा मेरो अर्को भेट पनि भएको थियो, ब्यान्डलाई लामो समयदेखि सघाउँदै आएको भाइ ज्ञानेन्द्र शेरचनका मामासँग । विजय मामा ।

जसकाजी दाइले नै विजय मामासँग चिनाएका थिए । त्यहीँ व्यापार गरेर बसेका अनि राम्रो जापानी बोल्ने ।

'ल भान्जा, कार्यक्रम एकदमै राम्रो भयो,' मामाको टिप्पणी थियो, 'अब नेपथ्य ब्यान्डलाई नै अर्को वर्ष जापान ल्याउनुपर्‍यो ।'

त्यसका निम्ति आफूले पहल गर्ने पनि उहाँले बताउनुभयो । मामा मेरो स्वीकारोक्ति सुन्न आतुर हुनुहुन्थ्यो ।

'नेपथ्यका साथीहरू लिएर आउने योजनै हो मामा,' मैले भनेँ, 'जापान आउन मुस्किल परिरहेको बेला यसरी कार्यक्रमको बन्दोबस्त मिल्छ भने त किन नआउने ?'

यसबारेमा कुरा अगाडि बढाउँदै लैजाने र थप जानकारी आदानप्रदान गर्ने कुराकानी भएपछि मामासँग हामी छुट्टियौँ ।

केही दिनपछि मामाले हाराजुकुको रेस्टुरेन्टमा लगेर एक जना जापानी नागरिकसँग चिनजान गराइदिए । फोटो पनि खिच्यौँ । उनी म्यानेजर र प्रोड्युसर रहेको बताइयो । उनले देश-विदेशबाट कलाकार ल्याउने काम गर्छन् भनेर मामाबाटै जानकारी पाएँ ।

'हुन्छ, यसबारेमा म सल्लाह गरेर तपाईंलाई भनूँला' भन्दै बिदा भएँ ।

मैले मामाको प्रस्तावबारे जसकाजी दाइसँग पनि सोधेँ ।

'तिमी विचार गर,' दाइको पनि स्वीकारोक्ति पाएँ, 'यसरी नेपालीहरू बसेको ठाउँमा ब्यान्ड आउनु त राम्रै हो ।'

त्यो ताका नेपाली कलाकारका लागि विदेश जानु हिजोआजको जस्तो पानीपँधेरो भइसकेको थिएन । त्यसमाथि अमेरिका र जापानजस्ता मुलुक पुग्नु धेरै ठूलो कुरो मानिन्थ्यो ।

सुरुमा त जापान आएपछि म यतै बसूँला कि भन्ने जसकाजी दाइको जिज्ञासा थियो । जवाफमा मैले त्यस्तो कुनै विचार नरहेको बताएँ ।

बरु विजय मामासँग मिलेर आगामी वर्ष ब्यान्डलाई नै जापान ल्याउने योजनामा म केन्द्रित भएँ। त्यसका निम्ति आयोजकहरू नेपालमा आएर भेट्ने कुरा पनि तय भयो।

त्यो पहिलो जापान यात्रामा म सबैको आत्मीय हुन पाएँ। कसैले घुमाइदिए त कसैले खान बोलाए। कसै-कसैले किनमेल पनि गरिदिए।

बसाइ त जसकाजी दाइकहाँ नै थियो। उहाँ काम गर्ने कारखानामा म पनि डुल्न गएको थिएँ। तामाको पातालाई रसायनमा डुबाएर निकाल्नुपर्ने। त्यसपछि त्यसलाई बोकेर अन्त लगिन्थ्यो।

त्यहाँ अरू धेरै नेपाली थिए।

काम सकिएपछि जुस पिउँथ्यौँ र राति ओफुरो भनिने तातोपानीको कुण्डमा डुब्न जान्थ्यौँ। त्यसपछि घर फिर्थ्यौँ।

एक दिन जसकाजी दाइले क्रिसक्रस ब्यान्डका गितारिस्ट नरेश थापासँग भेटाइदिए, जो कालान्तरमा नेपथ्यकै एक महत्त्वपूर्ण खम्बा बन्न पुगे। नरेश त्यो बेला उतै बसेर काम गरिरहेका थिए। बोलचाल नभए पनि म उनलाई चिन्थेँ।

'अस्ति कन्सर्ट हेर्न आएको थिएँ,' नरेशले भने, 'मलाई मन पऱ्यो।'

उनले ब्यान्डका लागि गितारका ओभर ड्राइभ, फ्लेन्जर, कोरस र डिलेजस्ता केही ग्याजेट उपहार दिए।

सँगै खाना खाने क्रममा मैले 'तिमीलाई नेपाल आएर सङ्गीत गर्ने इच्छा छैन ?' भनेर सोधेँ।

'कुनै दिन आउँछु,' उनले भनेका थिए।

ब्यान्डका साथीहरू कोही अमेरिका, कोही कता रहे पनि नेपाल आएरै सङ्गीतमा लाग्ने इच्छा रहेको उनले सुनाए।

यसरी विदेश यात्राको दौरानमा नेपाली कलाकारहरू जताततै भेटिने गर्छन्। उनीहरूले कतिपय कुरा मुखले बोल्छन्, कतिपयचाहिँ हामी कलाकारका बीचमा मनमनै संवाद भइरहेको हुन्छ। एकअर्कालाई बुझिरहँदा शब्द र आवाज आवश्यक पर्दैन। बिदेसिएर बाँच्नुपर्दाको साझा पीडा सबैमा देख्छु।

जापानबाट फर्किनु अघिल्लो साँझ जसकाजी दाइ र मैले रातभर वाइन पियौँ। सिङ्गो रात अनिँदो बिताएपछि भारी आँखा बोकेरै बिहान एयरपोर्ट पुगेका थियौँ।

म उपहारहरूले लादिएको थिएँ।

जसकाजी दाइले एउटा गितार भिरिरहेका थिए। त्यो माभिस ब्रान्डको सेमी अकोस्टिक गितार मैले रत्ने भाइका लागि किनेको थिएँ। दाइको काँधबाट गितार समातेसँगै मैले बिदा मागेँ।

जहाज समयमै उड्यो।

तमु धिंको कार्यक्रमबाट फर्कने बेला साथमा टनाटन उपहारबाहेक झन्डै एक लाख रुपैयाँ नगद पनि थियो। त्यस पैसाले त्यति बेला पोखरामा एक रोपनी जग्गा किन्न सकिन्थ्यो। भर्खर बिहे गरेर बेखर्ची जीवन बिताइरहेको मजस्तो मानिसका निम्ति त्यो ठूलो आडभरोसा थियो।

जहाज समुद्रमाथि उड्न थाल्यो। पर कता हो कता हिमालको छाया देखियो। सायद फुजीसान होला। त्यो बिहान जापान उठिसकेको थियो।

म भने अब सङ्गीतलाई राम्रोसँग व्यवस्थापन गर्ने र ब्यान्डलाई यो भूमिमा प्रस्तुतिका लागि लिएर आउने सपना सँगै बोकेर उड्दै थिएँ।

साथमा नगद र उपहार अनि दिमागमा फेरि जापान आउने योजनाले भरिपूर्ण भई म काठमाडौँ ओर्लिएँ।

म काठमाडौँमा नथामिएरै सरासर पोखरा पुगेँ। भेटिएका साथीभाइ जापान भ्रमणका उपलब्धिबारे जान्न व्यग्र थिए।

त्यो दिन फेवातालमा हामीले आफैँले चलाउने गरी एउटा डुङ्गा भाडामा लियौँ। त्यसलाई पालैपालो खियाउँदै खानपिनको मजा लिँदै गयौँ। धुन त वातावरणमै बजिरहेको थियो। त्यसबाहेक रत्ने भाइको हातबाट बजिरहेको माभिस गितार। हामी गाउन पनि थाल्यौँ। गौतम भाइले त्यो बेला मिठो गीत सुनाएको थियो–

गण्डकीको तीरैमा लुकीछिपी खेलेको
फेवाताले डुङ्गामा बाराही मन्दिर घुमेको
बिर्सी नदेऊ बिर्सी नदेऊ

गर्मी यामको त्यो साँझ फेवातालको बीचमा साथीहरूसँग खानपिन र गीत गाउँदै समय बिताउँदाको क्षण अहिले पनि स्वप्निल लाग्छ।

पञ्चासेको डाँडामा अस्ताउँदै गरेको सूर्यको लाली उत्तरतिरका लहरै हिमालमा परिरहेको थियो। बतासले छोएर तरङ्गित पानीमा हिमालको सुनजस्तै छाया हल्लिँदै थियो।

त्यति बेलै मैले उनीहरूलाई जापान यात्राबारे बताएँ र भविष्यमा त्यहाँ कार्यक्रम गर्न जाने योजना पनि सुनाएँ।

त्यो रोचक वर्णन सकिएपछि हामी योजनातर्फ लाग्यौँ।

अब सबै जना नियमित भेला हुने र हामीलाई विजय मामाका भान्जा अर्थात् ज्ञाने भाइ अर्थात् ज्ञानेन्द्र शेरचनले व्यवस्थापन गर्ने सरसल्लाह भयो।

योजनाअनुसारै हामी ज्ञाने भाइको काठमाडौँस्थित होटल ब्लु ओसनमा भेला भयौँ।

त्यहीँ बसेर हाम्रो कार्यतालिका पनि अघि बढ्यो।

सबैभन्दा पहिला जापान जाने मानिसको टुङ्गो गरेर रिहर्सल थाल्नु थियो।

हामीले रिहर्सलका निम्ति नमस्ते स्टुडियोमा समय बुक गऱ्यौँ।

भीम हङकङ गइसकेकाले हामीसँग ड्रमर थिएन। तैपनि भीम आइहाल्छ कि भनेर एकपटक सम्पर्क गरेँ। भीमले आफू अब हङकङकै भएर उतैको हिसाबले चल्ने जानकारी दिँदै फर्किएर ब्यान्डका निम्ति बजाउने कुनै इच्छा नरहेको प्रस्ट पाऱ्यो। उसले आफ्नो तर्फबाट ब्यान्ड र मलाई सधैँ शुभकामना रहने बताउँदै ड्रमसेट बजाउन कोही अरू नै खोज्न सल्लाह पनि दियो।

त्यो बेला ध्रुव लामा काठमाडौँको साङ्गीतिक दुनियाँमा सक्रिय थियो। ऊ हामीसँग जापान जान तयार भयो।

त्यो बेला नेपथ्यसँग जोडिएको ध्रुव यति बेला ब्यान्डमै दोस्रो सिनियर सदस्य हो।

ड्रमसेटमा ध्रुव आइसकेपछि अब हामीलाई किबोर्ड बजाउने मानिस चाहिएको थियो। त्यसका निम्ति नोटेसन जापान पठाइदिने र उतै नोटेसनमा बजाइदिने मानिस खोज्ने कुरा भयो।

ब्यान्डका यी सदस्यबाहेक जापानस्थित आयोजक विजय मामाले पनि थप मानिस लैजाने प्रपञ्च मिलाउँदै थिए। भ्रमणको योजना यसै रूपमा अघि बढेको थियो। अर्थात् ब्यान्डलाई विजय मामाले उता लगेर कन्सर्ट आयोजना गर्दै गुण लगाइदिने र त्यसको बदलामा ब्यान्डले विजय मामाका केही मानिसलाई जापान ओसारिदिने।

त्यो बेला मुलुकमा तन्नेरीहरू निराश थिए। उनीहरू प्राय: बाहिर जाने अवसरको खोजीमा भेटिन्थे। देशका लागि लडेर जेलनेल भोग्दै आएका मन्त्रीहरूले समेत एयरपोर्टबाट सुन तस्करी गरेको आरोप झेलिरहेका थिए। अर्कातिर माओवादीले सशस्त्र विद्रोह सुरु गरेको थियो। कक्षाकोठामा पढाइरहेको शिक्षकलाई विद्यार्थीकै सामुन्ने मारिदिएको समाचार आउँथ्यो। जताततै बीभत्स खबर हुन्थे। यस्तो निराशाका बीच भएभरका तन्नेरी भाग्न खोजिरहेका थिए। उनीहरूका लागि सबैभन्दा आकर्षक गन्तव्य जापान थियो। जापान जानका लागि त्यो बेला पनि दसौं लाख रुपैयाँ खर्च गर्न जो कोही तयार हुन्थ्यो। अरू कतिपय त त्यति खर्च गरेर पनि उता पुग्न सफल भइरहेका थिएनन्।

ब्यान्डकै कुनै साथी पनि समुद्री मार्गबाट जापान जाने असफल प्रयास गरेर फर्किसकेका थिए भने कुनै साथी अरबतिर भए पनि कमाउन जाने सुरसारमा थिए। नेपाली समाजभित्र साराका सारा आदर्श धमाधम धराशायी हुने क्रममा थियो। यस्तो बेला जेजस्तो परिस्थितिमा पनि ब्यान्डलाई जापानी भूमिमा प्रस्तुत गर्ने इच्छा मैले लिएको थिएँ।

आवश्यक कागजपत्र तयार पारेर कल्चरल भिसाका लागि जापान पठायौं।

ब्यान्ड जापान जाने तयारीसँगै नयाँ एल्बम रेकर्डिङको काम पनि अघि बढायौं। जापानकै निम्ति भनेर नेपथ्यको अर्को एल्बम 'श्रृङ्गार' को गर्भाधान हुँदै थियो। खर्चको जिम्मा लिइदिन विजय मामाका भान्जा ज्ञानेन्द्र तयार छँदै थिए।

हामी अधिकतर ठमेलमै बस्थ्यौं, खान्थ्यौं, पिउँथ्यौं र उतैबाट रिहर्सल गर्न नमस्ते स्टुडियो र रेकर्डिङ गर्न सिम्फोनिक स्टुडियो पुग्थ्यौं।

अभ्यास गरिरहँदैका क्रममा जापानबाट कागजपत्र तयार भएको र अब भिसाका निम्ति आवेदन दिनुपर्ने कुरा आयो। यसमा सघाउन एक जना जापानी साथी पनि प्रोड्युसरका रूपमा आएका थिए।

'श्रृङ्गार' एल्बमका लागि झन्डै १० वटा गीत रेकर्ड गरेका थियौं। त्यो पनि अग्रज दाइहरूले मिलीजुली सघाइदिएपछि सम्भव भएको थियो। ती गीतहरूको अरेन्जमेन्ट भूपालमान सिंह, प्रवीण गुरुङ, सुवर्ण लिम्बू र दीपक थापाको थियो।

केही गीतको रेकर्डिङ नमस्ते स्टुडियोमा गरियो भने बाँकी सबै सिम्फोनिकमा गरेर एल्बम तयार पार्‍यौं।

त्यस एल्बममा समेटिएको प्रवीण गुरुङको 'उकाली ओराली' एक मात्र यस्तो गीत हो, जुन नेपथ्यका फरक समयका तीनवटा एल्बममा समेटिन पुग्यो- 'श्रृङ्गार, 'रेशम' र अन्तिममा 'मेरो देश'। यसरी परिमार्जनसहित रेकर्ड गरेर बारम्बार बजारमा ल्याउँदा पनि त्यस गीतले ख्याति आर्जन गर्न सकेन।

जबकि गीत प्राप्त गर्दा म असाध्यै आशावादी थिएँ।

रेडियोमा उति बेलै सुन्दा मलाई मन परेको स्वर थियो, प्रवीण गुरुङको।

समयक्रममा दाइसँग चिनाजानी मात्र होइन, भेटघाट पनि बाक्लिँदै गयो।

यसैबीच एकपटक मैले गीतका निम्ति दाइलाई अनुरोध गरें।

'तिमीलाई मेरा गीतमध्ये जुन मन लाग्छ, त्यो गाऊ' भनेर जवाफ पाएँ।

दाइ एकपटक सगरमाथा क्षेत्रतिर कालापत्थरमा कार्यक्रम गरेर फर्किए।

त्यस्तो ठाउँ पुगेपछि पक्कै गीत लेखेको हुनुपर्छ भनेर मैले लख काटें। भेट हुनासाथ सोधें पनि। नभन्दै 'लेखें' भनेर जवाफ आयो। दाइले सुनाएको गीत थियो–

उकाली ओराली
चढ्दै र झर्दै
पुग्यौं हामी त्यो कालोपत्थरमा
वरि र परि
हिमालै हिमाल झुल्यौं हामी
रमाइलो नाम्चेमा

गीत एकदमै मिठो लाग्यो। पश्चिमा सङ्गीतको क्वायर सुनेजस्तो भाव उत्पन्न हुने। तत्कालै 'ल दाइ, यो गीत म गाउँछु' भनिहालें।

त्यसको ट्युन एकदमै मिठो थियो। त्यसमाथि दाइले भित्रैबाट महसुस गरेर सुनाउँदा मनै हरर भएर आयो। त्यसलाई हाई पिचमा कसरी गाउने भनेर पनि दाइले नै सिकाइदिए।

त्यसपछि ब्यान्डमा यसलाई अभ्यास गऱ्यौं। केही शब्द हेरफेर पनि गरियो। तर जति मेहनत गरे पनि श्रोताले खासै रुचाइदिएनन्। दाइको सम्झनासमेत जोडिएको हुनाले मलाई त्यो गीत असाध्यै मन पर्छ। त्यसैले तेस्रोपटक 'मेरो देश' एल्बममा राख्दा केवल हलो गितारका भरमा रेकर्ड गरेको थिएँ। तैपनि भनेजस्तो भइदिएन।

दुर्घटनामा परेर ज्यान गुमाएका दाइले नेपथ्यका पछिल्ला दुई प्रयास भने सुन्न पाएनन्।

'श्रृङ्गार' एल्बम तयार भइसक्दा जापान जाने तयारी पनि लगभग अन्तिम अवस्थामा पुग्यो।

भिसाका निम्ति अन्तर्वार्ता दिन म र ती जापानी प्रोड्युसर दूतावासभित्र गयौं।

काउन्सिलरकहाँ पुगेपछि उनीहरूले जापानी भाषामा धेरै कुरा सोधे। कागजपत्र देखाइयो।

मलाई फोटो देखाएर 'यो तपाईं हो?' भनेर सोधे। मैले 'हो' भनें। 'के गर्नुहुन्छ?' भनेर सोधेपछि 'गीत गाउँछु' भनें। त्यसै गरी असीमको फोटो देखाएपछि मैले 'गितार बजाउँछ' भनें। ध्रुवलाई देखाए, 'ड्रम्स बजाउँछ' भनें। एक-एक गरेर सबैको तस्बिर देखाउने र अर्थ्याउने क्रम सम्पन्न भयो।

त्यसपछि आयोजकले लैजान लागेका भाइहरूको कुरा आयो। मेरा निम्ति ती भाइहरू नयाँ थिए। उनीहरू हामीसँगै ग्रुपमा जाने आयोजकहरूका मान्छे भनेर बताएँ। मलाई त्यसै भन्न सिकाइएको थियो।

फेरि 'उहाँहरू के गर्नुहुन्छ?' भनेर सोधे।

'आयोजकहरूका भनाइअनुसार उहाँहरू नाच्नुहुन्छ रे ! तर मैले उहाँहरूलाई नाचेको देखेको छैन,' मैले स्पष्टसँग भनें ।

मैले यस समूहमा जानेमध्ये हाम्रो गीत गाउने पाटो रहेको र उहाँहरूको नृत्यको पाटो रहेको जानकारी दिँदै आफूहरू सांस्कृतिक कार्यक्रमका लागि जापान जान खोजेको बताएँ ।

दूतावासमा अन्तर्वार्ता सकिएलगत्तै भिसा फलानाले पाए, फलानाले नपाउने भए भन्ने जानकारी दिइयो र अर्को दिन पासपोर्ट सङ्कलनका निम्ति बोलाइयो ।

आयोजकसमेत रहेका विजय मामाकै भान्जा ज्ञानेन्द्रको दम्पतीलाई नै दूतावासले भिसा दिएन । हाम्रो यात्राको सम्पूर्ण तारतम्य उनैले मिलाइरहेको अवस्थामा उनकै दम्पतीले भिसा नपाउँदाको क्षण मलाई असाध्यै नरमाइलो लाग्यो ।

बाँकी सबै जापान जाने भयौं ।

हाम्रो उड्ने दिन पनि आइपुग्यो । बिदाबारी भयौं ।

विमानले हामीलाई चीनको साङ्घाई हुँदै जापानको ओसाकामा ओराल्यो ।

त्यहाँ ओर्लंदा बिहान सबेरै थियो । अध्यागमनमा 'तपाईंहरू के गर्न आउनुभएको ?' भनेर सोधियो ।

'कार्यक्रम गर्न,' हामीले भन्यौं, 'यहाँ हाम्रो कन्सर्ट छ ।'

'कागजपत्र देखाउनुस्' भने, हामीले देखायौं ।

एक अधिकृतले 'सीडी ल्याउनुभएको छ ?' भनेर सोधे ।

'ल्याएका छौं' भन्यौं ।

त्यो बेला नेपालमा क्यासेटकै चल्ती भए पनि जापानतिर सीडीको प्रचलन सुरु भइसकेकाले 'श्रृङ्गार' एल्बमका तीन सयवटा रेकर्ड तयार पारेर लगेका थियौं ।

त्यसको कर तिर्नुपर्ने रहेछ । मागिएजति तिर्‍यौं ।

अध्यागमनले अगाडि बढ्ने अनुमति दिएपछि हामी सबै दङ्ग भयौं । हामीसँगै ब्यान्डका सदस्य बनाइएर लगिएका आयोजकका मानिस त झनै दङ्ग हुने भए ।

हामीलाई लिन आयोजक बाहिर विमानस्थलमै आएका थिए । हामीले लगिदिएका मानिस देखेपछि उनीहरू पनि दङ्ग परे ।

कलाकार भनेर साथै लगिएका ती मानिस विमानस्थल बाहिरबाटै 'टोकियोमा भेटौंला' भन्दै बिदा भए ।

हामी ब्यान्डका सदस्यहरूलाई चाहिँ हामामाचुस्थित होटलमा लगियो ।

पुगेको पर्सिपल्ट आयोजक विजय मामा त्यसै होटलमा आएपछि साथ लागेर कार्यक्रमस्थलतर्फ गयौं । हल देखाइयो । राम्रो थियो । साउन्ड सिस्टम पनि उस्तै राम्रो । सामान फिट गर्न सुरु गरियो । बत्ती पनि पर्याप्त थिए ।

सबै चीज तयार भयो ।

हामी कार्यक्रम देखाउन निर्धारित समयमा हलभित्र पुग्यौं ।

तर दर्शक...

जुन चीजको सुरुवात खराब हुन्छ, त्यसले कहिल्यै राम्रो परिणाम दिँदैन । कर्मको फल भन्छन् नि ! हाम्रो त्यस वर्षको जापान भ्रमणको उद्देश्य नै बेग्लै भइदियो । स्पष्टसँग भन्नुपर्दा कन्सर्टका नाममा मानव ओसारपसार । त्यसैको परिणाम त्यो रात भोगेका थियौं ।

त्यत्रो भव्य हल रित्तै राखेर कन्सर्ट ।

मैले नियतिलाई स्विकारें ।

रित्तो हलमा कन्सर्ट दिएपछि भोलिपल्ट हामीले हामामाचु छाड्नुपर्ने थियो । मन जतिसुकै उदास भए पनि अबको कार्यक्रम टोकियोमा थियो ।

आयोजकले बन्दोबस्त गरिदिएको गाडी चढेर राजमार्ग समात्दै टोकियोतर्फ लाग्यौं ।

चिल्ला बाटामा उस्तै चिल्ला मोटर र सँगै रेलहरू गुडिरहेका थिए । जतातत्तै हरियाली र माथि सफा निलो आकाश । उतातिरको समुद्र पनि चम्किलो निलो रङमा फैलिँदो रहेछ । जापानको समृद्धि र सौन्दर्य चर्चा गरेर साध्य थिएन ।

यी सारा दृश्यहरूबीच पनि कता के-के नमिलेको जस्तो मनमा भइरहेको थियो । मन थिर नभएपछि यस्तो हुँदो रहेछ ।

अघिल्लो वर्ष एक्लै आउँदा टोकियोको मेगुरो भन्ने जुन हलमा गाएको थिएँ, त्यसैमा यसपटक पनि कार्यक्रम राखिएको रहेछ।

टोकियोमा चाहिँ सम्पूर्ण टिकट बिक्री भइसकेको जानकारी पाइयो। अगुल्टोको प्रहार खेपेको कुकुर बिजुली देखेर तर्सिन्छ भनेजस्तै 'फेरि पनि केही भइहाल्ला कि !' भन्ने त्रासचाहिँ थियो।

शरद शेरचन दाइले टोकियोकै व्यस्त सिन्जुकोमा 'यति रेस्टुरेन्ट' खोलेका थिए। त्यसको अगाडि एउटा पुरानो घरमा गेस्ट हाउस चलाइएको थियो। हामीलाई बस्ने बन्दोबस्त त्यहीँ मिलाइयो। शरद शेरचन मेरो बाल्यकालको साथी शैलेन्द्रका दाइ। दाइ जापानी युवती बिहे गरेर उतै सपरिवार स्थापित थिए।

हामीलाई राखिएको गेस्ट हाउस जापानकै बुढीआमाहरूले मिलेर चलाएको आवास सुविधा रहेछ।

खाना खानका निम्तिचाहिँ शरद दाइकहाँ पुग्थ्यौँ।

टोकियोमा कन्सर्टको क्षण पनि आइपुग्यो। त्यहाँचाहिँ धेरै दर्शकका सामुन्ने हामीले आफूलाई प्रस्तुत गर्न पायौँ।

मनको एउटा कुनामा भने हीनताबोध भइरहेकै थियो।

जति जेसुकै भए पनि कुनै कुरा कुन आधारमा उभिएको छ भन्नेले नै महत्त्व राख्दो रहेछ। आधार नै ठीक नभएपछि माथि जस्तो लेपन लगाए पनि ग्लानिजस्तो भइरहने।

हाम्रो भ्रमणको उद्देश्य नै गलत भइसकेपछि बाहिर देखावटीमा जेजस्तो भए पनि अर्थ थिएन।

एक प्रकारले नुर गिरेको जस्तो।

कार्यक्रम हेर्न टन्नै मान्छे आए पनि त्यो कन्सर्ट कन्सर्टजस्तो लागिरहेको थिएन। गीत गाउनेदेखि मञ्चमा गरिएका सम्पूर्ण गतिविधि यन्त्रवत् चलेजस्तो अघि बढेका थिए, जसमा कुनै प्राण थिएन। जोस थिएन। उमङ्ग थिएन।

कार्यक्रम सकियो । सफल भएकामा सबै रमाइरहेका थिए । मलाई चाहिँ रमाइलो लागिरहेको थिएन ।

जसकाजी दाइलाई भेटें । मेरो मनमा चलिरहेको तुफान दाइले बुझिरहेका थिए ।

'भाइ केही छैन,' उनले मेरो काँध थपथपाए, 'जीवनमा यस्तो हुन्छ ।'

शो त सकियो । तर हाम्रो दुःखको समय सकिएको थिएन । बरु कालो बादल झनै मडारिँदै थियो ।

टोकियोको त्यो मेगुरो हलमा जसै कार्यक्रम सकियो, आयोजकहरू त्यो ठूलो सहरमा एकाएक अलप भए । कता खोज्न जाने ?

भात खानेसम्मको काम त शरद दाइको दयामायामा चल्यो । गेस्टहाउसमा दिनैपिच्छे पैसा तिर्नुपर्ने चलन थियो । अब बाँकी दिनको पैसा कसले तिरिदिन्छ? यस्तो स्थितिमा भातसम्म खान पाए पनि अब बस्ने पो कहाँ भन्ने प्रश्न उठ्यो ।

शरद दाइलाई लापता भएका आयोजक खोजिदिन गुहाऱ्यौं ।

दाइले आयोजक खोज्न गरेको प्रयास सफल नभएपछि गेस्ट हाउसको पैसा पनि आफैंले तिरिदिने आश्वासन दिए ।

अलिक पहिले कन्सर्ट देखाउन्जेल दर्शकमाझ 'स्टार' हामी अचानक बेसहारा बन्न पुगेका थियौं, जसका निम्ति शरद दाइ वरदान भइदिए । भिरबाट लड्न लाग्दा समात्ने बुटो भेटिएजस्तो ।

'विजय मामाले त्यस्तो गर्लान् जस्तो लागेको थिएन,' हामीलाई दयामाया गरिदिने अर्का हितैषी जसकाजी दाइले भने, 'अब जे हुनु भइगयो, नेपाल फर्कने बन्दोबस्त मिलाऔं ।'

जसकाजी दाइले नै हामीलाई ४२ मान (जापानी मुद्रा चार लाख २० हजार) पनि ल्याएर दिए ।

'यो पैसाले के-के किनमेल गर्नु छ, गर,' दाइको भनाइ थियो, 'र, अब यहाँबाट जाओ ।'

हामी जापानबाट फर्किने तयारीमा लाग्यौँ।

तर फर्किने पनि को? अधिकतर साथी त्यहीँ बस्ने सङ्केत मिलिसकेको थियो।

केही दिनअघि हामामाचुमा थुक्पा खान हिँडेकै बेला राजुले बाटामा हार्ली-डेभिडसन मोटरसाइकल देखेको थियो। त्यसलाई यस्सो छोएर 'दाइ यो मेरो भइदियो भने कस्तो हुन्थ्यो होला हगि?' भनेर सोधेको थियो।

'जापानमा काम गर्ने मानिसका निम्ति यस्ता कुरा सपना हुँदैनन्, सबैले किन्न सक्छन्' भनेर मैले त्यहाँको वास्तविकता बताइदिएको थिएँ। यस्ता सङ्केतहरूले पनि धनी मुलुकमा पुग्दा मानिसको मनभित्र के गुज्रिरहेको छ भनेर अनुमान लगाउन सकिन्छ।

मैले ध्रुवको चाहिँ के विचार छ भनेर बुझ्ने कोसिस गरेँ।

'यति सब भइसकेपछि अब नेपाल फर्किएर सङ्गीतको काम गराइ हुन्छ जस्तो लागेन। इच्छा छ भने तिमी पनि बसे हुन्छ,' ध्रुवलाई भनेँ।

तर ध्रुव र रत्न दुवैले नेपाल फर्कने बताए।

हामी नेपाल फर्कनेजति जसकाजी दाइले दिएको पैसा बोकेर किनमेल गर्न निस्क्यौँ।

किनमेल गर्ने ठाउँमा धेरै बर्मेली नेपाली थिए। त्यस्तो ठाउँमा नेपालमा प्रचलित र अनुकूल सामग्री खोज्न सजिलो हुन्छ।

ध्रुवले आफूसँग ड्रमसेट नभएकाले एउटा किन्ने रहर गऱ्यो। उसले ब्रान्ड पनि बतायो, 'पर्ल ड्रम्स'।

उसलाई मन परेको ड्रमसेट खोजेर किन्यौँ।

रत्न र असीमका निम्ति फेन्डर गितार लियौँ। खासमा असीम उतैबाट जापान बस्ने हिसाबले आएको रहेछ, किनमेल सक्दासम्म मलाई जानकारी थिएन।

माइकलका निम्ति पनि फेन्डरकै बेस गितार लिइदियौँ। मैले चाहिँ आफ्नो लागि एउटा भिडियो क्यामरा किनेँ।

यत्रो सबै भइसकेपछि अब सङ्गीत भनेको यस्तै हो, 'डकुमेन्ट्री'

बनाउँदै हिँड्ने 'फिल्म मेकर' बन्छु भनेर मैले त्यो क्यामरा किनेको थिएँ। त्यो ताका मैले काठमाडौँमा दीपेन्द्र गौचनले सञ्चालन गरेको 'आभास' मा फिल्मको कक्षा लिइरहेको थिएँ। यसै क्षेत्रमा लागेका नयाँ साथीहरू पनि बनिरहेका थिए।

किनमेल गरेर फर्किएपछिको रात साथीभाइसँग बितायौँ। अर्को दिन होटलका आमैहरूसँग बिदा लियौँ।

हामीलाई एयरपोर्ट पुऱ्याउन पोखरा बिरौटाका याम दाइ आइपुगेका थिए। रत्न, म र ध्रुव याम दाइको पछि लाग्यौँ।

एयरपोर्ट पुग्दा त हामी ढिलो भइसकेका रहेछौँ। बोर्डिङ बन्द भइसकेको थियो, जहाज उडिसकेको थियो।

अब के गर्ने ? फर्किएर कहाँ जाने ? के खाने ?

याम दाइले उनकै डेरामा जाऔँ भने। हामी फेरि ट्रेन समातेर याम दाइकहाँ फर्कियौँ।

बास बस्नका निम्ति चाहिँ फेरि तिनै बुढीआमाहरूले चलाएको गेस्ट हाउसमै पुग्यौँ। शरद दाइकहाँ नै खाना खायौँ। भोलिपल्ट फेरि बिहान ५ बजे निस्किएर एयरपोर्ट पुग्नु थियो।

म र ध्रुव समयमै उठेर तयार भयौँ। रत्ने भाइ त उठ्नै मान्दैनन्।

रुकरुक्याउन खोज्दा पनि आनाकानी गरेजस्तो गर्छन्।

यसरी अप्ठेरो मान्दामान्दै अचानक रत्नले दिएको जवाफबाट म स्तब्ध भएँ।

'म पनि नजाऊँ होला दाइ,' ऊ भनिरहेको थियो, 'पछि आउँछु होला।'

ध्रुव र म तयार भइसकेका थियौँ।

'हुन्छ, ठीकै छ' भनेर हामी उठ्यौँ।

त्यतिन्जेल याम दाइ हामीलाई लिन आइसकेका थिए। हामी हिँड्यौँ।

होटलबाट हिँड्नुभन्दा अगाडि मैले ध्रुवलाई 'तिमीलाई पनि बस्ने इच्छा छ भने बस है, तिमीलाई पनि गाह्रो छ, बस्छौ भने म एक्लै फर्किन तयार छु' भनेको थिएँ।

ध्रुवले 'होइन दाइ, म फर्किन्छु' भन्यो ।

भएभरका सबै साथी जापानमै बसिरहँदा उसलाई चाहिँ त्यहाँको मोहनीले किन समातेनछ भनेर जान्न म इच्छुक भएँ ।

'मेरी श्रीमती अर्को साता सुत्केरी हुँदै छे,' उसले भन्यो ।

'ल जाम्' भन्दै हामी दुवै कस्सिएर जापान छाड्न अघि बढ्यौं ।

एयरपोर्ट पुग्यौं ।

मलाई त्यो बेला ध्रुव देखेर अचम्म लागेको थियो । ध्रुवलाई आर्थिक रूपले परिपुग्दो पनि थिएन । ऊ जापानमा बसिदिएको भए पैसा त जति पनि कमाउन सक्थ्यो । त्यस्तो बेला उसले गर्भवती श्रीमतीप्रति यस्तो माया देखायो, त्यसले मेरो मनमा भित्रैसम्म छोएको थियो ।

मलाई एउटा सही कलाकारको अनुभूति भयो । 'यो हो कलाकार' भन्ने पर्‍यो ।

ठूलै झुन्डसहित जापान पसेका हामी फर्कने बेला भने दुई जना मात्र थियौं । भिजेको बिरालोजस्तो लज्जित हुँदै लुरुलुरु विमान चढ्यौं । मेरो मनमा अनेक तरङ्गहरू खेलिरहेका थिए ।

यसपटक झ्यालबाट पर देखिँदै गरेको माउन्ट फुजीले पनि मेरो ध्यान तानेन । यात्राभर 'अब सङ्गीत गरिँदैन' भनेर एकोहोरो सोचिरहेँ ।

नेपाल आइसकेपछि अनेक अनौठा बेहोर्नै थियो ।

म त मानिसका नजरमा रातारात म्यानपावरको दलालजस्तै बनिसकेको रहेछु ।

पोखरास्थित घरमा बिहानैदेखि मान्छेको लाइन लाग्न थालिसकेको रहेछ ।

'तपाईंको छोराले फलाना-फलानालाई जापान लगिदिएको रहेछ । लौ, हाम्रा छोराछोरीलाई पनि पठाइदिनुपर्‍यो' भन्दै पैसाको मुठो बोकेर मान्छे लाइन लाग्दा रहेछन् ।

बाको नजरबाट गिर्नुपर्दाको क्षण सोच्दा मलाई अहिले पनि ग्लानि हुन्छ ।

'यो नचाहिने काममा तँ कसरी अल्झिस्?' बाका शब्दहरूले मलाई बारम्बार आक्रमण गर्थे, 'तेरो कारणले हामीलाई धरि लाज भयो।'

वास्तवमा मैले नचाहिने काम नै गरेको थिएँ।

'मैले यस्तो व्यवसाय गर्छु भनेर गरेकै होइन बाबा,' मैले बालाई सम्झाउने कोसिस गरें, 'मलाई विश्वास गरेर वर्षौं सँगै हिँडेका साथीभाइहरू जापान भनेपछि हुरुक्कै गरिरहेका थिए। ब्यान्डलाई पनि त्यस्तो ठाउँमा उभ्याउने रहरले मैले यो कदम चालें।'

जापानबाट हामी फर्किएको एक महिनापछि रत्न नेपाल आइपुगे।

हामी सबैका निम्ति नेपथ्य लगभग ओझेल भइसकेको थियो। सङ्गीत एउटा पीडामा परिणत भइदियो।

जापानको यात्राभित्र धेरै दुख्ने यथार्थ पत्रैपत्र बनेर बसेकाले त्यस कथालाई नै 'अब कहिल्यै सम्झिन्नँ' भनेर स्मृतिबाटै हटाइदिन खोजें।

मैले फिल्मसम्बन्धी पढाइलाई निरन्तरता दिएँ।

हामी साथीहरू सबै थियौं। तर सबैबाट सबै टाढिएर बाँच्न थाल्यौं। आ-आफ्नै दुनियाँमा अलमलिनु उचित लाग्यो। मलाई बेला-बेलामा असीमको फोन आउँथ्यो। अरू कसैसँग न सम्पर्क भयो, न सरोकार रह्यो।

बरु त्यस घटनाको करिब चार वर्षपछि विजय मामा नेपाल आएर मसँग भेट्दै थकथकी माने। परिस्थितिवश आफू सम्पर्कविहीन हुन पुगेको बताउँदै उनले त्यो बखत हामीलाई सहयोग गर्ने जसकाजी दाइ र शरद दाइलाई आफूले उक्त रकम शोधभर्ना गरिदिएको पनि सुनाए। हामी फर्कने दुई जनालाई एयरपोर्टसम्म छाडिदिने याम दाइलाई पनि मामाले नै जिम्मा लगाएका रहेछन्।

'मैले जानिनँ भान्जा,' विजय मामाले भनेका थिए, 'जे हुनु भइगयो।'

जे होस्, यस्तरी अवसान होला भनेर हामीले नेपथ्य थालेका थिएनौं।

के त्यो अवसान नै थियो ? हो, यति सब भइसकेपछि अब त्यो 'नेपथ्य' को अन्त्येष्टि गर्नुबाहेक कुनै उपाय बचेको थिएन ।

अब यहाँबाट अमृतलाई केही छिन बिदा दिएर पुस्तकलाई मै अघि बढाउँछु ।

त्यो बिहान अमृत र म यसरी कुरा गर्दै अघि बढिरहँदा नेपालगन्जभन्दा निकै पर पुगिसकेका थियौँ । यो बाटो भएरै केही वर्षअघि हामी नेपथ्य कन्सर्टका लागि गुलरिया पुगेका थियौँ । हामीले गुलरियाका त्यस बेलाका दृश्यहरूलाई पनि पुनः स्मरण गर्ने कोसिस गर्‍यौँ । त्यो गर्मी महिना साँघुरो सिनेमा हलमा 'भैँडाको ऊनजस्तो' गीत बजिरहँदा कृत्रिम हिउँको वर्षा गजबको देखिएको थियो ।

काठमाडौँबाट बाहिर निस्किएपछि कतिपय सहरमा यस्ता सिनेमा हलमै कन्सर्ट गर्नुपर्ने बाध्यता आज पनि छ । सहरीकरणका आधारभूत आवश्यकताहरू नटेकेरै सहर बनेका हाम्रा बस्तीहरूमा सभागृह नभए पनि जसोतसो सिनेमा हलचाहिँ उभिएकै हुन्छन् । विडम्बना चाहिँ के भने सिनेमा हलका सबैभन्दा सस्ता र थोत्रा 'थर्ड क्लास' हरूमा कन्सर्टका सबैभन्दा महँगा टिकट काटेका दर्शक बसिरहेका हुन्छन् । कतिपय ठाउँमा त भाँचिएका बेन्चमा जसोतसो अडिएर । अनि त्यस हलकै सबैभन्दा सुविधाजनक तवरले बनाइएका 'बालकोनी' मा सबैभन्दा सस्तो टिकट काटेका दर्शकले मजा लिइरहेका हुन्छन् । गुलरियामा त्यस्तै भएको थियो ।

बर्दिया बसाइकै क्रममा हामी जङ्गलतिर कृष्णसारको बथान देखिने ठाउँ पनि घुम्न गएका थियौँ ।

जे होस्, यसपाला हिँड्दै-हिँड्दै हामीलाई गुलरिया पुग्नु थिएन । त्यसैले एउटा विन्दुमा मोडिएर खेतको आली नै आली हिँड्न थाल्यौँ । आलीमा हिँडिरहेको बेला एक ठाउँ मरेको ठूलै सर्प देखियो । त्यसपछि डर लाग्न थाल्यो । अलिक

पर सहरतिर बढेको अर्को पक्की बाटो भेटियो । हामी त्यसैलाई समातेर फर्किने क्रममा लाग्यौं ।

त्यो बाटो एकछिन अघि बढेपछि बस्ती सुरु भइहाल्यो । केही छिनको हिँडाइमै फेरि सहरको किनारतर्फ पुगेको आभास हुन थाल्यो ।

हाम्रो लगातार हिँडाइ चलिरहेकै थियो ।

'यो टोलतिरै दीपकको ससुराली पर्छ,' हिँड्दाहिँड्दै अमृतले थपे, 'धेरै वर्षपछि आएकाले त्यो ठ्याक्कै कता हो भनेर भेउ पाउन मुस्किल भइरहेको छ ।'

दीपक अर्थात् ब्यान्डका संस्थापक दीपकजङ्ग राणा ।

दीपकको बिहे नेपालगन्जमै २०५४ सालमा धुमधामसँग भएको थियो ।

त्यो मध्य गर्मीको बिहे जन्ती जानेहरूका लागि जिन्दगीभर मच्छर र पसिना सम्झाउने किसिमको थियो। बेहुला दीपकको निधारको टीका पसिनाले तरतरी चुहिएर अनुहारभरि रङ पोतेको जस्तो देखिन्थ्यो। त्यही बेला फेरि ठूलै हुरीबतासमहित दर्केरै पानी परिदियो ।

नेपथ्यका बिदेसिएका साथीभाइ पनि जम्मा भइदिएर बिहेलाई अऊ विशेष बनाइदिए ।

बिहेकै निम्ति हङकङदेखि भीम आइपुगेका थिए । उनले हङकङबाट कमाएर ल्याएको पैसा साथीको बिहेमा मन खोलेर खर्च गरेका थिए ।

जन्ती पोखरा फर्किएपछि काठमाडौँबाट ब्यान्डका पुराना हितैषी साथीहरू रवीन्द्र पाण्डे, मनोज ढुङ्गाना, महेश श्रेष्ठ र दिवाकर घले लगायतको टोलीसमेत पुगेको थियो ।

बिहेको मुख्य आकर्षणचाहिँ भोजकै भोलिपल्ट नेपथ्यले पोखरा सभागृहमा दिएको भव्य कन्सर्ट थियो ।

कन्सर्टमा दीपकको दाम्पत्य जीवनको सफलताका लागि ब्यान्डले शुभकामना दियो । संस्थापक दीपककै खुसीका निम्ति त्यो कार्यक्रम ब्यान्डका तर्फबाट समर्पित गरिएको जानकारी पनि मञ्चबाटै गराइयो । हलभरिका दर्शकले

ताली बजाएर शुभकामना दिँदा नवविवाहिता दुलहीको अनुहार लजाएर रातो देखिन्थ्यो ।

ब्यान्डलाई जन्माउने र उभ्याउन मुख्य भूमिका निर्वाह गर्ने साथीलाई उनको जीवनकै महत्त्वपूर्ण क्षणमा यसरी साङ्गीतिक तवरबाटै सिङ्गो नेपथ्यले आभार प्रकट गरेको थियो ।

त्यस्तरी भव्य बिहे गरेका दीपकको ससुराली २६ वर्षपछि अमृतलाई पत्ता लगाउन गाह्रो परिरहेको थियो । त्यसै पनि त्यो बिहान धेरै लामो हिँडाइ भइसकेको थियो । अब त दिउँसै पर्न थालेकाले हामी होटल फर्कियौँ ।

नेपालगन्ज प्रिय सहर हो ।

३१ वर्षपहिले वीरगन्ज कलेजका साथीहरूसँग डेढ महिना लामो 'अल इन्डिया टुर' सिध्याएपछि म लखनऊ हुँदै पहिलोपटक यो सहर आइपुगेको थिएँ। त्यति बेलै म यहाँका अनेक विशेषताबाट लोभिएको थिएँ।

यसपाला तिनै गल्लीहरूमा यत्रतत्र छरिएका स्वादिष्ट परिकारको परख गर्दै राति अबेरसम्म बिताएकाले भोलिपल्टको बिहान अलिक ढिलै सुरु भयो। हामी उठ्दावर्दा बाहिर सडकमा व्यापक चहलपहल फैलिसकेको थियो।

धम्बोजी चोकको एकैछिनको दृश्यले पनि सिङ्गो नेपालगन्जको पृथक् अस्तित्व प्रस्तुत गर्छ ।

हामी बसेको होटल सिटी प्यालेसको ठीक अगाडि मस्जिद छ। बेला-बेलामा त्यहाँबाट फैलिने अजानको आवाजले पर-परसम्म सहरमा एउटा धुन विस्तार गरिरहेकै हुन्छ । जतातते खानपिनका पसल कोठादेखि ठेलासम्म तेर्सिएका छन् । छेवैमा नवाबहरूको राजधानी लखनऊदेखि विस्तार हुँदै आएका मुगलाई परिकारहरूको सुगन्ध पनि त्यताबाट फैलिरहेकै हुन्छ । ती स्वादलाई ग्रहण गरेपछि नेपालगन्जको अवधी जिब्रोलाई फेरि पान नभई मजा आउँदैन ।

जतातते पानका पसल पनि हाजिर छन्। पान चपाउँदै हिँडिरहेका मानिस या त आकाशतिर मुख फर्काएर सावधानीका साथ बोलिरहेका हुन्छन्, नभए भिड अलिक कम देख्नेबित्तिकै कुनातिर थुक्ने ठाउँ खोजिरहेका भेटिन्छन्। भिडभाडबाटै छेलिएर बुर्का वा हिजाब लगाएका महिलाले आफ्ना केटाकेटीलाई स्कुल लैजाँदै गरेका दृश्य पनि देखिन्छन्।

उता सडकमै खसीको बथानै बाँधेर राखिएको छ। बेलुकी पर्दै गएपछि त्यही बथानबाट एक-एकवटा खसी तान्दै छेउमा पुतपुताइरहेको आगोमा पोलेर मजेदार सेकुवा तयार पार्न सुरु हुन्छ। अलिक पर गयो भने कतै नभएको 'जुँगे महादेव' को मन्दिर भेटिन्छ। मस्जिददेखि आएको आवाजबाट कानलाई तानेर नजिकै सडक छेउमा ल्याउने हो भने ट्याम्पुका पटपट र पुराना हिन्दी सिनेमाका गीतहरूको मिसमास चलिरहेकै हुन्छ–

परदेशी परदेशी जाना नहीं
पट्पट्पट्पट्
मुझे छोड के मुझे छोड के
पट्पट्पट्पट्

ठीक यति बेलै राँझातिरबाट आएको एउटा ई-रिक्साले हुम्लाको झलक आउने एक जोडी दम्पतीलाई हाम्रै होटलअगाडि उतारिदिएको छ। उनीहरू डोल्पा, मुगु, कालीकोट वा जुम्लातिरबाट आएका पनि हुन सक्छन्। यो 'अजिबो गरिब' दुनियाँलाई देखेर उनीहरू ट्वाँ पर्दै हेरिरहेका छन्। केही समयमै उनीहरूलाई यहाँको बानी लाग्छ।

जस्तो कि, राँझाबाटै आउने मुख्य मार्गमा पर्याप्त मात्रामा 'दैलेखी होटल', 'रोयल दैलेख प्यालेस' वा 'न्यु दैलेख स्टार होटल' जस्ता नाम यत्रतत्र देखिएका थिए। यस सहरकै एउटा महत्त्वपूर्ण बस्तीको नाम 'सुर्खेत रोड' छ अर्थात् माथि कर्णाली प्रदेशको राजधानी जाने बाटो।

बाहिर सडकमा यो विविधता बोकेको दृश्य देखेर रमाइरहेको मात्र के थिएँ, यस्तै झलक बोकेको एउटा टोली हाम्रो होटलभित्रै पस्दै गरेको देखियो।

नेपालगन्जमा कन्सर्ट हुँदै छ भन्ने थाहा पाएपछि नेपथ्यको डोल्पा

'कनेक्सन' का ती व्यक्तिहरू जुम्लादेखि आएका रहेछन् ।

टोलीका नेतृत्वकर्ता थिए, लक्ष्मीकान्त उपाध्याय ।

लक्ष्मीकान्तलाई धेरैले नचिन्लान् । तर उनीद्वारा सङ्कलित गीत नसुनेका नेपथ्यका श्रोता कमै होलान् । गीत हो–

झल्काइदेऊ झल्काइदेऊ
गलैको कम्पनी माला झल्काइदेऊ

नेपथ्यले 'सा कर्णाली' नाम दिएर तयार पारेको विद्युतीय रापताप उत्पन्न गर्ने यो तीव्र गीत 'भैंडाको ऊनजस्तो' एल्बममा अटाएको थियो । यस गीतले विशेषतः कन्सर्टहरूमा हलचल मच्चाउँदै आएको छ ।

शे-फोक्सुण्डो तालमा हेलिकप्टर प्रयोग गरेर खिचिएको अनि क्याराभानका बहुचर्चित नायक थिन्लेलाई समेत अभिनय गराइएको यसको म्युजिक भिडियो लगभग सबैजसो कन्सर्टमा प्रस्तुत गर्ने गरिन्छ ।

डोल्पाली टोली र हामी साथै नास्ताको टेबलमा बस्यौं ।

मैले लक्ष्मीकान्तसँग त्यस गीतको सङ्कलन अनि नेपथ्यसँगको भेटघाटबारे जान्ने इच्छा व्यक्त गरें ।

'निकै अघिदेखि आफैंले सङ्कलन गरेका यस्ता गीत मैले डोल्पामा गाउँदै आएको थिएँ,' अधबैंसे उमेरमा पनि रसिला देखिने लक्ष्मीकान्त भनिरहेका थिए, 'मबाटै सुनेको यो गीतचाहिँ डोल्पाकै नगेन्द्र बुढाथोकीले काठमाडौंको कुनै जमघटमा अमृतजीलाई गाएर सुनाइदिनुभएको रहेछ ।'

गीतमा सम्भावना देखेपछि अमृतले सङ्कलन गर्ने व्यक्तिबाटै सुन्ने चाहना व्यक्त गरे । नगेन्द्र पुराना साथी थिए । अमृतको त्यति जाबो इच्छा पूरा नगर्ने कुरै थिएन । लक्ष्मीकान्त काठमाडौं आएकै बेला पारेर यो गीत सुनाउन लगाइदिए ।

डोल्पाको दुनैमा जन्मेका लक्ष्मीकान्तले त्यतै वरपर निकै अघि सुनेको यो गीत अलिक टुक्राटाक्री रूपमा थियो । त्यसमा अलि-अलि अन्तबाट सुनेको लाइन मिलाएर उनले गीतलाई पूर्णता दिएका रहेछन् ।

'गहुँका बाली जौंका पुला भन्ने लाइन मैले जुम्लातिर सुनेको थिएँ,' उनले थपे, 'त्यस भेगका अन्तबाट पनि सुनेका तुक्का मिसाएपछि गीत सग्लो बन्न पुगेको थियो ।'

पहिल्यैदेखि कतै जमघट भयो कि गाउने र रमाइलो गर्ने स्वभावले आफूमा यस्तो बानी विकास भएको उनले सुनाए ।

यसरी तयार भएको त्यस गीतले काठमाडौँसम्मको यात्रा तय गर्दै थियो ।

'पहिलो दिन अमृतजीले न्युरोडको होटलमा त्यत्तिकै सुन्नुभयो,' लक्ष्मीकान्त थप्छन्, 'दोस्रो दिनचाहिँ हामी बसेको होटलमै रेकर्डर ल्याएर फेरि गाउन लगाउनुभयो ।'

बाँकी, श्रोता सबैले थाहा पाएको इतिहास बनिसकेको छ ।

'यो गीत मूल रूपमा अलिक बेग्लै थियो,' लक्ष्मीकान्त भन्छन्, 'त्यसमा अनेक बाजागाजा र प्रयोग गरेर अमृतजीले भव्य बनाइदिनुभयो ।'

लोकबाट लोकरक बन्न पुगेको यस गीतको शब्द पनि 'झुम्काइदेऊ झुम्काइदेऊ गलैको कम्पनी माला झुम्काइदेऊ' बाट 'झुल्काइदेऊ झुल्काइदेऊ' मा परिणत भएको थियो ।

'यस गीतले मेरो जिल्लालाई देशभर-संसारभर चिनायो,' लक्ष्मीकान्त भनिरहेका थिए, 'मलाई त्यसैमा गौरव छ ।'

लक्ष्मीकान्तले आफ्नो सङ्कलनबाटै लिएको अर्को गीत 'पल्ला घरका बइका चाँदीका कङ्गना' पनि नेपथ्यले गाएको स्मरण गरे ।

'मसँग अरू पनि केही गीत बाँकी छन्,' उनले भने, 'पुरानो टिपनटापनबाट खोज्नुपर्छ ।'

सा कर्णाली गीतको म्युजिक भिडियो बनाउने क्रममा टिम हेलिकप्टर लिएर शे-फोक्सुण्डो पुगेको थियो । नेपथ्यलाई व्यवस्थापन गर्दै आएको नेपालयका अगुवा किरणकृष्ण श्रेष्ठले त्यस बेलाका सम्पूर्ण गतिविधि खिचेर वृत्तचित्र पनि बनाएका थिए । 'सा कर्णाली' नामबाटै तयार भएको त्यो वृत्तचित्र काठमाडौँको कुमारी सिनेमाघरमा पनि देखाइएको थियो ।

त्यस वृत्तचित्रमा पनि समेटिएका लक्ष्मीकान्त ब्यान्डले नेपालगन्जमा कन्सर्ट गर्ने जानकारी पाएपछि डोल्पाबाट जुम्ला हुँदै टोलीसहित हाम्रो होटलमा आइपुगेका रहेछन्। उनका साथमा एउटा कार्यक्रमका निम्ति नेपालगन्जै रहेका चिकित्सक छोरा र बुहारी पनि थिए।

रसिक स्वभावका लक्ष्मीकान्तले हातभरि औँठी लगाएका थिए। त्यसमा पनि एउटा टलक्क टल्किएको सुनको औँठी त झन्डै-झन्डै म:मकै आकारको थियो।

कफीको सुर्कोसँगै मैले त्यस औँठीको प्रशंसा गरेँ।

'यी बाघको पेटबाट निस्किएको सुनले बनाइएका औँठी हुन्,' लक्ष्मीकान्तले सुनाए, 'यस्तो औँठीले सबै ग्रहदशा ठीक पार्छ भनेर लगाएको हुँ।'

बाघको पेटबाट ? कसरी ? हाम्रो स्वाभाविक जिज्ञासा थियो।

माओवादीले उति बेला डोल्पा आक्रमण गर्दा बैङ्क पनि लुटेको रहेछ। त्यति बेला लक्ष्मीकान्तले बैङ्कमा राखेको गहनाको पोको पनि परेको थियो।

बैङ्क लुटिएको सुनेपछि सेनाका रासन ठेकेदार लक्ष्मीकान्तले 'लौ अब ती गहना हातबाट गए' भनेर बिस्मात मानेका रहेछन्।

तर केही दिनपछि नै माओवादीले उनलाई सम्पर्क गर्दै बैङ्कबाट लिएको रिनको साँवा आफूहरूलाई बुझाउने हो भने गहनाको पोको फिर्ता दिन तयार रहेको बताएछन्।

लक्ष्मीकान्तलाई यो जानकारी ढुङ्गा खोज्दा देउता मिलेझैँ भएछ।

'मैले बैङ्कबाट लिएको रिनको साँवा बुझाएर यो सुन माओवादीबाट फिर्ता पाएको हुँ,' उनी भन्दै थिए, 'बैङ्कले गरेको कागजपत्र पनि माओवादीले रिन चुक्ता भएको जानकारीका साथ मलाई फिर्ता गरिदिएका थिए।'

यसरी फिर्ता पाएको सुनलाई उनले 'बाघको पेटबाट निस्किएको सुन' भन्दा रहेछन्।

'बाघको पेटमा एकपटक पसिसकेर फिर्ता आएको चीजजस्तो सौभाग्यको कुरा अरू के हुन्छ ?' उनले ठट्यौलो पारामा भने, 'त्यसैले बडेमानको औँठी बनाएर लगाएको हुँ।'

लक्ष्मीकान्तको कुरा सुनेर नास्ता खाँदै गरेका सबै जनामा विस्मय मिश्रित हाँसो फैलियो ।

सशस्त्र द्वन्द्वको बेला कर्णाली अञ्चल कसरी प्रभावित भएको थियो र दुवै पक्षको हतियारबन्द हानाथापमा सर्वसाधारणले कसरी ज्यान जोगाएका थिए भन्ने थुप्रै घटनाको चर्चा पनि चल्यो ।

त्यसपछि कन्सर्टमा भेट्ने वाचाका साथ हामी छुट्टियौं ।

'सा कर्णाली' गीतको सन्दर्भ आइसकेपछि यसको म्युजिक भिडियोको चर्चा कसरी छुट्न सक्ला ?

त्यो म्युजिक भिडियो हेर्ने जो कोही दर्शक दुई मुख्य कलाकार स्वयम् अमृत र स्वनामधन्य थिन्लेलाई देखेर मक्ख पर्छन् । थिन्ले त डोल्पाली भइहाले । भिडियोमा अमृत पनि डोल्पो रूप धरेर खुबै सुहाउँदिला देखिएका छन् ।

कुनै समय नेपाली चलचित्रलाई ओस्कारको होडबाजीमा अन्तिम चरणसम्म लैजाने सिनेमाका हिरो हुन्, थिन्ले । यी दुईको पक्का मिलेको डोल्पाली जोडी र त्यस भेगको दृश्यले नै म्युजिक भिडियोलाई उचाइमा पुऱ्याएको छ । हिमाली भेगका खिच्रिमिच्री व्यापारमा हिँडेका एक जना वृद्ध र अर्का तन्नेरीको भोगाइ त्यसमा देखाइएको छ ।

नेपथ्यको त्यो कालजयी म्युजिक भिडियो निर्माणका क्रममा थिन्लेसँग जोडिएको सम्बन्ध अमृत स्वयम्ले जति राम्रोसँग म के भन्न सकूँला ? त्यसैले फेरि थिन्लेमाथि अमृतको यो आलेख–

थिन्ले काका : जसका टाउकामा टाउको ठोक्दै म हिमाली अभिवादन गर्थें

–अमृत गुरुङ

त्यति बेला जय नेपाल हल आधुनिक भइसकेको थिएन। सन् २००० लाग्दै गर्दा मैले त्यस हलमा एउटा गजब सिनेमा हेरेको थिएँ।

त्यसको भाषा त खुट्याउन सकिने कुरै भएन। अङ्ग्रेजीमा राखिएको सबटाइटल पढ्नु कि प्रत्येक फ्रेममा सासै थामिने दृश्य हेर्नु जस्तो भएर पच्छ्याउन पाइनँ।

त्यस सिनेमाले मलाई भित्रैसम्म गहिरो छाप छाडेको थियो। सिनेमाको नाम थियो, क्याराभान। अनि त्यसका नायक थिए, थिन्ले।

हो, त्यति बेलैदेखि माथिल्लो डोल्पा जाने छटपटी मभित्र जागेको थियो।

त्यस सिनेमामा खेल्ने थिन्ले लगायतका मुख्य पात्रहरू पनि डोल्पाकै बासिन्दा थिए।

त्यहाँको भूबनोट, संस्कृति र संस्कार हेर्दा अचम्म लागेको थियो।

किताबमा पढेका आधारमा धमिलो आकृति बनाइएका दृश्यहरूको त्यहाँ सचित्र वर्णन थियो। त्यति बेला फिल्मकै विद्यार्थी मलाई एरिक भ्यालीको त्यस सिनेमाले असाध्यै प्रभावित पाऱ्यो।

समयले यताउता गर्दागर्दै नेपथ्यको 'भेँडाको ऊनजस्तो' एल्बम सन् २००३ मा निस्कियो।

त्यसैमा समेटिएको गीत 'सा कर्णाली' को म्युजिक भिडियो कर्णालीतिरै पुगेर खिच्ने कुरा चल्यो। डोल्पामा फेला परेको त्यस गीतलाई भिडियोमा उतार्न पनि डोल्पै पुग्नुपर्छ भनेर नगेन्द्र बुढाथोकीले प्रस्ताव ल्याए। यो गीतसम्मको पहुँच पनि डोल्पाका नगेन्द्रले नै बनाइदिएका हुन्।

सुटिङका लागि किरणको नेतृत्व र नगेन्द्रको संयोजकत्वमा निर्देशक भूषण दाहाल, क्यामराम्यान विदुर पाण्डे र मेकअपम्यान राजु याकाचा गरेर हामी नेपालगन्ज गयौँ। नेपालगन्जबाट डोल्पाको जुफाल उड्यौँ।

त्यहीँ मैले जीवनमा पहिलोपटक थिन्लेलाई साक्षात् देखेको थिएँ। परिचय भयो। मेरो घर पोखरा भनेपछि थिन्लेले 'ओहो घान्द्रुक गाउँ कस्तो राम्रो छ हगि ?' भनेका थिए।

कुनै समय विश्व वन्यजन्तु कोषले थिन्लेलाई त्यता लगेको रहेछ।

'हाम्रा गाउँमा त जताततै कि उजाड देखिन्छ कि हिउँद लागेपछि हिउँको सेतो मात्र देखिन्छ,' थिन्लेले भनेका थिए, 'हामी फुस्रो ठाउँबाट पुग्दा त तपाईंको गाउँ कस्तो राम्रो !'

मैले आफ्नो पुर्खा घान्द्रुकबाटै पोखरातिर बसाइँ सरेको बताएँ।

भूषणले सबै चीज तयार बनाए। विदुरको क्यामरा रेडी थियो। हामीले सुटिङ सुरु गर्‍यौँ।

'सा जौँका बारी' भनेर फेरि एकपटक गाउन थालेँ।

गीतका सङ्कलक लक्ष्मीकान्त दाइ पनि हामीसँगै थिए।

हामी जुफाल गाउँतिर उक्लियौँ। गीतमा एक ठाउँ जया बैनी उल्लेख छ। त्यसका निम्ति एक जना स्थानीय युवती पनि त्यहीँ तय गर्‍यौँ।

कम्पनी माला लिएर मैले भूषणको निर्देशन अनुसरण गरेँ।

कथाअनुसार थिन्लेसँग म घुम्दै आइरहेको हुन्थेँ। माथिल्लो डोल्पाबाट तल्लो डोल्पातिर झर्दै गरेको बेला जया बैनीसँग आकर्षित हुन्छु।

त्यो आकर्षण देखेपछि थिन्लेले आफूसँग भएको कम्पनी माला मलाई सुम्पँदै 'यो तैँले राख्। तँलाई काम लाग्छ यो' भनेर दिनुपर्ने हिसाबले कथा बनाइएको थियो।

त्यसले हिमाली व्यापार प्रणालीमा बाँचेर ओहोरदोहोर गरिरहनेहरूको दिनचर्या पनि झल्काउँथ्यो। यसरी उपभोग्य वस्तु बोकेर एक ठाउँबाट अर्को ठाउँ हिँड्नेहरूको भोगाइ एक टुक्रा कथासँग मिलाइएको थियो।

त्यो भिडियो निर्माणका क्रममा हाम्रा धेरै संस्मरण छन्।

हामी जुफालबाट दुनै गयौँ। दुनैबाट भोलिपल्ट सुलीगाडमा आएर घोडा दौडाइएका दृश्यहरू खिच्यौँ।

थिन्ले असाध्यै टाठा थिए। उनले नै घोडाहरूको बन्दोबस्त गर्नेदेखि लिएर हाँक्ने मानिसहरूसम्म खोजेका थिए।

काम गर्दै र साथसाथै कुरा गर्दै जाँदा म नजानिँदो पाराले थिन्लेसँग नजिकिइसकेको थिएँ। त्यसै क्रममा हामीले एउटा साइनो पनि गाँस्यौँ। मैले उनलाई काका भन्न थालेँ। काकाले मलाई सुरुमा 'सर' भने पनि नजिकिँदै गएपछि 'अमृतजी' भनेर बोलाउन थालेका थिए।

भोलिपल्ट हामी फोक्सुण्डो गयौँ। त्यहाँ सुटिङ गरेपछि उनले मलाई माथिको हिमाल देखाउँदै 'त्यो काजिरोङ्पा हो, त्यस हिमालको जरा-जरामा यार्सागुम्बा पाइन्छ' भनेका थिए।

उनले आफ्नो गाउँ जाने बाटो पनि देखाए। उत्तरपूर्वतिर बढेको मसिनो धर्कोजस्तो बाटो देखाउँदै भनेका थिए, 'नाङडोला पास भएर अगाडि बढेपछि शे गुम्बामा पुगिन्छ। त्यसपछि अगाडि बढ्दा मेरो गाउँ आउँछ। त्यहाँ पुग्न यहाँबाट पाँच दिन लाग्छ।'

त्यति बेलै मेरो मनमा खोइ के भयो, तत्कालै उनलाई भनेँ, 'म कुनै दिन तपाईंको गाउँमा हिँड्दै आइपुग्छु है। त्यति बेला गाउँमै भेट्नुपर्छ।'

थिन्लेले मेरो कुरा सुनेपछि अपत्यारिलो भाव लगाउँदै हाँसेका थिए र भनेका थिए, 'आउनुहुँदैन तपाईं। सक्दैन।'

मैले 'हेरिराख्नुस्, म आउँछु' भनेको थिएँ।

'हुन्छ। आउनुभएछ भने म स्वागतै गर्छु,' उनको जवाफ थियो।

त्यसपछि हामी एकअर्काको निधारमा निधार ठोकेर बिदा भएका थियौँ। यो तिब्बत-भोटको परम्परा हो।

भिडियो तयार पार्न स्थानीय समन्वयको सम्पूर्ण भूमिका नगेन्द्रले निर्वाह गरेका थिए। भूषण दाहालको निर्देशन रहेको यो म्युजिक भिडियो त्यस बेलाका लागि उत्कृष्ट उत्पादन थियो। आजसमेत हाम्रो कन्सर्ट सुरु गर्दा ठूलो पर्दामा प्रायः यसै भिडियोलाई देखाउँदै आएका छौँ। भिडियो र गीतले दर्शकमा 'मुड सेट' गरिदिन्छ। अहिले पनि यो भिडियो हेर्दा मलाई यो जत्तिकै उत्कृष्ट त्यस यात्राको सम्झना आउँछ।

उति बेला मैले थिन्लेलाई आउँछु त भनेको थिएँ। म माथिल्लो डोल्पा नपुग्दै थिन्लेसँग काठमाडौँमा भेट भयो।

क्यान्सरको समस्या बल्झिएपछि उपचार गराउन उनी बारम्बार राजधानी आए। म, किरण, नगेन्द्र र भूषण गएर भेट्यौँ।

त्यो बेला उपचारमा प्रयोग गरिएको 'किमो' ले गालेर उनी साह्रै मायालाग्दो देखिएका थिए।

काठमाडौँमा केही चरणको उपचारपछि एरिक भ्यालीले नै फ्रान्स लगेर थिन्लेलाई तगडा बनाइदिए।

त्यसपछि उनीसँग मेरो लामो समयसम्म भेट भएन। नगेन्द्रमार्फत हालचाल आदानप्रदान मात्र हुन्थ्यो।

समय बित्दै गयो। एकपटक कोरियामा कन्सर्ट सकेर फर्किएपछि चाहिँ मैले थिन्लेलाई गाउँमै पुगेर भेट्ने अठोट गरेँ।

पोखराको साथी काशी बसेल र दुई जना भरिया सँगसँगै माथिल्लो डोल्पा जान मेरो टिम तयार भयो।

बाटामा बास बस्नुपर्ने हुनाले टेन्टदेखि खाना पकाउनेसम्मको बन्दोबस्त गरेको थिएँ।

नेपालगन्जबाट जुफालसम्म हामी तारा एयरमा गयौँ।

जुफालबाट सुलीगाडसम्म त म पहिले पनि हिँडिसकेको थिएँ। त्यस दूरीमा हिजोआज गाडीसमेत चल्न थालेको रहेछ। बलेरोमै चढेर हामी सुलीगाड पुग्यौँ।

त्यहाँबाट फोक्सुण्डो खोलालाई समात्दै हामी उत्तरतिर लाग्यौँ, जुन बाटो मेरा लागि नयाँ थियो।

पहिले म्युजिक भिडियोका निम्ति आउँदा मलाई सुटिङमा प्रयोग भएको हेलिकप्टरले नै शे-फोक्सुण्डो लगिदिएको थियो ।

यस यात्रामा भने हामी पहिलो बास स्याङ्तामा बसेपछि दोस्रो दिन रक्ताङ पुग्यौं ।

हामीलाई एउटी सुन्दर अनि मायालु बहिनीले खाना दिइन् । मैले 'तपाईं महतारा हो ?' भनेर सोधेँ ।

उनी अचम्म परिन् । 'कसरी थाहा पाउनुभयो ?' भनेर सोधिन् ।

तिब्बतका तारा भोटेहरू, जसलाई खम्पा पनि भनिन्छ, उनीहरूको यता महतहरूसँग बिहे भएर यस भेगमा बनेको एउटा थर हो 'महत तारा' ।

'हो म महतारा हुँ,' ती बहिनीले भनिन्, 'मेरो बुढाचाहिँ गुरुङ हो ।'

ती बहिनीले पकाएको असाध्यै मिठो खाना खाएपछि फोटो खिचेँ र बिदा मागेँ ।

त्यहाँबाट हामी रबुवामा गएर बस्यौं । फोक्सुण्डोको तल ।

अब माथिको गाउँ रिङ्मो जानलाई यति ठाडो उकालो रहेछ, टोपी खस्ने । भिरमा उक्लिरहँदा यत्रतत्र नाउर दौडिरहेका देखिन्थे ।

उकालो कतिसम्म डरलाग्दो थियो भने काशीको शरीर थरथर काँप्न थाल्यो । उसका भयभीत कैला आँखा, काँप्दै गरेका खुट्टा र तपतप चुहिँदै गरेको पसिना ।

माथि फोक्सुण्डोको झरना देखिने ठाउँ रहेछ । त्यहाँ गएर बस्यौं । गफ गर्‍यौं र फोटो खिच्यौं ।

मसँगै एक जर्मन महिलाको टोली पनि यात्रारत थियो । त्यस टोलीका गाइड भाइले दोस्रो दिन मात्र मलाई चिने । त्यत्रो एक दिनको बाटो सँगै हिँड्दा सामान्य व्यवहार गरिरहेका उनी चिनेपछि भने असाध्यै रमाउन थाले । फोटो पनि खिचे । 'ट्रेकिङमा नचिताएको मानिस भेटिँदा जहिल्यै भाग्यमानी रहेछु जस्तो लाग्छ दाइ,' उनी भनिरहेका थिए, 'आज यी यसरी यस्तो ठाउँमा तपाईंसँग पनि भेट भयो ।'

यस्तो यात्रामा आफ्ना प्रशंसकहरूको नजिकैबाट गुज्रँदा पनि मलाई धेरैले चिन्दैनन् । त्यसमा पनि एक किसिमको रमाइलो हुने गर्छ ।

एकपटक काठमाडौँबाट सङ्खुवासभाको पैदलयात्रा गर्दा त्यस्तै अनौठो भएको थियो ।

त्यो रात ओखलढुङ्गाको फेदीगुठ पुग्दा बल्लतल्ल बास पाइयो । त्यो घर सदरमुकामतिर एफएममा काम गर्ने एक तन्नेरीको थियो । छुट्टीमा आएका उनी आफ्नो कोठा हामीलाई सुम्पेर बेग्लै ठाउँमा सुत्न गए । सुत्नुअघि ती तन्नेरीसँग एकदुई झलक कुराकानी पनि भएको थियो । तर चिनेको सङ्केत कतैबाट देखाएनन् ।

राति अबेर खाना खाईवरि सुत्न जाँदा भने सहयात्री गिरीशले मैनबत्तीको धिपधिपे उज्यालोमा मेरो तस्बिर देख्यो । त्यो रङ्गीन तस्बिर कुनै पत्रिकाबाट काटेर बडो जतनले भित्तामा टाँसिएको थियो । गिरीशले देखाउनेबित्तिकै मैले आफू त्यहाँ रहेको जानकारी कुनै पनि हालतमा त्यस घरका मानिसलाई नहोस् भनेँ । भोलिपल्ट बिहानै हामी पैसाको हिसाबकिताब गरेर बिदा भयौँ र हतार-हतार कोष भन्ज्याङको उकालो उक्लियौँ ।

यस्तो घटना अरू बेला पनि भएका छन् ।

माथिल्लो डोल्पाको यात्रामा भने यी गाइड भाइले चिनिहाले ।

यात्रा गर्दा सकभर मलाई यात्रीकै रूपमा व्यवहार होस् भन्ने कामना हुन्छ ।

कथम्कदाचित् चिनिहाले भने पनि त्यसलाई सहजै तरिकाले लिने प्रयास गर्छु ।

'लौ त है,' मैले ती गाइड भाइसँग बिदा माग्दै भनेँ, 'तपाईं यी जर्मन साथीलाई लिएर बिस्तारै आउँदै गर्नुस् । हामी हिँड्यौँ ।'

हामी फोक्सुण्डो गाउँ पुग्यौँ । त्यहाँ बस्यौँ । दिनभरि घुम्यौँ । तालमा गएर तस्बिरहरू खिच्यौँ ।

तीन हजार नौ सय मिटरको उचाइमा सुतेर, निलो ताललाई आँखैभरि राखेर, मनभरि कौतूहल बोकेर, तारा नै तारा देखिने रात काटेर भोलिपल्ट उठ्यौँ । खाजा खानेबित्तिकै अब अगाडिको बाटो तताउनु थियो ।

शे-फोक्सुण्डो तालको किनार भएर हिँडिरहँदा ठ्याक्कै त्यही ठाउँ आइपुग्यो, जहाँ क्याराभान सिनेमामा याक खसेको दृश्य देखाइएको थियो । त्यो बाटो हिँड्दै गयौं ।

बाटो डरलाग्दो थियो । माथि हेर्दा भिर । तल छ्याङ्गै निलो ताल । बीचमा एउटा मात्र डोरो, यही बाटो । त्यो पनि केवल दुईतीन फिटको ।

तल निलो ताल हेर्‍यो, रिङ्गटा लाग्छ । माथि भिर हेर्‍यो, रिङ्गटा लाग्छ । असोजको महिना रूलमल्ल घाम लागेको थियो । तापक्रम भने असाध्यै चिसो ।

हिँड्दाहिँड्दै काशीले 'अमृत' भनेको सुनें । यसो फर्किएर हेरेको त ऊ डरले थर्रर्र काँप्दै निलो भइसकेको रहेछ । हेर्दाहेर्दै थ्याच्चै बस्यो ।

'म त अब हिँड्न सक्दिनँ,' ऊ भनिरहेको थियो, 'धेरै गाह्रो भयो ।'

मैले उसलाई तल हेर्दै नहेरीकन हिँड्न भनें र एकछिन उसको छेउमा बसें ।

उसको पसिना तरतरी बगिरहेको थियो ।

काशी देखेर मलाई असाध्यै माया लाग्यो । म अघिसम्म डराएको थिइनँ । काशीको अवस्था देखेपछि चाहिँ डर लाग्यो ।

हुन पनि हो, यो अनकन्टार ठाउँमा खसियो भने बाँचूला भन्ने त सोच्दै नसोचे भयो । जताततै भिर मात्र छ ।

फेरि हामीले लगेका ती भरिया भाइहरूको बानी अनौठो । सँगसँगै हिँडौं भन्यो, उनीहरू त हिँडेपछि हिँड्याहिँड्यै पो गर्दा रहेछन् ।

अट्टर खाने भनिरहन्थे । पछि थाहा भयो, त्यो भनेको चरेस पो रहेछ । तानेपछि एकसुरले हिँडेको हिँड्यै ।

केही बेरमा छसात जना विदेशी पर्यटकको समूह आइपुग्यो । त्यस समूहका गाइडसँग काशीलाई अलिक अगाडिसम्म डोर्‍याइदिन सहयोग मागें ।

'यस्तो बाटामा पनि हिँड्न नसक्ने मान्छे किन ट्रेकिङ आउने ?' उनीहरूले उल्टो नमिठो प्रश्न पो गरे, 'माथि त रून् कसरी हिँड्ने हो ?'

काशीले मायालाग्दो आँखाले उनीहरूको अनुहार पुलुक्क हेर्‍यो ।

उनीहरूले आफ्नै विदेशी पर्यटक हेर्नुपर्ने भएकाले काशीलाई डोर्‍याउन नसक्ने

जवाफ दिए र आफ्नै सुरमा हिँडे ।

पछि फेरि अर्को समूह आयो । त्यसमा रहेका नेपालीलाई फेरि उस्तै गरी अनुरोध गरेँ ।

'सर म त कुक हो,' उनले पनि टार्न खोजे, 'अहिले गएर समयमै खाना पकाइदिनुपर्छ ।'

'माइन्ड नगर्नुस् सर' भन्दै उनी पनि ठमठमी हिँडे ।

एकैछिनमा फेरि एक जना मानिस एक्लै लुखुरलुखुर आइरहेको देखेँ । स्थानीय गाउँले रहेछन् ।

'ए भाइ, कता हिँड्नुभयो ?' भनेर सोधेँ ।

'भोलि फोक्सुण्डो गाउँलाई खुला दिसामुक्त घोषणा गर्ने भएकाले सीडीओ र एलडीओ सा'बहरू आउँदै हुनुहुन्छ,' उनले भने, 'त्यसैले खसी लिन आएको ।'

मेरो साथीलाई हिँड्न गाह्रो भएको छ, यसो डोऱ्याइदिनुहुन्छ कि भनेर सोधेँ ।

'भइहाल्छ नि सर,' भन्दै ती गाउँलेले हात समातेर डोऱ्याइदिए ।

काशी त्यसरी हिँडेको देख्दाखेरि मलाई असाध्यै माया लाग्यो । अलि पर पुगेपछि काशीले हिँडन सक्ने सङ्केत गऱ्यो । ती भाइ त्यसपछि आफ्नो बाटो लागे ।

त्यस्तो भिर त त्यसपछि आएको आयै भयो । कति ठाउँमा थियो भनेर साध्यै थिएन ।

यसरी हामी त्यही विन्दुमा पुग्यौँ, जहाँ हामीले हेलिकप्टरमा आएर 'सा कर्णाली' को म्युजिक भिडियो सुटिङ गरेका थियौँ । त्यहाँ बर्खे भेँडीगोठ राख्ने ठाउँ रहेछ । हामीले खाना पकाइदिन अनुरोध गऱ्यौँ ।

माथि कान्जिरोवा हिमाल टलटली टल्किरहेको थियो ।

खाना खाएपछि हामी कान्जिरोवाबाट आएको पानीको खोल्सी भएर भोजपत्रको जङ्गलै जङ्गलको बाटो लाग्यौँ ।

भोजपत्रको जङ्गल नाघिसकेपछि माथि नागडोलाको उकालोमा एउटा 'फरेस्ट क्याम्प' रहेछ । त्यहाँ पुग्यौँ ।

त्यहाँ दुई जना मान्छे रक्सीले झल्लु भएर बाटो बनाइरहेका थिए।

यस्तो अनकन्टार ठाउँले पनि बाटो बनाउने मान्छे पाउँदो रहेछ भनेर आनन्द लाग्यो।

'आज तपाईंहरू माथि पुग्नुहुँदैन,' उनीहरूले भने, 'यतैतिर बस्नुभयो भने जङ्गलमा दाउरा र पानी पनि छ।'

उनीहरूको घर सोधेँ। साल्दाङ रहेछ।

'हामी पनि साल्दाङ जाने हो,' मैले भनेँ, 'थिन्लेलाई भेट्ने।'

'ए, हाम्रै गाउँको मान्छे हो,' उनीहरूले थपे, 'अहिले थिन्ले गाउँमै छ।'

यो जानकारी पाएर ढुक्क भइयो।

हामीले खोला किनारको एउटा ठाउँ रोजेर भोजपत्रको वनभित्र टेन्ट लगायौँ। आगो फुकेर खाना बनायौँ।

याकहरूको झुन्ड लिएर आएका एक हुल मानिस फेरि आए र खोलापारि बसे। उनीहरू उपल्लो डोल्पाबाट आएका रहेछन्।

राति टहटह जून लागेको थियो। जूनको उज्यालोमा कान्जिरोवा हिमाल गजब देखिइरहेको थियो। चार हजार छ सय मिटरको उचाइमा त्यो रात असाध्यै चिसो लाग्यो।

राति चकमन्न आकाशमा असाध्यै राम्ररी तारा उदाए। वरपर पूरै आकाश झिलिमिली देखिने गरी।

त्यो रात हामीले आलु र चाउचाउ पकाएर खाएका थियौँ।

ताराहरूको चमत्कारपूर्ण दृश्य एकछिन हेरेपछि हामी चारै जना टेन्टभित्र छिर्‍यौँ।

त्यो उज्यालो रात र रहस्यमयी आकाश हेर्दै गर्दा यसै भेगमा खिचिएको क्याराभान सिनेमाको सम्झना भयो।

यो ब्रह्माण्ड कति ठूलो छ! यति धेरै तारा छन्! संसारमा यति धेरै चीज छन्! हामी सहरमा धेरै कुरा देखिन्छ भन्छौँ, कत्रो ठूलो भ्रम!

हामी र हाम्रो जाबो शरीर के नै हो र! जे हो, बाँचिन्जेलको खेला न हो।

यो चम्किरहेको तारा त एक दिन हराएर जान्छ। निभ्छ। यसका अघिल्तिर हाम्रो जीवन के हो र!

जे होस्, जतिन्जेल बाँचिन्छ, खुसी भएर बाँच्नुपर्छ, मिलेर बाँच्नुपर्छ भन्ने सोचाइ मनमा आयो।

यस्ता कुरा मनमा खेलाउँदा-खेलाउँदै कति बेला निद्रा लाग्यो, यादै भएन।

भोलिपल्ट बिहानै उठेर फेरि चाउचाउ र आलु खाएपछि नागडोलाको उकालो लाग्यौं। त्यो पास यति अग्लो थियो, यति दिक्कलाग्दो थियो अनि बाटो पनि त्यत्तिकै नराम्रो। हिँड्दा-हिँड्दा चुर हुने गरी थाकियो।

माथि पुगेपछि हिजो बाटो बनाउँदै गरेका भाइहरू फेला परे। उनीहरूले 'ख्वै तपाईंको झोला ल्याउनुस् बोकिदिन्छौं' भने।

मैले दिन मानेको थिइनँ। तर उनीहरूले अगाडिको बाटो झनै गाह्रो छ भनेर जिद्दी गरे। त्यसपछि 'लौ त' भनें।

भारी बोक्नु नपरे पनि नागडोलाको उकालो असाध्यै कष्टपूर्ण थियो। मेरो झोला बोकेका भाइहरू 'सर, हाम्रो काठ पुऱ्याउन ढिलो हुन्छ, तपाईंको झोला हामी तल लगेर छाडिदिन्छौं' भन्दै लम्किएर हिंडे।

हाम्रा भरिया, घोडा-खच्चर र भर्खरै हाम्रो काँधको झोला पनि बोकिदिने साल्दाङका भाइहरू सबै पर गइसक्दा हामीचाहिँ २०-२० पाइला हिँड्दै र थामिँदै उक्लिरहेका थियौं।

पाँच हजार दुई सय मिटर उकालोको नागडोला पासमा पुगेपछि दक्षिणपूर्वमा निकै पर धौलागिरि शृङ्खला देखियो। मन आनन्द भयो। मानिसको मन पनि अनौठो हुँदो रहेछ। अनकन्टारमा यात्रा गरिरहँदा एक खालको न्यास्रो पनि थपिँदै गएको हुन्छ। त्यसैबीच आफूले हुर्कने क्रममै देख्दै चिन्दै आएको कुनै पनि चीज देख्नासाथ आत्मबल नै अर्को हुँदो रहेछ। आफन्त भेटेजस्तो। त्यो क्षण धौलागिरि हिमाल देखेर मलाई त्यस्तै भएको थियो। काशीलाई त्यो शृङ्खला चिनाएँ। काशी त बच्चाजस्तै खुसी हुन थाल्यो। फुरुङ्ग। उसले त्यो परको धौलागिरि हेर्दै डाँडाकाँडा गुन्जने गरी चिच्यायो।

मैले काशीलाई हाम्रो झोला देखाउन खोजें। त्यो पासबाट तल कता हो

कता ती भाइहरूले छाडिदिएको झोला देखियो ।

अब हामीलाई ओर्लनु थियो । बाटोचाहिँ भयावह ।

'यस्तो बाटो त म कहाँ हिँड्न सक्छु?' काशीले फेरि अप्ठेरो मान्न थाल्यो।

मैले सम्झाउने कोसिस गरेँ ।

त्यहाँदेखि उत्तरतिरको भूबनोट कस्तो थियो भने सबैतिर पठार मात्र देखिने। तिब्बतजस्तै । ठ्याम्मै बिरुवा नभएको मरुभूमि ।

अघि बिहानसम्म पनि भोजपत्रको जङ्गल छिचोलिरहेका हाम्रा अघिल्तिर अब त चारैतिर मरुभूमि मात्र। मानौं, संसार नै यी बालुवाका रङहरूले भरिएको छ।

हामी थर्थरी काँम्दै ओरालो झर्‍यौं ।

झोला भएको ठाउँमा पुग्न हामीलाई झन्डै एक घण्टा लाग्यो । त्यसपछि ओरालै ओरालो हिँडेर हामी राति शे पुग्यौँ र गुम्बामा बास बस्यौँ ।

त्यति बेला सोह्रश्राद्ध चलिरहेको थियो । सातौं दिन अर्थात् तिथिकै बेला शे पुगेका रहेछौं । गुम्बा पुगेपछि बत्ती बालेर पितृलाई सम्झ्यौं । गुम्बाका लामाले आफ्नो घरमा बनाएको ढिँडो र आलु दिए । सोह्रश्राद्ध सुरु भएदेखि त्यो क्षणसम्म हामी दुवैले माछामासु बारेका थियौं ।

खानपिनपछि अलिबेर गुम्बाका लामासँग बसेर कुरा गर्‍यौं । उनका छोरा साल्दाङमा शिक्षक रहेछन् । लामाका अनुसार अब हिउँद लागेपछि यस भेगमा चरोमुसो पनि देखिने छैन । हिजोआज लुटपाट गर्नेहरू निकै सक्रिय रहेको पनि उनले बताए । त्यस्ताले मूर्ति चोरेर लगिदेलान् भन्ने डरले पनि कुरेर बस्नैपर्ने बाध्यता रहेछ ।

लामाको मुखबाट यस्तो कुरा सुनेको वर्ष दिन नबित्दै मैले काठमाडौंमा त्यो गुम्बा लुटिएको समाचार सुन्नुपरेको थियो ।

त्यो रात गुम्बाकै पिँढीमा सुतेपछि भोलिपल्ट आलु र चम्पा (फापरको सातु) लिएर साल्दाङतर्फ हिँड्यौं । एकोहोरो हिँड्दै गएपछि फेरि एउटा पास आइपुग्यो । त्यहाँबाट नामदुङ गुम्बा पुगिँदो रहेछ ।

हामीलाई अझ पर साल्दाङ जानु थियो ।

एक हुल याक लिएर आएका मानिस भिरमा भेटिए।

खैरो, कालो, सेतो रङका गजब-गजब याकहरू थिए। त्यसै गरी भोटे लुगा लगाएका, रातो रिबन बेरेका पक्का डोल्पाली भेषका मानिस हिँड्दाको दृश्य खुब रमाइलो देखिएको थियो। फोटो खिच्न खोज्दा भने ती मानिस मानेनन्।

हिँड्दै जाँदा पनि त्यो दिन साल्दाङ पुग्न सम्भव नदेखिएपछि नामदुङ गुम्बामा बस्ने विचार गऱ्यौं।

भोलिपल्ट बिहान छिमेकी टेन्टका साथीहरूले नास्ता बनाएर खुवाए। त्यसपछि बिदा हुनका निम्ति फोटो खिच्यौं। अनि बल्ल परिचय गऱ्यौं। उनी त टेन्डी शेर्पा पो रहेछन्। पाँचपटक सगरमाथा शिखर टेकिसकेका। उनकी छोरीले समेत सगरमाथा चढेकी रहिछन्। साथमा रहेका अर्का भाइ पनि सगरमाथा आरोही नै रहेछन्। त्यसपछि त हाम्रो कुराकानी झनै रोचक भयो। एकछिन रमाइलो भयो। त्यसपछि 'तपाईंहरू बिस्तारै आउँदै गर्नुस्' भनेर हामी अघि बढ्यौं।

बाटामा फेरि नाउर भेटिए। चिल र गिद्दहरू पनि देखिए। मैले तस्बिर खिचें।

अन्ततः साल्दाङ पुगियो।

क्याराभान सिनेमामा आम्ची बनेर हिमाली डाक्टर र ज्योतिषको काम गर्ने एक पात्र देखाइएको छ। हामी उनै पात्रका घरमा बास बस्न पुग्यौं।

त्यहाँ हुनेखानेका घर-घरमै गुम्बा हुँदा रहेछन्। उनले हामीलाई आफ्नो गुम्बामा लगे। गुम्बाभित्रै हामीलाई लामा-लामा दुईवटा बेन्चजस्तो लगाइदिएर सुत्ने ठाउँ बनाइदिए। हामीसँग स्लिपिङ ब्याग छँदै थियो।

झोलामा फोहोर लुगाको थुप्रो लागिसकेको थियो। खाना खाइसकेपछि लुगा धुनतिर लाग्यौं।

भोलिपल्ट हामी सिमेन जाने कुरा थियो। तर त्यसअगाडि थिन्लेलाई भेट्नुपऱ्यो। 'थिन्ले त्यहाँ माथि छ' भनेर सुनाए।

काशी र म थिन्लेलाई भेट्न हिँड्यौं। उनको घर जाने बाटो पनि उत्तिकै अप्ठेरो रहेछ।

काशीले जान गाह्रो मान्यो र फर्कियो। म एक्लै लम्कें।

गाउँमा सबै मानिस उवा थन्क्याइरहेका थिए। १५-२० दिनमै अब हिउँद लाग्ने भएकाले धेरैलाई बेंसी (औल) झर्ने चटारो पनि थियो। दृश्य लोभलाग्दो देखिन्थ्यो। क्यामरा तेर्स्याउँदाचाहिँ जो पनि 'फोटो नखिच्नू' भन्थे। सायद यता आउने पर्यटकले फोटो खिच्याखिच्यै गरेर उनीहरू दिक्क भएका थिए।

हिमाली गाउँमा घरैपिच्छे कुकुर पालेका रहेछन्। लगातार भुकिरहेको आवाजलाई बेवास्ता गर्दै बढ्नुपर्ने। तै बाटोचाहिँ ठीकै हिँडिरहेको रहेछु। अगाडिको घरका मान्छेलाई थिन्लेको घर जाने बाटो सोध्दै गर्दा 'यतै हो' भने।

झन्डै डेढ घण्टाको हिँडाइपछि म बल्लतल्ल थिन्लेको घर पुगें।

टाढैबाट हेर्दा अलिक एकलास रहेछ थिन्लेको घर। त्यहाँ तीनवटा जति घर थिए। मान्छे आँगनमा बसेर काम गरिरहेका। बारीमा एक जना मान्छे टुस्स बसिरहेको देखें।

मैले 'थिन्ले' भनेर बोलाएँ।

मान्छेहरू टक्क अडिए र डोल्पो भाषामा बोल्न थाले।

भुनभुन-भुनभुन आवाज आयो।

मैले 'नमस्ते, यो थिन्लेको घर हो?' भनेर सोधें।

'हो,' उताबाट छोरीमान्छेको स्वर आयो, 'आउनुस्।'

उनीहरू उवा चुटिरहेका थिए।

मैले फेरि 'थिन्ले' भनेर बोलाएँ।

एक जनाले 'को हो?' भनेर जवाफ दिए।

'म हो, अमृत,' भनें।

'हजुर? को हो?' उताबाट फेरि आवाज आयो।

'अमृत।'

'आउनुस् यतै' भन्ने सुनेपछि म त्यतातिरै बढें।

नजिकै पुगेर नमस्ते भनें।

'ओहो...' थिन्लेका चिरपरिचित अनुहारका चिराहरू फैलिए र आँखा चम्किला भए, 'हाजुर...काताबाट ?'

मैले भर्खरै आइपुगेको बताएँ।

'ओहो... ला बस्नुस्' भन्दै मलाई बस्ने ठाउँ देखाए।

कुशलमङ्गल सोध्यौँ।

थिन्लेले बोलाएपछि एउटा बच्चा आइपुग्यो, डोल्पो भाषामै अह्राएको कुरो सुन्यो र घरतिर दौडियो।

हामी गफ गर्नतिर लाग्यौँ।

'को-को आउनुभएको ?' थिन्लेले सोधे।

'मसँग एक जना साथी छ,' मैले भनेँ।

'को ?' थिन्लेले तालुमा कपाल उडेको आकार बनाउँदै सोधे, 'किरण ?'

'होइन, किरण आएको छैन,' मैले भनेँ, 'काशी भन्ने मेरो अर्कै साथी आएको छ।'

'भूषण ?' थिन्लेले अझै कुरा नबुझेर म्युजिक भिडियो निर्देशक भूषण दाहाल सम्झन थाले।

'होइन, भूषण पनि होइन,' मैले भनेँ, 'उनीहरू कोही पनि आएका छैनन्। मेरो अर्कै साथी आएको छ।'

'किरण र भूषणहरू सन्चै हुनुहुन्छ ?' थिन्लेले फेरि सोधे।

'सन्चै हुनुहुन्छ,' मैले जवाफ दिएँ।

'तपाईंसँग आएको साथी कस्तो त ?' थिन्लेले प्रश्न गरे, 'त्यत्रो ह्वाँदेखि ह्याँसम्म आएर पनि यति थोरै बाटो हिँडेर मकहाँ नआउने !'

बाटो अप्ठेरो रहेको र लट्ठी बिर्सेको हुनाले बीचैबाट फर्किएको भनेर मैले सम्झाउन खोजेँ।

एकैछिन फेरि हालखबर आदानप्रदान भयो।

त्यतिन्जेल अघिको बच्चा फेरि सामुन्ने आइसकेको थियो।

उसले चाइनिज बियर, कोकाकोला, रेडबुल इत्यादि ल्याएर सामुन्ने राखिदियो।

'लिनुस् हाजुर,' थिन्ले भन्न थाले, 'लिनुस्।'

मेरा अघिल्तिर चिनियाँ अक्षरले लेखिएका रङ्गीबिरङ्गी बोतल र क्यानको डङ्गुर थियो।

'म यो सबै लिन्नँ,' मैले भनें, 'बरु तपाईंले के खाइरहनुभएको हो ?'

'म त भोटे चिया लिइरहेको छु,' थिन्लेले भने।

मैले पनि भोटे चिया पिउने इच्छा राखें।

एउटा बटुको मगाएर मेरा निम्ति पनि खन्याइदिए।

सिलावरका बटुकाहरू ठोकेर 'चियर्स' गर्‍यौँ र गफ गर्दै पिउन थाल्यौँ।

'यता त सबैथोक चाइनिज रहेछन्,' मैले भनें।

'हो, सबै चाइनिज छ यहाँ,' उनले सुनाए, 'पहिला उता (तिब्बतमा) केही पनि थिएन, सबै मान्छे यता आउँथ्यो। आजभोलि सबै सामान उताबाट यता आउँछ।'

पहिले सिमाना वारपार व्यापक रूपमा हुने गरेको पनि थिन्लेले सम्झिए। उनका अनुसार त्यो ताका ठूलो मात्रामा याक र भेँडा यताउता ल्याउने लैजाने हुन्थ्यो।

'अब अहिले बोर्डर कडा गरेको छ,' भने, 'हिजोआज त यताको मान्छे बिहे गरेर उता गएपछि गयो गयो। फेरि यता आउन पाउँदैन।'

उताको मान्छे पनि बिहे गरेर यता आएपछि उता जान नपाउने नियम बनेको रहेछ। पोहोर साल आफूहरूलाई मानसरोवर तीर्थ जान खोज्दा पनि नदिइएको दुःखेसो उनले पोखे।

पछिल्लो समय उता तीव्र विकास पनि भइरहेको थिन्लेले सुनाए।

'चिल्ला र फराकिला सडकदेखि बजारसम्म उता सबैथोक धमाधम राम्रो बनिरहेको छ,' थिन्लेको भनाइ थियो, 'यता त केही पनि छैन। हाजुर त दुनैदेखि हिँडेर आउनुभयो नि। कस्तो छ त बाटो ?'

म निरुत्तर भएँ।

'देख्नुभयो ?' उनको प्रश्न थियो, 'कस्तो ठाउँमा छौँ हामीहरू, देख्नुभयो ?'

'हो देख्यौँ,' मैले भनेँ, 'तपाईंको गाउँ आउने बाटो जताततै अप्ठेरो भिर र पहिरो मात्र रहेछ ।'

'यस्तो बाटोमा तपाईं सात दिन लगाएर हिँडेर आउनुभयो,' थिन्लेले सोध्न थाले, 'ल अब मलाई भन्नुस्, यहाँ साल्दाङसम्म मोटरबाटो कहिले आइपुग्छ ?'

म फेरि अवाक् भएँ ।

'मेरोजस्तो विचार राख्ने मानिस राजनीतिमा आयो भने २० वर्षमा आइपुग्छ होला,' मैले भनेँ, 'मभन्दा पनि राम्रो विचार भएको मानिस आयो भने १० वर्षमा आउँछ होला काका ।'

'आउँदैन,' थिन्लेले हत्केला नचाउँदै मेरो कुरामा खिल्ली उडाए, 'मै अहिले ७५ वर्ष भइसक्यो । म ठिटा हुँदैखेरि मोटरबाटो आउँछ भनेर सुनेको । खै अहिलेसम्म आएन ।'

अब आफू मर्ने बेला भइसकेकाले बाटो देख्न नपाउने भन्दै उनले अनुहार चिन्तित बनाए ।

'यो अहिले तराईमा के भएको हो बाबु ?' थिन्लेले आफूभित्रको जिज्ञासालाई अन्ततिर मोड्दै सोधे, 'मैले त रेडियोमा सुनेको धेरै कुरा नै बुझेन ।'

त्यो ताका मधेश आन्दोलन चर्किएको थियो ।

'म राजनीति त्यति बुझ्दिनँ काका,' मैले भनेँ, 'खै के भा'को के भा'को ।'

देशमा नहुनुपर्ने कुरा धेरै भइरहेको जस्तो लागेको मैले बताएँ ।

'यहाँ वर्षमा एक खेती हुन्छ, त्यसपछि काम गर्न तल पहाड झर्नुपर्छ,' उनले भने, 'त्यहाँ तराईमा त सबै चीज छ नि । हैन र ?'

मोटर, रेल, पानी, बिजुली, अस्पताल, स्कुल, खेती सबै भएको ठाउँमा किन यसरी असन्तोष मच्चिएको रहेछ भन्ने उनको जिज्ञासा थियो ।

'खै मैले पनि बुझेको छैन काका' भनेर पन्छिन खोजेँ ।

उनी गललल हाँसे र भन्न थाले, 'तपाईंले जानेर पनि मलाई नभनेजस्तो छ।'

'कस्तो छ हाम्रो गाउँ?' उनले फेरि विषयान्तर गरेर सोधे, 'राम्रो लाग्यो?'

काठमाडौँमा सबैतिर घरैघरले घेरेर सास फेर्नै गाह्रो हुने गरेको उनले सुनाए। 'ह्याँ हेर्नुस् कति सफा छ!' उनले स्वाइँय आवाज आउने गरी लामो सास तान्दै भने, 'सास फेर्न पनि कति मजा आउँछ!'

सेरोफेरो सबैतिर हात घुमाउँदै उनले देखिनेजति सम्पूर्ण भेग साल्दाङ रहेको जानकारी दिए।

'तपाईं आज एक दिन यहीँ बस्ने है,' उनले भने, 'खाना यतै खानुस्।'

मैले काठमाडौँदेखि सँगै आएको साथी मलाई तल कुरेर बसिरहेको बताएँ।

'भोलि हामीलाई खोमास भएर उता जानु छ,' मैले भनेँ, 'साथी मलाई कुरेर बस्छ।'

मेरो कुरो सुनेपछि थिन्ले एकछिनसम्मै 'तपाईंको साथी कस्तो मान्छे...' भन्दै बडबडाए।

'ल भोलि खोमास जाने बाटो ऊ त्यही हो,' औँला तेर्स्याउँदै भने, 'सजिलो छ। त्यो डाँडासम्म अलिक गाह्रो हो। त्यसपछि सजिलै खोमास आइपुग्छ।'

उनले मेरो तय रुटभन्दा अर्को बाटो अरू राम्रो रहेको जानकारी पनि दिए।

'छार्काबाट जोमसोम जाने बाटो त योभन्दा पनि राम्रो छ नि,' यसरी मलाई जिस्क्याएपछि मस्त खुलेर हाँसे, 'हा हा हा... ।'

केही दिनमै हामीले छिचोल्ने त्यो अगाडिको बाटो झनै भयावह थियो।

फेरि मतिर हेरेर हाँस्दै 'कठै यति टाढाको बाटो आउनुभयो, कठै...' भन्न थाले।

थिन्लेको त्यो 'कठै' भन्ने बानी पछिसम्म पनि कायम रहेछ।

'तपाईंहरूले हिँड्नुभएको नागडोलाको बाटो त असाध्यै नराम्रो छ,' उनले भने, 'कठै त्यस्तो बाटो हिँड्नुभयो कठै!'

यतिन्जेल चिया सकिइसकेको थियो। फेरि थप्यौँ।

'ल यसपटकलाई यत्तिकै भयो,' मैले भनें, 'अब तपाईं काठमाडौं आएको बेला भेट्ने।'

मन्त्रीको छोरा (नगेन्द्र बुढाथोकी) सँग आफ्नो नम्बर रहेको थिन्लेले बताए। काठमाडौं आएपछि उसलाई भनेर भेट्ने जानकारी पनि दिए।

यत्रो बाटो हिँडेर आएपछि एक छाक खान पनि नमानेकामा थिन्ले थकथकी मानिरहेका थिए।

'उहाँहरू को नि ?' मैले छेउछाउमा उभिएकाहरूतर्फ इसारा गरेँ।

'मेरो भाउजू, छोरी र अरू काम गर्ने मान्छेहरू हो,' उनले चिनाए।

मैले सबैलाई नमस्कार गरेँ।

उनले पनि डोल्पो भाषामै सबैलाई मेरोबारेमा बताए।

म्युजिक भिडियोमा सँगै काम गरेको, मन्त्रीको छोराको साथी... आदि इत्यादि।

'हुन्छ काका, अब बिदा दिनुस्,' मैले थिन्लेको हात समातेँ र उठ्न खोज्दै भनें।

हामीले फेरि एकपटक पुरानै डोल्पाली संस्कारअनुसार एकअर्काको निधार ठोकायौं। त्यसपछि म बिदा भएँ।

उनी मलाई बाटोसम्मै पुऱ्याउन आए।

जम्माजम्मी २० दिनको त्यस पैदलयात्रामा हामी फर्कने बेला छार्का भोट हुँदै मुस्ताङ कागबेनी झरेर त्यतैबाट पोखरा लाग्यौं।

थिन्लेसँग भेट्नका निम्ति यो यात्रा गर्दाकै क्रममा मैले गीत पनि लेखेको थिएँ–

भिरैभिर पहिरो-पहिरो
पिरैपिर गहिरो-गहिरो
ओहो गाह्रो-गाह्रो
खस्यो भने जय शम्भो-शम्भो

निलो ताल माछी छैन
रुखो ठाउँ रूख छैन
केही छैन के हो के हो
जीवन भन्नु उस्तै छ
ओहो चिसो-चिसो
जम्यो भने जय शम्भो-शम्भो

कस्तो बाटो डोरैडोरो
भेरी घुम्ने फेरैफेरो
केही छैन तेरोमेरो
तिम्ले सम्झ्यौ म त आएँ
ओहो भेट भयो
भेटै भयो जय शम्भो-शम्भो

थिन्ले काकालाई उनको गाउँमै भेटेर फर्किएको केही महिना मात्र भएको थियो । मैले एक रात सपनामा थिन्ले हाँसिरहेको देखेँ । त्यसपछि डोल्पामा साथी नगेन्द्रलाई फोन गरेर सोधेँ, 'थिन्ले कहाँ छ ? स्वास्थ्य कस्तो छ ?'

नगेन्द्रले बुढा भर्खर गाउँबाट आएर नेपालगन्ज झर्न लागेको र केही दिनमै अमेरिका उड्ने जानकारी दिए । नगेन्द्रले दिएको नम्बरमै मैले फोन गरेँ ।

थिन्लेले अमेरिकाबाट फर्किएपछि भेट्ने बताए ।

त्यसको केही महिनामै थिन्लेको फोन आयो । उनी अमेरिकाबाट फर्किसकेका रहेछन् ।

'म गाउँ गइहाल्नुपर्ने भयो, अहिले भेट्न पाइएन,' उनी भनिरहेका थिए, 'केही दिनमै फेरि काठमाडौँ आइहाल्छु, त्यति बेला भेटौँला ।'

त्यसको केही दिन मात्र भएको थियो ।

२०१६ अप्रिलको एक दिन अनलाइन पत्रिकाको एउटा लिङ्क देखियो, जसमा दुर्घटनामा परेर थिन्लेको मृत्यु भएको समाचार थियो । उनी दुनैबाट फोक्सुण्डो

जाँदै गर्दा बाटामा घोडासहित लडेछन् र लडेकै ठाउँमा बितेछन् । भर्खरै क्यान्सरसँगको त्यत्रो लडाइँमा विजय हासिल गरेका थिन्लेको सदा ओहोरदोहोर गरिरहेकै बाटामा यति अप्रत्याशित तवरले देहान्त भएछ ! म स्तब्ध भएँ ।

उनको मृत शरीरलाई काठमाडौं ल्याइयो ।

टेकुको पचलीघाटमा अन्त्येष्टि हुने जानकारी पाएपछि किरण र म त्यहाँ पुगेका थियौं ।

सानो भेटघाट भए पनि मेरो मनमा गहिरो आत्मीयता रोपेका थिए थिन्ले काकाले ।

श्रद्धान्जलि थिन्ले ।

नेपालगन्ज रङ्गशालामा अब केही बेरमै नेपथ्यको कन्सर्ट सुरु हुँदै छ । त्यहाँ पुग्नासाथ प्यारापिटमा सा कर्णालीका सङ्कलक लक्ष्मीकान्त उपाध्यायको परिवार लहरै बसेको देखें । म सरासर त्यतै गएँ ।

हामीले एकैछिन भलाकुसारी गर्‍यौं ।

वीरगन्जपछि नेपालगन्जको कन्सर्टमा पनि के कसो होला भन्ने हल्का भय थियो ।

भर्खर चितवनमा देखिएको जस्तो भिड नेपालगन्जमा लाग्दैन भन्ने त लगभग पक्कापक्की नै थियो । कन्सर्ट सुरु हुनुभन्दा आधा घण्टाअघिसम्म मैदानको ३० प्रतिशत भाग मात्र दर्शकले ओगटेको देखिन्थ्यो ।

समय अघि बढ्दै गयो । मैदान लगभग आधाजस्तो भरियो । घडीको सुईले ठ्याक्कै शून्य अङ्क देखायो

विशाल पर्दामा उनै लक्ष्मीकान्तले सङ्कलन गरेको 'सा कर्णाली' को म्युजिक भिडियो बग्न थाल्यो । थिन्ले र अमृतका हिमाली वेशभूषामा अनुहार चम्किन थाले । एकातिर दर्शकदीर्घाको चमक, अर्कातिर विशाल शे-फोक्सुण्डोको निलो चहक ।

म मञ्चतर्फ बढेँ ।

यस पटकको शृङ्खलाबद्ध नेपथ्य आयोजनामा सबैतिर मञ्च अगाडिको बन्दोबस्त असाध्यै प्रभावकारी देखिन्थ्यो ।

मञ्चको ठीकअगाडि दुईतिर दुईवटा बक्साजस्तो चारकुने क्षेत्र घेरिएको हुन्थ्यो । त्यो घेराभित्र एक्लै वा समूहमा आएका महिला र केटाकेटीलाई मात्र प्रवेश दिइएको थियो । यसरी प्रवेश पाउनेहरूमा ९० प्रतिशतभन्दा बढी युवती हुन्थे ।

सबैभन्दा पहिले यी दुवै बक्सा भरिने भएकाले कन्सर्ट समयमै सुरु गर्न मुस्किल पनि भएन । अर्कातिर युवकहरूमध्ये धेरैले नाच्ने बेला सङ्गीतसँगै उनीहरूले खपत गरेको मदिराको प्रभाव पनि देखिने गर्छ। युवतीहरू भने विशुद्ध धुनको प्रभावमा रमाएर नाचिरहेका हुन्छन् । भन्नु परोइन, यस्ता कन्सर्टमा युवकहरूले भन्दा युवतीले बान्की मिलाएर नाचिदिनाले हेर्नेलाई पनि रमाइलो हुन्छ । मञ्च र त्यसको ठीक अगाडिको स्थान यसरी रमाइलो भएपछि बाँकी मैदान त्यसै-त्यसै रमाइलो देखिइहाल्छ ।

मञ्चको ठीकअगाडि उल्लेख्य स्थानमा बारले घेरेर महिलालाई राखेपछि कुनै किसिमको हुलदङ्गा हुने सम्भावना पनि कम भइदिन्छ । कन्सर्टमा पुगेर बदमासी गर्नैपर्छ भन्ने मनोवृत्तिका मानिस पनि त्यो घेरा नाघेर अगाडि आउन पाउँदैनन् । ब्यान्ड र उसको कन्सर्टलाई व्यवस्थित बनाउने क्रममा नेपालयले अपनाएको यो उपाय प्रभावकारी देखिँदै आएको छ ।

नेपथ्यले आफ्नो जीवनमा धेरैपटक तल दर्शकदीर्घा मात्र होइन, माथि मञ्चमै चढेर गरिने हुलदङ्गा झेलेको छ। एउटा अर्को सम्झना त फेरि पनि भैरहवाकै–

हङकङमा बाँचेका नेपालीको जीवन देखेपछि अमृत विदेश नबस्ने सोच बनाएर नेपाल फर्किएका थिए ।

त्यसपछि उही नेपाल टेलिभिजनको जागिरले निरन्तरता पायो । काम थियो, रोशनप्रताप राणालाई सघाउने । त्यसबाहेक अमृत विभिन्न स्टुडियो पनि पुगिरहन्थे, जहाँ पुराना कलाकारहरूसँग भेटघाटको मौका जुर्थ्यो ।

टेलिभिजनमा रोशनप्रतापको माया पाए पनि ज्यालादारी किसिमको जागिरले सन्तुष्टि दिइरहेको थिएन।

अर्कातिर ब्यान्डको अवस्था लथालिङ्ग थियो।

बाहिर मानिसहरू नेपथ्यलाई त्यत्रो सम्मानले हेर्थे। अवस्थाचाहिँ एउटा गितारको तार पनि किन्न नसक्ने थियो।

यो अलमलकै बीच ब्यान्डलाई फेरि एकपटक भैरहवामा कार्यक्रम गर्ने निम्तो आयो।

यो त्यही सहर थियो, जहाँ नेपथ्यले कार्यक्रम गरिसकेपछि खर्चसमेत नपाएर आयोजकलाई दिउँसै सडकमा लखेट्नुपरेको थियो। फेरि उस्तै बिल्लीबाठ पारिदेलान् भन्ने चिन्ता त थियो तर कतै केही नभइरहेको बेला राम्रै भई पो हाल्ला कि भन्ने आशा जगाउनुको विकल्प थिएन।

ड्रमर भीम हडकडमै भएकाले ध्रुवसँग कुराकानी भयो। किबोर्डमा चाहिँ अनुप दास। दुई नयाँ सदस्यसहितको टोली भैरहवा जाने भयो।

बस गुड्यो।

यसपटक चाहिँ स्थानीय आयोजकहरूले राम्रै व्यवहार गरे।

हल तयार थियो, साउन्डहरू पनि मिलाइयो।

त्यस बेलाकी चर्चित अभिनेत्री सारङ्गा श्रेष्ठलाई पनि आयोजकले नृत्याङ्गनाका रूपमा बोलाएका थिए।

कार्यक्रम राम्रैसँग चलिरहेको थियो।

एक छेउमा बसेका केही केटाले अभद्र व्यवहार देखाउन थाले। उनीहरू नारा लगाएजस्तो एक स्वरमा छाडा कुरा गरिरहेका थिए।

त्यहाँ आमा, दिदीबहिनी पनि टन्नै थिए। असह्य भएर बुज्रुक महिलाहरूले ती केटाहरूलाई औँला ठड्याउन थाले। कति दिदीहरू त आफ्ना भाइहरू भएको ठाउँमा कुरा गर्नका निम्ति पनि पुगिरहेका थिए।

अराजकताको हद नाघ्दै गयो।

यता कार्यक्रम पनि जसोतसो चलिरहेकै थियो।

अचानक चर्को स्वरमा कसैले मुख छाडेको आवाज आयो। त्यो सुन्नेबित्तिकै मञ्चमा नृत्य गरिरहेकी सारङ्गा दौडिँदै हस्याङफस्याङ ब्यान्डका सदस्यहरू भएतिर ब्याकस्टेजमा आइपुगिन्। उनको अनुहार त्रासले भरिएको थियो। ठीक त्यही बेला सारङ्गाले छाडेको मञ्चमा अनुहार र लुगासमेत रगतैरगतले लतपतिएको एक जना मानिस उभिइरहेको देखियो।

त्यही मानिसले माइक आफ्नो हातमा लिएर जथाभावी बोल्न थाल्यो। त्यति बेलै दर्शकका बीचमा बसेका ध्वनि नियन्त्रक हेमले बुद्धि पुऱ्याएर भएभरका आवाज बन्द गरिदिए।

ब्यान्डका सदस्यहरू चारैतिर आयोजक खोज्न थाले। कतै पनि देखिएनन्।

कार्यक्रम रोकियो र एकैछिनमा पुलिसको हुल भित्र पस्यो।

रगतले लतपतिएको त्यो केटो अन्तै कतै मारपिट गरेर रगतपच्छे भई हलभित्र छिरेको रहेछ। मञ्चमा चढेर माइकबाट आक्रोश पोख्ने उसको मनसाय रहेछ।

प्रहरीले त्यस युवकलाई समातेर लग्यो।

स्थिति शान्त भइसकेपछि प्रहरीले ब्यान्डका सदस्यहरूलाई कार्यक्रम अघि बढाउने इच्छा रहे-नरहेका बारेमा सोधे। त्यतिन्जेल आयोजकहरू पनि आइसकेका थिए। उता आधाभन्दा बढी दर्शक हलमै प्रतीक्षा गरेर बसिरहेका थिए। ब्यान्डले 'हुन्छ गर्छौं' भनेपछि प्रहरी मञ्च जिम्मा लगाएर हिँडे।

यस्तो भयावह अवस्थामा नेपथ्यले कार्यक्रम गर्दै हिँडेको विगत सम्झँदा अहिलेका व्यवस्थित कन्सर्टहरू बेग्लै दुनियाँका कथा पो हुन् कि जस्तो भान पर्छ।

यो सबै व्यवस्थापनले पारिदिएको फरक थियो।

नेपालगन्जमा नेपथ्य साँझ पछिल्ला सहरहरूमा जस्तै भव्य तवरले अगाडि बढ्दै गयो। अन्तिममा बिदा माग्नुअघि अमृतले सधैंजस्तै देशका निम्ति गाइएका गीतहरूको क्रम थाले।

गीतको प्रारम्भिक धुन बज्नेबित्तिकै राष्ट्रिय झण्डा लिएर अघिदेखि उभिएका तन्नेरीहरू उफ्रिन सुरु गरे। कोही-कोही भने राष्ट्रिय झण्डा नै ओढेर मैदानमा आइपुगेका थिए। उनीहरू साथीहरूको काँध-काँधमा चढेर जुरुक्क-जुरुक्क उचालिँदै थिए। नउचालिऊन् पनि किन ? यो गीत खुद त्यही झण्डा अर्थात् रातो र चन्द्र सुर्जेको थियो।

त्यसै पनि नेपालगन्ज आएपछि अमृतलाई अम्बर गुरुङको याद आउँछ।

अमृत र किरणको सक्रियतामा नेपालयले अम्बरलाई डेढ दशकअघि यहाँको मञ्चमा प्रस्तुत गरेको थियो। त्यो पर्लेंटी शृङ्खलाअन्तर्गत आयोजित अम्बर प्रस्तुतिको नेपालगन्ज यात्रा थियो। त्यति बेला यहाँस्थित सिद्धार्थ होटलको हलमा स्वयम् अम्बरले आफ्ना शिष्य आभासका साथमा आफूले रचना गरेका १५ वटा गीत प्रस्तुत गरेका थिए।

कुनै सर्जकका निम्ति सम्मानपूर्वक गरिने हिसाबको त्यस कार्यक्रममा प्रत्यक्षदर्शी बन्न पोखराका कवि तीर्थ श्रेष्ठका साथै काठमाडौँबाट पनि थुप्रै सङ्गीतप्रेमी नेपालगन्ज आइपुगेका थिए।

तिनै अम्बरले कवि गोपालप्रसाद रिमालको शब्दलाई दशकौँपछि सङ्गीतमार्फत पुनर्जीवित पारिदिएका थिए। अम्बरको यस सिर्जनालाई उति बेला रेडियो नेपालमा खुद अम्बर र फत्तेमानले स्वर दिएका थिए।

'रातो र चन्द्रसुर्जे, जङ्गी निसान हाम्रो

जिउँदो रगतसरि यो, बल्दो यो सान हाम्रो'

००७ सालको क्रान्तिले उभार लिँदै गर्दा रिमालले यो कविता रचेका थिए। लामो कालखण्डपछि त्यो अम्बर सिर्जित सङ्गीतद्वारा सजियो। त्यसपछि रेडियो नेपालको चल्तीका दिनमा यो गीत खुबै सुनियो। नयाँ पुस्तामा भने यसको व्यापक सञ्चार हुन पाएको थिएन।

दोस्रो पटक मुलुकभर 'शान्तिका लागि शिक्षा' अभियान सकेर ब्यान्ड काठमाडौँको वीरेन्द्र अन्तर्राष्ट्रिय सम्मेलन केन्द्रमा प्रस्तुत हुँदै थियो।

त्यो बेला अमृतले यस गीतलाई नयाँ ढङ्गबाट प्रस्तुत गरिदिए।

काठमाडौँको कन्सर्टमा साहित्य र सङ्गीतका अनुरागीको गतिलै जमघट थियो । उनीहरू सबैले यस गीतको प्रस्तुतिलाई अत्यन्तै हार्दिकताका साथ स्वागत गरे । तन्नेरीहरूमा त यसले देशभक्तिसँग जोडिएको भावना नै विस्तार गरिदियो । गीतले तहल्का मच्चायो ।

त्यसको केही दिनमै अम्बरले अमृतलाई फोन गरेछन् ।

'तिमीले त्यो गीत कसरी गाएको ?' अम्बरको आवाज कठोर थियो ।

अमृतले 'कुन गीत दाइ ?' भनेर जिज्ञासा राखे ।

अम्बरलाई आफ्नो गीत 'जङ्गी निसान' त्यसरी गाएको चित्त बुझेको रहेनछ । त्यो गीत गाएकै मिलेन भन्ने उनको कथन थियो ।

'त्यसरी गाउने हो भने आइन्दा नगाऊ,' अमृतलाई उनले फोनमै हकारे ।

अमृतले लामो समयदेखि आफूलाई अम्बरको समीप राख्दै आएका थिए । त्यसैले बेला-बेला उनी चित्त नबुझेको कुरा पनि ठाडै राखिदिन्थे ।

'यो राष्ट्रिय गीत हो, जसलाई तपाईंले आफ्नै शैलीबाट तयार पार्नुभयो,' अमृतले जवाफ दिएछन्, 'सबै नेपालीको हक लाग्ने त्यति राम्रो गीतलाई नयाँ पुस्तासम्म लैजान मैले अलिकता नयाँपन मिसाएर गाउँछु भन्दा किन नपाउने ?'

एउटा हक्की गुरुङ नयाँ पुस्ताको अर्को हक्की गुरुङबाट आएको जवाफ सुनेर स्तब्ध भए ।

अमृतले त्यति बेलै अम्बर गुरुङको र आफ्नो गाउने शैली फरक भएको स्विकार्दै नेपथ्यकै शैलीमा त्यस गीतलाई प्रस्तुत गर्ने अडान राखे ।

'तपाईंले नगाऊ भने पनि म गाउँछु,' यसो भन्दै गर्दा अमृत हाँसी-हाँसी शब्द निकालिरहेका थिए ।

'उसो भए राम्रोसँग गाऊ' भनेर फोन राखिएको आवाज आयो ।

त्यसपछि पनि सयौँपटक अम्बर र अमृतको भेटघाट भयो । तर यस गीतलाई लिएर अम्बरले फेरि कहिल्यै चित्त दुखाएनन् ।

बरु अमृतले नै यस गीतलाई नेपथ्यको सन् २००८ को 'मेरो देश' एल्बममा समेटिदिए ।

नेपथ्यले 'रातो र चन्द्रसुर्जे' गीतसँगै अर्को एउटा देशप्रेम झल्काउने गीत पनि लगभग एउटै समय भित्र्याएको थियो। द्वन्द्वकालको बेला यस किसिमका भावना बोकेका गीत श्रोताले बढी चाहेको अनुभूति भएपछि त्यसै गरी पुरानो कालखण्डबाट निकालेर नयाँ पुस्तासम्म ल्याइएको त्यो गीत थियो–

गाउँ-गाउँबाट उठ, बस्ती-बस्तीबाट उठ
यो देशको मुहार फेर्नलाई उठ

पञ्चायतकालमा सङ्कल्प समूहले गाएको यो गीत श्याम तमोटले लेखेका थिए। रामेश-मञ्जुलहरूले उति बेला गाउँदै हिँडेको यो गीत तीन दशकपछि नेपथ्यले गाउन खोज्दा मुलुक अर्को किसिमको उकुसमुकुसमा थियो। कन्सर्टमा जब यो गीत बज्न सुरु गर्थ्यो, तन्नेरीहरू यसरी उफ्रिन थाल्थे, मानौँ उनीहरूभित्रको छटपटीले यो भाकाबाट निकास पाउँदै छ।

एउटा कालखण्डमा मुलुकको परिस्थितिलाई लिएर तयार भएको र गाउँ-गाउँ भिजेको त्यस गीतले फेरि उस्तै सकसपूर्ण परिस्थितिमा जताततै नयाँ पुस्तालाई पनि जगाउने काम गरिरहेको थियो।

पहिलेदेखि गाउँदै आएको भए पनि यस गीतका निम्ति औपचारिक अनुमति लिइएको थिएन।

अमृत र म पैदल सङ्खुवासभा पुगेको बेला त्यसको पहल पनि गरिएको थियो। चखेवा भन्ज्याङबाट ओरालो लागेको भोलिपल्ट हामी भोजपुर सदरमुकाम पुगेका थियौँ। पुगेकै बेलुकी हामी श्याम तमोट दाइको घर खोज्दै गयौँ। दैलामा पुगेपछि दाइ अन्तै कतै गएको जानकारी पायौँ। हामी सन्देश छाडेर फर्कियौँ।

त्यो यात्रा सकेर म र अमृत काठमाडौँ आएको केही महिना पनि नबित्दै हामीलाई खोज्दै श्याम दाइ कालिकास्थानस्थित नेपालय कार्यालय आइपुगे। अमृतले त्यो गीत आफूले गाउँदै आएको र यसका बारेमा उनको धारणा बुझ्न खोजेको जानकारी दिए।

तमोटले यो गीत नेपथ्यका माध्यमबाट अहिलेको तन्नेरी पुस्तासम्म पुगिरहेको देख्दा आफूलाई खुसी लागिरहेको बताए। तैपनि एकपटक यस गीतका बारेमा कवि एवम् सङ्गीतकार रामेशसँग सल्लाह लिने उनको कथन थियो।

केही दिनमै रामेश र तमोट दुवै नेपालय आए। उनीहरू दुवैले संयुक्त रूपमा प्रसन्नता व्यक्त गरे।

नेपालगन्जका तन्नेरीहरूले त्यो साँझ 'गाउँ-गाउँबाट उठ' अनि 'रातो र चन्द्रसुर्जे' गीतमा मैदानभरि उत्साहको लहरका साथ नृत्य गरिरहे।

अघिल्ला चार सहरजत्तिकै यहाँ पनि नेपथ्य साँझ रमाइलो भयो। कार्यक्रमस्थल अर्थात् स्टेडियमको प्यारापिटमा समेत गरेर करिब पाँच हजार दर्शक रहेको अनुमान गऱ्यौँ। नेपालगन्जमा यो ठूलो उपस्थिति हो।

यति भएपछि कार्यक्रम त यसै त्यसै भव्य हुने भइहाल्यो।

तर मलाई कार्यक्रम अवधिभर मञ्चभित्र के नमिलेको नमिलेको जस्तो महसुस भइरह्यो।

विशेष गरी गायक अमृत नेपालगन्जमा सहज देखिएका थिएनन्।

मञ्चमा स्पष्टसँग आफ्नो कुरा राख्ने उनी त्यो साँझ वाक्यलाई अरू बेला जसरी पारङ्गत हिसाबले पूरा गर्नबाट घरी-घरी चुकिरहेका थिए।

मैले कन्सर्ट सकिनेबित्तिकै त्यसको कारण सोधेँ।

'म आजको कन्सर्टमा असाध्यै आत्तिएको थिएँ,' उनले त्यो रहस्य खोले, 'मेरो ध्यान आफूभन्दा पनि पछाडि बसेर ड्रमसेट बजाइरहेको ध्रुवमा केन्द्रित थियो।'

युरिक एसिडका कारण घुँडाको जोर्नीमै अचानक असाध्यै पीडा हुन थालेपछि ध्रुव सोझो हिँड्न पनि नसक्ने अवस्थामा पुगिसकेका रहेछन्। हामीले ख्यालै गरेका रहेनछौँ।

दुवै हात र दुवै गोडालाई पूर्ण रूपले सक्रिय राखेर बजाउनुपर्ने ड्रमसेट रक कन्सर्टका निम्ति मान्छेको मुटु भनेजस्तै हो। यो अलमलिएपछि बाँकी सबै अलमलिन्छ, यो थामिएपछि बाँकी सबै थामिन्छ। दुखिरहेको गोडाले एक ठाउँमा गल्ती गरिदियो भने पनि कन्सर्ट भद्रगोल भइदिन सक्थ्यो।

यस्तो अवस्थामा अमृतको मात्र होइन, सिङ्गो ब्यान्डका सदस्यहरूको ध्यान त्यो साँझ ध्रुवतिरै सोझिएको रहेछ।

त्यत्रो सकसका बीच कन्सर्ट दिँदादिँदै पनि नेपालगन्जका हजारौँ दर्शकले पत्तो नपाउने गरी कार्यक्रम भव्य रूपमा सम्पन्न भएको थियो ।

ध्रुवले चरम पीडालाई भित्रै दबाएर राखिदिए। युरिक एसिडले प्रहार गर्दा खुट्टाको जोर्नीमा हावा चल्यो भने पनि दुख्छ। हल्लाउन पनि मुस्किल हुन्छ। यस्तोमा ध्रुवले लगातार दुई घण्टासम्म ड्रमसेट बजाए। असह्य दुःखाइलाई भित्रभित्रै थिचेर कार्यक्रम सफल पारिदिए। सङ्गीतप्रति समर्पणको यो अर्को उदाहरण थियो ।

भोलिपल्ट सबेरै हामी धनगढी तर्फको यात्रामा लाग्यौं ।

गाडीमा सवार सबैको चिन्ता र चासो ध्रुवको खुट्टामै थियो। उनलाई युरिक एसिडको समस्या बल्झन थालेको केही समय भइसकेको रहेछ । त्यसमाथि हाम्रो यस यात्राको एउटा मुख्य विशेषता भनेको हरेक ठाउँमा त्यहाँका स्वादको जमेर आनन्द लिनु पनि थियो । कन्सर्ट सुरु हुनुअघि तात्तातो चियाको सुर्को लगाएर मञ्चमा चढ्ने नेपथ्य टोली कन्सर्ट सकिएको बेलुकी जमेर खानपिनको आनन्द लिने गर्छ। खानपिन अर्थात् युरिक एसिडका निम्ति खान पनि नहुने, पिउन पनि नहुने पदार्थ ।

यात्रा अघि बढ्दै गर्दा ध्रुवको अवस्थालाई लिएर कोही जिज्ञासा राख्दै थियौं, कोही उपचारका उपायबारे सुझाव दिँदै थियौं त कोही-कोही च्वास्स जिस्क्याइरहेका थियौं ।

'भरे धनगढीमा ह्याकुलाको सेकुवा र चिस्सो बियर दन्काउनुपर्छ,' गितारवादक नीरजले यति भन्नासाथ अर्कोले फेरि ध्रुवतर्फै इसारा गर्दै थपे, 'अझ त्यो ह्याकुलालाई ट्वाक्क गोलभैँडाको अचारमा चोप्दै खानुपर्छ ।'

ध्रुवले मायालाग्दो अनुहार लगाएर सबैतिर हेरे । 'बिचरा' भाव उत्पन्न हुने गरी ।

बाँकी अरू रमाएर हाँस्न थाले ।

यात्रा कोहलपुरबाट बर्दिया राष्ट्रिय निकुञ्जतर्फ मोडियो ।

केही किलोमिटर पार गर्नेबित्तिकै नेपाली सेनाको चेकपोस्ट सुरु भयो । अब अगाडि ४० किलोमिटरभन्दा धिमा रफ्तारमा मात्र हाँक्न पाइने रहेछ । वन्यजन्तु ओहोरदोहोर गर्ने क्षेत्र भएकाले यस किसिमको सुरक्षा अपनाइएको थियो । त्यसका निम्ति सेनाले 'टाइम कार्ड' जारी गर्दो रहेछ ।

निकुञ्जको यात्रा सुरु गर्नेबित्तिकै सर्लक्क परेको एउटा मयूर छेवैमा देखियो।

'लियोनार्दो डिक्याप्रियो आएर बाघ हेरेको ठाउँ यही होइन ?' पछिल्लो समय पर्यावरण अभियन्ता बनेका हलिउड हिरोबारे एक जनाले सोधिहाले, 'बाघ हेर्नुपर्छ यहाँ बाघ ।'

त्यतै कसैले 'एक्लै हुँदा बाघ अगाडि आए के गर्ने होला ?' भनेर जिज्ञासा राखिहाले ।

एकपटक कुनै पत्रकारले साहित्यकार ध्रुवचन्द्र गौतमलाई पनि यस्तै प्रश्न राखेका रहेछन्, 'तपाईं कतै हिँड्दै गर्दा अचानक बाघ सामुन्ने आइदियो भने के गर्नुहुन्छ ?'

प्रतिउत्तरमा ठट्यौलो हुँदै गौतमले भनेका रहेछन्, 'मैले के गर्नु ? के गर्न सक्छु र ! जे गर्ने हो, त्यही बाघले गर्छ ।'

हामीसँगको भेटघाटमा गौतमको यो जवाफ मैले गाडीमा सवार नेपथ्य टोलीलाई पनि सुनाएँ । सबै हाँस्न थाल्यौँ ।

बाटामा दुई ठाउँमा स्याल देखियो । एक ठाउँमा हरिणको बथानै थियो ।

'ऊ बाघ आयो,' गितारवादक नीरजले भने ।

'खै ?' सबै जना बाहिर हेर्न थाल्यौँ ।

त्यो त बाघ नभई बाघको चित्र अङ्कित बोर्ड पो रहेछ ।

फेरि सबै जना गलल्ल हाँस्यौँ ।

बर्दिया राष्ट्रिय निकुञ्ज वन्यजन्तुका हिसाबले सम्पन्न छ । अरु विश्वमै दुर्लभ हुँदै गएको 'रोयल बङ्गाल' प्रजातिको बाघका लागि यो निकुञ्ज बढी चर्चित छ । केही वर्षअघि यहाँ बाघको सङ्ख्यामा ठूलो वृद्धि भएर संसारकै ध्यान नेपालतर्फ आकृष्ट भएको थियो ।

हाम्रो यो राष्ट्रिय सम्पन्नता यस भेगका मानिसलाई चाहिँ त्रासदी बन्दै गएको छ ।

निकुञ्जकै बीचमा भुरीगाउँ आइपुगेको थियो । यो त्यही गाउँ हो, जसका बासिन्दा बाघको सिकार भएको समाचार अखबारमा बारम्बार आइरहन्छ । यस गाउँलाई स्थानान्तरण गर्न विगतमा धेरै प्रयास भए पनि सफल हुन सकेन ।

जङ्गल बीचको भुरीगाउँ कटेपछि फेरि निकुञ्ज भित्रको राजमार्गमा यात्रा गर्नेहरूका निम्ति टाइम कार्ड बोक्नुपर्ने क्षेत्र सुरु भयो । यो दोस्रो टाइम कार्डले कर्णाली नदीको चिसापानीस्थित पुलसम्मै पुऱ्याउँथ्यो ।

पुल पुग्नै लाग्दा त्यहाँको दृश्य असाध्यै मनमोहक थियो । माथि चम्किलो निलो आकाश, दुवैतिर चम्किलै घना जङ्गल र बीचमा सोझो राजमार्ग । झ्यालबाहिरको मन्द हावा पनि असाध्यै मिठो लागेपछि हामीले अलिक दूरी दौडिएर जाने इच्छा राख्यौँ । चिसापानीमा खाना खाने योजना भएकाले होटलमै भेट्ने सर्तसहित हामीलाई जङ्गलमै ओरालेर गाडी अघि बढ्यो ।

हामी अर्थात् म र गितारवादक नीरज दौडिरहेकै थियौँ, एक किलोमिटर पनि नबढ्दै भर्खर हामीलाई ओरालेर अघि बढेको गाडीलाई सेनाले रोकेको देखियो ।

हामीलाई त्यसरी दौडिन दिएकामा सेनाले आपत्ति जनाएको रहेछ ।

'यहाँ अहिले बाघको झुन्ड घुमिरहेको छ,' नजिक पुग्नासाथ एक सैनिकले भने, 'अस्ति मात्र मानिसमाथि आक्रमण भएको यस ठाउँमा तपाईंहरू यसरी गाडीबाट निस्किएर किन दौडिएको ?'

यति सुनेपछि हामी हतार-हतार भित्र पस्यौँ ।

सेना पछाडि छुटिसकेपछि फेरि दौडिने इच्छा राख्न हामीले छाडेनौँ ।

'कम्तीमा कर्णालीको पुलचाहिँ दौडिएरै तर्न पाए हुन्थ्यो । पुलमा त बाघ आउँदैन नि !'

त्यसपछि पुलको मुखैमा फेरि गाडी रोकियो ।

त्यहाँ असाध्यै तीव्र गतिमा हावा बगिरहेको थियो । नदी सँगसँगै कर्णालीदेखि बगेर आइरहेको त्यो हावा असाध्यै मिठो थियो ।

ब्यान्डका लगभग सबैजसो सदस्य गाडीबाट ओर्लियौँ र कोही हिँड्दै त कोही कुद्दै चिसापानीको पुल पार गर्‍यौँ ।

नदीमा राफ्टिङ गरिरहेकाहरूको दृश्य मनमोहक देखिन्थ्यो ।

नेपथ्यका सदस्यहरू अझ विशेष गरी यसका अगुवा अमृत साहसिक मनोरञ्जनमा असाध्यै रुचि राख्छन् । उनले धेरैपटक मलाई कर्णाली नदीमा राफ्टिङ गर्दाको अनुभव सुनाएका छन् । माथि सुर्खेतसम्मै मोटरमा गएर दुई दिन पैदल दैलेखको स्याउलीसम्म पुगेपछि त्यहाँबाट राफ्टिङ गर्दै चिसापानीसम्म आइपुगेको उनको वर्णन सुन्दा त्यो पुरानो कर्णाली भेगका अझ विकट दिनहरूका थुप्रै कथा बगिरहेको अनुभूत हुन्छ ।

कर्णाली मात्र होइन, त्रिशूली, भोटेकोसी, अझ माथि तमोरसम्मै राफ्टिङ गर्दाका उनका अनुभवहरू असाध्यै रमाइला छन् ।

एकपटक त कालीगण्डकीमा राफ्टिङ गरेरै नेपथ्यले गीत तयार पारेको थियो।

त्यसको कथा पनि रोचक छ ।

दीपकले अमृतलाई पोखराबाट फर्काएर ल्याएपछि काठमाडौँको अर्को कुना अर्थात् वनस्थलीमा बसोबास चलिरहेको थियो । अब नयाँ अवस्था र नयाँ ठाउँ अनुसारको जमघटथलो खोजी हुन थाल्यो ।

यस्तो स्थितिमा बालाजुको 'बोट हाउस' ले उनीहरूलाई आकर्षित गर्‍यो । त्यो डेरानजिकै थियो । बोट हाउस चित्र, सञ्जय, कुल, विरेन र रामजस्ता तन्नेरीहरूको अखडा थियो । उनीहरू एक्सिडस नामको राफ्टिङ कम्पनी चलाउँथे ।

'ती भाइहरूले हामीलाई जहिल्यै अत्यन्त हार्दिकता दर्साउँथे,' अमृत सम्झन्छन्, 'विशेष गरेर त्यहाँ गितार थियो अनि आफ्नो अनुकूल गाउन बजाउन पाइने स्वतन्त्रता ।'

त्यसमाथि मजाले खानपिन गर्ने र धुवाँ उडाउने ठाउँ । एक हिसाबले क्लब जस्तो ।

नेपालका नदीनाला र राफ्टिङमा विशेषज्ञता भएका उनीहरूले कालीगण्डकी गजब छ भनेर सुनाउन थाले।

२०५२ सालको बर्खायाम भर्खरै सकिएको थियो। खोलानालामा पानी घटिसकेको थिएन।

असोजको हावामा दसैं महसुस हुन थालिसकेको थियो। एक साँझ उनीहरू बागलुङको रात्रिबस चढेर मालढुङ्गा पुगे।

उनीहरू अर्थात् राफ्टिङका अन्य यात्रीका साथमा नेपथ्यका अमृत, रत्न र सुरेश।

झन्डै डेढ दर्जन सदस्यसहितको टोली अनुभवी टिमलिडर मङ्गल तामाङको नेतृत्वमा थियो।

नयाँपुलबाट राफ्टिङ कालीगण्डकी समात्दै अघि बढ्यो।

सुरेश र रत्नका लागि यो पहिलो अनुभव थियो।

थोरै अगाडि बढेपछि नदीमा 'स्मल ब्रदर' नामको पहिलो र्‍यापिड आउँछ। त्यो गजब छ। त्यसपछि फेरि अर्को र्‍यापिड आउँछ, 'बिग ब्रदर'। यी दुवै अत्यन्त साहसिक र चुनौतीपूर्ण स्थान हुन्।

आफ्नै सुरमा गइरहेको बेला 'स्मल ब्रदर' मा पुग्नेबित्तिकै 'हे हे' भनेर चिच्याउँदा-चिच्याउँदै एकैछिनमा राफ्टभित्र त सुरेश नै छैनन्। गायब!

कता हराए भनेर चारैतिर खोजी गर्न थालियो। हेर्दाहेर्दै फुत्त एउटा टाउको पानीबाट माथि उठ्यो। नाक र मुखबाट फुरुरुरु पानीको फोहरा फाल्दै त्यो टाउको फेरि डुब्ने र उसै गरी उत्रिने गरिरहेको थियो।

सबै मिलेर उनलाई ताने। डुङ्गाभित्र राखिसकेपछि 'के भयो ?' भनेर सोधियो।

'होल्ड अन भनेको सुन्या थिएँ,' उनी मज्जाले हाँसेरै भनिरहेका थिए, 'म त होल्ड अनै हुन बिर्सेछु।'

सामूहिक अनुशासनमा बाँधिनुपर्ने राफ्टिङको नियम पालना नगर्दा दुर्घटनाको जोखिम हुने गर्छ।

उनको अवस्था हेरेर एकछिन हाँसोठट्टा गर्न नपाउँदै डुङ्गा फेरि बिग ब्रदरको छेउमा पुगिहाल्यो ।

त्यो क्षेत्र कुस्मा र बलेवाको खाँचतिर पर्छ ।

धेरैपटक दुर्घटना भएर थुप्रैले ज्यान गुमाएको यस स्थानमा अहिले राफ्टिङ गर्न रोक लगाइएको छ ।

त्यस्तो डरलाग्दो 'बिग ब्रदर' पार गर्दै त्यो साँझ उनीहरू मदबेनी पुगे । अन्नपूर्ण आधार शिविरबाट घान्द्रुक हुँदै मोदी नदी आउँछ । मोदी नदी र कालीको तीरलाई मदबेनी भनिन्छ ।

मदबेनीमा राति नाचगान चल्यो ।

भोलिपल्ट बिहानै उठेर फेरि राफ्टिङको उही निरन्तरता सुरु भयो ।

अर्को दिन सेतीबेनी आइपुग्यो । त्यसभन्दा तल डरलाग्दो र्‍यापिड आउँथ्यो, 'इगल्स' ।

उनीहरूका डुङ्गा लस्करै अघि बढिरहेका थिए ।

त्यति बेलै अघि-अघि गएको डुङ्गा छालनिर गति नपुग्दा अकस्मात् पछाडि नै फर्कियो । त्यस अवस्थामा पछाडिबाट आइरहेको ब्यान्डका सदस्य बसेको डुङ्गा अघिल्लोसँग नराम्ररी ठोक्किन पुग्यो । दुवै डुङ्गा खोलामा घोप्टिए । दुई जना गाइडसहित १८ जना एकसाथ खोलामा पौडिनुपर्ने अवस्थामा पुगे ।

'त्यो दिन हामीले पौडिएर झन्डै दुई किलोमिटर पर पुग्नुपरेको थियो,' अमृत भन्छन्, 'बर्खा सकिन लागेको भेलको पानीमा कोही कहाँ कोही कहाँ पुग्दा नदीमा हाम्रो हरिबिजोग देखिन्थ्यो ।'

तल पुगेर निस्कँदा सबैले थोरबहुत पानी पिएका थिए । धन्न, कसैलाई चोटपटक लागेन ।

उनीहरू रिडी पुगे । त्यहाँबाट थोरै अगाडि बढेपछि तानसेनभन्दा तलको रानीमहल आइपुग्यो । रानीमहलको यतातिर फेरि अर्को 'वाकिङ इन द डार्क' भन्ने डरलाग्दो र्‍यापिड थियो । त्यो र्‍यापिडचाहिँ हेर्दै आँखा भनन्न घुमाउने । टोलीले त्यो र्‍यापिड पनि पार गर्‍यो ।

त्यसपछि उनीहरू अन्तिम बिसौनी राम्दी पुगे। त्यहाँबाट सरसामान गाडीमा राखेर टोली पोखरा फर्कियो।

एक सय १६ किलोमिटर लामो कालीगण्डकी राफ्टिङबाट त्यसरी फर्किएपछि रत्नले एउटा गीत बनाए–

तिमीलाई मैले पनि
भुल्दिनँ कैले पनि
अरूले पनि कहिल्यै नभुलोस्
एक्सिडस एक्सिडस

यस गीतको शब्द राम्रै लाग्यो। ट्युनचाहिँ अमृतलाई खासै मन परेन। गीत झन्डै दुई वर्ष थन्किएरै रह्यो।

सन् १९९९ तिर जापान जाने कुरा चलेपछि नयाँ एल्बम 'शृङ्गार' को रेकर्डिङ सुरु गर्दा गीत पुगेन। रत्नलाई बोलाइयो। उनीहरूले त्यही राफ्टिङको गीतलाई फेरि दिमाग खियाएर तयार पार्ने निधो गरे।

अमृतले त्यस गीतमा 'न्यारेसन' (बयान) राख्ने उपाय निकाले। किनभने त्यो गीतै अधुरो थियो। के नपुगेको के नपुगेको लाग्ने किसिमको। न्यारेसन लेखिदिन साथी ब्रजेश खनाललाई अनुरोध गरियो।

त्यसलाई बीचमा वाचन गर्ने हिसाबले अरेन्जमेन्टमा मिल्ने गरी रेकर्ड गरियो।

गौतम र अमृतले मिलेर यो गीत गाएका थिए। यसमा इफेक्टका रूपमा हल्ला गर्ने ठाउँ छ। त्यसमा सङ्गीतकार प्रवीण गुरुङले पनि 'ए नका भाले' भन्ने शब्द उच्चारण गरेका छन्।

व्यावसायिक रूपमा राफ्टिङ गर्दै आएका सञ्जय र चित्रले त्यसमा गाइडकै मौलिक भाषा आउने गरी स्वर पनि दिएका छन्। सुरुवाती आलापचाहिँ सुकमित गुरुङको छ।

यसरी यो एउटा फरक प्रयोगको गीत बन्न पुग्यो।

पछि म्युजिक भिडियो पनि बनाएर ब्यान्डले एक्सिडस कम्पनीकै साथीभाइलाई गीत समर्पण गऱ्यो।

त्यो म्युजिक भिडियो कालीगण्डकी नदीको पाँचदिने राफ्टिङकै अन्तिम यात्रामा खिचिएको थियो। जलविद्युतका निम्ति मिर्मीमा बाँध बनाइएपछि त्यो रुट सदाका निम्ति बन्द भइदियो।

त्यस म्युजिक भिडियोले एक त कालीगण्डकी नदीकै अन्तिम यात्राको झल्को समेटेको छ भने अर्कातर्फ कालान्तरमा एक्सिडस कम्पनी बन्द भए पनि उनीहरूको सम्झना श्रोता-दर्शकलाई गराइरहने भएको छ।

यसरी नेपथ्यको खातामा राफ्टिङको अनुभव पनि गीत बनेर समेटिन पुगेको थियो।

~

हामीले कर्णाली तीरबाट रफ्तार समातेर आएको चिसो हावालाई छिचोल्दै चिसापानीको पुल तऱ्यौँ।

पारि पुग्नेबित्तिकै अनेक थरी रूप र रङका माछा सुकाइएका होटल लस्करै देखा परे। हेर्दै लोभलाग्दो।

त्यसमध्ये एउटामा हामीले माछाभात खायौँ। त्यसको स्वाद वर्णन गरेर साध्य थिएन।

असाध्यै मिठो खाना पाएपछि 'भरे पनि यही होटलमा आएर खान पाए हुने...' भन्ने हुँदो रहेछ। हामी टनाटन पेट समातेर त्यही सोचिरहेका थियौँ।

२०५२ सालमा मैले मोटरसाइकलबाटै महेन्द्र राजमार्ग छिचोलेको थिएँ। त्यति बेला कर्णालीमाथि पुल भर्खर बनेको थियो। पुल तरेर सुदूरपश्चिमतर्फ आएपछि परैसम्म निर्जन थियो। अहिले देखिएको जस्तो यो बस्ती त परको कुरा, यहाँ व्यवस्थित बाटोसमेत थिएन। पुल तरेर सुदूरपश्चिम प्रवेश गरेपछि केही किलोमिटरसम्मै बगर र जङ्गलको यात्रा गर्नुपरेको थियो। त्यसपछि मात्र फेरि राजमार्ग देखापरेको थियो। त्यसपछि पनि राजमार्गभरि दर्जनभन्दा

बढी साना-ठूला नदीमा पुलै थिएन। कतिपयमा त डुङ्गामाथि मोटरसाइकल चढाएर तर्नुपरेको थियो।

कहाँको त्यस बेलाको सुदूरपश्चिम! कहाँको अहिलेको यो सुदूरपश्चिम!

त्यो बेला बाटामा फाट्टफुट्ट मात्र गाउँ देखिन्थे र देखिन्थे परम्परागत थारू पहिरनका लोभलाग्दा मानिस। अहिले ती सबै गाउँ चहलपहलयुक्त सहरमा परिणत भइसकेका छन् भने महिलाको पहिरन म्याक्सी र सुरुवाल-कुर्ता बनिसकेको छ।

यो बदलिँदो सुदूरपश्चिममा पुरानो सुदूरपश्चिमको स्वाद कल्पिँदै हाम्रो यात्रा धनगढी पुग्यो।

धनगढीमा भोलिपल्ट सदाझैँ मर्निङवाक सुरु भयो।

आजको हिँडाइमा अमृत र मेरा साथमा किरण पनि थिए।

हामी बाटैबाटो मटियारी गाउँतर्फ लाग्यौँ।

बाटाभरि धनगढीको पूर्वी कुनामा विस्तारित नयाँ बस्तीका झलक देखिन्थे।

हिँड्दाहिँड्दै एउटा फराकिलो बाटो आइपुग्यो।

'यो बाटो तयार भएपछि अत्तरिया नभईकनै सोझै महेन्द्र राजमार्गको स्याउलेमा गएर मिसिन्छ,' बाटै छेउमा पेट्रोलपम्प खोलेका मनकामना आयलका मालिक भनिरहेका थिए, 'यसले धनगढी र दिपायलको दूरी मोटरसाइकलमा केवल तीन घण्टामै पूरा हुने गरी छोट्याउनेछ।'

यो जानकारी लिएर हामी फेरि अगाडि बढ्यौँ। एकैछिनमा मटियारी आइपुग्यो।

सबैजसो घर २० वर्षयता बनेका रहेछन्। घरका भित्तामा बनाउँदाको मिति राख्ने प्रचलनले त्यो पत्ता पाउन सजिलो भएको थियो।

'यी सारा बस्ती द्वन्द्वकालमा पहाडी भेगबाट झरेकाहरूको बसोबास हो,'

गायक अमृत भनिरहेका थिए, 'त्यसभन्दा पहिले टायल वा झुपडीका फाट्टफुट्ट घरबाहेक यहाँ कुनै संरचना देखिन्थेन।'

ती घरका मानिस पनि माथिल्लो भेगबाटै आएका हुन् भन्ने स्वरूपबाटै चिनिन्थ्यो।

द्वन्द्वले यसरी हाम्रो सामाजिक संरचनामै प्रभाव पारेको दृश्य त मुलुकभरि नै देखिन्छ।

सशस्त्र द्वन्द्वकै बेला नेपथ्य कन्सर्ट लिएर धनगढी आउँदाका सम्झनाहरू पनि निस्किए।

'एकपटक यहाँ कन्सर्टका लागि आउँदा बसेकै ठाउँमा अचानक सेनाको टोली आइपुग्यो,' अमृतले सुनाए, 'द्वन्द्वको बेला थियो। हामीलाई लिन किन उनीहरू आए भनेर झसङ्ग भयौँ।'

सुरुमा अमृत र किरण जान मानेनन्। एक सैनिकले 'लिएरै आउनू भन्ने आदेश छ' भनेर सुनाए।

अन्ततः उनीहरू ब्यारेक गए। त्यहाँका मेजर छेतेन लामा त अमृतका पुराना साथी पो रहेछन्। साथी आएको थाहा पाएपछि भेटघाट गर्न भनेर ब्यारेकका सैनिकलाई लिन पठाएका रहेछन्।

यस किसिमको ठट्टा मन नपराउने अमृत झनक्क रिसाए।

'एक त यसरी तर्साउने गरी सेना पठाउने नै होइन,' उनले साथीलाई भनेछन्, 'त्यसमाथि तिमीहरू दुईतिर बसेर लडिरहेको बेला हामी कुनै एक पक्षको नजिक कसरी देखिन मिल्छ ?'

सबैतिर कार्यक्रम गर्दै हिँड्नुपर्ने आफूहरूले यसरी सेनाको ब्यारेकमा पस्दै निम्तो मान्दा अर्कातिरका हतियारधारीले अनावश्यक शङ्का गरेर दुःख दिन सक्छन् भन्ने अमृतको तर्क थियो।

साथीसँग जति रिसाए पनि एकछिनको झोँक त हो। गइसकेपछि आतिथ्य स्विकार्नैं पर्‍यो।

खानपिन चलेछ।

'त्यो बेला समाज यसरी बाँडिएको थियो,' अमृत सम्झन्छन्, 'भएभरका सबलाई ज्यान जोगाउनकै सास्ती थियो।'

जताततै प्रहरी र सेनामा साथी भएका मानिसलाई झनै सङ्कट थपिन्थ्यो।

द्वन्द्वबाट अति प्रभावित कैलालीका ती अनुभव सम्झँदा अमृतलाई अहिले पनि 'हामीले बित्थामा कस्तो सङ्कटबाट गुज्रिनुपऱ्यो' भन्ने महसुस हुन्छ।

समाज बिथोलिएको बेला सबैभन्दा बढी साङ्गीतिक क्षेत्र प्रभावित हुने अमृतको अनुभव छ।

'हामी नेपाली सबैभन्दा बढी लोकभाकामा धनी थियौँ,' उनी भन्छन्, 'एकपछि अर्को पुस्तामा हस्तान्तरण हुँदै आउने यो परम्परा नै नराम्ररी बिथोलियो।'

बसाइँसराइ र मानिसका दैनिकीमा आएको परिवर्तनले गाउँघरको मौलिकतासँगै लोकभाका हराएर गए। यसले लोकगीत सङ्कलन गरेर त्यसैलाई रकमा ढाल्दै आम श्रोता-दर्शकमाझ लैजाने काम गर्दै आएको नेपथ्य पनि अत्यधिक प्रभावित भएको अमृत सुनाउँछन्।

'समाजले बेहोर्नुपरेको यो ठूलो नोक्सानी हो,' उनी भन्छन्, 'यस्ता नोक्सानीको लेखाजोखा कसैले गरेका छैनन्।'

द्वन्द्वकालपछि धनगढी तीव्र गतिमा फेरिँदै गएको छ। नयाँ बसोबास र भारततर्फ व्यापक ओहोरदोहोरसँगै यो सुदूरपश्चिमकै केन्द्रका रूपमा विकास हुँदै गएको छ।

धनगढीका तत्कालीन मेजर छेतेन लामासँग अमृतको सङ्गत मैतीदेवी बस्दाखेरिको हो, जति बेला काठमाडौँमा कलेज जीवन चलिरहेको थियो। त्यस बेलाको सङ्गतमा छेतेनबाहेक दिवाकर घले, रवीन्द्र पाण्डे, मनोज

ढुङ्गाना, शेखर कार्की, अशोक गुरुङ, राजु सुवेदी, राजकुमार गुरुङजस्ता साथी पनि थिए ।

त्यो बेला उनीहरूको अड्डा थियो, पुतलीसडकको ताजमहल रेस्टुराँ । बेलुकी परेपछि त्यस रेस्टुराँमा जाने, शीतल पुनले गाएका गीतहरू सुन्ने र अबेरसम्म मातिने नियमित दैनिकी थियो । ताल परे टेबलमाथि नै उभिएर नाच्थे पनि ।

नेपथ्य भर्खर बामे सर्दासर्दैका दिनहरू थिए ती ।

ब्यान्ड बाहिरै भए पनि नेपथ्यलाई आजको ठाउँसम्म ल्याइपुऱ्याउन यी साथीहरूको महत्त्वपूर्ण योगदान थियो ।

यीमध्ये पनि रवीन्द्र र दिवाकरबाट ब्यान्डले धेरै आडभरोसा पाएको थियो।

रवीन्द्र अहिले पनि नेपालकै पारङ्गत भिडियो सम्पादक मानिन्छन् । त्यो बेला नेपाल टेलिभिजनमा कार्यरत रवीन्द्रले नेपथ्यका गीतहरूको म्युजिक भिडियो आफूले चिनेका स्टुडियोहरूमा लगेर सित्तैमा तयार पारिदिन्थे ।

अर्का साथी दिवाकरले भने मैतीदेवी क्षेत्रमा हैकम चलाएका थिए । आफ्नो जगजगी छ भन्दैमा उनी ताकतका भरमा कसैलाई आर्थिक वा राजनीतिक लाभ दिलाउने काम गर्थेनन् । त्यो बेलाका दादाहरू पनि कता-कता रबिन हुड पाराको छवि समातेर बाँच्न खोजिरहेका हुन्थे । अमृतका अनुसार दिवाकरको पनि बढीजसो झगडा कसैमाथि अन्याय भएको छ भने त्यस्तालाई सहयोग गर्नका निम्ति हुन्थ्यो ।

बेलामौकामा दिवाकरलाई सहयोगको खाँचो पर्दा अमृत, दीपक र भीम पुगिदिन्थे । केटौले उमेरको यस्तो गतिविधिले उनीहरूलाई आपसमा राम्रैसँग बाँधिदिएको थियो ।

सन् १९९६ मा नेपाल एकेडेमीमा आयोजित नेपथ्यको पहिलो एकल कन्सर्टको मेरुदण्ड नै दिवाकर थिए । उनी संलग्न मैतीदेवी डिल्लीबजारको 'महावीर क्लब' ले त्यो कन्सर्ट आयोजना गरेको थियो । त्यसको प्रायोजन भने टुबर्ग कम्पनीको थियो ।

ब्यान्डको सङ्घर्ष भर्खर सुरु भएको बेला त्यस्तो भव्य कार्यक्रम आयोजना गरिदिने मात्र होइन, टिकट बेच्नेदेखि सुरक्षाको चाँजोपाँजोसमेत सबै दिवाकरकै समूहले मिलाइदिएको थियो।

सबैथोक अस्तव्यस्त हिसाबले चलिरहेको नेपालमा शक्तिशाली समूहको साथ नपाउने हो भने यस्ता ब्यान्डलाई भयको साम्राज्य चलाएर हिँडिरहेका बाहुबलीहरूले सजिलै कज्याउने गरेका छन्। त्यसैले पनि नेपथ्यलाई दिवाकरको जरुरत परिरहेको थियो।

त्यस्तो आवश्यकताको खाँचो ब्यान्डलाई निकै पछिसम्म पनि परिरह्यो।

एउटा यस्तो समय पनि आयो, जति बेला ब्यान्डलाई ठूलठूला गुन्डानाइकेहरूबाट जोगाउनु असाध्यै मुस्किल पऱ्यो।

प्रसङ्ग कुमार घैँटेको।

कालान्तरमा प्रहरीसँगको इन्काउन्टरमा मारिएका कुमार अहिले पनि नेपालको अपराधमा एउटा चर्चित पाटो मानिन्छ।

दुई दशकजति पहिलेको कुरा हो। एक दिन हङकङमा कन्सर्ट गर्न भनेर ब्यान्डलाई प्रस्ताव आयो। नेपथ्य ब्यान्डलाई चाहिँ नबोलाउने तर अमृतले एक्लै गएर गाइदिनुपर्ने हिसाबको निस्तो थियो।

ब्यान्डलाई बोलाउँदा फन्डै १० जनाभन्दा बढी मानिसको टिमले यात्रा गर्नुपर्ने हुन्छ। जबकि अमृतले एक्लै गएर ट्र्याकमा गाइदिँदा असाध्यै थोरै खर्चमा आयोजकहरूको काम तमाम भइदिन्छ।

यस्ता आयोजकलाई नेपथ्य ब्यान्ड वा यसको गुणस्तरसँग केही लिनुदिनु पनि थिएन। उनीहरूलाई जसरी भए पनि पोस्टरमा ब्यान्डको नाम लेख्नु, अमृतको फोटो टाँस्नु र टिकट बेचेर पैसा कमाउनुसँग मात्रै मतलब हुन्थ्यो।

हङकङको त्यो कन्सर्ट आयोजना गर्नेहरू पनि नेपालबाटै गएर भयको रजाइँ चलाइरहेका मानिस थिए।

अमृतले त्यस प्रस्तावलाई अस्वीकार गरिदिए। त्यसै पनि उनले एक्लै गएर कतै कार्यक्रम गर्न छाडेको धेरै भइसकेको थियो।

बाहुबलीहरूको कार्यक्रममा यसरी 'जान्नँ' भन्नुको मूल्य अमृतलाई महँगो पर्न थाल्यो।

एक दिन कुमार घैँटे नाम गरेका व्यक्ति केही गुन्डासहित नेपालयको कार्यालयमा आइपुगे।

सुरु-सुरुमा व्यवस्थापनका मानिसहरूसँग उनीहरूले कुरा गरे।

त्यसपछिका दिनहरूमा अमृतलाई नै फोन आउन थाल्यो। एक दिन नेपालयमै आएको फोन अमृतले उठाए।

उताबाट 'अमृतजी हो ?' भनेर सोधे।

अमृतले 'हो' भनेपछि 'म कुमार बोलेको' भनेर आवाज आयो।

यी को हुन् र यिनले के चाहेका छन् भन्ने अमृतलाई थाहा थियो।

'भन्नुस्' भने।

'तपाईंले हङकङमा गएर कार्यक्रम गरिदिनुपर्छ,' घैँटेले भन्न थाले, 'नत्र मेरा त्यहाँका साथीहरूले इच्छा गरेको कुरा पूरा गर्न मैले जे पनि गर्नुपर्छ।'

यतिसम्म पनि अमृतले धैर्यपूर्वक चुप लागेर सुनिरहे। तर घैँटेको दम्भ थामिएन।

'मैले जे पनि गर्नुपर्छ भनेको बुझिहाल्नुभयो होला,' उनले आदेश दिँदै थपे, 'तपाईं खुरुक्क गइहाल्नुस्।'

अमृतको कन्पारोको रौँ तात्यो।

'मलाई धम्क्याउन खोजेको ?' उनले पनि निडर भएर प्रश्न गरे।

घैँटेले पनि आफ्नो असली रङ देखाउन थाले।

'तपाईंको बच्चा कहाँ पढ्छ भन्ने मलाई थाहा छ,' उनले भने, 'परिआएको खण्डमा उठाउनुपरे कुनै समस्या हुँदैन।'

अब त अमृतको आक्रोशको सीमा रहेन।

कुमार नाम चलेका ठूलै गुन्डा हुन् भन्ने उनलाई थाहा थियो। तर यति हदसम्म तल गिर्ने मानिसप्रति अब अमृतको मनमा घृणा मात्र थियो। उनले

आँखै देखेनन् । मुखबाट अनायासै अत्यन्त फोहोर गाली निस्क्यो ।

आफूलाई 'डन' भन्ठानेर बाँचिरहेका घैंटेले यस्तो फोहोर गाली सुन्नुपर्ला भन्ने सायद कल्पना पनि गरेका थिएनन् ।

त्यसैले एकछिनसम्म फोनमा दुवैतिरबाट कुनै आवाज आएन । चकमन्न शून्यताकै बीच विद्युतीय कन्याककुरुकजस्तो मात्र बज्यो ।

अमृतले ड्याम्मै फोन राखिदिए ।

त्यसपछि नेपालयको कार्यालयवरपर नचिनेका केटाहरूको चहलपहल बढ्न थाल्यो । ब्यान्डलाई व्यवस्थापन गर्ने साथीहरूलाई पनि धम्कीका फोन आउन थाले । धम्की दिनेहरूले 'नेपथ्यले अब संसारको जुनसुकै कुनामा कन्सर्ट आयोजना गरे पनि त्यहीँ हातखुट्टा भाँचिदिने' भनेर तर्साउने गरेका थिए ।

यस्तो अवस्थामा सुरक्षाका निम्ति प्रहरीलाई गुहार्नुपर्छ भन्ने लाग्यो । तर त्यत्तिकैमा केही साथीले प्रहरीलाई बोलाउनुभन्दा नेपथ्यसँग नजिक रहेका प्रभावशाली जमातलाई यो कुरा अवगत गराएर कदम चाल्नु उचित हुने सुझाव दिए ।

रातारात अनेक बैठक बसे । व्यवस्थापक र शुभचिन्तक साथीहरूले एक्लै भए पनि हङकङ गएर कार्यक्रम गरिदिन सल्लाह दिए ।

अमृतको मनले मानेन । उनले एकोहोरो 'हुँदैन' भनेर अड्डी लिए ।

नचाहिने मानिसका फोनहरू झनै आउन थाले ।

यस परिस्थितिले अमृतको दैनिकी, हिंडडुल र मानसिक अवस्था फेरिएपछि परिवारसमेत चिन्तित हुन थाल्यो । यत्रो हुन्जेल उनले यी सबै विवरण परिवारलाई सुनाएका थिएनन् ।

साथीहरूले कम्तीमा कुमारका फोनहरूको जवाफचाहिँ राम्रोसँग फर्काइदिनुपर्ने अर्को सल्लाह पनि अमृतलाई दिए । त्योचाहिँ उनले स्विकारे ।

यस्तैमा एक दिन फेरि अमृतलाई कुमारको फोन आयो ।

यसपटक उनको आवाजमा धेरै परिवर्तन थियो ।

'तपाईं बेकारमा मसँग रिसाउनुभयो,' उनी भनिरहेका थिए, 'हङकङका मानिसहरू तपाईंकै नजिकका हुन् भने तपाईंले नै उनीहरूलाई सम्झाइदिनुस् न।'

हङकङे आयोजकको टोलीमा एक जना अमृतकै नाताका भाइ पनि थिए। उनलाई फोन गरेर अमृतले आफ्नो अडान सुनाए।

त्यसपछि उनलाई न हङकङबाट ती आयोजकको फोन आयो, न कुमारको।

धनगढीको हावापानीमा एक किसिमको आत्मीयता छ।

चिसापानीबाट कर्णाली नाघेर सुदूरपश्चिम लाग्नेबित्तिकै एउटा फरक भेगको अनुभूति हुन थाल्छ।

पर-परसम्म हरियो जङ्गल। जङ्गलको छेवैबाट विस्तार भएका खेत। खेत पनि आँखाले देखुन्जेलसम्म फैलिएका। जमिन तोरीले पहेँलपुर। मानौँ, हरियो भित्तामा पहेँलो क्यानभास अटाएको छ।

यस दृश्यमा एउटा छुट्टै मादकता छ। यस्तो मादकता यहाँको हावापानीमा पनि यति बेला भेटिन्छ।

बाँकी सिङ्गो मुलुकलाई पुसको ठिहीले सताइरहेको बेला यहाँ भने न जाडो छ न गर्मी।

एकातिर मौसम यसरी रमाइलो छ भने चराचुरुङ्गी पनि उसै गरी रमाइरहेका छन्।

हाम्रै नेपथ्य टोलीमा रहेर आकर्षक तस्बिर तथा भिडियोका निम्ति ड्रोन उडाउँदै आएका दिपित राजको अनुभवले पनि यस भेगका चराचुरुङ्गीको बेग्लै चालामाला दर्साउँछ।

'काठमाडौँतिर आकाशमाथि कुनै नयाँ वस्तु देखेर यसरी चराचुरुङ्गी ज्याम्मिएको मैले देखेको छैन,' दिपित भनिरहेका थिए, 'यस भेगमा भने ड्रोन आकाशमा उडाउनेबित्तिकै चराहरू वरिपरि थुप्रिन थाल्छन् र लखेट्न सुरु गर्छन्।'

सम्भवत: प्रविधि बढी प्रयोग गरिने क्षेत्रमा चराचुरुङ्गी पनि आजित भइसकेका होलान् । यताका यी पक्षी भने प्रकृतिले दिएको गुण बोकेर अझैसम्म पनि रमाइरहेका छन् । त्यसैले आफ्नो आकाशमा दिपित राजको 'नयाँ चीज' देख्नेबित्तिकै उनीहरू त्यसलाई पर्गेल्न र त्यसमाथि खनिन सुरु गरेका होलान् ।

धनगढीमा प्रकृति र जीवनको आत्मीयता मात्र छैन । नेपथ्यलाई माया गर्ने मनहरू पनि यतै भेटिन्छन् । त्यसैमध्येका एक हुन्, यहाँको सेती अञ्चल अस्पतालमा कार्यरत तन्नेरी डा अमृत जैसी ।

एकताका धरानस्थित बीपी कोइराला स्वास्थ्य विज्ञान प्रतिष्ठानसँगको निरन्तर सम्पर्कके क्रममा नेपथ्य जैसीजस्ता थुप्रै युवा चिकित्सकसँग नजिकिएको थियो ।

अहिले भने उनले कुखुराको परिकार बनाएर नेपथ्य बसेको होटलमै टिमलाई चखाउन ल्याइपुऱ्याएका छन् ।

'यो घुइँयाघाटको लोकल कुखुरा हो,' यता हाम्रा दाँतहरूले मासु चपाइरहेका थिए भने उता दन्त चिकित्सक जैसी त्यस कुखुराको बखान गरिरहेका थिए, 'कैलालीको वर्ल्ड फेमस ।'

कटाक्षपूर्ण पछिल्लो वाक्यले भने हामी सबै खितितिती हाँस्यौं ।

मासुको स्वाद भने साँच्चिकै 'वर्ल्ड फेमस' खालकै थियो ।

यी डाक्टरसाहेब फेरि नेपथ्यका हदैसम्मका फ्यान रहेछन् ।

'उहाँ केही महिना पहिले दमकमा आयोजित नेपथ्यको कन्सर्ट हेर्न यति पर धनगढीदेखि पुग्नुभएको थियो,' वर्ल्ड फेमस कुखुराको मासु चपाउँदै गर्दा कसैले वर्ल्ड फेमस किसिमकै अर्को जानकारी दिए ।

'ओहो कन्सर्ट हेर्नकै लागि धनगढीबाट दमक ?' दाँतको काप्चामा अड्केका टुक्रा निकाल्दै गर्दा मेरा आँखा आश्चर्यले विस्फारित भए, 'सुदूरपश्चिमबाट सुदूरपूर्व ?'

जवाफमा दन्त सर्जन जैसीले दाँतका लहर देखिने गरी मुस्काउँदै 'हो' भने ।

'दमकको त्यो कन्सर्ट हामी धराने विद्यार्थीबीच पुनर्मिलनको अवसर पनि बनेको थियो,' उनी भन्दै गए, 'कलेजको परिक्रमा समूहका साथीहरू भेट्ने हिसाबले देशभरि छरिएका डाक्टर त्यहाँ पुगेका थियौं ।'

मैले झट्ट डा स्वतन्त्र गौतमलाई त्यस बखत दमकमा भेटेको सम्झेँ । डा जैसीभन्दा केही ब्याच जेठा स्वतन्त्र धराने विद्यार्थी र नेपथ्यका बीचमा सेतुसमेत हुन् ।

धनगढीमा त्यो रात अबेरसम्म हामीलाई डा जैसीका कुरा र उनका 'वर्ल्ड फेमस' कुखुराले आनन्दित पारिरहे ।

धनगढीमा कन्सर्टस्थलसम्म पुग्ने मोटरबाटो दर्शकको घुइँचोले भरिएको थियो । कलाकार चढेको सवारी मुख्य सडकमै साइड लगाइयो । त्यहाँबाट गल्ली हुँदै थोरै अगाडि बढेपछि वैकल्पिक बाटोले मञ्च तयार पारिएको मैदानसम्म लगिदिन्थ्यो ।

त्यहीँ पुगेर ब्यान्डले कन्सर्ट सुरु गऱ्यो । प्रस्तुति दिउन्जेल अमृतले यस स्थानमा बारम्बार आउँदाका द्वन्द्वकालीन अनुभव सुनाएका थिए । साथमा गीतहरूको शृङ्खला छँदै थियो ।

'अब कुन गीत सुन्ने ?'

हजारौँ दर्शकले भरिएको धनगढीको रङ्गशालामा एक दर्जनजति गीत सुनाइसकेपछि गायक अमृतले नाच्दानाच्दै थाकेका दर्शकलाई प्रश्न तेर्स्याइदिए ।

उता मञ्चमा बालिएका बत्तीहरूको झिलिमिलीले घरी रङ्गशालाभरिको भुइँ झिलिक्क पार्दै थियो त घरी माथि सिङ्गो धनगढीको आकाशलाई चकमन्न बनाउँदै थियो ।

तल चौरभरि उफ्रिरहेका दर्शकले चिच्याएर एकै स्वरमा एउटै गीतको नाम लिए–

'रेश्शम' ।

अमृतले बुझ्दाबुझ्दै पनि नसुनेजस्तो गरेर कान थापे । र, फेरि चिच्याएर सोधे ।

'ए अब कुन गीत सुन्ने हो ?'

अघिको भन्दा झनै ठूलो स्वरमा दर्शकदीर्घाबाट फेरि उही लयमा आवाज आयो–

'रेश्शम' ।

अमृतले ब्यान्डका साथीहरूतिर फर्किएर बोले, 'लौ उसो भए रेश्शम जाओस् ।'

विश्व नयाँ सहस्राब्दीमा प्रवेश गरिरहेकै बेला नेपथ्य ब्यान्डले पनि एउटा गीतबाट आफ्नो चोला परिवर्तन गरेको थियो । सन् २००१ मा सार्वजनिक भएको त्यस गीतले ब्यान्डलाई नै एउटा नयाँ मोडमा ल्याएर उभ्याइदियो । पप ब्यान्डका रूपमा उदय भएको नेपाली युवा पुस्ताको ढुकढुकी समात्ने यो समूह अब त्यसै मोडबाट रक ब्यान्ड बन्दै थियो ।

ब्यान्डको आजसम्मै सर्वाधिक प्रिय बन्न सफल त्यस गीतले भन्थ्यो–

सानोमा सानो कमलको हाँगा, रेश्शम

कोपिला बस्यो नङले गोडेर हो, रेश्शम

यस गीतलाई शब्द र सङ्गीतले भन्दा पनि चमत्कारपूर्ण अरेन्जमेन्टले धेरै उपल्लो स्थानमा उकालिदिएको थियो ।

गाउन सुरु गर्नुअघि लिड गितारको एउटा मिठो आवाजले फन्को मार्न थाल्छ । त्यसलाई केही क्षणमै ड्रमसेटले टिप्छ । अनि एउटा लामो आलाप आउँछ । आलापसँगै कोरसले भन्छ– 'रेश्शम' ।

मनमस्तिष्कलाई नै मथिदिने क्षमता राख्छ यो अनौठो अरेन्जमेन्टले ।

जसै यो गीत रेकर्ड भएर बाहिर आयो, हेर्दाहेर्दै नेपथ्यको उचाइ धेरै माथि पुग्यो । एउटा नयाँ युग अब उसका सामुन्ने खडा भयो ।

यसरी एउटा गीतले कमालै गरिदियो ।

त्यो गीत र अरू पनि थुप्रै लोकप्रिय गीत दिएको नेपथ्यको त्यस एल्बमले नामै 'रेशम' पायो ।

'रेशम' एल्बमको कथा रोचक छ ।

पहिलो लहरमा हङकङ र त्यसपछि जापान गरेर नेपथ्य दुईपटक टुक्रा परिसकेको थियो । पछिल्लोपटक जापानमा ब्यान्डका लगभग सबै साथी छाडेर अमृत फर्किएपछि अब न ब्यान्ड बचेको थियो न ब्यान्डको साख ।

अमृत फोटोग्राफी र डकुमेन्ट्रीको दुनियाँमा रमाउने कोसिस गरिरहेका थिए । नयाँ क्षेत्रले उनलाई नयाँ सङ्गत पनि दिएको थियो ।

त्यस्तै बेला एक जना साथी अलिक धेरै नजिक हुँदै गए । उनी थिए, किरणकृष्ण श्रेष्ठ ।

त्यो ताका किरण यङ एसिया टेलिभिजनमा काम गर्थे । त्यहाँ श्रव्यदृश्यमा रुचि राख्ने तन्नेरी पुस्ताको उल्लेख्य उपस्थिति हुने गर्थ्यो । अमृत आफैँ पनि श्रव्यदृश्यका विद्यार्थी भएकाले त्यहाँ गइरहन्थे ।

त्यो बेला भिडियोमा बिस्तारै प्रवेश गर्न थालेको डिजिटलको प्रभावले यो माध्यमलाई सर्वव्यापी बनाउँदै लैजान थालेको थियो । गीत-सङ्गीतको काम नगरे पनि आफ्ना पुराना गीतहरूलाई भिडियोमा रूपान्तरण गर्दा एक किसिमको सन्तुष्टि मिल्थ्यो । यस्ता सौखिनहरूलाई भिडियो सम्पादनको सुविधा यङ एसिया टेलिभिजनमा उपलब्ध थियो ।

यस्तोमा कालीगण्डकीमा राफ्टिङ गर्दै खिचिएको 'एक्सिडस' गीतको म्युजिक भिडियो बनाउने क्रममा किरण र अमृतको भेटघाट भयो ।

किरणको कुरा गराइ तर्कपूर्ण हुन्थ्यो, जसमा अमृतलाई विश्वास लाग्थ्यो । यति भएपछि सङ्गत ज्याँगिन समय लागेन ।

अर्कातर्फ अमृतलाई सदैव माया गर्दै आएका केटाकेटीदेखिका साथी अनि नेपथ्यका संस्थापक दीपक पनि थिए । एक दिन अचानक दीपकको फोन आयो । भेटघाट पनि भयो ।

'तँ के भएको ?' दीपकले अमृतलाई यो प्रश्न ठ्याक्कै त्यसै गरी गरे, जसरी केही वर्षअघि निराश भई पोखरा पुगेका उनलाई काठमाडौँ फर्काउने बेला सोधेका थिए ।

'तँ लाग्नुपर्ने म्युजिकमै हो,' उनी भनिरहेका थिए, 'सङ्गीतलाई निरन्तरता नदिएर यसरी यताउता बरालिनु तँलाई राम्रो हुँदैन ।'

दीपकले यसो भनेपछि अमृत गम्भीर भए। उनलाई एकपटक नयाँ साथी किरणसँग पनि सल्लाह लिन मन लाग्यो।

'तिमीले म्युजिकै गर्नुपर्छ अमृत,' किरणले पनि त्यही कुरा दोहोऱ्याउँदै सम्झाए, 'मैले पहिले पनि दुईचारपटक तिमीलाई भनेकै हो।'

किरणले पनि दीपककै लयमा बोलेपछि अमृत सोचमग्न भए। घरमा श्रीमतीसँग पनि सल्लाह गरे।

'सबैभन्दा पहिले बनाइरहेको डकुमेन्ट्री पूरा होस्,' श्रीमतीको सल्लाह थियो, 'त्यसपछि आफूलाई जेमा बढी खुसी मिल्छ, त्यही गर्नुस्।'

त्यही ताका बेलायतबाट आएका नेपथ्यका एक जना शुभचिन्तक भाइले फेरि सङ्गीततर्फ प्रोत्साहन गर्न आर्थिक सहयोगको ढोकै खोलिदिए। ती भाइ अर्थात् ब्रिटिस लाहुरे किरण गुरुङले ब्यान्डका म्यानेजर ज्ञानेन्द्रलाई एक लाख ६५ हजार रुपैयाँ बुझाइसकेका रहेछन्। उनले अमृतलाई थप सहयोगका लागि पनि तयार रहेको जानकारी दिए। त्यो बेला यति पैसाको महत्त्व धेरै थियो।

'यो पैसा राखे पनि राख्नुस्, मासे पनि मास्नुस्, मचाहिँ फर्किएँ' भनेर उनी बेलायततर्फ गए।

कुरा किरण गुरुङको मात्र थिएन। नेपथ्यको चिन्ता लिने तन्नेरीहरू जतातातै देखिन्थे। उनीहरूलाई अमृतले भोगिरहेजस्तो ब्यान्डको दैनन्दिनीबारे न थाहा थियो न त्यसको मतलब थियो। उनीहरू केवल आफ्नो प्रिय ब्यान्ड फेरि जागोस् भनेर कामना गर्थे।

अब ब्यान्डको काम फेरि कसरी अघि बढाउने ?

नेपालमा भएकामध्ये अमृत बैरागिएर फिल्ममेकरको धुनतिर लागेका थिए भने रत्न पोखरातिर आफ्नै सुरमा।

अमृतले सबैभन्दा पहिले डकुमेन्ट्री सिध्याए।

यो डकुमेन्ट्री गुरुङ जातिमा परम्परादेखि प्रचलित छोरीचेलीलाई अन्नपूर्ण हिमालको परिक्रमा गराउने 'दूधपोखरी जात्रा' बारे थियो।

जातीय संस्कृतिमा आधारित यस डकुमेन्ट्रीको प्रतिफल भने सोचेजस्तो भएन।

यस अवस्थालाई लिएर त्यसै क्षेत्रका साथी सरोज, मनोद र रामसँग कुराकानी गर्दा उनीहरूले पनि अमृतलाई सङ्गीतमै लाग्न सुझाव दिए। डकुमेन्ट्रीले राम्रो सफलता दिलाएको भए सायद अर्को हिसाबले सोच्न पनि सक्थे होला। त्यो स्थिति पनि बनिदिएन। सङ्गीतकै पक्ष बलियो बन्दै गयो।

बाहिर त नेपथ्यका प्रशंसकले चाहना राख्ने मात्र होइन, परिआए सहयोगै गर्ने तत्परता देखाइरहेका थिए।

सबैतिर विचार गरेपछि अमृतले ब्यान्डका व्यवस्थापक ज्ञानेन्द्रलाई फोन गर्दै आफू फेरि सङ्गीतमा लाग्ने समाचार सुनाए। 'ल, के-के छ, अब सबै कुरा व्यवस्थापन गरौँ,' उनले भने।

सबैभन्दा पहिले त गितार बजाउने मानिसको आवश्यकता थियो।

त्यसका निम्ति भर्खरै नेपाल आएका नरेश जत्तिको उपयुक्त अरू को हुन सक्थ्यो ?

नरेशलाई अमृतले केही वर्षअघि मात्र जापान जाँदा भेटेको प्रसङ्ग त आइसकेको छ। त्यसबाहेक नरेश किरणकृष्णका स्कुले सहपाठीसमेत थिए। यस्तोमा उनीहरूबीच नेपालमा फेरि भेटघाट सुरु भयो।

अमृतको स्वरमा साथ दिन रिदम गितारमा रत्न, लिड गितारमा नरेश, बेस गितारमा माइकल र ड्रम्समा ध्रुव तय भए। अमृत, रत्न र ध्रुव भने जापान नबसेर फर्केका नेपथ्य सदस्य थिए। किबोर्डका निम्तिचाहिँ 'देखा जाएगा' भनियो।

साउन्डका निम्ति आवश्यक सामान ठीक पारिदिन हेमलाई जिम्मा लगाइयो।

पैसा त किरण गुरुङले दिएकै थिए। अपुग भए ज्ञानेन्द्र पनि तयार देखिए।

रिहर्सलका लागि ध्रुवले सीतापाइलामा एउटा कोठा खोजे। कोठाको भित्ताभरि साथीहरूले डनलप टाँसे। कोठा 'साउन्डप्रुफ' बन्यो। डनलपमाथि प्लाइवुड राखेर प्वाल पारेपछि रिहर्सल गर्ने ठाउँ मोटामोटी रूपमा तयार भयो। त्यसैको छेउमा रत्नका लागि बस्ने कोठा पनि बन्दोबस्त गरिएको थियो।

छेउमा स्कुल पनि भएको त्यस घरमा धेरै किसिमका मान्छे भाडामा बस्थे। तल सटरमा चियापसल थियो।

ब्यान्डका सदस्यहरू निर्धारित समयमा जम्मा हुन्थे, रिहर्सल गर्थे र दिनभरिको काम पूरा भएपछि फर्कन्थे।

यसरी १० बाई १२ को त्यस साँघुरो कोठामा नेपथ्यको पुनर्जन्म हुँदै थियो।

गीतहरूको छनोट चल्यो। लगत्तै त्यसमा अनेक प्रयास, प्रयोग र प्रयत्न पनि भए। ब्यान्डका सदस्यहरू सबै टिममा बस्थे र सुन्थे। के गर्ने र के नगर्ने भन्नेमा सामूहिक निर्णय लिन्थे।

छानिएका गीतहरूमा विशेष गरेर नरेशको नेतृत्वमा अरेन्जमेन्टको काम अघि बढ्न थाल्यो।

नरेशसँग सङ्गीतको राम्रो समझ थियो। विशेष गरेर 'पिङ्क फ्लोइड' र 'डिप पर्पल' का कामको प्रभाव नरेशको पूर्वब्यान्ड 'क्रिसक्रस' मा अमृतले देखेका थिए। अर्थात् अब नेपथ्यमा नरेशसँगै रक सङ्गीतको प्रभाव भित्रिनेवाला थियो।

सबैभन्दा पहिले त 'मै नाचे छमछम्ती, साली फनफनी घुमेर' भन्ने गीत केही समयदेखि सङ्कलनमा थियो। त्यसैको अरेन्जमेन्ट चल्यो।

अर्कोचाहिँ ब्रजेश खनालको गीत थियो, 'ढकढक' भन्ने। 'खै कहाँ पाउने यहाँ जाँतोको घरघर, खै कहाँ सुन्ने यहाँ ढिकीको ढकढक'। यसलाई नरेश र अमृतले यत्तिकै बस्दाबस्दै तयार पारेका थिए।

तेस्रो प्रयासमा भने एल्बमको शीर्ष गीत बन्न सफल 'रेशम' आइपुग्यो।

उति बेलै एक जना भेटिएका थिए, राजेन्द्रबहादुर ठकुरी। उनी अमृतका साथी चन्द्रबहादुरका दाइ थिए। स्कुल पढ्दाका मुस्ताङे साथी उनै चन्द्रबहादुर, जो निकैपछि जापानमा भेट हुँदा असाध्यै रमाएका थिए। चन्द्रका दाइ राजेन्द्र पहिले पुलिस क्लबमा मोटरसाइकल उडाएर स्टन्ट दिने काम गर्थे।

एक दिन कुराकानीका सिलसिलामा जोमसोम स्कुलमा पढाउन उहिल्यै दार्जिलिङतिरबाट आएका दुर्गाबहादुर थापा सरको चर्चा राजेन्द्रले निकाले।

त्यस जमानामा थापा सरले हार्मोनियम बजाएर विद्यार्थीलाई गीत सुनाउने र सिकाउने पनि गर्दा रहेछन्। ती विद्यार्थीमध्येमा राजेन्द्र पनि थिए। थापा सरलाई एकपटक भेट्ने हो भने राम्रा-राम्रा गीतको सङ्कलन फेला पर्ने जानकारी राजेन्द्रले अमृतलाई दिए।

दुर्गाबहादुर थापा सिर्जनशील रहेछन्। उनका कविताहरूको सङ्ग्रह पनि प्रकाशित भइसकेको राजेन्द्रले अमृतलाई सुनाए।

थापा सर त्यो ताका छाउनीस्थित एउटा कार्यालयमा काम गर्थे। अमृत भेट्न गए। दुवैबीच कुराकानी भयो। सरले आफूसँग भएका गीत टेपमा रेकर्ड गरेरै दिने बताए।

'हामीले त्यो दिन जुन घरमा भेटघाट गरेका थियौँ, त्यसै घरमा कालान्तरमा नेपाल सङ्गीत तथा नाट्यकला प्रज्ञा प्रतिष्ठानको पहिलो कार्यालय खुलेको थियो,' अमृत सम्झन्छन्, 'जहाँ अम्बर गुरुङले कुलपति भएर काम गरेका थिए।'

थापा सरबाट पाएको टेपमा दुई-तीनवटा गीत रेकर्ड गरिएको थियो। पोकामा त्यो चक्कासँगै गीतको किताब पनि थियो।

'मसँग त्यो गीतको किताब अहिले पनि सुरक्षित छ,' अमृत भन्छन्, 'त्यस टेपका विभिन्न सिर्जना सुन्ने क्रममा रेशम भन्ने ट्युनचाहिँ मलाई विशेष मन पर्‍यो।'

गीत पाइसकेपछि अमृतले दुर्गाबहादुर थापालाई त्यसको पृष्ठभूमि र सङ्कलन क्षेत्रबारे सोधखोज गरे।

त्यो बेला सडकको सुविधा थिएन। पैदलै ओहोरदोहोर गर्नुपर्थ्यो। थापा सरले दार्जिलिङबाट मुस्ताङ जाने क्रममा खोटाङतिर बास बसेको बेला यो गीत सुनेका रहेछन्।

यात्राका क्रममा सुनेको गीत आफूलाई मन परेपछि बारम्बार गाउन थालेको र जोमसोम लगायतका स्कुलमा केटाकेटीलाई पनि सिकाएको जानकारी ती पुराना गुरुले दिए।

'हस्, हामी यो गीत ट्राई गर्छौं,' अमृतले भने।

त्यसपछि अरेन्जमेन्ट सुरु भइहाल्यो।

तर त्यस गीतको प्रारम्भिक अंश तयार पार्नै हम्मे पऱ्यो।

'हामीले दुई–तीन किसिमबाटै उठाउन खोज्यौँ,' अमृत भन्छन्, 'तर कसै गरे पनि अरेन्जमेन्ट जम्दै जमेन।'

यत्तिकै सुन्दा जति मिठो भए पनि रेकर्ड गर्नलाई गतिलो अरेन्जमेन्ट चाहिन्थ्यो। त्यो नहुने हो भने गीत रेकर्ड गर्नुको अर्थ रहन्थेन।

केही सीप नलागेपछि त्यो गीत तत्काललाई थन्क्याउने र अरू गीतमा हात हाल्ने निर्णय भयो।

त्यति मन परेको त्यस गीतका लागि अरेन्जमेन्ट नै नजमेपछि यही एल्बममा अब समेटिन्न होला भन्ने मनस्थिति बनिसकेको थियो। ब्यान्ड अन्य गीततर्फ लाग्यो। त्यसै मध्येमा अर्को गीत थियो– 'जीवन हो घामछाया, सुखदुःख दुवै हुन्छ'।

पछि कोरसले 'यो जिन्दगानी, यो जिन्दगानी' भन्ने हिसाबले तयार पारिएको यो गीत पनि अमृतलाई सुरुमा असाध्यै मन परेको थियो। यसलाई पोखराकै श्यामसुङ तामाङले तयार पारेका थिए र रेकर्ड हुनुभन्दा पहिलेदेखि नै नेपथ्यले जमघटमा गाउँदै आएको थियो।

तर जब ब्यान्डले यसलाई एल्बममै समेट्ने निधोसहित गीतकार श्यामसुङसँग अनुमति माग्यो, उनले नदिने निर्णय सुनाइदिए।

'यो हाम्रो ब्यान्डको गीत हो,' श्यामसुङको भनाइ थियो, 'त्यसैले तपाईंहरूको एल्बममा नराखौँ होला।'

अमृत पनि 'हुन्छ' भनेर फर्किए।

एक दिन फेरि ब्यान्डमा 'यो गीत त गर्न पाए हुने' भनेर कुरा उठ्यो।

भोलिपल्ट बिहानै फेरि अमृत र माइकलले श्यामसुङलाई पोखरा ट्रङ्क कल गरे।

'भाइ, तिम्रो गीत मलाई फेरि पनि छाड्न मन लागेन। राम्रो गीत छ। मलाई गाउन देऊ। तिमीले म्युजिक भिडियो पनि बनायौ। मैले टेलिभिजनमा हेरेँ। तर यस्तो राम्रो गीत मानिसले यादै गरेनन्। यति राम्रो

गीतमाथि अन्याय नगर। यो त्यत्तिकै मर्छ। यसलाई यसरी मर्न नदेऊ,' अमृतले एक सासमै कुरा राखे।

उताबाट 'फेरि साथीहरूले के भन्लान्!' भन्ने जवाफ आयो।

अमृतले आफ्नो सिर्जनामा अरूको हक नलाग्ने भएकाले साथीहरूको चिन्ता लिनु खासै जरुरी नरहेको सुनाए। उता श्यामसुङका साथीहरू पनि नेपथ्यका सदस्यहरूजस्तै कोही कता कोही कता हराइसकेका थिए।

यस्तो स्थितिमा श्यामसुङले 'हुन्छ दाइ' त भने। तर 'म्युजिक भिडियोचाहिं नबनाउनुस् है' भनेर सर्त राखे।

त्यसपछि अमृतले 'लौ त अब यो गीत गाउने भइयो' भन्दै तात्तातो खबर ब्यान्डका सदस्यहरूलाई सुनाए।

केही बेरमै आइपुगेका नरेशले यसलाई श्यामसुङले गाएकोभन्दा अलिक बेग्लै तवरबाट अरेन्जमेन्ट गर्ने बताए।

एकैछिनमा तयार भएको अरेन्जमेन्ट असाध्यै सरल थियो। अरेन्जमेन्ट जब शब्द सँगसँगै सुस्तरी बग्न थाल्यो, यो भित्रैसम्म प्रभाव छाड्दै अघि बढेको महसुस ब्यान्डका सदस्यहरूलाई भयो–

यो जिन्दगानी, यो जिन्दगानी

गीत मिठो भएपछि स्वाभाविक रूपले सबैको प्रिय बनिहाल्छ।

कन्सर्टहरूमा प्रायः दर्शकले उत्पन्न गर्ने आवाजलाई पनि कसरी समेट्ने भन्ने प्रयास सङ्गीतकर्मीहरूले गर्छन्। विशेष गरी रक म्युजिकमा यस्तो प्रयोग हुने गर्छ, जसको मानकका रूपमा 'क्विन्स' ब्यान्डको 'वी विल रक यु' जस्ता गीत छन्।

'यो जिन्दगानी' मा त्यस्तो प्रयोग हुने सम्भावना देखियो। यसलाई नेपथ्यले तयार पार्दाचाहिं अन्त्यतिर तालीको यस्तो सामन्जस्य मिलाइएको छ, जसलाई कन्सर्टको बेला दर्शक प्रतिक्रियाले जहिल्यै जीवित पारिदिन्छ।

त्यसपछि अर्को गीत थियो–

खान्नँ म त लामपाते सुरती
लाऊँ कि नलाऊँ जुग जाने पिरती

अमृतले यो गीत सानै छँदा पोखरातिर गन्धर्व भाकामा सुनेका थिए। उनीहरूको गीतले भन्थ्यो–

बाउआमालाई नगर हेला
तोरी फूल, हामीलाई नभुल

अमृतले गन्धर्वहरूबाट उहिल्यै सुनेको यसै भाकालाई पोखरा छेउकै माटेपानीका एक जनाले भने असाध्यै मिठो गरी गाउँदा रहेछन्।

जगु भनिने ईश्वर आफैं पनि राम्रा गायक थिए। उनले गितार बजाएर गाउने यो भाका अमृतलाई पोखराकै तन्नेरीहरूले यसरी सुनाएका थिए–

घर त मेरो पातीले बारेको
रक्सी मिठो ङोल्स्योले पारेको
खान्नँ म त लामपाते सुरती
लाऊँ कि नलाऊँ जुग जाने पिरती

ईश्वर कुनै समय अरबतिर हुँदा यसरी गाउँदा रहेछन्। अमृतलाई गीत मिठो लाग्यो। त्यसपछि माटेपानीको पुलहाउसमा एक दिन भेटघाट तय भयो। अमृतले आफूले पाए यसलाई गाउने इच्छा रहेको सुनाए।

ईश्वरले अनुमति दिएनन्।

अमृतका साथमा चन्द्र र रत्न पनि थिए।

ईश्वरले नदिने बताएपछि चन्द्रले 'तैँले गाएको कसले सुन्छ ?' भनेर सम्झाए। 'अमृत दाइले गायो भने राम्रोसँग रेकर्ड हुन्छ र दुनियाँले सुन्छन्' भनेर बुझाउन खोजे।

त्यसपछि सबैका माझमा चन्द्रले उनलाई गीत गाएर सुनाउन भने। ईश्वरले गितार बजाएर गाउन खोजे। तर आफ्नै गीत उनले गाउन सकेनन्।

'हामी बसेको बेला समेत सुनाउन नसक्ने मान्छेले कसरी रेकर्ड गर्छस् ?' चन्द्रले भने, 'खुरुक्क यो गीत दाइलाई दे।'

त्यहाँ भएका अरूले पनि ईश्वरलाई सम्झाए।

सबैतिरको भनाइ सुनेपछि उनले बल्लतल्ल 'हुन्छ नि त दाइ, गाउनुस्' भनेर जवाफ दिए।

नेपथ्य टोली भोलिपल्टै सरुभक्तकहाँ पुग्यो।

'दाइ, यो ट्युनमा तपाईंले शब्द लेखिदिनुपऱ्यो।'

सरुभक्तले ईश्वरको ट्युनकै आधारमा शब्द लेखेर तत्कालै पठाइदिए। त्यसरी जन्मेको गीत हो–

आज भोलि के भयो के भयो
कसले-कसले हो, स्वाट्ट यो मन छोयो
खान्नँ म त लामपाते सुरती
लाऊँ कि नलाऊँ जुग जाने पिरती

सरुभक्तको शब्द पाएपछि गीत झलमल्ल बलेजस्तो भयो। यति राम्रो सिर्जना हातमा परेलगत्तै रेकर्डिङ प्रक्रिया पनि सुरु भयो। सुरुमा त यसलाई पनि अरेन्जमेन्ट चाहिन्थ्यो। त्यो पनि उत्तिकै मिठो भइदियो।

अर्को गीत पोखराकै सर्जक प्रकट पगेनीको थियो–

नराम्रो सपना देखेथें राति, केही भो कि तिमीलाई
म भित्रभित्रै जलेको छु, जलाई आफूलाई

पगेनीका शब्द मात्रैले पनि गाइरहेको भान पार्छन्, लाग्छ धुनै चाहिँदैन।

अमृतले यसलाई अलिक अगाडि नै कम्पोज गरेका थिए। तर उति बेलै बिर्सिसकेका पनि थिए।

सम्झाउने कारकचाहिँ जसकाजी गुरुङ भइदिए।

त्यो ताका अमृत जापानमा जसकाजीको पाहुना बनेर बसेका थिए।

जसकाजीकी श्रीमती भने भारी जिउ भएपछि नेपाल फर्किएकी थिइन् । जापानमा एक्लै दिन बिताइरहेको बेला नेपालमा रहेका सुत्केरी श्रीमती र नवजात छोरीलाई सम्झेर जसकाजी भावुक हुन्थे। एउटा पति र पिताको त्यस किसिमको छटपटी देखेपछि त्यही भावमा अमृतले प्रकट पगेनीको शब्दमा सङ्गीत भरेका थिए।

मोटामोटी कम्पोजिसन पहिल्यै भइसकेको यो गीत अरेन्जमेन्टले पनि सजियो।

त्यसपछि 'रेशम' एल्बमको खातामा थपिएको अर्को गीत थियो–

माया गर्ने बानी, उल्टै गर्छ हानि
छुटिँदैन केही गर्दा पनि लागेको बानी

यो गङ्गा वरदानको रचना र सङ्गीत हो।

वरदान विशेष गरी पूर्वतिर त्यसमा पनि अरुण उपत्यकातिरका भाकामा आधारित गीतहरूका निम्ति प्रसिद्ध छन्। अलिक बेग्लै र रेकर्ड नगरेको यो गीत वरदानले बेला-बेलामा अमृतलाई गाएर सुनाउँथे।

अमृतले भने यो गीत अमर पोखरेलीबाट पहिले पनि सुनिसकेका थिए।

'मैले वरदान दाइकै शैलीमा गाउँछु भनेर इच्छा राखेँ,' अमृत थप्छन्, 'दाइबाट अनुमति पनि पाएँ।'

पाकिस्तानका चर्चित फिल्म निर्देशक फरजाद नवीले यस गीतको म्युजिक भिडियो बनाइदिएका थिए। वृत्तचित्र लिएर नेपालका महोत्सवहरूमा आइरहने फरजाद त्यो भिडियो निर्माणकै बेलादेखि नेपथ्यका साथी बन्न पुगे।

'रेशम' मै प्रवीण गुरुङको 'उकाली ओराली चढ्दै र झर्दै' लाई फेरि एकपटक समेटेपछि अर्को अन्तिम गीत बन्यो– 'घटना'।

यो गीत अमृतलाई बाल्यकालदेखि प्रभाव पारेको एउटा घटनामा आधारित थियो।

गन्धर्व सङ्गीत परम्परामा मानवीय भोगाइलाई वर्णन गर्ने विशिष्ट शैली छ। त्यसलाई गन्धर्वहरूले 'घटना' भनेरै गाउँदै आएका छन्। त्यसै शैलीलाई परिमार्जन गरेर यो गीत प्रस्तुत गरिएको थियो।

केटाकेटी छँदा गाउँघरमा गन्धर्वहरू आएर गीत सुनाइरहन्थे। त्यो बेला सारङ्गीको धुनमा घटना विवरण सुन्न पाइथ्यो। मुलुकका विभिन्न भागमा घटेका ती घटना मर्मस्पर्शी हुन्थे।

मानिसका भोगाइ सुनाइसकेपछि गन्धर्वहरूले सन्देश पनि दिने गर्थे। त्यस्ता सन्देशमा यस्तो घटना फेरि नदोहोरियोस् भनिएको हुन्थ्यो। जस्तो कि, 'नखेल्नू जुवा र तास, धनको नाश जीवनको बनीबास'।

घटना गाइसकेपछि त्यसको पाठका रूपमा अर्ति पनि गाएरै सुनाउने यस शैलीले अमृतलाई बाल्यकालदेखि छुँदै आएको थियो।

कालान्तरमा यस किसिमको गीत गाउन मन लागेपछि अमृतले पोखरामै सुनेको एउटा दुःखान्त प्रेमलाई आधार बनाए।

अहिले भव्य महेन्द्रपुल भएको ठाउँमा निकै अघि पुरानो पुल थियो।

देशभित्रकै कुनै ठाउँका युवक र युवती भागेछन्। उनीहरूलाई अन्य मानिसले पछ्याउन सुरु गरे। त्यस बेलाको प्रशासनदेखि सरसमाज सबै मिलेर त्यस जोडीलाई छुट्याउनतिर लागे। उनीहरू यस्तो अवस्थामा भागेर पोखरा आइपुगेका थिए। त्यसपछि बाटो थाहा नपाएर भौँतारिए। सेतीको खोँचमा पुगेर हाम्फाल्दै ग्याङतिर छिर्न खोजे। र, अन्त्यमा सेती नदीमा खसेर त्यस जोडीको मृत्यु भयो। उनीहरूको लास रामघाटको बगरमा भेटिएको थियो।

यस्तो हृदयविदारक घटनाले उति बेलै पोखरेलीहरूको मन हल्लाएको थियो।

बाल्यकालदेखि सम्झनामा बसेको त्यही घटनालाई नै विम्बका रूपमा लिएर तयार पारिएको गीतले भन्थ्यो–

सौन्दर्य त्यो हिमाली काखमा
देवल र मन्दिरको माझमा
दुई फूल फक्रँदै थिए...

कम्पोज भइसकेपछि सबैभन्दा पहिले त नरेश असाध्यै उत्साहित भए।

'घटना' गीत अरेन्जमेन्ट गर्ने बेला रिहर्सल कोठामा जिरो वाटको रातो बत्ती बालिएको थियो। सङ्गीतमा सक्दो 'फिलिङ' आओस् भन्ने हिसाबले यसो गरिएको थियो।

त्यस गीतको अरेन्जमेन्ट पनि सकियो।

ब्यान्ड करिब-करिब रेकर्डिङको तयारीमा पुगिसकेको थियो।

एल्बमको तयारी भनेको आमा प्रसव वेदनाबाट गुज्रनुजस्तै हुन्छ। गर्भाधानदेखि सुत्केरी हुँदासम्मका चरणजस्तै यसमा अनेक आरोहअवरोह आउँछन्। अनेक भावना र विचारको समागम हुन्छ। एल्बम निकाल्नु भनेको चाहिँ अन्तिममा बच्चालाई सकुशल यस धर्तीमा ल्याउनुजस्तै हो। त्यो जति जिज्ञासाले भरिएको उत्साहजनक क्षण हुन्छ, त्यत्तिकै नवजात आउँदाको नाजुक क्षण भएकाले होसियारी पनि अपनाउनुपर्छ। अन्त्यमा पीडाको चरमोत्कर्षसँगै परिणाम हासिल हुन्छ।

'रेशम' को रेकर्डिङ म्युजिक नेपालमा हुने भयो। यसअघि 'मीनपचासमा' एल्बमको बजार व्यवस्थापन त्यहीँबाट हुँदा राम्रो बिक्री-वितरण भएको थियो।

रेकर्डिस्टका रूपमा दिपेश प्रधान थिए।

त्यो बेला ड्रम्स अलगै बजाउनुपर्छ भनेर भित्ताहरू फोडियो। त्यसपछि 'लाइभ' शैलीमै एल्बमको रेकर्डिङ सुरु भयो। सबैभन्दा पहिले ड्रम्सका आवाज लिइयो। अरू रेकर्ड पालैपालो गर्ने र क्रमशः मिसाउँदै जाने हिसाबले काम अघि बढ्यो।

म्युजिक नेपालमा सबै चीज राम्रोसँग चलिरहेको थियो। अबचाहिँ 'घटना' को पालो आइपुग्यो। रेकर्डिङका लागि जेठ २० तोकिएको थियो। त्यसका लागि सबै तयारी अघिल्लो दिन भइसकेको थियो।

अचानक मध्यरातमा अमृतलाई किरणको फोन आइपुग्यो।

'नारायणहिटी दरबारको घटनाबारे केही थाहा पायौ ?' किरणले सोधे।

अमृतलाई केही थाहा थिएन।

किरणले दरबार हत्याकाण्डको बेलिविस्तार लगाउँदै अस्पष्ट सूचना, अन्योल र अनिश्चितताका सङ्केतहरू गरे। गोली लागेर राजारानीसहित सबैलाई छाउनीस्थित वीरेन्द्र सैनिक अस्पतालमा लगिएको जानकारी पनि उनैले दिए।

अमृतलाई एकछिनसम्म केही गर्न मन लागेन। भाउन्न भएर त्यत्तिकै बसिरहे।

त्यसपछि धेरै फोन आउन थाले।

अब भोलिको रेकर्डिङ पो के होला ?

तैपनि अमृतले रेकर्डिङ गर्नुपर्छ भनेर अडान लिए।

'नहुनु भइहाल्यो, हामीले आफ्नो काम रोक्नु हुँदैन भन्ने मेरो धारणा थियो,' अमृत त्यस बेलालाई स्मरण गर्छन्, 'साथीहरूले पनि मेरो भनाइमै सहमति जनाए।'

तर ब्यान्डले रेकर्डिङ गर्ने निर्णय लिएर के गर्ने ? स्वयम् म्युजिक नेपालले नै उसको स्टुडियो त्यो दिन बन्द गरिदियो। अनुरोध गर्दा पनि 'मिल्दैन' भनेर जवाफ दिइएपछि उनीहरू फर्किए।

त्यो दिन काठमाडौँका सडकभरि मानिस देखिन्थे। तैपनि सहरमा अनौठो सन्नाटाजस्तो फैलिएको थियो। ब्यान्डका सदस्यहरू दिनभर चुपचाप भौँतारिएर छाउनी अनि उपत्यकाका भित्री सहर घुमिरहे। असाध्यै अन्योल र निराशाको समय थियो त्यो।

त्यसको केही दिनमा घटना रेकर्डिङ भयो।

रेशम एल्बमको घटना गीत नेपाली सङ्गीतमा एउटा प्रयोग थियो। मूलतः गन्धर्व गायनकै रूपलाई रक शैलीमा ढाल्ने कोसिस गरिएको थियो।

सबै गीत पूरा भइसकेपछि अन्तिममा कुरा फेरि त्यही 'रेशम' गीतमा अल्झियो। त्यसलाई चाहिँ के गर्ने ?

त्यो गीत यत्तिकै गितारमा गाउँदा रमाइलो लाग्थ्यो। तर जब सबै बाजागाजा राखेर तयारीसाथ गाइन्थ्यो, खोइ के भएर हो, स्वादै आउँदैनथ्यो।

यस्तोमा ब्यान्डका सदस्यहरूलाई 'हाम्रो दिमाग पो नखुलेको हो कि ? अरूलाई जिम्मा दियो भने केही बाटो पो निस्किहाल्छ कि ?' भन्ने पऱ्यो।

त्यसपछि कुनै समय अरेन्जमेन्टबाटै 'छेक्यो छेक्यो' गीतमा चमत्कार गरिदिएका भूपालमान सिंहलाई यो गीत सुम्पने निधो उनीहरूले गरे।

भूपालमान सिंहको पारङ्गत शिल्प प्रयोग गरेर तयार पारिएको अरेन्जमेन्ट पनि आइपुग्यो। त्यो अरेन्जमेन्ट पनि भनेजस्तो मिठो लागेन। सीतापाइलास्थित रिहर्सल कोठामा सामूहिक रूपले सुनेपछि सबैभन्दा पहिले त नरेशले नै 'यो त भएन' भने।

अब यो गीतलाई कसरी पार लगाउने ? के गर्ने ? कसो गर्ने ? छाड्न पनि मनले मानिरहेको थिएन।

त्यत्तिकै बहस गर्दागर्दै दुईचार दिन बितेर गए।

एक दिन यही गीतलाई लिएर अमृत र नरेश सँगै बसे।

'नरेश, तिमी गितार समात त। म एकदुईवटा कुरा भन्छु। यो कस्तो हुन्छ हेरौँ,' अमृतले भने।

'ल' भन्दै नरेशले गितार समाते।

त्यसपछि अमृतले मुखैबाट एउटा धुन निकालें।

रेशम गीत सुन्दै आएका श्रोताले गीतको प्रारम्भमै गितारले निकाल्ने गरेको त्यो आवाज पक्कै याद गरेको हुनुपर्छ।

टा टाङ् टा टाङ् टाङ्-टा टाङ् टा टाङ् टाङ्।

अमृतले सास रोकेर त्यो सिङ्गो लाइन एकैपटकमा सुनाए। नरेशले पनि गितारका तारहरूमा औँला खेलाउँदै गए।

बीचमा नरेशले फेरि एकपटक त्यो धुन सुनाउन भने। अमृतले फेरि निकाले।

नरेशले दोस्रोपटक तयार पारेको आवाज झनै राम्रो सुनियो।

अमृतले फेरि यसमा काम गरौँ भने। नरेशलाई पनि यसले स्वाद लगाइसकेको थियो। उनी फेरि लगनशील भए। ठीक यति बेला उनले असाध्यै सम्मोहनकारी गितारको आवाज सिर्जना गरिदिए।

यसरी बजाउँदै गएपछि खोइ के भयो के भयो, उनीहरू दुवै जना मुडमा डुब्दै गए। त्यो गीत यत्रो दिनसम्म पार लगाउन नसकेकामा जुन छटपटी थियो र त्यसलाई नराखेर एल्बमको तयारी अघि बढाउन खोज्दा जुन ज्वरो छुटिरहेको थियो, त्यो अचानक घट्दै गएर एउटा आनन्दको क्षण अनुभूत हुन थाल्यो। अमृत लट्ठिँदै गए। त्यो 'प्लकिङ' चल्दाचल्दै मुडैमुडमा अमृतले एउटा आलाप पनि तानेँ। अनि त्यो आलापपछि 'रेशम' भन्दा त गजबकै स्वाद आयो।

एउटा गजबको क्षण थियो त्यो। कुनै ठूलो उपलब्धि हासिल हुँदाको उत्सवजस्तो। गीत आफैँ जतिसुकै राम्रो भए पनि त्यसको उठान त्यसलाई न्याय गर्ने स्वादको भइदिएन भने फास्सफुस्स भइदिने डर हुन्छ। रेशम गीत अब त्यस अवस्थाबाट माथि उठेको थियो। निकै माथि...

रेशम गीतको अरेन्जमेन्ट त्यसपछि लगालग अघि बढ्दै गयो। कतै अड्किएको धारा अचानक खुलेपछि पानीको फोहरा छुटेजस्तो।

त्यत्रो समयसम्म गर्न नसकेको, त्यत्रो पटक पन्छ्याइएको चीज स्टुडियोमा जानुभन्दा हप्ता दिनअगाडि मात्र बल्ल फाइनल भयो।

त्यो गीत मात्र रेकर्ड भएन, खुद एल्बमको नामै त्यसै गीतबाट राखियो– 'रेशम'।

यसरी तयार भएको पूर्वी नेपालको यस लोकगीतलाई नेपथ्यले दुर्गाबहादुर थापालाई सङ्कलकका रूपमा श्रेय दिँदै आएको थियो। पछि भने दमकस्थित अर्का लोकसङ्गीतकर्मी लक्ष्मी जोशीले पनि दाबी गरे।

दाबी आउनेबित्तिकै अमृत र किरण दुवै जना जोशीलाई भेट्न दमकस्थित उनकै घरमा पुगे।

जोशीले सुरुमा त त्यस गीतलाई नेपथ्यले बिगारेर गाइदिएको आरोप लगाए।

अमृतले यो गीत आफ्नो हातमा पर्दाको पृष्ठभूमि सुनाए।

अब गीतलाई दाबी गर्ने दुवै जनाको उपस्थितिमा छिनोफानो गर्ने कुरा भयो ।

'त्यसका निम्ति जोशीलाई हामीले आतेजाने हवाई यातायातदेखि होटलसम्मको बन्दोबस्तसहित निम्तो दियौँ,' अमृत भन्छन्, 'तर त्यसपछि उहाँ कहिल्यै हाम्रो सम्पर्कमा आउनुभएन ।'

आफूहरूले जसबाट यो गीत प्राप्त गरेको हो, ती दुर्गाबहादुर थापा र यसलाई आफ्नो बताउने लक्ष्मी जोशीबीच आमनेसामने भेट गराएर विवादलाई सदाका निम्ति टुङ्गो लगाउने ब्यान्डको चाहना थियो ।

'हामीले त्यसपछि दुवैलाई साथै राखेर पत्रकार सम्मेलन गरिदिनेसम्मको योजना बनाएका थियौँ,' अमृत भन्छन्, 'तर लक्ष्मी जोशीले यसमा मतलबै राखिदिनुभएन ।'

दुर्गाबहादुर थापा पनि ब्यान्डको प्रस्तावमा पूर्ण सहमत थिए । उनी प्रतीक्षामै बसेका थिए तर लक्ष्मी जोशी आउँदै आएनन् ।

यस्तो अवस्थामा जोशीको नाम पनि राखिदिंदा नेपथ्यलाई कुनै आपत्ति नपर्ने भएकाले पछि म्युजिक भिडियो बनाउँदा सङ्कलकका रूपमा थापासँगै जोशीको नाम पनि राखियो ।

'रेशम' एल्बम त तयार भयो । तर ब्यान्डसँग पैसा पुगिरहेको थिएन । किरण गुरुङले बेलायतबाट फेरि पठाइदिएको एक लाख रुपैयाँ थियो । त्यसबाहेक रत्नले आफ्नी बहिनी कल्पनासँग मागेर थप पैसा जोहो गरिदिए ।

एल्बमको कभर डिजाइन गर्ने जिम्मा कलाकार सुदर्शन राणालाई दिइयो।

त्यति बेला युवा पुस्तामाऊ चर्चित म्यागजिन 'वेभ' मार्फत एल्बमको प्रवर्द्धन गर्ने योजना बन्यो ।

नेपथ्यले एल्बमको कभरमा दुई जनालाई विशेष धन्यवाद दिएको थियो। ती थिए, वेभका सम्पादक युवाकर राजकर्णिकार र यङ एसिया टेलिभिजनका साथी किरणकृष्ण श्रेष्ठ ।

एल्बमको विमोचन स्वयम्भूस्थित सरस्वतीको मन्दिरमा गर्ने तय भयो। निर्धारित दिनमा सबै जना स्वयम्भू पुगे। त्यहींका बासिन्दा एवम् ड्रमर ध्रुवलाई अघि लगाएर पूजा आयोजना गरिएको थियो। त्यसपछि मन्दिरमै सबैले एल्बम निकालेर हेर्दै विमोचनको घोषणा गरियो। यो जानकारी पत्रपत्रिकालाई पठाइयो।

एल्बम बजारमा पुगेलगत्तै श्रोता रमाउन थालेको खबर आउन सुरु भयो। सार्वजनिक ठाउँहरूमा जब त्यस एल्बमका गीतहरू बज्न थाले, त्यसलाई मन पराउनेको घेरा पनि बढ्न थाल्यो। मान्छेले जतातत्तै यो गीत सुन्न थाले, यसबारे चर्चा गर्न थाले।

जापानको दागमय घटनाले निराश भई सङ्गीतबाटै सन्न्यास लिने निधोमा पुगेको नेपथ्य अब फेरि झनै तेज बोकेर जाज्वल्यमान बन्न थाल्यो। घामले छायालाई भिरैभिर लघारेजस्तै गरी यसको प्रभाव तीव्र गतिमा बढ्दै गयो। पत्रपत्रिकामा पनि 'नेपथ्य फेरि उदायो' भनेर समाचार आउन थाले।

नेपथ्यलाई पुनः उदय गराउने त्यही गीत 'रेशम' धनगढीमा २२ वर्षपछि बजिरहँदा श्रोता-दर्शकमा यसको लोकप्रियता झनै बढ्दै गएको स्पष्ट महसुस गर्न सकिन्थ्यो।

धनगढीबाट नेपथ्य यात्रा सुर्खेततर्फ लाग्दै छ।

किरणकृष्ण श्रेष्ठ र अमृत गुरुङ गरेर दुई जना मात्र यात्रा गरिरहेको सवारीमा आज म तेस्रो यात्री बन्न पुग्दै छु।

केही घण्टाअघिसम्म पनि विश्वकपको फाइनल हेरेर रात बिताएकाले सबेरै उठ्दा टाउको भारी थियो। त्यो भारी टाउकोलाई बोक्दै हतार-हतार म रुबस होटलबाट दिनेश होटलतर्फ दौडिएँ।

त्यहाँ बिदाइ कार्यक्रम चल्दै थियो। टीका, खादा, मन्तव्य आदि इत्यादि। मैले छेउ लागेर त्यो 'पुण्य' गतिविधि हेरिरहेँ।

एकैछिनमा कार्यक्रम सम्पन्न भयो र किरणले आफ्नो गाडी स्टार्ट गरे। अमृत आएर अगाडिको सिटमा बसे। पछाडि म। गाडी होटलबाट बाहिरियो।

'कार्यक्रममा तिमीले त्यो बच्चालाई काखैमा राख्नु हुँदैन थियो,' अमृतले भर्खरै बिदाइ समारोहमा एक बच्चालाई मायाले छोएकामा आपत्ति जनाउँदै किरण भनिरहेका थिए, 'यस्तो बेला केटाकेटीप्रतिको स्नेहलाई अरूले अनर्थ लगाइदिने डर पनि हुन्छ।'

जवाफमा अमृतले बालबालिका देख्दा आफूलाई माया लाग्ने गरेको सुनाए।

'तिमी हामीले कुनै पनि कुरा किन गरिरहेका हुन्छौं भन्नेमा त प्रश्नै हैन,' किरण पनि अडिए, 'डर त राम्ररी नचिनेको बालक वा उसका आफन्तले अन्यथा अर्थ लगाइदेलान् भन्ने पो हुन्छ।'

आफ्नो भनाइ पुष्टि गर्न किरणले माइकल ज्याक्सनको उदाहरण दिए, जसले बालयौन दुराचारको कठोर आरोप झेल्नुपरेको थियो।

अमृतले पनि पश्चिमा संसार र हाम्रो नेपालको सांस्कृतिक सोच बेग्लै रहेको तर्क गरे।

'हामी अब बिस्तारै संसारसँग एकाकार हुँदै छौं,' किरणले पनि आफ्नो तर्क छाडेनन्, 'सेलिब्रिटीलाई कुन बेला कस्तो किसिमको आक्रमण हुन्छ भन्ने ठेगान हुँदैन। त्यसैले अर्काको बच्चालाई सकेसम्म नछोएकै बेस।'

एकछिन दोहोरो तर्क-वितर्क चलेपछि अमृत शान्त बने।

हाम्रो जिपले अत्तरियाबाट महेन्द्र राजमार्ग समातिसकेको थियो। जीवनको सुन्दरता भनेकै निरन्तर अगाडि बढ्नु हो।

म मेरा अघिल्तिरका दुई सवार अर्थात् अमृत र किरणका बारेमा सोच्न थालेँ।

दुई दशकअघि यो जोडी नबनेको भए आज नेपथ्य कता हुन्थ्यो होला ?

यी दुईले बोकेका दुईथरी विशेषताको संयोजनले नै ब्यान्डलाई आजको

अवस्थासम्म ल्याइपुऱ्याएको हो । त्यसको प्रारम्भ विन्दु भने 'रेशम' एल्बम नै थियो ।

रेशम बजारमा आएपछि सबैथोक फेरिँदै जान थाले ।

विगतका घटनाले विरक्तिएका अमृत केही महिनाअघिसम्म पनि ब्यान्ड ब्युँताउने पक्षमा थिएनन् । कसो-कसो एल्बमको काम अघि बढिदियो । छटपटीकै बीच जन्मेको 'रेशम' ले भने नचिताएको सफलता दिन थाल्यो ।

ब्यान्डको गतिविधि जेजस्तो भए पनि आम श्रोताले सङ्गीतलाई मात्रै ध्यान दिँदा रहेछन् । अर्थात् तपाई सर्जक हुनुहुन्छ भने तपाईंको सिर्जना मात्र हेरिँदो रहेछ । नेपाली समाजले नेपथ्यको सिर्जना मात्र हेऱ्यो र फेरि मन पराउन थाल्यो । यसपटक त अऊ बढी ।

यो चामत्कारिक सिर्जना तयार हुनुमा ब्यान्ड मात्र नभई नयाँ सदस्य एवम् गितारवादक नरेश थापाको भूमिकाले पनि महत्त्वपूर्ण काम गरेको थियो ।

एल्बमलाई कन्सर्टकै माध्यमबाट प्रवर्द्धन गर्ने योजना बन्यो । काठमाडौँ र पोखरा छनोटमा परे ।

काठमाडौँका लागि एकेडेमीको हल बुक भयो ।

आयोजनाका क्रममा केही कमीकमजोरी देखा परे । तैपनि काठमाडौँको कन्सर्ट जसोतसो सम्पन्न भयो ।

ठीक एक सातापछि पालो थियो, 'रेशम' नामबाटै पोखरामा अर्को कन्सर्टको ।

तर पोखराबाट 'टिकट बिक्री भइरहेको छैन' भनेर खबर आउन सुरु भयो । आयोजकहरू अप्ठेरोमा परेको स्पष्ट देखिन्थ्यो ।

अब के गर्ने ?

यस्तोमा किरण र अमृतले पोखरा कन्सर्टको सम्पूर्ण जिम्मेवारी आफूहरूले सम्हाल्ने प्रस्ताव राखे । आयोजक सहमत भए ।

त्यसपछि अमृतको प्रस्तावअनुरूप ब्यान्डका सदस्यहरूले किरणलाई औपचारिक रूपबाटै व्यवस्थापन सम्हालिदिन अनुरोध गरे ।

'यङ एसिया टेलिभिजन' मा जागिरे किरणसँग इभेन्ट म्यानेजमेन्टको कुनै अनुभव थिएन । त्यसैले उनलाई नेपथ्य व्यवस्थापन गर्ने आँट आइरहेको थिएन । तर अब परिस्थितिले यो काम पनि गर्न सकिन्छ भन्ने आत्मविश्वास किरणमा बढ्दै गयो ।

त्यसै क्षणबाट किरण व्यवस्थापनको नेतृत्व लिने गरी 'नेपथ्य' मा आबद्ध भए । अघि बढ्दै गएपछि कालान्तरमा 'नेपालय' स्थापना भयो, जसले नेपथ्य ब्यान्डलाई संस्थागत रूपमा व्यवस्थापन गर्दै आएको छ ।

नयाँ खाका बनिसकेपछि अमृत, रत्न र किरण तत्कालै पोखरा पुग्ने भए ।

उनीहरू किरणका एक साथीको मोटर लिएर रातारात काठमाडौँबाट बाहिरिए । अन्धकारको बेला बाटामै मोटरको 'ब्रेकफेल' भइदियो । ब्यान्डका अर्का शुभचिन्तक साथी ब्रजेश खनाल पनि मोटरसाइकल लिएर सँगसँगै जाँदै थिए । ब्रजेशकै मोटरसाइकलको हेडलाइट पछ्याउँदै किरणले मोटरलाई सकुशल पोखरा पुऱ्याए ।

पोखरामा जुनसुकै काउन्टरमा सोध्न जाँदा पनि 'बिक्री नै भएको छैन' भनेर टिकटको ठेली देखाइदिन थाले ।

टिकट बेच्ने जिम्मा लिएका ठूलठूला स्टोरहरूले पनि सिङ्गो बुक फिर्ता गरिदिए । नेपथ्यलाई 'पोखरेली' भनेर गर्व गर्ने उनीहरूले कम्तीमा एउटा टिकट आफूले राखेर 'मचाहिँ हेर्न आउँछु' सम्म पनि भनिदिएनन् ।

किरण एक्लैलाई परिस्थिति थेग्न मुस्किल भयो । उनले व्यवस्थापनमा सहयोग गर्न सक्ने अर्को साथीको खोजी सुरु गरे । यङ एसिया टेलिभिजनमा

सँगै काम गरेका अर्पण शर्मा ठ्याक्कै दिमागमा आए। अर्पणको व्यवस्थापकीय खुबीसँग किरण र अमृत दुवै परिचित थिए। उनीहरू एकमत भएपछि अर्पणलाई तत्काल जहाजबाटै पोखरा बोलाइयो। त्यसपछि चाँजोपाँजो मिलाउने जिम्मा उनैले पाए।

जनसम्पर्क र व्यवस्थापनका मामलामा सिद्धहस्त अर्पण तत्कालै सक्रिय हुन थाले।

अमृतले पनि आफ्ना पोखरेली साथीहरूलाई धमाधम सम्झन सुरु गरे।

ब्यान्डका बाँकी सदस्यहरू पोखरा आउने र सभागृहमा गएर 'साउन्ड सिस्टम' मिलाउने काम पनि तीव्र गतिमा चल्दै गयो।

पोखरा सभागृह असाध्यै फोहोर थियो। शौचालयदेखि सारा सरसफाइ गर्नुपर्ने भयो। उता जेनरेटरहरू ठीकसँग चलिरहेका थिएनन्। भद्रगोल अवस्थाको कार्यक्रमस्थललाई मिलाउनै अर्को महाभारत भइदियो।

अन्ततः ब्यान्ड आफैँले पोखरामा रेशम एल्बमको कार्यक्रम प्रस्तुत गऱ्यो। त्यसो त त्योभन्दा अगाडि पनि नेपथ्यले पोखरामा कन्सर्ट नदिएको होइन। तर पूर्ण व्यावसायिक हिसाबले नेपथ्यको सोलो कन्सर्ट पहिलोपटक आयोजना भएको त्यही क्षण थियो।

त्यो बेला अर्को एउटा अनपेक्षित घटना पनि भइदियो। पोखराका दादाहरूले व्यवस्थापनको जिम्मेवारी सम्हालेका किरणसँग सित्तैमा टिकट मागे। त्यो ताका पोखरामा मात्रै होइन, मुलुकभरि नै टोले गुन्डा वा दादाहरूले टिकट नकाटेरै कार्यक्रम हेर्नुमा ठूलो पुरुषार्थ महसुस गर्थे र टिकट काट्नुलाई आफ्नो बेइज्जती सम्झिन्थे। त्यस्तो स्थितिमा पोखराका कहलिएका टङ्के दादालाई किरणले चिनेनन् र खासै वास्ता गरेनन्। पास नपाएपछि टङ्के दादा अभद्रतामा ओर्लिए।

यो कुरो भित्र कार्यक्रम प्रस्तुत गर्नै लागेका अमृतसम्म पुग्यो। उनी जुरुक्क उठेर बाहिर आए र चिरपरिचित टङ्के दाइको खोजी गरे।

दुवैले एकअर्कालाई 'के गरेको यस्तो ?' भनेर सोधे।

'भाइहरूले यसरी साङ्गीतिक कार्यक्रम आयोजना गर्न खोज्दा तपाईंहरूले यस्तो गर्नुहुन्छ ?' अमृत र रत्नले एकसाथ प्रश्न उठाए, 'पास चाहिएको भए हामीलाई भेटे भइहाल्थ्यो। पोखराबाहिरदेखि हामीलाई सहयोग गर्न भनेर आएको साथीलाई तपाईंले किन दुर्व्यवहार गर्नुभएको ?'

टङ्के दादा केही बोलेनन् र फर्किएर गए।

त्यसपछि कुनै समस्या भएन। केही घण्टा अघिसम्म पनि अन्योलमा रहेको नेपथ्यको पहिलो व्यावसायिक पोखरा कन्सर्टले सम्पन्न हुँदासम्म भव्य आकार लिइसकेको थियो।

यो सफलतासँगै 'नेपथ्य' र 'रेशम' ले अरबी घोडामा सवार भएर दौडन सुरु गरे। एकपछि अर्को कार्यक्रमको निम्तो आउन थाल्यो।

नवीन जोशीले 'रेशम' को म्युजिक भिडियो बनाउने इच्छा प्रकट गरे। मुम्बईको प्रसिद्ध जेजे आर्ट कलेजमा पढेर आएका नवीनले कलाकारिता विरासतमै पाएका थिए। उनी नेपालकै प्रसिद्ध ल्यान्डस्केप चित्रकार रामानन्द जोशीका छोरा हुन्।

नवीनकै कम्पनी 'म्याक्स प्रो' ले म्युजिक भिडियो तयार पार्ने तय भयो। त्यसको छायाङ्कन टेलिभिजनमा काम गर्दा बखतकै अमृतका साथी सुरेश मानन्धरले गरे।

एउटा भर्खरको तन्नेरी साइकल लिएर सहरमा भौँतारिरहेको 'थिम' मा त्यो म्युजिक भिडियो डिजाइन गरिएको थियो। भिडियो तयार भएपछि टेलिभिजनमा यसको व्यापक माग हुन थाल्यो। सङ्गीतलाई सुन्नुका साथै देख्ने माध्यमका रूपमा पनि भर्खर विकास भइरहेको समाजमा त्यस म्युजिक भिडियोले नेपथ्यलाई जनमानसमा फेरि भिजाउन ठूलो भूमिका खेलिदियो।

गीत, म्युजिक भिडियो र नेपथ्य फेरि एकपटक जतातत्तै चर्चाका विषय बने। साङ्गीतिक क्षेत्र 'रेशममय' भइदियो। विशेष गरी मुलुकभरका तन्नेरी पुस्ताको ढुकढुकीलाई समात्न सफल भइदियो रेशम गीत। अन्य पुस्ताका मानिसले पनि यसको फर्माइस गर्न थाले।

कार्यक्रम प्रस्तुत गर्ने योजना धमाधम बन्दै गर्दा ब्यान्डलाई पनि थप व्यवस्थित बनाउन जरुरी थियो।

मादलमा खर्क बुढाले रेकर्डिङको बेला जसोतसो भ्याउँदै आएका थिए। तर अब कार्यक्रममा बजाउन स्थायी सदस्य नै चहिने भयो।

त्यति बेलै शान्ति रायमाझी विदेशबाट फर्किएर आएका थिए। मादल बजाउने उनको कलाबारे सबै जानकार थिए। कुराकानी अघि बढ्यो र सहमति पनि भयो।

ब्यान्डमा शान्ति समावेश भए।

काठमाडौँ र पोखरामा कन्सर्ट सकिएपछि फेरि काठमाडौँकै प्रज्ञाभवनमा नेपथ्यको कन्सर्ट गर्न प्रस्ताव आयो।

यो प्रस्ताव टुबोर्ग बियरसँग मिलेर कार्यक्रम गर्दाताका चिनजान भएका हरि साम्पाङ राईबाट आएको थियो। पछिल्लो समय उनी रोयल स्ट्यागसँग आबद्ध थिए। उनकै सक्रियतामा योजना अघि बढेपछि अमृतले हरि र किरणबीच भेट गराइदिए।

यङ एसिया टेलिभिजनको जागिर छाडेर नेपथ्यको व्यवस्थापनमा लाग्ने इच्छा देखाएका किरणका लागि पनि यो एउटा मौका थियो। उनी सहर्ष तयार भए।

२००२ जनवरी ३० अर्थात् सहिद दिवसका दिन कमलादीस्थित एकेडेमीको हलमा नेपथ्यको कन्सर्ट आयोजना भयो, जुन 'नेपालय' को पहिलो औपचारिक कार्यक्रम बन्न पुग्यो।

यो कार्यक्रम पूरै व्यवस्थित थियो। कुनै पनि कन्सर्ट सकिएपछि आम सञ्चारमाध्यममा राम्रो चर्चा पाएको नेपथ्यको पहिलो अनुभव पनि यही बन्न पुग्यो।

त्यही बेलादेखि आजसम्म पनि नेपथ्य र नेपालय एकअर्काको परिपूरक बन्दै अघि बढिरहेका छन्।

धनगढीबाट अत्तरिया हुँदै अघि बढेको जिपभित्र अमृत र किरण अनेक सम्झना खोतल्दै थिए। एक ठाउँमा प्रहरीको ढाट देखियो।

त्यति बेलै किरणले द्वन्द्वकालको बेला जताततै गरिने यस्तो सुरक्षा जाँच सम्झिए।

'एकपटक यसै गरी राजमार्गको ढाटमा हामीलाई रोकेपछि प्रहरीले ड्राइभरको नाम सोध्यो,' उनले थपे, 'जवाफमा मैले मेरो नाम बताएँ- किरणकृष्ण श्रेष्ठ।'

अब प्रहरीले जान दिन्छ होला भन्ने लागेको थियो। तर उताबाट फेरि अर्को प्रश्न सोधिएछ- 'खलासीको नाम ?'

अब खलासीको नाम के भन्ने ? गाडीमा जम्माजम्मी दुई जना सवार थिए।

एकछिन दुवैले एकअर्काको अनुहार हेराहेर गरे।

त्यसलगत्तै अमृत तनक्क तन्किए र जवाफ दिए, 'खलासीको नाम अमृत गुरुङ।'

जवाफ पाएर प्रहरी सन्तुष्ट भएछ। नाम नोट गरिसकेपछि 'जानुस्' भन्यो।

त्यसपछि अमृत र किरण दुवै एकअर्काको अनुहार हेर्दै र हाँस्दै अघि बढेका रहेछन्।

नेपथ्य र नेपालयको संयुक्त गाडी पनि यस्ता धेरै अवरोध छिचोल्दै अघि बढ्दै आएको छ।

त्यसमध्येको एउटा प्रमुख अवरोध थियो- 'हङकङमा तेस्रोपटक नेपथ्यको विभाजन'।

विभाजनको कथा फेरि पनि अमृतकै तर्फबाट–

नेपथ्यको तेस्रो वियोग

– अमृत गुरुङ

पहिलोपटक हङकङमा र दोस्रोपटक जापानमा विभाजित भएको नेपथ्य रेशम एल्बम तयार भएको केही समयमा हङकङमै फेरि टुक्रियो। यो तेस्रो विभाजनले गितारवादक साथीहरू नरेश र रत्नलाई ब्यान्डबाट अलग गराइदियो।

छोटो समय ब्यान्डले पाएको गितारवादक नरेश प्रतिभाशाली थियो। ऊ बजाउने मात्र होइन, सिर्जनशील सोचसमेत राख्थ्यो। हामीबीच धेरै मानेमा सङ्गीतका वेभलेन्थ मिल्थे।

प्रतिभाशालीहरूमा एक प्रकारको इगो हुन्छ। त्यो कता गएर ठोकिन्छ र त्यसले कुन मूल्य माग्छ भन्ने पत्तो हुँदैन।

जे होस्, ब्यान्डले महत्त्वपूर्ण साथी गुमायो।

त्यसको पृष्ठभूमि अलिक अगाडिबाटै तयार हुँदै आएको थियो।

'रेशम' एल्बमको सफलतासँगै नेपथ्यको व्यवस्थापन नेपालयले सम्हाल्न सुरु गर्‍यो।

ब्यान्डलाई आउने निम्ताहरूमा कहाँ र कसरी जाने भन्ने निर्धारण व्यवस्थापन टोलीले गर्ने नै भयो। तर यसलाई लिएर ब्यान्डका सदस्यहरूबीच मन मिचामिच चल्न थाल्यो।

सुरुवात सिलोङको कन्सर्टबाट भएको थियो।

पूर्वोत्तर भारतस्थित मेघालयको राजधानी सिलोङमा कन्सर्ट गर्ने भनेर प्रस्ताव आयो। त्यहाँका पुराना आयोजक राज केसी र राज शाहले ल्याएको

त्यो प्रस्ताव नेपालयलाई भरपर्दो लाग्यो। केहीअघि सन् २००१ मा विद्रोहीको आक्रमणमा परेर विधानसभा हलमा आगलागी भएपछि उक्त राज्यको संसद् सिलोङको अन्जली सिनेमा हलमा बस्न थालेको थियो। यस्तो इतिहास बोकेको त्यही अन्जली सिनेमा हलमा नेपथ्यको कन्सर्ट आयोजना गरिएको थियो।

नेपथ्य टोली काठमाडौँबाट रात्रिबस चढेर काँकडभिट्टातर्फ गयो। भर्खरै पाकिस्तानी निर्देशक फरजादले तयार पारेको नेपथ्यको म्युजिक भिडियो 'माया गर्ने बानी' हामीले पहिलोपटक त्यसै रात्रिबसमा हेर्दै यात्रा गरेका थियौँ।

तर यस्तो रमाइलोमा गितारवादकद्वय नरेश र रत्न हामीसँग थिएनन्। उनीहरू दुई जना विमान चढेर सोझै भद्रपुर पुगे। नरेश त सुरुमा त्यस कन्सर्टका निम्ति खोइ के कारणले हो, जानै पनि मानेको थिएन।

जसोतसो सिलोङको कन्सर्ट सकियो।

हामी फेरि असमको गुवाहाटी हुँदै स्वदेश फर्कियौँ। हामी नेपाल प्रवेश गरेर इलामतिर घुम्न गयौँ भने नरेश, रत्न र माइकल भद्रपुरबाटै विमान चढेर काठमाडौँ फर्किए।

त्यो यात्रापछि रत्न मसँगभन्दा बढी नरेशसँग हेलमेल गर्न थालेको आभास मिल्दै थियो। जबकि नरेशलाई सम्झाएर गुवाहाटी ल्याउने जिम्मा रत्नलाई मैले नै दिएको थिएँ। त्यो बेला नरेशलाई सम्झाउने काम रत्न र नगेन्द्र बुढाथोकीले गरेका थिए।

साथीहरूमा कुरा मिल्न छाडेपछि जेमा पनि मतभेद चर्किन थाल्छ। यस्तो स्थिति बढ्दै गएपछि ब्यान्डमै एक किसिमको चिराजस्तो देखिन थाल्यो।

यस्तो अप्ठेरो चलिरहेकै बेला अर्को कन्सर्टको प्रस्ताव नरेश र रत्नका तर्फबाट आयो। त्यो सिक्किमबाट आएको निम्तो थियो। राजधानी गान्तोक र अर्को सहर नाम्चीमा कन्सर्ट गर्ने यो प्रस्ताव उताका आयोजकहरूले सोझै नरेश र रत्नलाई नै राखेका रहेछन्।

उनीहरूले नै किरणसँग कुरा राखे।

स्थानीय आयोजकहरू चिनेजानेका थिएनन्। यस्तोमा किरणले तत्कालै

जवाफ दिनुभन्दा पहिले त्यस भेगमा गएर एकपटक सम्भाव्यता अध्ययन गर्नु बुद्धिमानी हुने तर्क राख्यो ।

त्यसपछि किरण, अर्पण र म त्यता पुगेर भेटघाट र छलफल गर्‍यौँ । हामी बसेकै गान्तोकको नोर्खिल होटलमा त्यो प्रस्ताव ल्याउने आयोजकहरूलाई निम्त्यायौँ ।

कुराकानी गर्दै जाँदा उनीहरू अनुभवहीन देखिए । त्यसपछि किरण 'मलाई पत्यार लागेन' भन्न थाल्यो ।

बेटुङ्गोमै हामी काठमाडौँ फर्किएर आयौँ । यता आइसकेपछि भने फेरि ब्यान्डका साथीभाइहरू 'होइन जाऔँ, त्यहाँका केटाहरूले गरिहाल्छन्' भनेर अडान लिन थाले ।

'लौ त' भनेर ब्यान्डका सदस्यहरूबीच तत्कालै सर्तनामा बनाएर कागजी काम गरियो ।

माइकलले कलेजमा परीक्षा छ भनेर नजाने बताइसकेको थियो । त्यसैले सिक्किम जानुअघि बेस गितार बजाउने एक जना खोज्नुपर्थ्यो ।

यस्तोमा बेस गितारवादकका रूपमा नयाँ सदस्य नेपथ्यमा थपिन आइपुगे, दानु दाइ अर्थात् ड्यानियल जे कार्थक ।

यो एउटा अर्को ठूलो नाम थियो, जसले कालान्तरमा नेपथ्यलाई महत्त्वपूर्ण योगदान गर्नेवाला थियो ।

सुरुमा दानुलाई ल्याउने कुरा चल्दा नरेशले नाक खुम्च्याएको थियो । तर बाँकी सदस्यले दानुको आवश्यकताबारे अडान लिए । ब्यान्डको सदस्यका रूपमा दानुको प्रवेश भइसकेपछि भने नरेशले यसलाई सामान्य रूपमै लियो ।

ब्यान्ड सिक्किममा प्रस्तुतिका लागि विमानबाट भद्रपुर हुँदै गान्तोक पुग्यो ।

भोलिपल्ट हलको अवस्थाबारे बुझ्न जाँदा त हलै बुक भएको रहेनछ । हल नमिलेको भन्दै आयोजकहरू जिमखानामा कन्सर्ट गर्ने योजना बनाइरहेका थिए ।

त्यो जिमखाना कहाँ रहेछ भनेर हेर्न जाँदा त्यहाँ फेरि अरू नै कार्यक्रम भइरहेको थियो । बाहिरैबाट जिमखानाको हल मोटामोटी अनुमान गरेर हामी

फर्कियौं। सिलिगुडीबाट साउन्ड सिस्टम आउँछ भनिएका थियो, त्यो पनि ल्याइएको रहेनछ। एकपछि अर्को भद्रगोल थपिँदै गयो।

अब कसरी कार्यक्रम गर्ने?

ब्यान्डका सदस्यहरू पनि कोही तास खेलेर बस्न थाले त कोही रक्सी पिएर।

यस्तोमा म र किरण अब यो कार्यक्रम गर्नै हुँदैन भन्ने निधोमा पुग्यौं।

त्यहाँका मानिसहरूचाहिँ 'कार्यक्रम गर्नैपर्छ' भनेर धम्क्याउन थाले।

अब के गर्ने?

किरणका दाइ रविसँग पढेका गान्तोककै एक जना साथी थिए, उत्तम लेप्चा। लेप्चा त्यहाँको राजनीतिमा पनि संलग्न थिए। उनैलाई गएर भेट्यौं।

'तिमीहरू आइहाल्यौ तर धन्दा मान्नुपर्दैन,' लेप्चाले भने, 'जे हुन्छ गरौंला।'

हामी लेप्चाको घर पुगेको थाहा पाएपछि आयोजकका मानिसले त्यहीँ आएर हामीलाई थर्काउन सुरु गरे। होहल्लै भयो।

हलको मामला मात्र भइदिए पनि सम्झौता गर्न सकिन्थ्यो। साउन्ड सिस्टमधरि नभएपछि कसरी कार्यक्रम हुन सक्थ्यो?

'कार्यक्रम नगरेर तिमीहरू सिक्किमबाट कसरी जाँदा रैछौ, ल हेरुम्?' एक जनाले ठाडै धम्की दिए। तिनले मुख छाड्नसमेत बाँकी लगाएनन्। त्यहाँसम्म पनि ठीकै थियो। त्यतिले नपुगेर एकछिनमा त रिभल्वर नै निकाले।

त्योचाहिँ मलाई राम्रो लागेन।

व्यवस्थापनै ठीकसँग नगरेपछि कलाकारलाई त्यसरी निचोर्नु कतिको बुद्धिमानी हुन्थ्यो? उनीहरूले सिर्जना गरेको समस्यामा उल्टै हामीले नै धम्की सहनुपरिरहेको थियो।

यस्तो तनावकै बीच लेप्चा परिवारले पनि 'जे जस्तो हुन्छ, कार्यक्रम गरिदिनुपर्‍यो' भनेर हामीलाई सम्झाउन थाल्यो।

परिस्थितिले जेलिएपछि अब कार्यक्रम नगरी धर नपाउने अवस्था बन्यो। राम्रोसँग नबुझेरै आयोजक छनोट गर्दा अन्ततः ब्यान्ड निरुपाय बन्न पुग्यो। आफ्नै साथीहरूले बोकाइदिएको बोझ थियो यो। भन्ने कसलाई? गुहार्ने कसलाई?

त्यो दिन गान्तोकको जिमखाना हलमा दुईतिर दुईवटा गितारक्युब (कोठामा अभ्यास गर्नेहरूले प्रयोग गर्ने एम्प्लिफायर) राखेर बडो विचित्र किसिमले कार्यक्रम गऱ्यौँ। त्यो अत्यन्त सकसपूर्ण र लाजमर्दो थियो।

गान्तोकपछि नाम्चीमा कार्यक्रम थियो। त्यहाँ भने हल बुक भइसकेको रहेछ। हाम्रो साथमा गएका साउन्ड इन्जिनियर हेमलाई दौडादौड सिलिगुडी कुदाएर साउन्ड सिस्टम मगाउन लगायौँ। त्यति गरेपछि नाम्चीको कार्यक्रम जसोतसो सम्पन्न भयो।

सिक्किमको त्यस अनुभवले कुनै पनि ठाउँमा कन्सर्ट गर्न जाँदा आयोजकलाई राम्रोसँग नछामेर निर्णय नलिने पाठ गतिलोसँग पढाएको थियो। ब्यान्डका सदस्यहरूले अड्डी कसेका भरमा आलोकाँचो निर्णय गरिदिँदा त्यसरी बन्दुकको नालमा बसेर पनि कार्यक्रम गर्नुपर्दो रहेछ। गर्नुपऱ्यो। यो ठूलो सबक थियो।

सिक्किमबाट फर्किएपछि नेपालय 'गायक फत्तेमान साँझ' आयोजना गर्ने तयारीमा जुट्यो। नयाँ पुस्ताको सङ्गीतसँगै पुराना पुस्ताको पनि कार्यक्रम गर्ने कुरा नेपालयमा चलेपछि किरण र मेरै योजनामा यो अघि बढेको थियो।

सङ्गीततर्फको जिम्मेवारी मेरो काँधमा थियो। मैले सङ्गीत संयोजनका लागि पारङ्गत सङ्गीतकर्मीको खोजी गरेँ। त्यसै क्रममा आभासजीसँग मेरो भेटघाट भयो। मैले सघाउन प्रस्ताव गरेँ। आभासजीले 'हुन्छ' भने।

अगस्त १०, २००२ का दिन वीरेन्द्र अन्तर्राष्ट्रिय सम्मेलन केन्द्रमा गायक फत्तेमान साँझ भव्य रूपले सम्पन्न भयो। आधुनिक नेपाली सङ्गीतका महत्त्वपूर्ण खम्बा फत्तेमान दाइ स्वर उत्तिकै ज्युँदो हुँदाहुँदै पनि ओझेलमा बाँचिरहेका थिए। त्यस साँझले उनको भव्य पुनरागमन गराइदियो र फेरि एकपटक पुराना गीतहरूको समयमा काठमाडौँ प्रवेश गऱ्यो।

यसै कार्यक्रमको फलस्वरूप नेपालयसँग आभासजी पनि जोडिन पुगे। उनकै संयोजकत्वमा चलेको पलेँटी शृङ्खलाले अम्बर गुरुङ, प्रेमध्वज प्रधान, शान्ति ठटाललगायत देशभित्र र बाहिर ओझेलमा बाँचिरहेका दर्जनौँ महत्त्वपूर्ण सङ्गीतसाधकहरूको यस क्षेत्रमा सक्रिय उपस्थिति गरायो।

यता किरणलाई नेपथ्यको व्यवस्थापन जिम्मा लगाउन पहिले सामूहिक रूपले तयार भएका ब्यान्डका सदस्यहरू अब भने खुलेरै नेपालयप्रति असन्तुष्टि प्रकट गर्न थालिसकेका थिए। उनीहरूले नेपालयलाई कन्सर्टको जिम्मा नदिऔँ भन्न थाले।

किरणप्रति मात्र केन्द्रित उनीहरूको असन्तुष्टि अब नेपालयको व्यवस्थापनमा मेरो सहभागितालाई लिएर समेत प्रकट हुन थाल्यो।

म दोधारमा परेँ। अब यस ब्यान्डलाई साथीभाइले भनेजस्तै 'कलेज ब्यान्ड' कै रूपमा अघि बढाउने र सिक्किममा जस्तै हन्डर खाँदै हिँड्ने कि व्यवस्थित तवरले नेपालयको साथ र सहयोगमा अघि बढ्ने?

त्यति बेलै ब्यान्डका सदस्यपिच्छे फरक-फरक पत्रिकामा फरक-फरक कुरा आउन थाले। यसले त झनै भताभुङ्ग पारिदिने भयो। जति प्रयास गर्दा पनि पहिरो छेकेजस्तै हुन थाल्यो। त्यसैले केही समय कसैले पनि कुनै पत्रकारसँग भेटघाटै नगर्ने निर्णय लियौँ। यसले फेरि पत्रकारिता क्षेत्रतिर ब्यान्डप्रति नकारात्मक सोच विकास हुन थाल्यो। 'घमन्डी' ठान्न थाले। नेपालय भने सिङ्गो नेपथ्य ब्यान्डका तर्फबाट एउटै कुरा मात्र आउनुपर्नेमा अडिग थियो। उता ब्यान्डका साथीहरूले मलाई नै एक्ल्याउने गरी धमाधम एकपछि अर्को कदम चाल्दै थिए।

यस्तोमा कुनै न कुनै निकास जरुरी भइसकेको थियो।

यो तानातानकै बीच हङकङबाट कन्सर्टको निम्तो आयो। पूर्ण गुरुङको संयोजकत्वमा हङकङ बसोबास गर्ने पोखरेली युवाले त्यो निम्तो पठाएका थिए। त्यसमा भीमको पनि संलग्नता थियो।

सबैभन्दा पहिले त यताबाट को-को जाने?

मसहित रत्न, नरेश, ध्रुव, शान्ति, अमर पोखरेली, दानु र साउन्ड इन्जिनियर हेम। त्यसपछि व्यवस्थापकका रूपमा किरणसमेत गरेर नौ जनाको टोली हुने कुरा आयो।

एकातिर हङकङ कन्सर्ट गर्न जाने कुरा अघि बढ्दै थियो भने अर्कातिर ब्यान्डमा भित्रभित्रै के नमिलेको के नमिलेको भनेजस्तो असहज वातावरण

पनि ज्याँगिँदै थियो । उता रत्नले फेरि म किरणसँग बढी नजिकिएँ भनेर चित्त दुखाउन थाल्यो । नरेश त त्यसै पनि किन हो किन, अप्ठेरो-अप्ठेरो भइसकेको थियो ।

कचल्टिँदै जान थालेपछि कार्यक्रमै गर्ने कि नगर्ने भनेजस्तो स्थिति बन्न थाल्यो ।

यस्तोमा स्वयम् किरणले सहज पारिदिन खोज्दै यसपाला आफू हङकङ नजाने निर्णय सुनायो ।

ब्यान्ड फेरि दुर्भाग्यपूर्ण दुश्चक्रमा फसेको आभास मलाई हुन थाल्यो । एउटा ठोस निर्णय फेरि पनि लिनैपर्ने भयो । त्यो थियो– वाचा गरिसकेको हुनाले हङकङचाहिँ जाने तर कार्यक्रमसँगै नेपथ्यको विघटन उतै गरिदिने ।

हङकङमै विधिवत् विघटन गरिसकेपछि नेपाल आएर जे-जे हुन्छ, देखा जाएगा भन्ने सोच बन्यो । जसरी मिलाउन खोज्दा पनि नमिलेपछि के गर्ने ?

किरणबिना हाम्रो टोली हङकङ उड्यो ।

उता हङकङमा नेपथ्यको भव्य स्वागत भयो । आयोजकले पाँचतारे होटलमै राखे । माया गरे । इज्जत गरे ।

मलाई एउटा यस्तो भव्य र प्रतिष्ठित जहाजको अगाडिको सिटमा बसेर सानले यात्रा गरिरहेको महसुस हुँदै थियो, जुन जहाजको अन्त्य सन्निकट छ ।

हङकङकै चुनवाङमा आयोजित कार्यक्रम राम्रोसँग सम्पन्न भयो । त्यहाँ धेरै दर्शक आए । सबैले असाध्यै रमाइलो भएको प्रतिक्रिया दिए ।

त्यस परिस्थितिले नेपथ्यसँग कति धेरै मानिसको हार्दिकता जोडिएको छ भनेर फेरि अनुभूति गरायो । अर्कातिर मनमा भक्कानो छुट्ने गरी यस्तो संस्था डुब्दै छ भनेर उथलपुथल मच्चिरहेको थियो ।

कन्सर्ट सकिएपछि हामी होटल फर्कियौँ ।

भर्खर त्यत्रो दर्शकबाट बाढीजस्तो उर्लिएर बगेको सद्भाव र शुभकामना थापेर आएका छौँ । दर्शकसँग छुट्टिनैबित्तिकै फेरि हाम्रो भद्रगोल देखिन थालिहाल्यो । दर्शकका अघिल्तिर त्यत्रो इज्जत छ । यता हाम्रो आ-आफ्नो पारा भने जतातते लाजको मर्नुजस्तो देखिन्थ्यो ।

यो सकसपूर्ण बेमेल थियो। उकुसमुकुस र छटपटीको महासागर थियो।

भोलिपल्ट आयोजकहरू हरहिसाब मिलाउन आए। मैले सबैलाई हातहातै पैसा बुझाइदिन भनें। केही पैसा भने ब्यान्डको दायित्वभित्र पर्ने पनि थियो। हिसाबकिताब गरिसकेपछि सबै साथीहरू आ-आफ्नै तवरबाट छुट्टिए। कसैलाई कसैको मतलबै थिएन।

मैले चाहिँ सबैलाई एक-एक गरेर भेटें।

सबैलाई ब्यान्ड अब हङकङमै विसर्जन भएको र भविष्यमा कतै केही भएछ भने फेरि आआफ्नो अनुकूलताअनुसार विचार गर्ने भनेर निर्णय सुनाएँ।

अन्तिममा ध्रुवनजिक पुगें। अघिल्लो पटक यसरी नै ब्यान्ड जापानमा ध्वस्त हुँदा ऊ मसँगै नेपाल फर्कने एक मात्र सदस्य थियो। यसपटक भने ध्रुव र मेरो साथमा शान्ति र हेम थपिए।

नरेश, रत्न र दानु भने केही दिन हङकङमै बसेर अलिक पछि आए।

हङकङबाट फर्किएपछि मैले एउटा अधुरो गीत पूरा गरें। नेपथ्यका श्रोतालाई याद हुनुपर्छ त्यसका शब्द–

सानो कुरो मनमा लिई दुःखी हुनु हुन्न
दुख्छ मुटु चस्स तर देखाउनु हुन्न
कसको भर पर्नु खै, सबकै डर लाग्छ
आफ्नै छाया देख्दा पनि डरै लाग्छ

ब्यान्ड तेस्रोपटक विघटन भएपछि म सबथोक छाडेर एक्लै भौंतारिन थालें। ब्यान्डलाई जसरी चलाउन खोज्दा पनि पार नलाग्ने भयो।

अर्कातिर म सङ्गीत छाड्नै सक्दिनँ भन्ने पछिल्लो अनुभवले पुष्टि भइसकेको थियो। के गरूँ? कसो गरूँ?

आकुलव्याकुल भएपछि मैले फेरि एकपटक दीपकलाई भेटेर ब्यान्डको यथास्थिति सुनाउने निधो गरें। संस्थापक हामी तीन जनामध्ये भीम त हङकङमै थियो।

'तैंले सङ्गीत नछोड्, हतोत्साही नहो, जे भयो भयो अघि बढ्, तँसँग किरण र अर्पणजस्ता साथीहरू छन्, खुरुक्क आफ्नो काम गर्दै जा, दुनियाँको पछाडि नलाग्,' दीपक फेरि मेरो साथमा उभियो र थप्यो, 'नेपथ्य हामीले जन्माएको हो। यसलाई नछोड्।'

अब फेरि ब्यान्डलाई नयाँ स्वरूपमा ब्युँताउन अर्को टिम बनाउनुपर्थ्यो।

यसपाला भने पूरै नयाँ किसिमबाट ब्यान्डको पुन:संरचना गर्नतिर लागेँ।

छनोटमा सबैभन्दा पहिले ड्रमसेटमा उही ध्रुव पऱ्यो। त्यसपछि बेस गितारमा दानु। पर्कसनमा निखिल तुलाधरको नाम साथीभाइबीच चर्चामा आयो। निखिल तालबाजाको मामलामा सिद्धहस्त थियो। गितारमा अर्को प्रतिभाशाली हरि महर्जन आउने भयो। किबोर्डमा चाहिँ दीपेन्द्र सुनाम। दीपेन्द्र अमेरिका पढ्न जाने क्रममा थियो। उता जानुअगाडिसम्म नेपथ्यसँग सहकार्य गर्न ऊ तयार भयो।

मोटामोटी रूपमा ब्यान्डको स्वरूप आयो।

विदेशी भूमिमै पुगेर तीनपटक विघटन भएको नेपथ्यले चौथो जन्म लियो।

अब भने 'नो मोर विघटन'। अमृतलाई यस पुस्तकबाट पनि 'फाइनल गुडबाई'। बाँकी कथा म एक्लै पूरा गर्नेछु।

अमृत, किरण र म धनगढीबाट निकै पर आइसकेका थियौँ। कैलालीका फाँटहरूमा जतातत्तै पहेँलपुर तोरीको मनमोहक दृश्य देखिन्थ्यो। अघि बढ्दै जाँदा बाटामा रमाइला बस्ती देखिन थाले।

तिनैमध्ये कुनै एउटा बस्ती रामशिखर झालामा आफू निकै पहिले आएर बस्दाको अनुभव किरणले सुनाउन थाले।

त्यो क्रम चल्दाचल्दै किरणले अचानक गाडीलाई जङ्गलछेउ लगाए। त्यहाँ सुदूरपश्चिमको प्रसिद्ध घोडाघोडी ताल थियो। यो अमृत र किरण दुवैको साझा आस्थाको क्षेत्र रहेछ। हामी जिपबाट ओर्लेर मन्दिरतर्फ लाग्यौं।

उति बेला कैलालीकै साथीको घरमा केही दिन बस्ने गरी किरण यता आएका रहेछन्। छेवैको ताल घुम्ने क्रममा मन्दिर देखियो। यो प्रकृतिप्रेमी थारूहरूको मन्दिर रहेको र यहाँ देवताका रूपमा घोडा र घोडीको मूर्ति राखिएको कुराले किरणलाई प्रभाव पारेको रहेछ।

'म जहिले पनि यो बाटो भएर गुज्रँदा यहाँ पस्ने गर्छु,' किरण भनिरहेका थिए।

मन्दिरका मुख्य पुजारी थारू रहेछन्। अमृतले चासो लिएर ती मुख्य पुजारीसँग पहिले-पहिले आउँदाका सम्झना र उनले चिनेका पुराना पुजारीबारे जिज्ञासा राखे।

त्यसपछि हामी तालको मुख्य गेटमा टिकट काटेर बसिरहेका एक वृद्धलाई भेट्न गयौं।

उनी रहेछन्, अमृतका पुराना चिनारु ७५ वर्षीय पदमप्रसाद ढकाल। निकैअघि यो बाटो भएर गुज्रँदा पदमप्रसादले लोकभाका सुनाउँछन् भन्ने थाहा पाएपछि अमृतले उनीसँग सम्पर्क बढाएका रहेछन्।

गोरखाबाट बसाइँ सरेर २०३१ सालमा यो क्षेत्र आएका यी वृद्ध आफू सानो छँदा सुनेका धेरै भाका सम्झी-सम्झी गाउन खोज्दा रहेछन्। गाउन सक्ने गरी सम्झने भाका भने एकाध मात्र भेटियो, जसले अमृतको तिर्खालाई छोएनछ।

'तैपनि यता आउँदा उहाँलाई एकपटक भेट्ने र फेरि पुराना भाका सम्झन लगाउने गरेको छु,' अमृतले भने, 'फ्याट्ट कुनै मिठो भाका सम्झिदिए भने काम लाग्ने गीत निस्कन सक्छ भनेर।'

त्यो दिन पनि अमृतले गोरखामा सुनेका गीतहरू सम्झन अनुरोध गरे। बुढाले भने उही पहिले सुनाइसकेका भाका मात्रै सम्झन सके र गाएर सुनाए।

मन छुने धुन खासै फुरेन।

हामी त्यहाँबाट बिदा भयौं।

माहुरी जता घुमे पनि आखिर रसैको लागि त हो। अमृतको ध्याउन्न पनि भाका खोज्नेमै केन्द्रित हुन्छ। यसरी सङ्गत गर्दै जाँदा कहिले कोबाट कसरी नयाँ गीतको सूत्र ट्वाक्क फेला पर्छ भन्ने ठेगान हुँदैन। अमृत र किरण यस्ता कुरामा असाध्यै चनाखो हुने गर्छन्। त्यही चनाखोकै कारण त 'रेशम' पछि नेपथ्यको अर्को कालजयी एल्बम 'भैँडाको ऊनजस्तो' जन्मिएको थियो।

किरण कुनै समय कान्तिपुर एफएममा प्रस्तोता थिए। त्यति बेला उनको सङ्गत त्यहीँका पत्रकार नारायण वाग्लेसँग भएको थियो।

वाग्ले पदयात्रामा रुचि राख्थे र घुम्दाखेरि भेटिएका रोचक विषयलाई आफू काम गर्ने अखबारमा लेख्थे। घुम्ने क्रममा लेख्ने कुरा मात्र भेटिँदैनन्। नेपालजस्तो लोकसङ्गीतको धनी मुलुकमा गाउने कुरा पनि भेटिन्छन्।

एकपटक वाग्लेले एउटा अनौठो धुन र त्यसका केही शब्द सुनेर आए। उनी साथीभाइसँगको जमघटमा खुबै स्वाद लिएर त्यो गीत गाउन खोज्थे। त्यस्तै साथीसङ्गतमा रहँदा किरणले पनि त्यो गीत सुनेछन्।

'नारायणले गोसाइँकुण्डतिर घुम्न जाँदा एउटा गीत ल्याएको रहेछ,' किरणले अमृतलाई सुनाए, 'त्यो गीत गजब छ।'

किरणले थप अर्को जानकारी पनि अमृतलाई सुनाए, 'नारायणले यो गीत अमृतलाई गाउन दिनुपर्छ भन्दै थियो।'

नारायण त्यति बेला कान्तिपुर दैनिकमा समाचार सम्पादक थिए र त्यसको केही समयमै सम्पादक बनेका थिए।

किरणले सुनाएकै भरमा गीत राम्ररी बुझ्न सकिएन।

अमृतले 'गीत तिमीलाई कण्ठस्थ छ?' भनेर सोधे। किरणले 'छैन' भने।

'त्यसो भए ल एक दिन भेटाउनुपऱ्यो,' अमृतले भने।

त्यसपछि किरणको घरमा नारायणसँग भेटघाट आयोजना गरियो।

चिनाजानी र एकैछिनको भलाकुसारीपछि अमृतले 'लौ गीत सुनाऊ' भने।

'यहाँ भनेर कहाँ हुन्छ ?' नारायणले जवाफ दिएछन्, 'यो गीत सुन्न त त्यहीं जानुपर्छ ।'

गोसाइँकुण्डतिरै गएर अलिकति पिउँदै र आगो ताप्दै यो गीत सुन्न मजा आउने उनको कथन थियो। नारायणले थोरै लाइन भने गाएर सुनाए ।

त्यस गायनमा एक किसिमको मौलिकता थियो। पदयात्राका क्रममा उनले जसरी त्यो गीत सुनेका थिए, त्यसै गरी त्यसलाई गाउँदै छन् भनेर स्पष्ट बुझ्न सकिन्थ्यो। अर्थात् एकदमै 'इनोसेन्ट' र मिठो थियो।

सुनिसकेपछि 'लौ, उसो भए यो गीत गर्नका लागि त्यस ठाउँमा जाने भए जाऔं' भनेर अमृत जोसिए। सबैको एकमत बन्यो।

अमृत, नारायण र दानुको टोली गीत खोज्न यात्रामा निस्कियो । उनीहरूलाई पछ्याउँदै किरणले सुरुदेखि अन्तिमसम्मै भिडियो खिचे। त्यसले गीत बनाउन महत्त्वपूर्ण दस्तावेज तयार पार्न मात्रै नभई पछि त्यसैका दृश्यहरूलाई जोडेर गजबको डकुमेन्ट्री (वृत्तचित्र) बनाउन पनि काम लाग्यो।

गोसाइँकुण्ड भेगको यात्रा सकेर फर्कने क्रममा एउटा दुर्घटना पनि भयो। लौरीबिनाबाट चन्दनबारीतिर ओरालो झर्ने क्रममा एक ठाउँ सन्तुलन बिग्रेर अमृत लड्न पुगे। उनको हत्केलाको हाड चर्कियो। त्यो दुर्घटनापछि गितारसँग अमृतको नाता टुट्यो। विशेष गरी लामो समय गितार बजाएर गीत कम्पोज गर्ने काम त्यसपछि उनीबाट कहिल्यै हुन सकेन।

जे होस्, हिमाली भेगमा गीत खोजेर टोली फर्किएपछि पनि लगत्तै गीतको काम सुरु भएन। रसुवाबाट काठमाडौं आइपुग्नासाथ अमृत, दानु र किरण घर पनि नगई सोझै भारततिर लागे।

प्रख्यात बेलायती रक ब्यान्ड रोलिङ स्टोन्स साङ्गीतिक प्रस्तुति लिएर भारतको मुम्बई आइपुगेको थियो। त्यति बेला संसारलाई आक्रान्त पारेको सार्स रोगका कारण हङकङको कन्सर्ट रद्द भएका कारण रोलिङ स्टोन्सको मुम्बई कन्सर्ट अचानक एक साताअगाडि सर्न पुगेको थियो। त्यसैले गोसाइँकुण्ड पुगेको नेपाली टोलीलाई दौडादौड भयो।

कन्सर्ट नछुटोस् भनेर उनीहरू काठमाडौं आएपछि सोझै त्रिभुवन अन्तर्राष्ट्रिय विमानस्थल पुगेका थिए। यस किसिमको आकस्मिक यात्राको सम्पूर्ण बन्दोबस्त आपतकालीन तवरबाटै अर्पणले निपुणताका साथ मिलाइदिएका थिए।

यसरी झन्डै साढे चार हजार मिटर उचाइको गीत सङ्कलन यात्राबाट थकाइ पनि मार्न नपाउँदै उनीहरू घरदेखि ल्याइएका लुगाकपडाका झोला बाटैबाट टिपेर हस्याङफस्याङ भारत उडेका थिए।

मुम्बई पुगेर रोलिङ स्टोन्सको कन्सर्टमा सहभागी भएपछि अमृतलाई 'सङ्गीत सुन्ने त यसरी पो हो' भनेजस्तो लाग्यो।

त्यहाँ बुढाबुढीदेखि तन्नेरी हुँदै बच्चासम्म विभिन्न ढाँचाका दर्शक भरिएका थिए। त्यस्तो बेला जब मिक ज्यागर 'ब्राउन सुगर' भन्दै आए, त्यो स्टेजै चमत्कार भएजस्तो देखियो। अमृतका भनाइमा धपक्क बलेजस्तो उज्यालो।

'मेरो अगाडि ५९ वर्षे मिक ज्यागर त्यस्तरी तन्नेरी ऊर्जामै गाइरहेका थिए,' अमृत भन्छन्, 'त्यो कन्सर्ट मेरो निम्ति प्रेरणा पनि थियो।'

कार्यक्रमभरि सम्पूर्ण माहोल उचालिएको थियो। अमृत पनि कता-कता माथि पुगेको महसुस गर्दै थिए।

त्यही जोसमा उनले किरणतिर हेरे र भने, 'म पनि यो उमेरसम्मै यसै गरी गाइरहनेछु।'

एक हिसाबले भन्ने हो भने नेपथ्य र नेपालयका निम्ति त्यो कन्सर्ट एउटा मानकका रूपमा पनि उभिन पुग्यो। ब्यान्ड र उसको प्रस्तुतिको भावी रूपरेखा तय गर्न त्यो आफैंमा अध्ययनको विषय बन्न पुगेको थियो।

कन्सर्ट सकिएपछि टोली फेरि दिल्लीसम्म रेलमा र दिल्लीबाट उडेर काठमाडौं फर्कियो।

अब फेरि जोसजाँगरका साथ नयाँ एल्बमको रेकर्डिङ गर्नु थियो।

सबैभन्दा पहिले त ब्यान्डका सबै नयाँ सदस्यको भेटघाट आयोजना गरियो। त्यसपछि नारायणगोपाल सङ्गीत कोषको नयाँ बानेश्वरस्थित कार्यालयमा रिहर्सल सुरु भयो।

नेपथ्यका गीतहरूको आत्मा भनेकै लोकलय र लोकसंस्कृति हुन्। तर पछिल्लो समय ब्यान्डसँग आबद्ध हुन आएका साथीहरू सहरी पृष्ठभूमिका थिए। उनीहरूलाई लोकसंस्कृतिको स्वादसँग परिचित गराउनु जरुरी थियो।

अमृतले सबैलाई घाटु नाच देखाउन लमजुङ लैजाने चाँजोपाँजो मिलाए।

टोली भुजुङ पुग्यो।

त्यो गाउँ गजब थियो। जाँदाजाँदै कार्यक्रमस्थलतिर घाटु नाचिरहेको जानकारी पाइयो। ठाँटीनजिकै पुग्दा एक हुल मानिसले गीत गाएको यस्तो राम्रो आवाज आयो, मानौँ माहुरीको एउटा ठूलो घार यतातिर आउँदै छ। त्यस्तो प्रभावशाली आवाजमा गुन्जिएको गीत सुनेपछि टोली पनि लट्ठिँदै त्यतै लाग्यो। त्यो गजब आवाज थियो।

गाउने बुढा बाहरू समूहमा बसिरहेका थिए। आमाहरू, दिदीबहिनीहरूको समूह पनि उसै गरी सुनेर बसिरहेका। कोही गीत गाउँदै छन्, कोही टीका लगाइदिँदै छन्। कोही चिया, कोही जाँडको छनुवा त कोही रक्सी पिइरहेका छन्।

एकदमै रमाइलो वातावरण थियो। नेपथ्य टोली पनि त्यही लहरमा मिसियो र सबैले त्यहाँ दिइँदै गरेको रक्सी पिए। टीका लगाए।

त्यहाँ उनीहरूले घाटु हेरे। गुरुहरूसँग चिनजान भयो। सङ्गीतबारे बहस पनि चल्यो। वादविवाद पनि भयो।

ब्यान्डका सदस्यहरूले त्यहाँ पाएको घाटुको शिक्षा सङ्गीतमा लाग्नेहरूका निम्ति उपयोगी थियो।

सङ्गीत भनेको के हो ? कलाकार भनेका को हुन् ? कला बुझ्नका निम्ति किताबी ज्ञानभन्दा बढी त्यसप्रतिको भावना र समर्पणको अनुभूति किन जरुरी हुन्छ ? यस्तो शिक्षा भुजुङमा नेपथ्य टोलीले पाएको थियो।

घाटुको अवधिभर उनीहरूले त्यहीँ बसेर सङ्गीत सुने र नृत्य पनि हेरे।

उनीहरू त्यहाँ भएकै बेला गाउँमा एकसाथ धेरै सांस्कृतिक गतिविधि भइरहेका थिए। त्यस बेला सिङ्गो भुजुङ एउटा नाटकघरजस्तै थियो, जहाँ अनेक प्रस्तुति चलिरहेका थिए।

हरेक रमाइलो कुराको कतै न कतै अन्त्य हुन्छ नै। भुजुङका सपनाजस्ता दिनहरूको पनि अन्त्य आइपुग्यो। केही दिनको बसाइपछि नेपथ्य टोली काठमाडौँ फर्कियो।

फर्किएपछि ब्यान्डले सबैभन्दा पहिले डोल्पातिरबाट सङ्कलित 'सा कर्णाली' गीतको अरेन्जमेन्ट अघि बढ्यो।

'त्यो गीत सुन्दा एक ठाउँमा 'ए सा, ए सा' भन्ने आवाज आउँछ,' अमृत रहस्य खोल्दै भन्छन्, 'त्यो भुजुङकै देन हो।'

सरुभक्त लिखित 'यानीमाया' गीत पनि एल्बममा अटाएको छ। त्यस गीतको पनि बीचतिर एक ठाउँ गितारले नरसिङ्गाको जस्तो गरेर निकालेको आवाज पनि भुजुङकै देन रहेको अमृत सुनाउँछन्।

'भुजुङमा नरसिङ्गा नै बजाएका थिए,' उनी भन्छन्, 'यानीमाया गीतमा भने त्यही आवाजलाई हरिले इम्प्रोभाइज गरेर गितारमा तयार पारेको हो।'

भैँडाको ऊनजस्तो गीत सङ्कलनका लागि गरिएको यात्राको अनुभव ताजा रहँदै त्यसको काम अघि बढाउन जरुरी थियो।

एल्बममा राखिने अरू गीतको फेहरिस्त पनि अमृतले पेस गरे।

त्यसपछि दानुले तीमध्ये कुन-कुन गीत गर्ने र कुन नगर्ने भनेर सुझाव दिए।

त्यस एल्बममा 'सानो कुरा मनमा लिई' गीत थियो। 'सम्साँझैमा काग कराइरह्यो' भन्ने अर्को गीत पनि थियो। त्यो बेला देशको अवस्था राम्रो नभएकाले त्यसको प्रतिविम्ब नेपथ्यका सिर्जनाहरूमा पनि परिरहेकै थियो।

जताततै हत्या र हिंसाका कुरा मात्र हुन्थे। समाचार पनि त्यस्तै निराशाजनक विषयवस्तुले भरिएको हुन्थ्यो। मान्छे सबै डराएर हिँडेजस्ता देखिन्थे। सबै देखेर सबै डराउने। भेटघाटै नहुने।

दरबार हत्याकाण्डपछि नयाँ राजाका रूपमा ज्ञानेन्द्रले शासनसत्ता सम्हालेका थिए। राजनीतिक क्षेत्रमा धेरै विवाद भइरहेका थिए। सबैको सबैसँग मतान्तर देखिन्थ्यो।

देश कसरी हो कसरी, जता पायो त्यतै ढुनमुनिँदै चलिरहेको जस्तो लाग्थ्यो। कुनै पनि कुरा नियन्त्रणमा थिएन। मानौँ, देश होइन कि एउटा ठूलो ढुङ्गा भीरबाट गुल्टिरहेको छ। तल गएर के हुन्छ, कहाँनिर पर्छ, कहाँनिर खस्छ, कसैलाई थाहा छैन।

एकदमै नकारात्मक सोच विकास भइरहेको बेला थियो त्यो।

पोखराबाट काठमाडौँ जान पनि दिनभरि लाग्थ्यो। ठाउँ-ठाउँमा सुरक्षा जाँच पार गर्नुपर्थ्यो। राज्य पक्ष र विद्रोही पक्षका बीचमा मान्छे मार्ने प्रतिस्पर्धा चलिरहेको थियो। जो मरे पनि, जसले मारे पनि ठीक लागिरहेको थिएन। आखिरमा ती त आफ्नै नेपाली दाजुभाइ थिए।

त्यस्तो बेला अमृतले रचेको गीत थियो–

सम्साँझैमा काग कराइरह्यो
खै के-के खबर आउने हो
मूर्च्छना मरेको गीत सुन्दासुन्दै
म थाकिसकेँ, लौ के-के यहाँ हुने हो

एक किसिमको निराशा थियो त्यसमा। विषादको अवस्था थियो त्यसमा। दिमागमा जसरी कुरा खेलिरहेको थियो, अमृतले त्यसरी नै कागजमा उतारेको गीत थियो त्यो।

त्यो निसास्सिँदो समयकै प्रतिबिम्बका रूपमा नेपालयका आभासले लेखेको अर्को गीत पनि एल्बममा समेटियो–

टाढा धेरै टाढा उडेका रङ्गीन चरा
धर्तीमा कहिले फिर्लान्
आकाशको कालो मैलो हटी
घामजून कहिले खुल्लान्

यस गीतको पृष्ठभूमि पनि बेग्लै छ।

'भँडाको ऊनजस्तो' एल्बम थाल्नुभन्दा केहीअघि नेपालयको अग्रसरतामा नेपथ्यसहित थुप्रै प्रतिष्ठित कलाकारहरू समेटेर 'सुन्दर शान्त नेपाल' अभियान चलाइएको थियो।

त्यस अभियानका लागि एउटा सामूहिक गीत चाहिएको थियो। त्यस किसिमको गीतका लागि भनेर नेपालयमै सहकार्य गरिरहेका कवि तथा सङ्गीतकार आभासले यो गीत रचना गरेका थिए।

गीत तयार भएपछि आभासले आफ्नो बानेश्वरस्थित डेरामै अमृतलाई सुनाएका थिए। अमृतलाई खुब मिठो लागेको थियो।

तर पछि यसलाई 'सुन्दर शान्त नेपाल' को शीर्ष गीतका रूपमा राख्न सहमति जुटेन। गायक दीप श्रेष्ठले अभियानका लागि कवि शम्भुप्रसाद ढुङ्ग्यालको 'मान होस् नेपालको' भन्ने गीतलाई उपयुक्त ठहर गरिदिए। त्यसैअनुसार स्टुडियोमा ढुङ्ग्यालकै गीत रेकर्ड भयो।

अब आभासको त्यति राम्रो यो गीत के गर्ने ?

आफूलाई असाध्यै मन परेको त्यो गीत माग्न अमृतले सुरुमा सङ्कोच मानेका थिए। तर जुन प्रयोजनका लागि भनेर बनाइएको थियो, त्यसमा उपयोग नभएपछि अमृतले ढुक्कैसँग मुख खोले। त्यसपछि यो गीत 'भँडाको ऊनजस्तो' एल्बममा समेटियो।

एल्बममा द्वन्द्वकालमा उकुसमुकुस भई निसास्सिएको मुलुकको अवस्था प्रतिविम्बित गर्ने दुई गीत भए।

'भँडाको ऊनजस्तो' एल्बममै अमृतले निकै पहिले सङ्कलन गरेको अर्को एउटा पुरानो गीत पनि थियो-

पानी तिरेतिरे
ल्याऊ भन्थे बाबैले
माऱ्यो पिरतीले

यो गीत फेला पार्दाको कथा पनि रोचक छ।

सन् १९९७ तिर अमृत तेह्रथुमको वसन्तपुरबाट ताप्लेजुङतर्फ पदयात्रा गर्दै थिए। बाटामा गुफापोखरी पर्थ्यो। त्यसको छेवैमा देउराली थियो। त्यो भेग आसपास देखिएका दृश्य असाध्यै सुन्दर थिए।

त्यही देउरालीमा बसेर अमृतले लमतन्न परेको कुम्भकर्ण हिमाललाई क्यामरामा कैद गर्न थाले। जति खिचे पनि धित मरिरहेको थिएन।

त्यति बेलै वनको बाटो छिचोल्दै दुई तन्नेरी छेवैमा आइपुगे। उनीहरू अमृत र उनको क्यामरालाई नियालेर हेर्न थाले। ती तन्नेरीमा क्यामराप्रतिको चाख देखेपछि अमृतले नजिकै बोलाएर हातमा क्यामरा थमाइदिए। अमृतले क्यामराको लेन्सलाई तल-माथि गरेर अघिल्तिरको दृश्यलाई नजिक र पर लगेर पनि देखाइदिए।

प्रविधिको यो विशेषता देखेर ती तन्नेरी मक्ख परे।

त्यसपछि उनीहरू बसेर बात मार्न थाले।

त्यही क्रममा अमृतले यतातिर गाउने गरिएको कुनै गीत छ भने त्यो सुन्ने इच्छा व्यक्त गरे।

अमृतको चाहना सुनेपछि ती तन्नेरीहरूले एउटा गीतको पहिलो लाइन गाएर सुनाए। यो त्यही 'पानी तिरेतिरे' थियो।

ती तन्नेरीहरूबाट सुन्नेबित्तिकै अमृतलाई भाकाले छोइहाल्यो।

उनले अगाडिको अन्तरा पनि गाउन अनुरोध गरे।

तन्नेरीहरू एकछिन अलमलिए अनि लगत्तै 'ढिला भयो' भन्दै वनतिर लागे।

'त्यसपछि म अलिक दिन लगाएर ताप्लेजुङ पुगेँ, फर्कंदा तमोरमा राफ्टिङ पनि गरेँ र अन्त्यमा काठमाडौँ आइपुगेँ,' अमृत भन्छन्, 'त्यस वनमा भेटिएका तन्नेरीहरूले सुनाएको पहिलो लाइन दिमागमा घुमिरहेपछि मैले नै बाँकी अन्तराहरू थपथाप पारेर यो गीत तयार पारेँ।'

गुफापोखरी आसपासतिर घाँसदाउरा गर्नेहरूको गुनगुनबाट निस्किएको यो सिर्जना 'भँडाको ऊनजस्तो' एल्बममा अर्को मिठो गीतका रूपमा समेटिन पुग्यो।

अब अर्को सङ्कलित गीत थियो–

तालको पानी माछीले खानी
पिरिमसित जानी कि नजानी

यस गीतलाई अमृतले आफ्नै पुर्ख्यौली थलो कास्की पुम्दीभुम्दीको कालाबाङबाट सङ्कलन गरेका थिए। उनले सानैदेखि आफ्नै परिवेशमा सुन्दै हुर्केको गीत थियो यो। नेपथ्यका धेरै मन पराइने गीतमध्ये एक यसलाई रेकर्डका निम्ति तयार पार्न पनि सुरुमा निकै अप्ठेरो परेको थियो।

गीत यत्तिकै सुन्न जति मजा आइरहेको थियो, वाद्ययन्त्रहरू प्रयोग गरेर सुन्दा भने त्यो स्वादै कता–कता हराएजस्तो हुन्थ्यो। सुरुमा 'रेशम' र 'छेक्यो छेक्यो' गीतकै हविगत हुन थाल्यो। गर्न खोज्यो, हुँदै हुँदैन।

हैरान भएपछि एक दिन दानुले अमृततर्फ फर्किएर 'ए, यो गीत गाउँमा तैँले कसरी सुनेको होस्, ल भन् त' भनेर सोधे।

अमृतले गाउँमा जस्तो देखेका थिए, त्यस्तै दृश्य सुनाइदिए, 'झिरिप्प भएका दमाईहरूको टोलीले चट्ट बाजा बजाएर जसरी गाउँथे, त्यसै गरी सुनेको हुँ।' उनले गाएर पनि सुनाए।

त्यति बेलै दानुले 'झिरिप्प भनेपछि यो गीत गाउने बेला रक्सी पनि खाएका हुन्थे ?' भनेर सोधे।

अमृतले 'हो, खान्थे' भने।

'लु त्यसो भए जाम्,' दानुले भने।

उनीहरू नारायणगोपाल सङ्गीत कोषको रिहर्सल कोठाबाट तल ओर्लिए र छेवैको रेस्टुरेन्टमा पसे। बिहान–बिहानै रक्सीको अर्डर गयो। त्यसपछि तनतनी पिउने काम सुरु भयो।

झम्म भएपछि माथि रिहर्सल कोठामा उक्लिए। त्यसपछि गीतमा काम सुरु भयो।

'ल अब तिनीहरूले कसरी बजाउँथे भन्,' दानुले गितार भिरेपछि बेल्ट कस्दै सोधे।

अमृतले मुखबाटै दमाहाको आवाज निकाल्दै पछाडिबाट ट्याम्काको पनि ताल मिसाए–

धुनु धुनु धुनु धुन, धुनु धुनु धुनु धुन

दानुले त्यही आवाज बेस गितारबाट निकाल्दै 'यस्तो हो ?' भनेर सोधे।

अमृतले 'हो' भन्नेबित्तिकै दानुले 'लौ सुरु गरौं हरि' के भनेका थिए, हरिले पनि गितारबाट ट्याम्काको जस्तै आवाज निकाल्न थालिहाले।

यसमा दानु र हरिसँगसँगै किबोर्डमा दीपेन्द्रले निकालेका आवाजहरू गजबसँग समायोजन हुन पुगेको छ।

यसरी तयार भएको गीत खुब रमाइलो सुनियो।

ब्यान्डका लागि मात्र होइन, यस गीतले श्रोताका अनन्त घेरा पार गर्दै गयो। हिजोआज रमाइलो जमघट, पिकनिकदेखि लिएर बिहे–व्रतबन्धका नाचसम्म जता पनि यो गीत नबजेको कमै भेटिन्छ।

नेपथ्यका कन्सर्टहरूमा पनि दर्शकदीर्घाले सबैभन्दा बढी फर्माइस गरेको गीतमा यही पर्छ।

'भैंडाको ऊनजस्तो' एल्बमको रिहर्सल चल्दा एक किसिमको माहोलै बनेको थियो। नेपथ्यका सबै सदस्य साङ्गीतिक मुडमा थिए। यस्तोमा चुरोट पिउनेहरूलाई पनि असाध्यै तलतल लागिरहँदो रहेछ। खुबै पिउनुपर्ने। 'चेन स्मोकर' जस्तै। खास गरेर दानु र हरि त धुवाँ पुतपुताइरहने चिम्नीजस्तै देखिन्थे।

अर्कातिर नारायणगोपाल सङ्गीत कोषको त्यस हलमा धूमपान निषेध थियो। त्यसले गर्दा दानु र हरिलाई घरी–घरी चुरोट च्याप्दै बाहिर निस्किरहनुपर्थ्यो। कहिलेकाहीं चाहिं लुकेरै झ्यालतिरबाट पिउने गर्थे।

केटाहरूको रिहर्सल चल्दै छ भन्ने सुनेपछि गायक फत्तेमान एक दिन आइपुगे। उनी ढोकाभित्र पस्नेबित्तिकै माथि झुन्ड्याइएको नारायणगोपालको चित्र देखे। मनुजबाबु मिश्रले कोरेको त्यो सजीव पोट्रेट थियो। देख्नासाथ 'ओहो महाराज' भने।

फत्तेमानले नारायणगोपाललाई 'महाराज' भनेरै पुकार्ने गर्थे । एकछिन तस्बिरलाई एकोहोरो नियालिरहे। त्यस हेराइमा दिवङ्गत मित्रप्रतिको संवेदना झल्कन्थ्यो। त्यसपछि चुरोट निकालेर सल्काउन लागे।

'दाइ, यहाँको नियममा भित्र चुरोट खान पाइँदैन, बाहिर जानुपर्छ,' अमृत र आभासले एकसाथ भने।

फत्तेमान फरक्क फर्किए र उनीहरूतिर गहिरिएर हेरे। त्यसपछि फेरि एक नजर माथि नारायणगोपालको तस्बिरलाई नियाले। उनको अनुहारमा अस्वीकारोक्तिको भाव दौडिन थाल्यो।

'कहाँ हुन्छ त्यसरी ?' उनी कड्किए, 'यस्तो नियम लगायो भने त माथि नारायण पनि रिसाउँछ।'

यति भनेर त्यहीँ चुरोट सल्काइदिए र नियमको वास्तै नगरेर तनतनी तान्न थाले। अब केटाहरूलाई के चाहियो ?

त्यसपछि धुवाँको मुस्लो छुट्न सुरु भयो। हेर्दाहेर्दै सिङ्गो कोठा चिम्नीमा परिणत भयो।

धूमपानका अम्मली खुद नारायणगोपालको हवाला दिँदै उनैको दौँतरी फत्तेमानले प्रतिबन्ध फुकुवा गरिदिएपछि त त्यो कोठा जहिल्यै धूप बलिरहने मन्दिरजस्तो बन्न पुग्यो। एउटा न एउटाले सल्काइरहेकै हुने।

त्यस कोठामा बिस्तारै रक्सीका बोतलहरू पनि भित्रन सुरु भए।

'भँडाको ऊनजस्तो' को अरेन्जमेन्टसम्बन्धी काम अघि बढ्दै गयो।

त्यो बेला एकातिर माओवादीको द्वन्द्व चलिरहेको थियो भने अर्कातिर राजा र अन्य राजनीतिक दलहरूबीच असमझदारी पनि बढ्दै गएको थियो। यसले थप जटिलतातिर मुलुकलाई घिसार्दै लगिरहेको थियो। असाध्यै धेरै बन्द घोषणा हुन थाले। त्यस्तो बेला मुख्य बाटो प्रयोग गर्न नमिल्ने भएकाले गल्ली–गल्लीबाट लुकेर ओहोरदोहोर गर्नुपर्दाको सास्ती बेग्लै थियो। यी सबै झेलेरै 'भँडाको ऊनजस्तो' का १० वटा गीतको अरेन्जमेन्ट सकियो।

त्यसपछि इमन शाहको लाजिम्पाटस्थित रेकर्डिङ स्टुडियो बीएमआईमा

काम सुरु भयो । गितारवादक इमन अमेरिकाबाट अडियो इन्जिनियरिङ पढेर आएका थिए ।

रेकर्डिङका सम्पूर्ण प्राविधिक पक्ष दानुकै नेतृत्वमा अघि बढ्यो ।

प्रारम्भमा ड्रमसेटको आवाज छिराएपछि पालैपालो बेस अनि गितार इत्यादिको आवाज पनि हालियो ।

दानुले 'सम्साझैंमा काग कराइरह्यो', 'पानी तिरतिरे' र 'यानीमाया' जस्ता गीतहरूमा क्वायर प्रयोग गरेका थिए । इसाई धर्मावलम्बी भएकाले उनमा चर्चमा बज्ने सङ्गीतको गहिरो प्रभाव थियो । त्यो प्रभाव निकाल्न समूहमा स्वर दिने मानिस चाहिन्थ्यो । त्यसका लागि दानुले नै कालोपुल चर्चका गायक-गायिकाको टोली नै ल्याए । ती गीतमा 'ब्याक भोकल' का रूपमा 'हमिङ' थपिएपछि स्वादै अर्को भयो ।

क्वायरका साथसाथै ग्रुप भायोलिनको प्रयोगजस्ता कारणले पनि 'भैंडाको ऊनजस्तो' एल्बमका गीत निकै राम्रा सुनिए । भायोलिनका निम्ति आभासमार्फत राजकुमार श्रेष्ठ र राजकुमारमार्फत नारायणगोपाल सङ्गीत कोषका विद्यार्थीले योगदान गरेका थिए ।

रेकर्डको काम सकिएपछि एल्बम निस्क्यो । त्यसलाई श्रोताले खुब मन पराइदिए ।

सँगसँगै 'भैंडाको ऊनजस्तो' नाममै डकुमेन्ट्रीसमेत आइदियो । डकुमेन्ट्री गीतको खोजीका निम्ति गोसाइँकुण्ड यात्रा गर्दा नेपथ्यले गरेको सङ्घर्षमा आधारित थियो । एकअर्काको परिपूरकजस्ता भए यी दुवै सिर्जना ।

डकुमेन्ट्रीले पछि दक्षिण एसियाली वृत्तचित्र महोत्सवमा जुरी अवार्ड पायो । त्यो वर्ष महोत्सवमा बीबीसीका वरिष्ठ पत्रकार मार्क टली जुरी सदस्यका रूपमा उपस्थित थिए । श्रोता र दर्शकका निम्ति ब्यान्डका तर्फबाट यो एउटा रमाइलो उपहार थियो । त्यसको प्रभाव पनि त्यसै गरी श्रोता संसारमा फैलियो ।

हाम्रो गाडी लगातार कर्णाली नदीतर्फ लम्कँदै थियो। अब केही किलोमिटरमै महेन्द्र राजमार्गको लम्की आउने सङ्केत देखिन थाल्यो।

त्यति बेलै मेरा अगाडिका दुवै यात्री अर्थात् अमृत र किरणले चनाखो भएर जिपबाहिर यताउता नजर डुलाउन थाले।

'यही हो, यही हो,' अचानक अमृत बोले।

किरणले पनि त्यतातिर हेर्नेबित्तिकै गाडीलाई बिस्तारै मोडेर सडकको किनारा लगाए र भने, 'हो, यही हो।'

ठाउँको नाम मोतीपुर। यहाँबाट लम्की अझै दुई किलोमिटर। रोकिएको स्थान अर्थात् सडक छेवैमा प्रहरी कार्यालयको भवन देखियो।

यो भवनसँग अमृतको द्वन्द्वकालीन साइनो रहेछ।

उनीहरूको समूह २०६० सालमा 'भँडाको ऊनजस्तो' वृत्तचित्र देखाउँदै मुलुक यात्रा गरिरहेको थियो। त्यसै क्रममा सुदूरपश्चिमतर्फ बढ्दै जाँदा एउटा परित्यक्त भवनको भित्तामा ठूलो भ्वाङ परेको देखियो।

समूह त्यतै रोकिएर कुरो बुझ्नतर्फ लाग्यो।

त्यति बेलै केही स्कुले केटाकेटी आइपुगे। उनीहरूले नै दुई वर्षअघि त्यस भवनमा भएको घटनालाई सविस्तार वर्णन गरिदिए। त्यो भ्वाङ परेको भवन त प्रहरी कार्यालय रहेछ, जहाँ २०५८ चैतमा माओवादीले बम विस्फोट गराएका रहेछन्। अछाम आक्रमण (फागुन ४) को एक महिनामै यो प्रहरी कार्यालय निसानामा परेको थियो। त्यति बेला केही मानिस हताहतसमेत भएका थिए।

भित्तामा परेको भ्वाङ र त्यहाँ उदेक मानेर हेरिरहेका तिनै स्कुले केटाकेटी अटाउने फ्रेममा अमृतले केही तस्बिर खिचे।

यसरी खिचिएको तस्बिर कालान्तरमा द्वन्द्वकालीन दृश्यहरूको सङ्ग्रहका रूपमा प्रकाशित पुस्तक 'लडाइँमा जनता' कै प्रमुख आकर्षण बन्न पुग्यो। पत्रकार कुन्द दीक्षित, दक्षिण एसियाकै दुई परिचित फोटो पत्रकार शाहिदुल

आलम र श्याम टेकवानीको समूहले त्यो तस्बिर पुस्तकको आवरणका लागि छनोट गरेको थियो।

त्यो भवन अहिले अर्कै बनिसकेको रहेछ। उति बेला भ्वाङ परेको भित्ता पनि खोज्नुपर्ने गरी थप संरचना जोडिएका रहेछन्।

यस प्रहरी भवनको तत्कालीन अवस्था खिचेर नेपथ्यले 'सम्साझैंमा काग कराइरह्यो' गीतको म्युजिक भिडियोमा पनि प्रयोग गरेको थियो। द्वन्द्वकालको अवस्था चित्रण गरिएको त्यो म्युजिक भिडियो यस्तै क्षतिग्रस्त संरचनाहरू भएर मुलुक यात्रा गरिरहेका अमृतले भेटेका दृश्यहरूमा आधारित छ।

मोतीपुरको प्रहरी परिसरमा हामीले यस्तै विगत सम्झना गरिरहँदा प्रहरीहरूले अनौठो मानेर हामीतर्फ हेर्न थाले। भित्ता खोज्दै गएपछि अलि-अलि गरेर एकैछिनमा सबै प्रहरी हामी भएतिर आए। त्यो भ्वाङ, त्यति बेलाको घटना, त्यस कालखण्डमा खिचिएको तस्बिर, सबै कुराको चर्चा चल्न थाल्यो। त्यहाँ बस्दै आएका अधिकतर प्रहरीलाई समेत यस भवनको त्यो विगत थाहा रहेनछ।

हामी निस्कन लाग्दा प्रहरीहरूले त्यस चर्चित तस्बिरका फोटोग्राफर अमृतसँग सामूहिक तस्बिर खिच्ने चाहना राखे।

सदैव सेलिब्रिटी गायकका रूपमा तस्बिर खिचाउँदै हिँडेका अमृत राजमार्गको एउटा प्रहरी कार्यालयभित्र त्यो क्षण भने फोटोग्राफरका रूपमा सेलिब्रिटी बनिरहेका थिए। यो आफैँमा नौलो दृश्य थियो।

हाम्रो यात्रा फेरि अगाडि बढ्यो। अब भने माओवादी द्वन्द्व र ब्यान्डले भोगेको सकसका कुरा सुरु भए।

धेरैजसोले द्वन्द्वकालमा आफ्ना गतिविधि थामथुम पारे पनि नेपथ्य झनै सक्रिय बनेको थियो। विशेष गरी 'शान्तिका लागि शिक्षा' र 'सुन्दर शान्त नेपाल' अभियान त्यति बेलै चलेका थिए, जसमा संलग्न भएर ब्यान्डले दर्जनौँपटक मुलुकभरको जोखिमपूर्ण यात्रा गरेको थियो।

कार्यक्रमकै निम्ति सम्भावित स्थानको खोजी गर्दै जाँदा एकपटक अमृत र किरण माओवादी हिरासतमा पनि परेका थिए। त्यो रोल्पा पुग्दाको घटना थियो।

सन् २००५ मा 'सुन्दर शान्त नेपाल' लाई निरन्तरता दिने कुरा भयो।

त्यो बेला द्वन्द्व चरम विन्दुमा पुगेको थियो। असाध्यै नराम्रा समाचार आइरहेका थिए। राजाको प्रत्यक्ष शासन चलिरहेको थियो। मुलुक झनै विभिन्न ध्रुवमा छरिएर अऊ लथालिङ्ग बन्दै गएको थियो।

यस्तो बेला कुनाकाप्चामा पिल्सिएर बाँचिरहेकाहरूलाई थोरै मात्र रमाइलो गराइदिन पाए मुलुकले शान्तिको श्वास फेरिरहन सक्थ्यो भन्ने मनसायले यो यात्रा फेरि थाल्ने निधो गरिएको थियो।

सम्भाव्यता अध्यन गर्न पक्की सडकले जोडिएका देशभरका स्थल रोज्दै जाने क्रममा अमृत र किरण रोल्पा पुग्दै थिए। माओवादी द्वन्द्वकै केन्द्रविन्दुका रूपमा चर्चित रोल्पामा कार्यक्रम गर्न पाए अऊ प्रभावकारी सन्देश जाने सोचले उनीहरू त्यतातिर लागेका थिए।

जाडोको दिन थियो। बेलुकीको समय कर्फ्यु लाग्थ्यो।

खुङ्ग्री भन्ने स्थानमा पुगेको बेला माओवादीले घर-घरबाट मानिसलाई बाहिर निकालेर ताल्चा लगाइदिएको दृश्य देखियो।

यस्तो हृदयविदारक दृश्य देखेपछि के रहेछ भनेर उनीहरूले बुझ्ने कोसिस गरे। आफूलाई सहयोग नगरेको आरोपमा माओवादीले कुटपिट गर्नुका साथै त्यसरी घरमा ताल्चा लगाइदिएको बुझियो। यस्तो 'कारबाही' मा पर्नेमध्ये कसैलाई तिनका सन्तान वा आफन्त सुरक्षा निकायमा कार्यरत रहेको अभियोग पनि लगाइएको थियो भने कसैलाई मागेको चन्दा नदिएको कसुर देखाइएको थियो। हरेकलाई निकालेर घरमा ताल्चा लगाइदिएपछि परिवारै बाहिर बसिरहेका देखिन्थे।

यो दृश्य हेर्दै अमृत र किरण सदरमुकाम लिबाङ पुगे।

उता फेरि अर्कै थरीको शासन। सिङ्गो सहरलाई तारबार लगाएर घेरिएको थियो। रात परेपछि सैनिकहरू पनि त्यो तारबार नाघ्दैन थिए।

लिबाङमा खुङ्ग्री घर भएकै एक प्रहरी भेटिए। उनको पीडादायी भोगाइ सुनेपछि अमृत र किरणको मन बिथोलियो।

सदरमुकामबाट फर्किने क्रममा उनीहरू खुङ्ग्रीमा ओर्लिए।

माओवादीले ताल्चा लगाएको ढोकामा 'यो ताल्चा जसले खोल्छ, त्यसको हात काटिनेछ' भनेर लेखिएको थियो। घरधनी बुढापाकाहरू पछाडि गोठमा गाईबस्तु बाँधिएकै छेउ निरीह तवरले बसिरहेका थिए।

नेपालभरि भ्रमणका क्रममा भिडियो खिच्दै आएका किरण र अमृतले त्यस दृश्यलाई पनि छायाङ्कन गरे।

तस्बिर खिच्ने क्रम चलिरहँदै अकस्मात् 'माओवादी आए, माओवादी आए' भन्दै दौडादौड सुरु भयो। बच्चाहरू आत्तिन थाले।

झोला बोकेका तीन जनाको समूह उनीहरूका सामुन्ने आइपुग्यो।

'कसको अनुमतिले हाम्रो आधार इलाकामा आएर खिचेको ?' उनीहरूले केरकार गर्न थाले, 'कसको अनुमतिले यी गाउँलेसँग कुराकानी गरेको ?'

अमृत र किरणका साथमा दाङदेखि आएका दुई पत्रकार पनि थिए। उनीहरूले आफ्नो परिचय दिए।

त्यतिले माओवादी समूहको चित्त बुझेन।

'तपाईंहरूसँग सोधपुछ गर्नु छ जाऔं' भनेर उनीहरूले कडा आवाजमा उर्दी जारी गरे।

त्यसपछि ड्राइभरबाहेक अमृत, किरण र दाङका पत्रकारलाई साथै लिएर उनीहरू जङ्गलतिर बढे। जङ्गलछेउ एउटा चिउरीको बोट थियो। त्यहाँ पुगेपछि भने अमृत र किरण थप अगाडि बढ्न मानेनन्। 'जे कुरा गर्ने हो, यहीँ गरौँ,' उनीहरूले भने।

उता माओवादीहरू पनि आफ्ना कमान्डरसँग नभेटी जान नदिने जिद्दीमा थिए।

अमृत र किरणलाई ती माओवादीले पालैपालो केरकार गर्न थाले।

उनीहरूले पनि इमानदारीसाथ आफ्नो परिचय र उद्देश्य खुलाए। संयोगले उनीहरूमध्ये एक जनाले अमृतलाई चिनेका रहेछन्। त्यति भएपछि किरणले पनि चलाखीपूर्वक आफूलाई अमृतको सहयोगी भनेर परिचय गराए।

त्यसको करिब डेढ घण्टापछि अर्का कमान्डर आइपुगे। उनले पनि उही ढर्राको भाषणबाजी गर्दै उस्तै प्रश्न राखे।

'उनीहरू हाम्रो कुरा सुन्ने भन्दा पनि आफ्नो कुरा एकोहोरो सुनाउनेतिर बढी केन्द्रित थिए,' अमृत भन्छन्, 'हामीले सुन्नुमै हित ठान्यौँ।'

त्यसपछि किरणसँग भिडियो क्यामरा मागे। उनीहरू दुवैको सातो उड्यो। किनभने किरणले सारा पीडित गाउँलेको भनाइ रेकर्ड गरेका थिए। क्यामरा मागिसकेपछि अब नदिने कुरा भएन। सुम्पिदिए।

भाग्य संयोग, उनीहरूले रेकर्ड हेर्न जानेनन्। किरणलाई नै क्यामरामा के-के खिचिएको छ भनेर सोधे। किरणले लटरपटर जवाफ दिएर एकदुईवटा सामान्य दृश्य मात्र देखाइदिए। त्यसपछि उनीहरूले क्यामरा फिर्ता गरे। अब भने हल्का सास आएजस्तो भयो।

तर यतिले कुरा के टुङ्गिन्थ्यो!

माओवादीहरूले दुई-तीन दिन हिरासतमा बस्नै पर्ने दबाब दिन थाले। सोझै हिरासतको कुरा गर्ने भन्दा पनि 'हाम्रो आधार शिविर जाऔँ' भनिरहेका थिए। अमृत र किरणले आफूहरू हराएको थाहा पाउनेबित्तिकै खोजी सुरु हुने र त्यसले उनीहरूलाई नै सङ्कट पार्ने चेतावनी दिए।

त्यसपछि साथमै रहेका पत्रकार शरद अधिकारी रिसाए। लगत्तै कान्तिपुरका सुदर्शन रिजालले उनीहरूका कमान्डरको नाम लिँदै आक्रोश पोखेपछि ती माओवादी अलिक मत्थर देखिए। तैपनि घरी 'हामीसँग आधार शिविर जाऔँ' त घरी 'एक छाक साथमै खाना खाऔँ' भन्न थाले।

यता पत्रकारहरू पनि ठ्याम्मै मानेनन्।

दिनभर नियन्त्रणमा राखेपछि माओवादीले बेलुकीपख बल्ल अमृत र किरणको टोलीलाई मुक्त गरिदिए।

'ढक्क फुलेको हाम्रो शरीर हल्का भयो,' अमृत भन्छन्, 'त्यसपछि त हामी रातारात मोटर कुदाएर लमही ओर्लिहाल्यौँ।'

द्वन्द्वकालमा 'शान्तिका लागि शिक्षा' र 'सुन्दर शान्त नेपाल' अभियान लिएर मुलुक घुम्ने क्रममा भय र त्रासका अनगिन्ती घटनाबाट गुज्रिनुपर्‍यो।

'शान्तिका लागि शिक्षा' कार्यक्रम लिएर उपत्यकाबाट निस्कँदै गर्दा राजमार्गमा अघिपछि हुँदै यात्रा गरेको सेनाको ट्रक माओवादीको धरापमा परेको घटनाले नेपथ्य टोलीलाई उनीहरू मृत्युको कति नजिक छन् भनेर पनि अनुभूत गरायो। अर्कातिर रातको अँध्यारोमा इलामको यात्रा गर्दा सुरक्षाकर्मीबाट पनि उत्तिकै सास्ती खेप्नुपरेको थियो।

यस्तै पीडादायी अनुभवमा उभिएर ब्यान्डको 'घटना' एल्बम आएको थियो।

'शान्तिका लागि शिक्षा' को तेस्रो शृङ्खला चलिरहेको थियो। नेपथ्य अन्तिम प्रस्तुतिका लागि नारायणघाट पुगेको थियो।

त्यति बेलै दोलखास्थित मैनापोखरीको एउटा समाचार जताततै अखबारमा छापिएको देखियो। समाचारले '२० दिनको बच्चा रगतको आहालमा' भन्ने जानकारी दिन्थ्यो।

त्यो पढेपछि अमृतको मानसिकता खलबलियो। उनले नेपालयका प्रदीप खनाललाई त्यस दिनका सम्पूर्ण पत्रिका किनेर ल्याइदिन अनुरोध गरे।

अखबारका कटिङहरू काठमाडौँ अफिसमा पनि राख्ने भनेर बन्दोबस्त मिलाइयो।

त्यस समाचारले आफूलाई असाध्यै गाह्रो पारेको बताउँदै अमृतले एकपटक जसरी भए पनि मैनापोखरी जाने इच्छा किरणलाई सुनाए।

नारायणघाटको कार्यक्रम सकेर काठमाडौँ आइपुग्नासाथ उनीहरूले दोलखाका पत्रकार राजेन्द्र मानन्धरसँग सम्पर्क गरे।

त्यसपछि अमृत र किरण दुवै दोलखातिर लागे। बीचमा मुढे पर्थ्यो। त्यहाँ रिसोर्ट चलाएर बसेका एक पूर्वसैनिकलाई भर्खरै घाँटी रेटेर हत्या गरिएको थियो। त्यो सिङ्गो क्षेत्रको यात्रा नै 'वार जोन' पुगदाको जस्तो थियो। एकदमै त्रस्त। उनीहरू चरिकोट पुगे।

मैनापोखरी घटना हृदयविदारक थियो।

त्यो दिन प्लस टुको परीक्षा दिएका विद्यार्थी जिरीबाट सार्वजनिक बसमा चरिकोट आउँदै थिए। त्यति बेलै मैनापोखरीको खरिखानी भन्ने ठाउँमा माओवादी चेक प्वाइन्ट बनाएर बसेका रहेछन्। त्यसै बसमा सैनिक पनि चढेका रहेछन्।

छतमा पनि र तल पनि खचाखच मानिस बोकेर आउँदै गरेको बस त्यस विन्दुमा पुगेपछि रोकियो। माओवादीहरू माथिबाटै बन्दुक तेर्स्याएर बसेका थिए।

सिनेमाको दृश्यजस्तै त्यसपछि बसबाट मानिस झार्न सुरु भएछ। उनीहरूले 'लौ चेकिङ गरौँ' भनेछन्। त्यति बेला अन्यत्र सैनिकले यसै गरी चेक गर्थे। यहाँ भने सैनिक चढेको बस माओवादीको चेकिङमा परेको थियो।

दुवै थरीका यी कर्तुतले यस्तो लाग्थ्यो, मानौँ देशैभरि चेक प्वाइन्टहरू छन्।

त्यो दिन बाहिर घेराबन्दी गरेका माओवादी र बसभित्र रहेका सैनिकबीच गोली हानाहान चल्यो, जसका कारण १४ जनाभन्दा बढीको मृत्यु भयो। त्यसमा निर्दोष सर्वसाधारण पनि सिकार भए।

उक्त घटनाबारे बुझिसकेपछि अमृत र किरण पत्रकार मानन्धरलाई समेत साथमा लिएर घटनास्थलतर्फ लागे।

उनीहरू बाटाभरि पनि त्यो घटनाबारे सोध्दै गएका थिए। त्यो बेला हत्तपत्त कोही पनि बोल्न नमान्ने। अझ त्यस घटनाबारे त कसैले मुखै खोल्न मानेनन्।

किरणले बच्चाहरूलाई सोध्नु सबैभन्दा उपयुक्त हुने सुझाव दिए। एक त उनीहरू धेरैथोक विचार गरिरहनुपर्ने परिस्थितिमा हुँदैनन्, अर्को ढाँट्दैनन्।

मोटर केटाकेटी भएकै ठाउँनिर पुगेर रोकियो।

किरणले भिडियो क्यामरा 'अन' गरे र अमृतले प्रश्न गर्न थाले।

त्यसपछि ती बच्चाहरूले घटना विवरण सुनाउन सुरु गरे, जुन वृत्तान्त सिनेमाको बीभत्स दृश्य हेरेजस्तो अघि बढ्न थाल्यो।

घटनाको बेला उनीहरूमध्ये कोही गाईबस्तु चराइरहेका त कोही स्कुलमै रहेछन्।

'यस ठाउँबाट आवाज आएपछि हामी दौडिँदै आएका थियौँ,' उनीहरूले भने, 'हामी स्कुलबाट आइपुग्दा यहाँ बन्दुक पड्किन छाडेको थियो, जताततै मानिसका लास थिए।'

रगतका टाटा र गाडीबाट चुहिएका डिजलका दाग अमृत र किरण पुग्दासम्म पनि बाटामा जताततै देखिँदै थिए।

पर गुराँसको रूखमा दुईवटा फूल फुलिरहेको देखियो। निसास्सिएका अमृतले तिनै फूललाई हेरेर चित्त बुझाए।

उपलब्ध विवरण सङ्कलन गरिसकेपछि उनीहरू चरिकोट आएर बसे।

त्यो बेला चरिकोट पनि डरलाग्दो अवस्थामा थियो। साँझ हिँड्न पनि नपाइने। सबै त्रस्त। चरिकोट अघोषित कर्फ्युमा बाँचिरहेको थियो।

काठमाडौँ फर्किएपछि अमृतले 'मैनापोखरी घटना' शीर्षकमा गीत लेख्न सुरु गरे। त्यसलाई गन्धर्व शैलीमा गाउने योजना बनाए।

गीति नाटकजस्तो लामो त्यस गीतलाई सङ्गीतबद्ध पार्ने काम महिना दिनमा सकियो।

'घटना' एल्बममा मुलुकको तत्कालीन संवेदनालाई समेटेर गाइएका अन्य गीत पनि थिए।

त्यसमा अर्को सिर्जना कवि तीर्थ श्रेष्ठको 'आमा' पनि थियो। श्रेष्ठको त्यस कवितालाई अमृतले गीतमा रूपान्तरण गरेका थिए।

द्वन्द्वकालको दस्तावेजका रूपमा तयार पारिएको यस एल्बमलाई बजारको बिक्रीमा केन्द्रित हुनुभन्दा मुलुकका तत्कालीन भाग्यविधाताहरूको पहुँचसम्म पुऱ्याउन विशेष जोड दिइएको थियो।

घटना एल्बम रेकर्ड नहुँदै दानु नेपाल छाडेर बसोबासका निम्ति अमेरिका गए। नेपथ्यले अर्को महत्त्वपूर्ण पिलर गुमायो। उनलाई समारोह गरेरै ब्यान्डले ससम्मान बिदा गऱ्यो। त्यसपछि दानुको स्थानमा बेस गितार

बजाउन सुबिन शाक्य आइपुगे। किबोर्डवादक दीपेन्द्र सुनाम सङ्गीत पढ्नकै निम्ति छात्रवृत्ति पाएर पहिल्यै अमेरिका गएकाले ब्यान्डमा सुरज थापाको प्रवेश भएको थियो।

द्वन्द्वकालको सम्झना गर्दै महेन्द्र राजमार्गमा अघि बढिरहेको हाम्रो मोटर कर्णाली चिसापानी पुग्यो।

कर्णाली नदीको किनारैकिनार भएर सुर्खेत जाने कच्ची बाटो पनि रहेछ। त्यो कुरो यसपाला नै मैले थाहा पाएँ। अब यही बाटो भएर सुर्खेत जाने कुरा निस्क्यो। यो रोमाञ्चक प्रस्ताव थियो।

चिसापानीको पुल नतर्दै कर्णाली वारिबाटै हाम्रो गाडी उत्तरतर्फ मोडियो।

आकाशमा बादलको एउटा टुक्रा पनि देखिन्थेन। घामको उज्यालोले सम्पूर्ण क्षेत्र झकमक्क बलेको थियो। त्यो धपक्क उज्यालोमा तरङ्गसहित बगिरहेको कर्णालीको किनारैकिनार यात्रा गर्दा दृश्यमा गजब रमणीयता थियो। असाध्यै सफा र चम्किलो। अर्कोतिर नदी किनारमा यत्रतत्र देखिँदा जुन बडेबडे ढुङ्गा सुन्दर लाग्थे, तिनै ढुङ्गाको खाल्डाखुल्डीले कच्ची बाटोलाई सकसपूर्ण बनाइरहेको थियो। हामी मोटरभित्रै उफ्रिँदै र थेचारिँदै यात्रा गरिरहेका थियौँ।

भारी बोकेर ओहोरदोहोर गरिरहेका स्थानीय बासिन्दाको कष्टकर जीवन अझै सकिएको रहेनछ। कतिपय भने मदिराको मात्रा असाध्यै बढी भएर बाटामै लडिरहेका पनि देखिन्थे। यी दृश्य नाघ्दै हाम्रो मोटर एकोहोरो अघि बढिरह्यो।

निकैअघि कर्णालीमा राफ्टिङ गरेका अमृत यस भेगबारे जानकार रहेछन्।

करिब १० किलोमिटरको यात्रापछि हामी कुइने पुग्यौँ, जहाँ कर्णालीमाथि नयाँ पक्की पुल बनाइएको रहेछ।

यस पुलकै कारण कर्णाली वारिपारिका कैलाली र सुर्खेत एकापसमा मोटरबाटोले जोडिन पुगेका रहेछन्। त्यससँगै चहलपहल पनि बढ्ने नै भयो। भर्खरै पुल बनेको जानकारीले नै हामीलाई यता आउन प्रेरित गरेको थियो।

हामीले त्यसै पुलबाट कर्णाली तऱ्यौँ र पारिको एउटा होटलमा खाना

खायौँ। प्लास्टिकले घेरेको र प्लास्टिककै छानो लगाइएको अत्यन्त दयनीय त्यस होटलमा साग र भात मात्रै पाए पनि खाना असाध्यै मिठो थियो।

त्यहाँबाट अघि बढेको करिब एक घण्टामै हामीले फेरि अर्को ठूलो नदी भेरीमाथि बनाइएको पुल तऱ्यौँ।

त्यसपछि भने बाटो अलमल्याउने किसिमको थियो। हामी सोध्दै अघि बढ्यौँ।

बाटो जटिल भएको बेला कुरा पनि जटिलताकै निस्कँदा रहेछन्।

अमृतले त्यति बेलै ब्यान्डमा अब अर्को गायक राखिनुपर्ने पुरानो सुझावको चर्चा निकाले।

उति बेलै किरणले 'हुन्न' भनिसकेको यस विषयलाई लिएर एकपटक फेरि बहस चल्यो।

आफ्नो उमेरका कारण ब्यान्डलाई बिस्तारै नयाँ पुस्तामा हस्तान्तरण गर्न पनि यो जरुरी थियो भनेर अमृत तर्क गर्दै थिए। उता किरण भने त्यो बाटोतिर लागेको भए नेपथ्यलाई अहिलेको अवस्थामा ल्याउनै नसकिने दाबी गर्दै थिए। संस्थापकले अवकाश लिएपछि अर्को पुस्ताले ब्यान्डलाई उस्तै रूपमा सम्हालेको उदाहरण संसारमा कतै पनि नभएको किरणले सुनाए। एकछिनसम्मै उनीहरू दुवैले यसै गरी आफ्ना मत राखे। त्यसपछि गाडीभित्र चुपचाप छायो। एकोहोरो यात्रा अघि बढ्दै गयो।

खासमा अमृतको यो चाहना उनको घाँटीमा देखिँदै आएको समस्याले सिर्जना गरेको थियो। थोरै मानिसलाई मात्र थाहा भएको नेपथ्यको एउटा ठूलो रहस्य हो यो। करिब दुई दशकयता अमृत घाँटीको समस्यासँग जुध्दै आएका छन्।

यस जटिलताको सुरुवात 'शान्तिका लागि शिक्षा' अभियानको दोस्रो शृङ्खला चल्दै गर्दा भएको थियो।

पहिलो कन्सर्ट दाङमा आयोजना गरिएको थियो।

त्यो यात्रा बढ्दै गएर विभिन्न सहर हुँदै झापाको धुलाबारी पुग्यो। लगातार एकपछि अर्को कन्सर्टले थकान बढाउँदै थियो। त्यसमाथि गर्मी महिनामा तराईको एकोहोरो यात्रा। निद्रा, थकाइ, फेरि लामो यात्रा अनि

फेरि असिनपसिन भएर सिनेमा हलमा आयोजना गरिने कन्सर्टमा हाई पिचमा गाउनुपर्ने सधैँको विवशता। अमृत गन्दै गएका थिए।

धुलाबारीको बन्द हलमा हावाधरि जाने ठाउँ थिएन। कलाकार र दर्शक दुवै निसास्सिएका थिए। गाउने बजाउने सबैको शरीरबाट तरतरी पसिना चुहिरहेको देखिन्थ्यो। गिटार पनि भिजेको थियो। बजाउन उस्तै गाह्रो।

त्यो कन्सर्ट आफैँमा कतिसम्म सास्तीपूर्ण थियो भने कार्यक्रम सकेर मञ्चबाट निस्कँदा कलाकारहरू चित्तान परेर ढलेका थिए। पसिनाले लथपथ शरीर।

अचानक अमृतलाई शरीरमा पानीको मात्रा असाध्यै कम भएको महसुस भयो। त्यस्तै अवस्थामा उनीहरू दमक आइपुगे।

दमकमा त्यो रात एकदमै धेरै प्यास लाग्यो। यस्तो पहिले कहिल्यै भएको थिएन। पानी पिउँदा घाँटी भतभती पोल्न थाल्यो। अमृत छटपटाउन थाले। ज्वरो पनि हनहनी आइरहेको थियो।

त्यो रात टुक्रा-टुक्रा निद्रा सुतेरै बित्यो। बिहान उठ्नेबित्तिकै अमृतले किरणलाई यो जानकारी गराए। उनीहरू अस्पताल पुगे। दमकको अस्पतालमा ब्यान्डकै व्यवस्थापक अर्पणका भाइ अन्जन चिकित्सक थिए। जाँचेपछि उनले अमृतलाई 'फेरिन्जाइटिस' भएको जानकारी दिए।

यात्रामा अत्यधिक थकान अनि शरीरले ग्रहण गर्ने तातो र चिसोको सन्तुलन नमिलेपछि गीत गाउने मानिसलाई घाँटीमा यस्तो किसिमको समस्या हुने रहेछ।

'यो एक किसिमको रोग हो,' अन्जनले भने, 'तपाईंले अब एन्टिबायोटिक खानुपर्छ।'

त्यति बेलै अन्जनले अमृतलाई एउटा डरलाग्दो कुरा पनि सुनाए। गाएरै बाँच्नुपर्ने मानिसले चिकित्सकबाट त्यस्तो सल्लाहको कल्पना कहिल्यै गरेका हुँदैनन्।

'अब तपाईंले यसै गरी गीत गाउनु उचित हुँदैन,' उनले भनेका थिए, 'जबर्जस्ती गाउनुभयो भने तपाईंको स्वर बिग्रँदै जान सक्छ।'

एउटा गायकसँग हुने सम्पत्ति भनेकै उसको स्वर हो। कुनै पनि मानिससँग अचानक उसको सर्वस्व खोसिने भयो भनेर सुनाउँदा कस्तो प्रतिक्रिया हुन्छ ? अमृतलाई तत्काल त्यस्तै भयो।

एकछिनसम्मै आफ्नो वरपर अन्धकार फैलिएजस्तो लाग्न थाल्यो।

'कहाँ हुन्छ भाइ !' अमृतले सम्हालिँदै भने, 'मैले गीत त गाउनै पर्छ।'

सबैभन्दा पहिले त त्यति बेलाकै कार्यक्रम अगाडि बढाउनुपर्ने थियो।

ज्वरो आइरहेको छ। त्यसमाथि घाँटीले गर्दा थुकसमेत निल्न नहुने अवस्था छ।

धन्न, दमकको त्यो कार्यक्रम उपत्यका बाहिरको अन्तिम थियो।

जसोतसो त्यो सम्पन्न गरेर टोली काठमाडौँ आयो।

त्यसपछि अमृतले सम्भव भएसम्म देश र विदेशका चिकित्सकहरूको सल्लाह लिएर घाँटीलाई जसोतसो बचाउँदै गाइरहेका छन्। एलोपेथिक प्रणालीमा मात्र निर्भर नरहेर वैकल्पिक उपायका खोजी पनि गरिरहेका छन्। आयुर्वेदिक चिकित्सक बीपी तिमिल्सिनाको ओखतीले दुई वर्ष प्रयोग गर्दा केही सहज बनाएको महसुस भयो।

एकातिर अनेक औषधिदेखि खानपानको परहेजसम्म जारी छ भने अर्कातर्फ अमृतले लामो समयदेखि मञ्चमा 'फ्ल्याट' स्वर निकालेर गीत गाउँदै आएका छन्। स्वर सुक्ने र 'हाई पिच' मा गाउँदा कतिपयपटक आवाजै ननिस्किने भएपछि उनले घाँटीको उपचारमा मात्र आफूलाई केन्द्रित नराखेर सङ्गीतका गुरुको परामर्श पनि सुरु गरेका छन्।

केही वर्षयता अमृत शास्त्रीय सङ्गीतका गुरु धनबहादुर गोपालीसँग कक्षा लिइरहेका छन्। नियमित रियाज सुरु गरेपछि स्वरका नोटहरू पनि पुग्न थालेका छन्। आफैँले पहिले गाउँदै आएका गीतहरू कतिपय ठाउँमा नमिलेका रहेछन् भनेर स्वयम्ले समीक्षा पनि गर्न सक्ने भएका छन्। यसरी शास्त्रसम्मत सुधारले पनि स्वरलाई सघाइरहेको अमृतको अनुभूति छ।

जे होस्, दमकमा त्यो घटना भएको दुई दशकपछिसम्म पनि अमृतले

गाइरहेका छन्। तर 'यो कहिलेसम्म ?' भन्ने प्रश्नचाहिँ घाँटीमा तरबारजस्तै झुन्डिरहेकै छ।

दर्शकको सन्तुष्टिका लागि हाई पिचमा गाउँदै आएको एउटा गायकको कसैले नदेख्ने दु:खपीडाबारे सुन्दासुन्दै हामी गन्तव्यनजिक पुग्न लाग्यौँ। हामी चढेको मोटर कर्णाली नदीपछि भेरी नदी तरेर बाबियाचौर हुँदै कर्णाली राजमार्गको बड्डीचौरमा निस्किसकेको थियो।

पछि गुगलमा हेर्दा थाहा भयो, हामी त झन्डै-झन्डै दैलेखै पुगेका रहेछौँ। अर्थात् अवस्थितिका हिसाबले महेन्द्र राजमार्गको चिसापानी त्यसै राजमार्गको कोहलपुरभन्दा निकै माथि पर्दो रहेछ। कतिसम्म माथि भने कोहलपुरबाट झन्डै अढाई घण्टा माथि उक्लेर छिन्चु हुँदै पुगिने सुर्खेतभन्दा पनि उँभो।

बड्डीचौर पुगेपछि पनि हामीलाई सुर्खेत पुग्न झन्डै २२ किलोमिटर दक्षिणतर्फ ओरालो झर्नुपर्‍यो। हामी विकट कैलाली र कर्णाली प्रदेशको एउटा नयाँ संसार हेर्दै बेलुकीपख वीरेन्द्रनगर सुर्खेत पुग्यौँ।

~

सुर्खेत पुगेको भोलिपल्ट सबेरै म र अमृत घुम्न निस्क्यौँ।

निस्कने बेला अमृतले 'आज धनीगाड पुग्ने' भनेका थिए। मैले पनि त्यतै कतै होला भन्ठानेर 'हुन्छ' भनिहालेँ र खुरुखुरु हिँड्न थालेँ।

बाटामा मानिसहरूले 'आज पुगेर फर्कन भ्याइएला ?' भनेर सोध्न थाले। मेरो मनमा चसक्क चिसो पस्यो। कता रहेछ यो धनीगाड ?

'ऊ त्यहाँ,' अमृतले देखाए।

राम राम राम ! अल्लाह हु अकबर ! जिजस क्राइस्ट !

कर्णालीतिर सोझिएको उनको औँलाले सुर्खेतबाट उत्तरतर्फ देखिने पहाडको दोस्रो शृङ्खला अर्थात् सबैभन्दा अग्लो टाकुरा औँल्याइरहेको थियो।

'हत्तेरी ! कसरी पुग्ने उति पर ?'

'भ्याइन्छ,' अमृत भन्न थाले, 'म पहिले पनि हिँडेको बाटो हो ।'

मैले हतार-हतार केही खानेकुरा र जुसका बट्टा किनिहालेँ ।

करिब १५ मिनेट बजार भएरै हिँडेपछि वैद्यडाँडाको उकालो सुरु भयो ।

हामी उक्लँदै गयौं । तल वीरेन्द्रनगर परपर देखिँदै गयो ।

'हिजोआज पो मोटर चल्न थाले,' अमृत भनिरहेका थिए, 'उहिले-उहिले मानिस यही बाटो भएर कर्णाली भेगबाट झर्थे ।'

वन एकोहोरो सालको रूखले भरिएको थियो । तल माटोचाहिँ रातो ।

'यही बाटो भएर म २७ वर्षअघि पैदलै कर्णाली किनारको साउली पुगेको थिएँ,' अमृतले सुनाए, 'त्यहाँबाट कर्णालीमा राफ्टिङ गर्दै हामी चिसापानी पुगेका थियौं ।'

त्यति बेला उनी सुर्खेतबाट हिँडेपछि माथिको धनीगाडमा पहिलो बास बसेका रहेछन् । त्यो बेला धनीगाडबाट पारितर्फ ओर्लेर स्यातखोला तरेपछि फेरि उकालो लागेको र त्यसपछिको ओरालोले कर्णाली किनार पुऱ्याएको उनले सुनाए ।

'त्यो साउली भन्ने ठाउँ निर्जन थियो,' उनी भन्दै थिए, 'गाउँबस्ती केही थिएन ।'

वैद्यडाँडाको उकालो चढिरहेका हामी एउटा टुप्पोमा पुगेपछि फेरि अर्को टुप्पोतर्फ उक्लन थाल्यौं । बीचमा मोटर हिँड्ने कच्ची बाटो पनि देखिएको थियो । मोटरचाहिँ देखिएन ।

यो दोस्रो उकालो उक्लिँदै गएपछि शिखर नपुग्दै अमृतले घडी हेरे । ११ बजिसकेको थियो ।

'यो चालाले आज धनीगाड पुगेर फर्किन भ्याइन्न,' अमृतले भोलिपल्टकै कन्सर्टका निम्ति जोखिम लिने ठाउँ नरहेको सङ्केत गर्दै भने, 'फर्कौं ।'

त्यसपछि हामी अघि आएकै बाटो खुरुरुरु ओरालो ओर्लन थाल्यौं ।

त्यो दिन बेलुकी ब्यान्डलाई स्वागत गर्ने कार्यक्रम राखिएको थियो । त्यो रमाइलो सुर्खेती रेस्टुरेन्टमा समारोह सकिएपछि स्थानीय पत्रकार एवम् लेखक सुशील शर्माको निम्तो मानेर म कफी पिउन थालेँ । दुई राउन्ड कफी सकिएपछि हामी मदिरातर्फ लाग्यौं ।

फर्कने बेला रात परिसकेको थियो ।

'तिमीले के पिउँदै छौ, त्यो बोकेर पनि आऊ है,' होटलबाट अमृतको फोन थियो, 'दाजुभाइ बसेर पिउँला ।'

अमृतले आफ्ना निम्ति वाइनका बोतल उतैबाट बोकेर ल्याएका थिए। मेरो निम्ति भर्खर बोकेको ह्विस्की छँदै थियो ।

होटल पुगेपछि हामी आमनेसामने बसेर पिउँदै गफिन थाल्यौँ ।

कहाँबाट झटारो हानेजस्तै त्यति बेलै अस्ट्रियाको राजधानी भियनामा हामी दुईले त्यसै गरी पिएको र पिएपछि विमानस्थलमा काण्ड मच्चिएको सम्झिन पुग्यौँ ।

झन्डै दुई दशक अघिको यो पुरानो सम्झनाले हामीलाई बारम्बार घोच्ने गरेको छ ।

सन् २००५ को अन्तिम महिना चलिरहेको थियो । नेदरल्यान्ड्सको आम्स्टर्डाममा 'हिमालयन फिल्म फेस्टिबल' को रमझम थियो। त्यस महोत्सवको उद्घाटनै नेपथ्यको कन्सर्टबाट गर्ने प्रस्ताव आयो ।

पर्वतीय विषयवस्तुमा चासो राख्ने दर्शक र संसारका विभिन्न कुनाबाट नेदरल्यान्ड्समा जुटेका फिल्म निर्माताका माझमा आफूलाई प्रस्तुत गर्नु नेपथ्यका निम्ति दर्शकको नयाँ घेरामा पुग्ने अवसर थियो । नेपालमा द्वन्द्वको बेला नेपथ्यले गरेको यात्रामा आधारित वृत्तचित्र 'शान्तिका लागि शिक्षा' को प्रदर्शन पनि त्यही महोत्सवमा हुँदै थियो ।

यस्तो सुन्दर अवसर गुमाउने कुरै भएन। ब्यान्ड उता पुग्यो ।

यता म भने इटालीको मिलान सहरमा आयोजित एउटा फिल्म महोत्सवमै आफ्नो वृत्तचित्र 'टिम नेपाल' लिएर पुगेको थिएँ। मिलानको महोत्सव सकिएपछि जर्मनीको म्युनिख पुग्ने र त्यहाँ एक जर्मन नागरिकले आयोजना गरेको साथीभाइ बीचको निजी प्रदर्शनीमा मेरो वृत्तचित्र देखाउने कार्यक्रम थियो ।

म्युनिख पुगेपछि मेरो काम सकियो। म फर्कन तयार थिएँ ।

'यता आउने भए आऊ क्यारे,' अमृतले आम्स्टर्डामबाट भने, 'सँगै युरोप घुमौँला।'

जरुर...

म म्युनिखबाट ट्रेन चढेरै आम्स्टर्डाम पुगेँ।

त्यहाँ त नेपालबाट फिल्म देखाउनै पुगेका साथी एवम् अग्रजहरूको रमिता थियो। केसाङ छेतेन, छिरिङ रितार, किरणकृष्ण श्रेष्ठदेखि दिलभूषण पाठकसम्म। त्यसबाहेक नेपथ्यको टोली नै।

हामी गतिलै जमात भयौँ।

खायौँ, पियौँ, रमाइलो गर्‍यौँ र खुब घुम्यौँ।

केटाकेटीमा वीरगन्जको विद्या चलचित्र मन्दिरभित्र पसिना चुहाउँदै 'सिलसिला' भन्ने सिनेमा हेरेको थिएँ। त्यसमा अमिताभ बच्चन र रेखाले फूलैफूलको विशाल बगैँचामा नाच्दै गाएको दृश्य हेलिकप्टरबाटै खिचिएको थियो।

कहाँ होला यस्तो ठाउँ ?

त्यो बेला बालसुलभ मनले बहुत खोजी गरेको थियो।

त्यो त त्यहीं आम्स्टर्डाम छेउको 'तुलिप गार्डेन' रहेछ।

हामी नेपालीहरूको टोली नै त्यो बगैँचा भएको भेग पुग्यौँ। खुब रमाइलो गरियो। पिसाब फेर्ने ठाउँमा एउटा मात्र सिक्का खसालेर हुलैले पिसाब फेर्ने स्तरका बदमासीसमेत गर्‍यौँ। सिर्फ सिलसिलाकी रेखा थिइनन्, हाम्रा लागि बाँकी सबै थोक थिए, त्यहाँ।

नेपथ्यको कन्सर्ट सकिएपछि पनि हामी महोत्सवभरि त्यहीं बस्यौँ।

एक दिन त्यस सहरको विश्व प्रसिद्ध 'रेडलाइट एरिया' घुम्न जाने योजना पनि थियो। फेरि त्यही दिन म अन्तै अर्को कार्यक्रममा जानुपर्ने भइदियो। ब्यान्डका साथीहरू रेडलाइट एरिया पुगे। नेपालदेखि आयातित गाँजाको अर्डर गरे। तर नेपाली 'माल' सकिएको बेला परेछ। उनीहरूले हल्यान्डकै गाँजाबाट चित्त बुझाएछन्।

त्यो बेलुकी नशाले चुर भएका साथीहरूलाई सम्हालेर होटलसम्म ल्याउन अमृतलाई महाभारत परेको थियो।

नेपथ्यको अर्को विशेषता भनेको यसरी विदेश गएको बेला त्यहाँका सहरमा कला वा सङ्गीतको कुनै राम्रो अवसर छ भने ब्यान्डले छुटाउने गर्दैन। समूहमै गएर त्यसको आनन्द लिन्छ।

त्यसै मुलुकका विश्व प्रसिद्ध कलाकार भ्यानगगको सङ्ग्रहालय नै आम्स्टर्डाममा छ। छुट्ने कुरै भएन।

त्योजत्तिकै महत्त्वपूर्ण अरू अर्को थियो।

हामी बसेकै बेला त्यहाँ फिलहार्मोनिक कन्सर्ट चलिरहेको थियो। हाम्रो पूरै टिम त्यो कन्सर्ट हेर्न पुग्यो।

युरोपमा यस्ता कार्यक्रम हेर्दाखेरि एकैपटक धेरै कुरा अनुभव गर्न पाइन्छ। उनीहरूकहाँ सङ्गीत प्रस्तुतिको निकै लामो विरासत छ। कार्यक्रम देखाउनेदेखि हेर्ने दर्शकसम्मका अनुशासन कायम गरिएका हुन्छन्। अरू धेरैजसो ठाउँमा त 'ड्रेसकोड' समेत हुन्छ।

हलमा जतिसुकै हल्ला चलिरहेको भए पनि कन्डक्टरले लामो सुइरो माथि उचाल्नेबित्तिकै सामसुम हुन्छ। कतिसम्म भने त्यति धेरै दर्शक अटाएको र भर्खर मात्र त्यति हल्ला भइरहेको हल एक्कासि सुई खसेको पनि थाहा पाइने गरी सुनसान भइदिन्छ।

त्यसपछि कार्यक्रम चलुन्जेल त्यो शान्ति कायम रहन्छ। प्रस्तुति सकिनेबित्तिकै दर्शकको तालीमा पनि एक किसिमको तादात्म्य हुन्छ।

असाध्यै मन परेपछि दर्शकले उभिएर ताली बजाइदिन्छन्। 'स्ट्यान्डिङ ओवेसन'। त्यसको फेरि बेग्लै महत्त्व हुन्छ।

हामीलाई यसरी महँगो टिकट काटेर फिलहार्मोनिक कन्सर्ट हेर्ने प्रबन्ध आम्स्टर्डामकै विल्कोले मिलाइदिएका थिए। चिकित्सा पेसामा आबद्ध र नेपाललाई असाध्यै माया गर्ने उनी अमृतका पुराना मित्र हुन्।

साँझ अर्केस्ट्रा हेरिसकेपछि हामीलाई विल्कोले उनकै घरमा खानाको निम्तो गरेका थिए। विल्को र उनकी पत्नी हाम्रै नेपाली बहिनी साधिका।

हामीले उनीहरूको आतिथ्य स्विकार्‍यौँ।

त्यो साँझ विल्कोको पियानो बजाउँदै अमृतले नेपथ्यकै 'आमा' गीत गाएर सुनाएका थिए। विल्कोले पनि केही पाश्चात्य शास्त्रीय धुन सुनाए।

आम्स्टर्डाम बसाइको अर्को रमाइलो संयोग भने बीबीसी टेलिभिजनमा आएको नेपथ्य कन्सर्टको सामग्री थियो।

हेनिकेन स्टेसनको छेवैमा हामी बसेको होटल थियो। त्यो दिन बिहानको नास्ता खानेबित्तिकै किरणले होटलको लबीमा बीबीसी टेलिभिजन लगाउन अह्राए। हामी बसेर हेर्न थाल्यौँ। त्यति बेलै होटलका कर्मचारीहरू पनि टेलिभिजनछेउ आए। त्यो बेला बीबीसी वर्ल्ड सर्भिसको समाचार चलिरहेको थियो। एकैछिनमा त्यहाँ नेपथ्यको चर्चा सुरु भयो। ब्यान्डले नेपालमा कसरी द्वन्द्व प्रभावित भेगहरूमा गएर त्यहाँको जनजीवनमा सङ्गीतमार्फत आशा सञ्चार गराइरहेको छ भनेर एउटा गतिलै रिपोर्ट त्यहाँ देखाइँदै थियो। बीबीसीका संवाददाता चार्ल्स हेभिल्यान्डले तयार गरेको दोलखाको त्यो स्थलगत रिपोर्ट असाध्यै प्रभावकारी थियो।

बीबीसीजस्तो टेलिभिजनको त्यस्तो महत्त्वपूर्ण समयमा एउटा साङ्गीतिक ब्यान्डबारे गजबको रिपोर्ट हेरेपछि त्यस होटलका कर्मचारीहरू चकित परे। त्यस ब्यान्डका तिनै सदस्यहरू आफ्नै होटलमा बसिरहेको पाएपछि उनीहरूले हामीलाई गर्ने व्यवहार नै बदलियो।

केही दिनको रमाइलो नेदरल्यान्ड्स बसाइपछि हामी नेपथ्यको आगामी कन्सर्टका निम्ति बेल्जियम गयौँ।

आम्स्टर्डामबाट चढेको रेलले हामीलाई एन्थ्रोप पुर्‍यायो।

त्यहाँ पनि थुप्रै नेपाली रहेछन्। न्यानो आतिथ्य पाइयो।

एन्थ्रोपमा केही दिनपछि मात्रै कन्सर्ट हुनेवाला थियो। त्यो फुर्सदमा के गर्ने ?

संयोगले त्यति बेलै बेल्जियमको इपरमा सैनिक परेड हुँदै थियो। नोभेम्बर ११ अर्थात् पहिलो विश्वयुद्धमा शान्ति सम्झौता भएको त्यो दिन र त्यस

स्थानको इतिहासमा विशेष महत्त्व रहेछ। त्यो सम्झौता भएको दिन पारेरै संसारभरि बेलायती साम्राज्य अन्तर्गतका सैनिकहरू त्यहाँ भेला हुँदै थिए। त्यहाँ गोर्खाली सैनिकहरू पनि उपस्थित हुनेवाला थिए।

त्यो हेर्न हामी जमातै गयौँ।

त्यहाँ सैनिकहरूको ठूलो जमघट थियो। बाजागाजाका साथ फरक-फरक सैनिक डफ्फाको परेड चलिरहेको थियो। इपरका विशाल अनि पुराना पक्की ढोकाहरूमा जताततै सैनिकहरूको नाम अंकित थियो। त्यसमा नेपाली नाम पनि भेटिए। त्यो युद्धमा ज्यान गुमाएका संसारभरिका सैनिकहरूको सम्झनामा तयार पारिएको स्मारक थियो। ढोकामा नेपाली नामहरू देखेर अमृत भावुक भए। उनीसँग पनि बेलायती सेनामा संलग्न रहेको परिवारको पृष्ठभूमि छ।

हामीले बाजागाजाका साथ अघि बढेको स्मृति कार्यक्रम हेऱ्यौँ र युद्धमा ज्यान गुमाएकाहरूप्रति श्रद्धान्जलि अर्पण गऱ्यौँ।

त्यस सहरमा महत्त्वपूर्ण युद्ध सङ्ग्रहालय पनि रहेछ। त्यो पनि हेऱ्यौँ।

यो सब सकेर केही बेर ब्रसेल्सतर्फ एक नजर लगाएपछि त्यो रात हामी बेल्जियमकै अर्को सहर लुभेनमा गएर बस्यौँ।

हामी फ्रान्सको धेरै नजिक पुगेको थाहा पाएपछि एकपटक प्यारिस पुग्ने इच्छा सबैमा भयो।

अमृतका काका पर्ने एक जना प्यारिसमै बस्थे। उनकै आतिथ्यमा हामी प्यारिस घुमेर निर्धारित कन्सर्टका निम्ति समयमै बेल्जियम फर्कियौँ।

तमु धिँले आयोजना गरेको बेल्जियमको कार्यक्रम राम्रोसँग सम्पन्न भयो।

बेल्जियमबाट फर्किएर हामी फेरि आम्स्टर्डाम पुग्यौँ।

आम्स्टर्डामबाट विमानमै भियना र भियनाबाट सोझै नेपाल फर्कनेवाला थियौँ।

भियना विमानस्थल पुगेपछि मन एकतमासको भयो। झन्डै महिनादिन रमाइला क्षण बिताएको युरोपलाई अब हामी अन्तिम सलाम गर्नेवाला

थियौँ। त्यहाँबाट केही बेरमै उड्ने अस्ट्रियन एयरलाइन्सको विमानले हामीलाई काठमाडौँ ओराल्नेवाला थियो।

'युरोपलाई हार्दिक बिदाइ गर्ने होइन त ?' अमृतले मतिर हेरेर भने, 'जाऔँ, बियर पिऔँ।'

उता भर्खर उज्यालो भएको छ, यता बियरको प्रस्ताव !

नाइँ भन्ने पनि कसरी ? भियना विमानस्थलका बारहरू मलाई संसारकै सबैभन्दा सुन्दर मदिरालयमा पर्छन् कि जस्तो भान परिरहेको थियो।

'लौ त लौ।'

जतातातै मधुरो प्रकाशले सजाइएको एउटा गजबको बार हामीले रोज्यौँ र पस्यौँ।

अब पिउन बसिसकेपछि 'एक-एक बियर' ले के पुग्थ्यो ?

हामीले घडी हेरी-हेरी विमान उड्ने क्षणसम्मै पियौँ।

एकाबिहानै मस्त हुँदै फर्कंदा साथीहरू बोर्डिङको अन्तिम सुरक्षा जाँच पार गरेर अर्कातर्फ पुगिसकेका थिए। अन्य यात्रीको लाइनमै उभिएर म र अमृत गफ गर्न थाल्यौँ।

यो नसिब भनेको पनि बडो विचित्रको चीज हो। मान्छेलाई कहिलेकाहीँ गलत समयमा गलत कुरो दिमागमा आइदिन्छ। दुर्भाग्यवश, त्यसरी लाइन लागिरहेको बेला हामीबीच चर्चाको विषय 'विमान अपहरण' हुन पुग्यो। तातो न छारोसँग यस कुराको सुरुवात अमृतले नै गरेका थिए। त्यस्तो संवेदनशील ठाउँमा हामी नेपालबाट अपहरण गरेर अफगानिस्तानको कान्दाहार पुऱ्याइएको इन्डियन एयरलाइन्सबारे गफ गरिरहेका थियौँ।

जबकि त्यति बेला त्यो कुख्यात घटना संसारभर चर्चित थियो।

हाम्रो संवादमा 'इन्डियन एयरलाइन्स', 'हाइज्याक', 'अफगानिस्तान', 'तालिबान', 'प्लान', 'टेररिजम' जस्ता शब्द व्यापक प्रयोग भइरहेका थिए।

एक्कासि हस्याङ र फस्याङ गर्दै ठूलै ज्यानका सशस्त्र सुरक्षाकर्मीहरू हाम्रो छेउ आए। हामी दुवैलाई लाइन बसेकै ठाउँबाट अलग्याएर अर्को ठाउँमा लिएर गए। के कसो भनेर बुझ्न पनि पाएनौँ।

त्यसपछि फेरि अर्को कोठामा लगेर हामीलाई केरकार गरे । के गर्न आएको भनेर सोधे ।

अमृतले आफू कलाकार भएको र कन्सर्ट गर्न आएको बताए ।

त्यसपछि त्यहाँका सुरक्षाकर्मीले हामीसँग अरू को-को छन् भनेर सोधे ।

हामीले जानकारी दिएपछि बोर्डिङ घेरा नाघेर पल्लोपट्टि पुगिसकेका ब्यान्डका सदस्यहरूलाई पनि यतै बोलाए र सोधपुछ गरे । बिचरा उनीहरू पनि अलमल्ल परे ।

त्यसपछि हामी सबैसँग पासपोर्ट मागे । त्यो ताका नेपाली पासपोर्टमा वाहकको पेसा उल्लेख गर्ने चलन थियो ।

मेरो पासपोर्टमा चाहिँ पत्रकार भनेर लेखिएको थियो ।

'तिमी किन यिनीहरूसँग यात्रा गरिरहेको ?' भनेर सोधे ।

मैले पनि भएको जवाफ दिएँ । तर उनीहरूलाई मेरो जवाफले चित्त बुझेन ।

त्यसपछि त मलाई अझ भित्र लगेर नाङ्गेझारै पारे । मेरो झोलाभित्रका जम्मै कुरा हुँडलिदिए । छोराहरूका निम्ति भनेर किनेको बेल्जियमको महँगो चकलेटमा पसलेले आधा घण्टा लगाएर खोल हालिदिएका थिए । त्यस्तो सुन्दर खोल च्यातचुत पारिदिँदा मेरो चित्त साह्रै दुख्यो ।

तर गर्न के सकिन्थ्यो !

बल्लतल्ल प्लेन उड्ने बेला मलाई 'जा' भनेर मुक्त गरिदिए ।

उता प्लेनभित्र सबै साथीहरू मलाई नै व्यग्रतासाथ पर्खेर बसिरहेका थिए ।

के भो र कसो भो भनेर सबैलाई जिज्ञासा थियो । नजिकै आए । मलाई चाहिँ असाध्यै नरमाइलो लागिरहेको थियो । हामीले वास्तवमै बेठिक ठाउँमा बेठिक कुरा गरेका थियौँ । त्यो एउटा ठूलो पाठ भयो हाम्रा निम्ति ।

अमृतले तुरुन्तै विमान परिचारिका बोलाएर दुईवटा ह्विस्की मगाए ।

'जे भयो भयो अब बिर्स,' उनले ह्विस्कीको गिलास मेरो हातमा थमाइदिए, मैले स्वाट्ट पारेँ ।

त्यसपछि पनि मैले नेपथ्यका साथमा जापान, हङकङ, यूएई लगायतका

मुलुक भ्रमण गर्ने मौका पाएँ। तर जहिले पनि विमान चढ्ने बेला 'अगुल्टोले हानेको कुकुर बिजुली देख्दा तर्सिन्छ' भनेजस्तै सतर्क रहँदै आएको छु।

सुर्खेतमा हामीले त्यो रात त्यही घटना सम्झिएका थियौं।

~

कन्सर्टको दिन अमृत बाहिर निस्कँदैनन्। सकेसम्म कसैलाई नभेटी दिनभर होटलको कोठामै एकाग्र भई बस्छन्, पुस्तक पढ्छन्, शास्त्रीय सङ्गीत सुन्छन् र एकैपटक कार्यक्रम सुरु हुने बेला सोझै मञ्च छेउको 'ग्रिन रुम' मा पुग्छन्। कपालमा काइँयो चलाएर रातो रबरले टपक्क हुने गरी बाँध्छन्। ब्यान्डका साथीहरूसँगै बसेर दूध हालेको कडा चिया पिउँछन्। त्यसपछि ठ्याक्कै समयमा मञ्चमाथि चढेर प्रस्तुत हुन्छन्।

सुर्खेतमा चाहिँ कन्सर्टको दिन अलिक बेग्लै भइदियो।

अमृतले अन्यत्रजस्तै त्यो बिहान कोठाको टेलिफोन रिसिभर झिकेर बाहिर राख्न बिर्सेका रहेछन्।

अचानक घण्टी बज्न सुरु भयो।

एकछिन वास्ता गरेनन्। बजेको बज्यै भएपछि धेरै बेर थामिन पनि सकेनन्।

'सर, तपाईंलाई भेट्न एक जना मानिस आउनुभएको छ,' उताबाट आवाज आयो।

'म कसैलाई भेट्दिनँ' भन्ने वाक्य निस्कनै लागेको थियो, अमृतले तैपनि जिज्ञासावश 'को हो ?' भनेर सोधे।

टेलिफोनमा यति संवाद मात्रै के भएको थियो, माथि अमृतको कोठाको ढोका ढकढकाउन सुरु भइहाल्यो।

'प्रेमदेव गिरी,' उता टेलिफोनमा कुरा गरिरहेका होटलका मानिसको पनि आवाज आयो, 'उहाँ माथि चढिसक्नुभएको छ।'

यति सुनेका मात्र के थिए, अमृतले ढोका खोलिहाले।

ढोका खोल्नेबित्तिकै सेतो दौरासुरुवालमाथि कोट अनि ढाकाटोपी लगाएको एउटा काया देखियो। अमृतले जस्तै लामो कपाल पालेका। च्याँसे अनुहारमा सेतै फुलेको जुँगा र होची मिन्हको जस्तो चुस्स लामो दाह्री।

उनी थिए, सुर्खेतमा बसेर सिङ्गो नेपाली लोकसङ्गीतको फाँटलाई उर्वर बनाइरहेका ७५ वर्षीय प्रेमदेव गिरी।

अमृतले झुकेर अभिवादन गर्दै कोठाभित्र स्वागत गरे।

प्रेमदेव गिरी त्यो बेला काठमाडौं पुगेका थिए, जति बेला त्यहाँ नारायणगोपाल, अम्बर गुरुङ, नातिकाजी, गोपाल योञ्जन, कुमार बस्नेत, तारादेवीहरूको जगजगी थियो। शास्त्रीयभन्दा पनि लोकमा आधारित रहेर नेपालमै सम्भवतः सबैभन्दा स्वादले मादल पिट्ने यी लोकगीत सङ्कलक केही समयका निम्ति रेडियो नेपाल र नाचघरको जागिरे पनि भए। उता यिनलाई राम्ररी बुझेका गणेश रसिक भने रत्न रेकर्डिङ संस्थानका महाप्रबन्धक।

त्यो जानपहिचान र हिमचिमबाट जति दिनु थियो दिए, जति सिक्नु थियो सिके, त्यसपछि सुर्खेतै फर्किए।

'हिजोआज दूरीले काठमाडौं नजिक भएको छ,' उनी भन्छन्, 'तर कुनै जमानामा प्रतियोगितामा भाग लिन रक्सौल भएर काठमाडौं पुग्नुपरे पनि हाम्रा निम्ति त्यो ठाउँ जति नजिक थियो, हिजोआज त्यति वर रहेन।'

मध्यपश्चिमका एक सयभन्दा बढी भाका सङ्कलन गरेका गिरीले जत्तिको धेरै ताल निकालेर मादल बजाउने र एउटा तालबाट सजिलै अर्को तालमा लैजाने कला कमै नेपालीले जानेका छन्। त्यसैले त नाचघरमा रहँदाकै बखत नारायणगोपाल उनलाई भन्ने गर्थे, 'तिम्रो हातको मादलले राम्रो झ्याउरे ताल निकाल्छ।' नारायणगोपालसँग कार्यक्रमका लागि विदेश गएको अनुभव पनि उनीसित रहेछ। सिनेमाको गीत रेकर्ड गर्न कोलकाता पनि साथमै लगेका रहेछन्।

कलालाई जीविकोपार्जनभन्दा पनि साधना मान्ने गिरी यति बेला पनि सुर्खेतमा बसेर नेपाली लोकसङ्गीतको साधनामा एकोहोरो लागिरहेका छन्।

प्रेमदेव गिरीका गीतहरूमा सुर्खेतको बुलबुले तालको वर्णन सुनेर मानिस परपरदेखि यो ठाउँ घुम्न आइपुग्छन्। चाहे त्यो कुमार बस्नेतको

'सुर्खेतैमा सालिना बुलबुले ताल' होस् या गणेश रसिकको 'माछी पऱ्यो जाल, ए बुलबुले ताल' अथवा कमला श्रेष्ठको 'सुर्खेत बुलबुल ताल, माया मै सानी हुनाले छुट्यो मायाजाल'।

विश्वकै सुन्दर अनि विराट तालहरूको देशका बासिन्दा यसरी गीतकै भरमा सुर्खेत आइपुगेपछि जब आँखा अघिल्तिर इत्रु सानु बुलबुले ताल देख्छन्, तब गिरीको जन्मथलो मोहनीलाई सम्झेर मुसुक्क हाँस्छन् पनि।

कोठामा गुरुङ र गिरीको संवाद चल्न थाल्यो। प्रवीण गुरुङको सन्दर्भ निस्कियो।

गिरीले कुनै समय लेखेको 'घर त सुर्खेत, मै भेट्न आउने थिएँ पाइन फुर्सद' बोलको गीतलाई प्रवीणले कसरी 'घर त लुम्ले गाउँ' बनाउन लगाएर गाएका थिए भन्ने घटनाबाट चर्चा सुरु भयो। गिरीले उनको मोबाइलमा रहेको त्यो गीत पनि सुनाए।

नेपाली सङ्गीत र लोकसङ्गीतका अनेक आरोहअवरोह अनि यससँग जोडिएका थुप्रै पात्रको चर्चा चलिरहँदा यी दुवै साङ्गीतिक जोगीहरू रसले विभोर देखिन्थे। गिरीको सङ्कलनमा कति धेरैले गीत गाएका रहेछन्।

हुँदा-हुँदा मेरै सहर वीरगन्जका मधु क्षेत्रीले पनि माडीखोले झ्याउरे भाकामा गाउन भ्याएका रहेछन्। गिरीको मोबाइलमा त्यो गीत पनि बज्न सुरु भयो।

'त्यो बेला भोजपुरका गणेश रसिकले कर्णालीका प्रेमदेव गिरीसँग मागेर गीत गाउने प्रचलन थियो,' अमृतले भने, 'सङ्गीतकर्मीहरू बीचको यस्तो आत्मीयता र हार्दिकता अहिले हराएर गएकामा चिन्ता लाग्छ।'

एकपछि अर्को स्वादिलो प्रसङ्ग र गीतले कोठाको वातावरण रमाइलो हुन थाल्यो।

'हामी लोकसङ्गीतमा काम गर्नेहरूको खास चिन्ता भनेको लय हराउन थाल्यो भाइ,' गिरी भनिरहेका थिए, 'अहिलेसम्म पनि ढुकुरले ढुकुरकै आवाज निकाल्छ, कोइलीले कोइलीकै आवाज निकाल्छ तर हामी मानिसले चाहिँ आफ्नो लय बिर्सन थाल्यौँ।'

कस्तो मिठो संवाद! स्वादमा स्वाद, गुलियोमा गुलियो। त्यस्तो बेला समय नरोकियोस् जस्तो हुँदो रहेछ।

तर त्यो बेलुकी अमृतलाई हजारौं दर्शकका सामुन्ने उपस्थित हुनु थियो।

त्यसैले तत्कालका निम्ति त्यो भेटघाट थामियो।

बेलुकी वीरेन्द्रनगर सुर्खेतको विशाल खुलामञ्चमा एकातिर स्टेजमा अमृत उभिएका थिए भने अर्कातिर मैदानको घरी एउटा कुना त घरी अर्को कुनामा बसेर कार्यक्रमको स्वाद लिइरहेका देखिन्थे, प्रेमदेव गिरी।

कन्सर्टको बेला गीत गाउन्जेल पनि अमृतले स्थानीय परिवेशलाई बारम्बार उल्लेख गर्दै अगाडिका दर्शकलाई उत्साहित बनाइरहे।

चाहे त्यो लालीगुराँसको सन्दर्भ आउँदा सुर्खेत छेउको गुराँसे डाँडाको सुन्दरतासँग जोडेर होस् वा 'नैन ताल' गाउने बेला लाहुरेहरूको बयान गर्दै। यस भेगमा पनि कर्णालीका हिमाली पहाडी तन्नेरीहरू सुर्खेत हुँदै नेपालगन्जको बाटो भएर अहिलेसम्म पनि मुग्लान जानुपर्ने बाध्यता छ। अमृत यस पिरलोलाई पनि उल्लेख गरिरहेका थिए।

कन्सर्ट सकिएको भोलिपल्ट सबेरै नेपथ्य वीरेन्द्रनगर सुर्खेतबाट बिदा हुने तारतम्य मिलाउँदै थियो। त्यस बिदाइ समारोहमा गिरी पनि देखिए।

'भाइ, मेरो सङ्कलनमा एउटा सिङ्गारु भाकाको गीत छ,' उनले खुसुक्क अमृतलाई भने, 'तपाईंले गाउने हो?'

रिदममा आधारित 'सिङ्गारु' डोटी, सल्यान र दैलेख वरपरका क्षेत्रमा प्रचलित पुरानो भाका हो।

घरी बिस्तारै त घरी तीव्र गतिमा अघि बढ्ने सिङ्गारु गाउनका निम्ति अमृतले धेरै वर्षदेखि भाका खोजिरहेका थिए। यस्तो अवस्थामा खुद गिरीले नै सोधेपछि अमृतका निम्ति योभन्दा सुखद के हुन सक्थ्यो!

'दाइले यस्तो माया गर्नुभयो,' उनले थपे, 'म पक्कै कोसिस गर्छु।'

'ल त्यसो भए शब्द मात्र होइन, लयसमेत ट्र्याकमै रेकर्ड गरेर म पठाइदिन्छु,' गिरीले थपे, 'यसको मादल अलिक बेग्लै छ। शान्ति भाइलाई मादल ठटाउन पनि मै सिकाइदिन्छु।'

पछिल्लो समय गीत गाउनेहरूले शब्दमा बढी जोड दिएका कारण लय

हराउँदै गएको चिन्ता व्यक्त गरिरहेका गिरीले यस सिङ्गारुलाई भने नेपथ्यसँग मिलेर सजीव रूपमा उतार्ने चाहना राखेका रहेछन् ।

जवाफमा अमृतले दुवै हात जोडेर अभिवादन गरे ।

वीरेन्द्रनगर सुर्खेतको आत्मीय बिदाइ स्विकारेर हाम्रो यात्रा बुटवलतर्फ अघि बढ्यो ।

आजको यात्रामा म फेरि ब्यान्डका साथीहरूको गाडीमा आइपुगेको छु ।

छिन्चु कटेर बाटाकै सबैभन्दा उचाइको स्थान हर्रे आइपुग्यो । अघिसम्म हुस्सुकै बीच यात्रा गरिरहेका हाम्रा निम्ति त्यहाँ भने कतै पारिलो घाम त कतै बादलका टुक्राहरूको मनमोहक दृश्य थियो । बजारमा जताततै सुन्तला रास लगाएर बेच्न राखिएको देखिन्थ्यो । हामीले सिमेन्टको बोरामा झन्डै आधाजति सुन्तला किन्यौँ र अगाडिको यात्रा फेरि सुरु भयो ।

अब भने एकोहोरो घना जङ्गल थियो । रङ्गीबिरङ्गी पक्षीहरू जताततै देखिँदै थिए । एक ठाउँमा गजब सुन्दर देखिने लामपुच्छ्रे चरा परैसम्म हाम्रो गाडीको छेवैछेउ उडेको दृश्यले मलाई असाध्यै छोएको थियो । गाडीभित्र भने सुन्तलाको रापिलो बास्ना चल्दै थियो ।

यस्तैमा अघिल्लो साँझ कन्सर्टको एउटा रमाइलो घटना साथीहरूले सम्झे । 'त्यो हिजो स्टेजअगाडि बर्दी लगाएकी महिला प्रहरीले गजब गरिन् हगि !' उनीहरू बोल्दाबोल्दै खितखिताएर हाँस्न लागे, 'तिनले किबोर्ड बजाइरहेका सुरजलाई बारम्बार फ्लाइङ किस गरिरहेकी थिइन् ।'

उनीहरूको चर्चाका आधारमा यो दृश्य गम्दा मलाई असाध्यै अनौठो लाग्यो । स्वादको लाग्यो भनौँ न ।

हिजो साँझ मञ्चअगाडि बन्दुक बोकेका महिला प्रहरीहरूलाई मैले पनि देखेको थिएँ । त्यो 'फ्लाइङ किस' भने मैले छुटाएछु । मञ्चमा प्रस्तुति दिइरहेका साथीहरूको भोलिपल्टको चर्चाबाट त्यो घटना थाहा पाइरहेको थिएँ ।

म थप जान्न इच्छुक भएँ।

'खासमा कन्सर्ट हेरिरहेका युवतीहरूले धमाधम फ्लाइङ किस गरिरहेका थिए,' सुरजले भने, 'ती महिला प्रहरीले पनि उसै गरी मतिर फ्लाइङ किस गरिन्।'

साथीहरू सबै गलल्ल हाँस्न थाले।

'के उनले बन्दुक पनि बोकेकी थिइन्?' म थप जिज्ञासु भएँ।

'हो, बोकेकी थिइन्,' सुरजले हाँस्दै भने।

मलाई त्यस दृश्यको परिकल्पना गरेर कुतकुती लागेजस्तो भयो।

'यो त अद्‌भुतै भयो,' मैले भनैं, 'त्यत्रा संसार हल्लाउने अमेरिकी हार्ड रकरहरूले कल्पना मात्र गरेर ब्यान्डको नाम राखे, सुरजजीले त त्यसको साक्षात् रूपै दर्शन गर्न पाउनुभएछ। गन्स एन्ड रोजेज।'

हाम्रो गाडीमा अब हाँसोको फोहोरा छुट्‌यो। सबै चिच्याउन थाले–

'गन्स एन्ड रोजेज', 'गन्स एन्ड रोजेज', 'हा हा हा हा गन्स एन्ड रोजेज'

यात्रा अघि बढ्दै गयो।

पुरुषहरू मात्रै यात्रा गरिरहेका छन् भने 'ननभेज जोक' अभिन्न अङ्ग बनेर बसेकै हुन्छ।

हामीबीच ननभेज जोकहरू पनि चल्न थाले।

हामी नेपाली जोक बनाउने मामलामा कसैलाई बाँकी राख्दैनौं। कतिपय त समाजमा चिनिएकै पात्रहरूसँग घटेको घटनामा यसो मरमसला हालेरै पनि साथीभाइबीच रमाइलो गर्ने सामग्री तयार भइरहेका हुन्छन्।

अरू त अरू राष्ट्रकवि माधव घिमिरेका पनि त्यस्ता केही सन्दर्भ बडो स्वादका साथ हाम्रा 'पुरुष जमघट' मा चर्चा हुने गर्छन्। कुनै समय कलाकारहरूको साथमा बङ्गलादेश जाँदा घिमिरेले बोलेका कुराको सन्दर्भ थियो त्यो।

राष्ट्रकविको प्रसङ्ग उठिसकेपछि 'ऐना झ्याल' एल्बमको सम्झना हुन थाल्यो।

बजारमा भौतिक एल्बमका रूपमा सार्वजनिक भएको नेपथ्यको हालसम्मको

यो नै अन्तिम सँगालो हो ।

यसको पनि रोचक पृष्ठभूमि छ ।

अमृतले गाउँ छँदै घिमिरेका रचनाहरू पढ्दै आएका थिए । काठमाडौं आएपछि भने कार्यक्रमहरूमा उनीसँग भेटघाटै हुन थाल्यो । हुँदा-हुँदा अमृत राष्ट्रकविको कपुरधारास्थित घरै पुगे । घिमिरे गुरुङ भाषा पनि बोल्थे । त्यहाँ लमजुङे र कास्केलीको साइनो खोजी हुन थाल्यो । लमजुङकै भान्जी अमृतले बिहे गरेका थिए । अझ मावल हजुरबा त घिमिरेकै घनिष्ठ । घनपोखरास्थित कवि डिल्लीजङ्ग गुरुङको घरमा भेटघाट गर्न एक बिहानको बाटो हिंडेरै कविवर घिमिरे पुस्तुनदेखि पुग्ने गर्थे । त्यसपछि दिनभर साहित्यिक भलाकुसारी चल्थ्यो ।

साइनो खुलेपछि दोहोरो सम्मान सुरु भयो । यता अमृत जहाँ भेटे पनि श्रद्धाले ढोग्ने, उता घिमिरे ज्वाइँ भनेर सम्बोधन गर्ने ।

हुँदा-हुँदा घिमिरे एकपटक उनीमै केन्द्रित नेपालयको पलेंटी शृङ्खलाका लागि जाउलाखेलस्थित डीएभी स्कुलको सभागृह पुगेछन् । चार तलामाथि सिंढी चढ्नुपर्ने । घिमिरेले सकेनन् । त्यसपछि आयोजक टोलीका अमृतले बोक्न खोजे । घिमिरे मान्दै मानेनन् । 'कहाँ ज्वाइँलाई बोकाउने ?'

त्यो दिन बल्लतल्ल फोटोकवि कुमार आलेसहितबाट बोकिन घिमिरे तयार भए । घिमिरेलाई कुर्सीमा बसालेर चारैतिरबाट कुर्सी बोक्दै उकालिएको थियो ।

यसरी नेपालयसँग पनि नजिकिँदै गएका घिमिरेको गीत 'ऐना झ्यालको पुतलीलाई उड्ने बाटो छैन' अमृतको छनोटमा पऱ्यो । यो 'किन्नर किन्नरी' गीतिसङ्ग्रहबाट निकालिएको थियो ।

राष्ट्रकवि माधव घिमिरे सय वर्ष पुगेको बेला मैले उनको जीवनी झल्काउने लामो आलेख तयार पारेको थिएँ । त्यसका निम्ति उनको घरमै गएर घण्टौं कुराकानी पनि गरेको थिएँ ।

त्यति बेला घिमिरेले यो गीत राजा महेन्द्रको शासनकाल अनि पञ्चायतको सुरुवाती दिनको भद्रगोल अवस्थामा लेखिएको बताएका थिए ।

ऐना झ्यालको पुतलीलाई उड्ने बाटो छैन
भूल पाऱ्यो उज्यालाले अँध्याराले हैन

यस्तो शब्द लेखिसकेपछि त्यस कठोर समयमा सार्वजनिक गर्न गाह्रो हुन्थ्यो। 'त्यसैले मैले यस गीतको रचनाकाल १० वर्षअगाडि पारेर उल्लेख गरेको थिएँ,' घिमिरेले मलाई भनेका थिए, 'यति गरेपछि यसमा राजनीतिक अर्थ छैन भनेर सबैले सामान्य रूपले लिइदिए।'

एउटा कालखण्ड झल्काउने यस गीतलाई लामो अन्तरालपछि अमृतले नेपथ्यका लागि छनोट गरेका थिए।

'यस गीतमा तीनवटा अन्तरा थिए,' अमृत भन्छन्, 'तर दुईवटै अन्तराले पर्याप्त सन्देश दिएको अनुभूति भएपछि मैले पछिल्लो अन्तरालाई गीतमा समेटिनँ।'

त्यस बारेमा एकपटक घिमिरेले पनि आफूसँग जिज्ञासा राखेको अमृत सुनाउँछन्।

राष्ट्रकवि घिमिरे नेपथ्यले यो गीत गाइदिएकामा असाध्यै खुसी थिए। मसँगको वार्तामा उनले आफ्नो रचनालाई देश-विदेशमा व्यापक दर्शकमाझ गाइएको देख्दा असाध्यै खुसी लागेको प्रतिक्रिया दिएका थिए।

उक्त एल्बमको तयारी चल्ने बेला फेरि नेपथ्यका गितारवादक हरिले ब्यान्ड छाड्ने निधो गरिदिए। हरिले लिएको यो निर्णय अमृतले माथिल्लो मुस्ताङमा पदयात्रा गरिरहँदा थाहा पाएका थिए। हरिजस्तो सिर्जनशील साथी गुमाउनु ब्यान्डका निम्ति अर्को ठूलो क्षति थियो। त्यसपछि अमृत धि हुँदै पाहा पास नाघेर छुक्साङ झरे। जतातत‌ै नीरस देखिन थाल्यो। त्यही मनोदशा र दृश्यहरूका बीच अमृतले उत्तिखेरै एउटा गीत लेखे–

यस्तो ठाउँमा पनि मान्छे बस्ने
सुक्खा पठार खडेरी नै खडेरी
तिर्खाले छटपटिँदै कहिले खोँच कहिले गुफा
घुमिहिँड्ने मान्छेलाई प्रणाम
प्रणाम, सृष्टिलाई प्रणाम

संयोगले यो गीत पनि 'ऐना झ्याल' एल्बममै समेटिन पुग्यो।

शीर्ष गीत 'ऐना झ्यालको पुतलीलाई' भने नयाँ गिटारवादक नीरजको प्रयासमा तयार भएको थियो। शब्द असाध्यै प्रभावकारी भएकाले केवल गिटारको 'प्लकिङ' का भरमा गीत तयार पारिएको थियो।

ब्यान्ड छाडेर हिँडिसकेका हरिको उपस्थिति भने अझै एउटा गीतमा जारी थियो। त्यसको संयोग फेरि बेग्लै छ।

यसै एल्बममा समेटिएको गीत 'जोगले हुन्छ भेट, मायाले हुन्छ सम्झना' चाहिँ अमृतले केही वर्षपहिले नै सङ्कलन गरेका थिए।

त्यो गीत तनहुँ र गोरखाको सीमावर्ती भेगतिर सङ्कलन गरिएको थियो।

'घटना' एल्बमको तयारीकै बेला हरिलाई लिएर अमृत गीतकै खोजीमा मनकामना मन्दिर पुगेका थिए। त्यहाँ 'नीति' नामको धुन प्रचलित थियो।

त्यो बेला उनीहरू मोटरसाइकलमा कुरिनटार पुगेपछि केबलकारबाट माथि उक्ले। त्यो मङ्सिर पूर्णिमाको बेला थियो।

मनकामनामा पहिले जाँदा पनि अमृतले त्यहाँको म्युजिक सुन्ने मौका पाएका थिए। 'घटना' एल्बमका लागि त्यही 'नीति' सङ्गीत र ताल एकपटक फेरि सुन्ने हिसाबले उनीहरू त्यहाँ पुगेका थिए।

त्यति बेलै अमृतले साथी प्रेम गुरुङका बालाई भेटे। उनले आफूहरू जमानामा त्रिवेणी मेला पुग्दा बसेर गाउने गरेको गीत 'जोगले हुन्छ भेट' को भाका सुनाए। बाले पुराना दिनहरूका रमाइला प्रसङ्ग पनि सम्झँदै यो गीत सुनाएका थिए।

त्यसपछि उनैलाई पछ्याउँदै अमृत र हरि मुग्लिन पारिको करनटार गाउँ गए। त्यहीँ भेटिएका थिए, गायक टेकबहादुर गुरुङ। त्यति बेला ७१ वर्ष टेकिसकेको भए पनि गीत गाउँदा उनको ऊर्जा अचम्मको देखिन्थ्यो। त्यो माझिएको स्वरमा त्यसरी सुनेको गीत पछि काठमाडौँमा थप तयारीका साथ 'ऐना झ्याल' मा हालिएको थियो।

त्यो गीत गाइने गरेको त्रिवेणी मेला घुम्न एकपटक म र अमृत पनि

गएका थियौँ। त्यहाँ गीत गाउने थुप्रै टोलीको जमघट हेर्न पाए पनि अमृतले ब्यान्डका निम्ति कुनै नयाँ भाका फेला पारेनन्। हामी मेलाको रमाइलो मात्रै हेरेर काठमाडौँ फर्कियौँ।

'ऐना झ्याल' एल्बममै अर्को गीत 'पल्ला घरका बइका चाँदीका कङ्गना' थियो। त्यो भने नेपथ्यलाई 'सा कर्णाली' गीत सुम्पने डोल्पाका लक्ष्मीकान्त उपाध्यायकै सङ्कलन थियो।

सङ्कलक उपाध्यायले उति बेला मुखडा मात्र सुनाएको यस गीतको बाँकी हिस्सा भने अमृतले पाउन सकेका थिएनन्। सुदूरपश्चिमबाट सङ्कलन गरिएको यस गीतको मुखडामा साबिक गण्डकी अञ्चलमा प्रचलित भाका र शैलीलाई अन्तरा बनाएर अमृतले बेग्लै प्रयोगसहित गीत तयार पारेका थिए।

अर्को गीत 'मेरो हजुर' भने अमृतले एल्बम निस्कनुभन्दा पाँच वर्षअघि सगरमाथा भेगको कालापत्थर पदयात्रामा लेखेका थिए। २००५ डिसेम्बरमा उनी त्यता जाँदा एउटा रातको भोगाइमा आधारित थियो, त्यो गीत।

त्यो बेलुकी उनी बास बस्न लोबुचे पुगेका थिए। डिसेम्बरको मध्य चिसोको बेला चार हजार नौ सय ३० मिटर उचाइमा बास। यस्तो जाडोमा सगरमाथा पुग्ने उनको योजनालाई काठमाडौँमा साथीहरूले 'मूर्खता' भनेका थिए। र, उनीहरू सही थिए। भएर पनि के गर्ने ? अमृत भित्रको बहुलट्ठीले जितिदियो।

तापक्रम शून्यभन्दा निकै तल ओर्लिएको बेला उनी सुत्न सकिरहेका थिएनन्। त्यहाँमाथि हल्का लेक लागिरहेको थियो। भएभरका सबै कपडाले आफूलाई खापे। तैपनि निदाउन सकेनन्।

त्यसपछि उठेर झ्यालबाट बाहिर चियाए। त्यहाँ विचित्रको दृश्य थियो। त्यो देखेर एकछिन त चकित खाए। पूर्णिमाको रात, चकमन्न उज्यालोमा आकाशभरि ताराहरू टलक्क टल्किएका थिए। अमृतको वरिपरि घेरा हालेर बसेका पहाडहरू जादुगरी चमत्कारजस्तो दृश्य बोकेर उभिएका थिए। ती आफैँलाई हेरेर मुस्काइरहेका छन् जस्तो लाग्न थाल्यो। त्यो खुला आकाशमा ताराहरूको वर्षा भइरहेको जस्तो लागिरहेको थियो। अरू बेला उति पर देखिने ताराहरू त्यो रात कति नजिकबाट चम्किरहेका...

अमृतलाई त्यो दृश्य र त्यसको प्रभाव आफूभित्रै गुम्स्याउन मन लागेन। कसैलाई सुनाऊँजस्तो लाग्यो। कसलाई ? त्यहाँ त कोही पनि साथमा थिएन।

यस्तोमा केही लेखेर राख्ने सोचमा पुगे। तर चिसोले औंला यसरी काम्दै थियो कि कलम समात्न पनि अप्ठेरो भइदियो। त्यसपछि अमृतले रेकर्डर निकाले। त्यो बेला उनलाई दिमागमा जेजस्ता कुरा आइरहेका थिए, त्यसैलाई बोल्दै रेकर्ड गरे।

'त्यति बेलै मेरो दिमागमा धुन पनि जन्मियो,' अमृत भन्छन्, 'मैले गुनगुनाएरै धुन पनि भरें।'

बिहान उठेपछि राति गरिएको रेकर्ड एकपटक बजाएर सुने, आफैंलाई रमाइलो लाग्यो। 'ऐना झ्याल' मै समेटिएको त्यस गीतले भन्थ्यो–

मेरो हजुर
यो माया तिमीलाई नै हो
सम्हाली राख,
जोगाएर राख

सुनसान रात कहाँ हो कता
तारा गन्दै तिमीलाई खोजी बसें

बाहिर हिमाल हाँसिरहेथ्यो
जून लजाउँदै थियो

त्यति नै बेला
सिरानी पल्टाएथें
हजुरलाई सम्झेर
मै जसरी ब्युँझियौ कि तिमी पनि

मेरो हजुर
म त पागल प्रेमी बेहोसी हुँ

सम्हाल मलाई
नत्र म बौलाउनेछु ।

'ऐना झ्याल' मै अर्को एउटा गीत पनि थियो– 'अग्लिने सुरमा हिमाल, गहिरिने तालमा नदी, जन्मैदेखिको लडाइँ, यो खै कहिले सकिने हो' ।

यो गीत अमृतले बन्दीपुरमा लेखेका थिए ।

'लडाइँमा जनता' पुस्तक तयार भएपछि त्यसमा सङ्गृहीत तस्बिरहरूको प्रदर्शनी देशभर आयोजना गरिएको थियो । त्यसै दौरान अमृत बन्दीपुर पुगेका थिए ।

त्यो साँझ पत्रकार कुन्द दीक्षित, अर्पण र अमृत होटलको बार्दलीमा बसेर उत्तरतिर खुलेका मनासलु हिमशृङ्खला हेरिरहेका थिए ।

निकै तल फाँटमा मर्स्याङ्दी गङ्गा बगिरहेको थियो ।

ठीक त्यति बेलाको दृश्य हेरेर कुन्दले एक लाइन भनेका थिए, 'कति लामो होला यिनीहरूको लडाइँ । एउटा गहिरिँदै जाने, अर्को अग्लिँदै जाने ।'

त्यो सुन्नेबित्तिकै अमृतको मन ऊसङ्ग भयो । दृश्य हेरुन्जेल त उनी पनि रमाइरहेकै थिए। तर कुन्दको भनाइले अमृतलाई आफ्ना बाको सम्झना गरायो ।

बाउछोरा दुई जना दुई फरक धार समातेर अघि बढिरहेका थिए । छोरा गायक बनेकामा हितकाजी गुरुङ रत्तीभर खुसी थिएनन् । नेपथ्यको प्रारम्भकै दिनदेखि अमृतका बा उनका साथीभाइ र आफन्तलाई जहिल्यै भन्ने गर्थे, 'पोखरा बाटुलेचौरमा नपढेका गाइने छन्, मेरो छोरा पढेलेखेको गाइने भयो ।'

बाउछोराले ठाकठुकमै जीवन बिताए पनि भित्रभित्रै चाहिँ अमृतलाई बुबाको माया लाग्थ्यो ।

त्यो ताका अमृतका बा बिरामी थिए । अब भने मतभेदहरूका बाबजुद बिस्तारै उनीहरू एकअर्कासँग नजिकिन थालेका थिए । बाबुछोराबीच मन खोलेर कुरा हुन थालेको थियो ।

पत्रकार कुन्दले त्यो साँझ भनेको लाइनमा प्रकृतिको महान् सङ्घर्ष भए पनि अमृतका निम्ति त्यस्तै विपरीत सङ्घर्षमा लागेको आफू र आफ्नै बाको विम्ब सामुन्ने आइपुग्यो। त्यही भावनामा उनले यो गीत लेखेका थिए।

त्यसको केही समयमै एक रात अचानक मलाई नेपालयबाट नमिठो समाचार बोकेको फोन आइपुग्यो।

बेलुकीको खाना खाएर सुतिसकेको थिएँ। करिब १० बजेको थियो।

'अमृत दाइका बुबा रहनुभएन,' उताबाट फोनमा समाचार दिनेले भने, 'एकैछिनमा पोखरा हिँड्नुपर्ने भयो।'

हामी रातारात पोखरा पुग्यौँ। उता पुग्दा अँध्यारै थियो।

सरासर अमृतका बाआमा बस्ने रानीपौवास्थित घर गयौँ। एकछिन त्यतै बसेर दुःख साट्यौँ। उज्यालो भइसकेपछि अत्येष्टि गर्ने कुरा भयो। त्यसैले हामी लेकसाइड पुगेर एकाध घण्टा होटलमा सुत्यौँ।

बिहानपख फेरि रानीपौवा पुग्दा आफन्तजन भेला भइसकेका थिए। सेतो कपडाको लामो लर्कोलाई पछ्याउँदै हामी शवयात्रामा सरिक भयौँ।

शवयात्रा रामघाटसम्मको थियो।

सबै स्थिर भएर बसेका थियौँ। त्यति बेलै अमृत अचानक अगाडि बढे। उनको नजर पिताको शिरमा रहेको ढाका टोपीतर्फ थियो। त्यो टोपी थोरै नमिलेर बाङ्गो परेको देखिन्थ्यो।

अमृतले पिताको शिरमा रहेको त्यस टोपीलाई सोझो पारिदिन खोजे। त्यति बेलै उनको भक्कानो छुट्यो। टोपी मिलाउँदा-मिलाउँदै डाँको छाडेर रुन थाले।

त्यहाँ उपस्थित सबै जना द्रवित भयौँ।

'हामी दुवै आ-आफ्नो अडानमा बाँच्यौँ,' पछि अमृतले मलाई भनेका थिए, 'त्यो बेला मेरो जन्मदातासँगका सबै असहमति ओझेलमा परे। ठीक त्यही क्षण मैले आफूलाई थाम्न सकेको थिइनँ।'

अमृत किरिया बसे भने हामी त्यही दिन काठमाडौँ फर्कियौँ।

त्यसको केही समयपछि आमाको चाहनाअनुसार अमृतले कैलाश मानसरोवरको यात्रा गर्दै पिताले प्रयोग गरेका केही सामग्री लगेर उतै सेलाइदिएका थिए ।

सुर्खेतबाट छुटेको हाम्रो मोटरले चारकोसे जङ्गल नाघेर महेन्द्र राजमार्गको यात्रा गर्न थालिसकेको थियो। बुटवल पुगुन्जेल साँझ पर्नेवाला थियो। यस्तोमा भोक लाग्न थाल्यो ।

यस यात्रामा परिकारका एकसे एक पारखी थिए। कतिसम्म भने राजमार्गको कुन नदीमा कस्ता स्वादका माछा पौडन्छन् भन्नेसमेत जानकारी राखेका । ती ताजा माछा पकाएर चटक्क स्वादको खाना खुवाउने होटलबारे त झन् नालीबेली नै थाहा पाएका ।

हाम्रो मोटर जङ्गलछेउकै एउटा नपत्याउँदो होटलमा रोकियो । त्यहाँ बिछट्ट स्वादिलो माछाभात खायौँ र ल्वाङ सुपारी चपाउँदै फेरि मोटर चढ्यौँ।

'त्यस्तरी कसेर माछाभात खाइसकेपछि अब यो हर्रेको रसिलो सुन्तला खान मिल्छ कि मिल्दैन ?'

यो प्रश्न खानपिन र स्वास्थ्यका मामलामा असाध्यै गतिलो जानकारी राख्ने साउन्ड इन्जिनियर शिविर शाक्यसँग थियो । स्वास्थ्यका मामलामा असाध्यै सतर्क उनी हरेक खानेकुरा हरहिसाब राखेर, कुन कुरामा कति कार्बोहाइड्रेड हुन्छ भन्ने गनेरै सेवन गर्थे ।

'मज्जाले मिल्छ,' शिविर मुसुक्क हाँसे र थपे, 'ताजा फलमा फ्रुक्टस हुने भएकाले यसको गुलियोले धेरै बिगार गर्दैन ।'

यो सुन्नु मात्र के थियो, बोरामा राखिएको सुन्तला एक राउन्ड हारालुछ भयो।

त्यसपछि अनेक 'गुलिया' प्रसङ्ग कोट्याउँदै हामी अगाडि बढ्यौँ। बुटवल पुग्नै लाग्दाको खोलामा साँघुरो पुल भएकाले राजमार्गमा लामै जाम चल्दो रहेछ। त्यसले हामीलाई साँझ पारिदियो ।

बुटवल पुगेपछि होटलमा उपमहानगरका प्रमुख र उपप्रमुख लगायतको टोलीले नेपथ्यलाई स्वागत गऱ्यो।

'नेपथ्यलाई मनोरञ्जनका हिसाबले मात्र बुझ्नु अधुरो हुन्छ,' माला लगाइदिएर सबैलाई स्वागत गरिसकेपछि होटल ड्रिमल्यान्ड इन्टरनेसनलको हलमा औपचारिक समारोहलाई सम्बोधन गर्दै मेयर खेलराज पाण्डेय भनिरहेका थिए, 'यो साङ्गीतिक समूह हाम्रो नेपाली भाषा र सांस्कृतिक पहिचानको योद्धा पनि हो।'

स्थानीय तहका ठूला बजेटहरूले नभ्याउने नेपालीपनको विशेषता झल्काउने काम नेपथ्यको एक्लो कन्सर्टले प्रभावकारी रूपमा ठूलो जमातमा लगिदिने गरेको उनको विश्लेषण थियो।

मेयर पाण्डेय यसरी प्रशंसा गरेर मात्र थामिएनन्।

भोलिपल्ट बिहानै उनी गाडी लिएर होटलमा उपस्थित भए र गायक अमृतलाई आफैँले बुटवल छेउको ऐतिहासिक नुवाकोट डाँडा घुमाउन लगे।

उति बेला तानसेनबाट बुटवलतर्फ ओर्लंदा बाटामा पर्ने यस उकालोमा तत्कालीन पाल्पाली राजा मणिमुकुन्द सेनले गढी निर्माण गराएका थिए। यो नुवाकोटगढी नेपाल-अङ्ग्रेज युद्धको बेला नेपाली पक्षलाई विजय गराउने पाल्पाली टुकडीका कर्नेल उजिरसिंह थापाको किल्लाका रूपमा प्रयोग भएको थियो।

यसै गढीको तल पुरानो बुटवल बजार छ। कुनै बेलाको बटौली।

मैले पनि यसैपाला त्यो बजार घुम्ने मौका पाएँ। र, नेपथ्यकै अर्को पुरानो गीतलाई मनमनै गुनगुनाएँ–

यानीमाया बटौलीको बजारैमा यानीमाया
यानीमाया चुरेटाको दोकान यानीमाया
यानीमाया कति किन्नु चुरा र धागो यानीमाया
यानीमाया मनैमनको खटन यानीमाया

उहिले-उहिले पहाडबाट झरेर आउनेहरूका लागि यस बजारले सपनाको व्यापार गर्थ्यो। पोखराबाट मधेश झर्नेहरूको बजार पनि बटौली नै थियो। त्यस बेलाकै भावभूमिमा यस गीतलाई लेखक सरुभक्तले शब्द दिएका थिए।

बुटवल आफूभन्दा माथि अर्घाखाँची र गुल्मीबाट गोरुसिङ्गे हुँदै झर्नेहरूको मात्र होइन, अरू मास्तिर मनाङ, मुस्ताङदेखि बीचका बागलुङ, म्याग्दी, पर्वत, कास्की, स्याङ्जा, लमजुङ, गोर्खा, तनहुँ जस्ता अनेक पहाडी जिल्लाहरूबाट पाल्पा हुँदै ओर्लनेहरूको पनि परम्परादेखि चल्दै आएको बजार हो ।

यी माथिल्ला भेगहरूमै केही वर्षअघि पदयात्रा गर्दा अमृतले एउटा अर्को गीत तयार पारेका थिए–

शिरफूल शिरैमा वनफूल वनैमा
हिउँको फूल धौलासिरिमा

हिजोआज नेपथ्यका असाध्यै चलेकामध्येको यो गीत प्रायः कन्सर्टहरूमा गाउने गरिन्छ ।

यो गीत प्रस्तुत गर्ने बेला पृष्ठभूमिमा तस्बिरहरू देखाउने गरिएको छ । यात्रारत रहँदा मेरै सामुन्ने खिचिएका र अरू कतिपय मैले नै खिचेका ती तस्बिरहरू देखिरहँदा मलाई जहिले पनि त्यस यात्राका मिठा क्षणहरूले कुतकुती लगाइरहेका हुन्छन् ।

धौलागिरि हिमालको छेवैछेउ हामीले गरेको त्यस यात्राको पृष्ठभूमि बेग्लै थियो ।

एक दिन अमृतको फोन आयो ।

'भोलि बिहानै म काठमाडौँबाट हेलिकप्टरमा रुकुमको उपल्लो भेग पुग्दै छु। त्यसपछि अलिक दिन त्यतै हराउने इच्छा छ। तिमी पनि जाने हो ?'

रुकुम र डोल्पाको त्यस सीमावर्ती भेगमा यार्सागुम्बा खोज्न जानेहरूमाथि बनाइएको वृत्तचित्र मैले हेरेको थिएँ । त्यो असाध्यै लोभ्याउने खालको थियो । तर त्यति माथि विकट ठाउँमा कसरी जाने हो, भेउ नभएकाले पुग्ने आँट गरेको थिइनँ ।

यस्तो अवस्थामा हेलिकप्टरबाटै जाने भनेपछि मैले यो आकर्षक प्रस्ताव परिवारमा राखेँ । मन्जुरी मिल्यो ।

भर्खर इटालीबाट ल्याएको देख्दै छरितो हेलिकप्टर भोलिपल्ट सबेरै

त्रिभुवन विमानस्थलबाट उड्यो । हेलिकप्टर उडाइरहेका थिए नेपथ्यका संस्थापक दीपकजङ्ग राणाले । पाइलट छेउको सिटमा बसेका थिए अर्का संस्थापक अमृत गुरुङ । अनि पछिल्लो सिटमा म ।

हामी गफ गर्दै अघि बढ्यौं ।

काठमाडौंबाट त्रिशूलीको आकाश हुँदै हेलिकप्टर गोरखा पुग्यो । गोरखा दरबारलाई अनेक कोणबाट हेर्न मिल्ने गरी क्याप्टेन राणाले हेलिकप्टर उडाए अनि कतै-कतै स्थिर पनि बनाइदिए ।

एकैछिनपछि हेलिकप्टर पोखराको आकाशमा उड्न थाल्यो ।

आफूले जमिनबाट यात्रा गरेका यी तमाम सहर तथा बस्ती माथि आकाशै-आकाश भएर पुग्दाको रोमाञ्चकता नै बेग्लै थियो । त्यसो त हवाईमार्ग भएर विमानबाट पनि यो भेग धेरैपटक छिचोलेको थिएँ । तर विमानबाट यात्रा गर्दा भन्दा हेलिकप्टरमा उड्दा गाउँबस्तीसँग निकै गुणा बढी नजिक महसुस हुँदै थियो ।

एकैछिनमा धौलागिरि क्षेत्र सामुन्ने देखियो । हेलिकप्टरबाट यात्रा गरेको एक घण्टा नाघिसकेपछि धौलागिरि शृङ्खलाका हिमालहरूसँग हेलिकप्टरले चुम्ला-चुम्लाजस्तो देखिने गरी नजिक पुग्यौं । एउटा चुचुरोको छेवैमा हेलिकप्टर ओर्लियो ।

हिमाल त के साह्रो नजिक ! कस्तो सफा दृश्य ! कति सफा हावा !

तल ढोरपाटनबाट सिकार खेल्दै माथि उक्लेका विदेशीहरू काठमाडौं फर्किन त्यही हेलिकप्टरमा सवार भए । हामीचाहिं दीपकसँग बिदाइको हात हल्लाएर तल रुकुमतर्फको ओरालो लाग्यौं । यो भेग अहिले रुकुम पूर्व जिल्लामा पर्छ ।

ओरालो लागेको केही बेरमै हामी पेल्मा पुग्यौं । माथि बस्ती पनि पेल्मा, तल खोला पनि पेल्मा । यो 'पुथाउत्तरगङ्गा गाउँपालिका' मा पर्दो रहेछ ।

सोधपुछ गर्दा त्यहाँ खाना पकाएर खुवाइदिने प्रबन्ध मिल्ने थाहा भयो । मलाई भने भोक लागेको थिएन ।

'यस्तो बाटामा हिंड्दा पाएको ठाउँमा खाइहाल्नुपर्छ,' अमृत कड्किन थाले,

'भरे कहाँनिर पुगेपछि खाने ठाउँ भेटिन्छ वा भेटिँदै भेटिँदैन के ठेगान !'

हामीले केही बेर कुरेर खाना खायौँ र सरासर ओरालो लाग्यौँ। त्यसपछि डरलाग्दो भिर देखियो। त्यो भिर चढ्नै लाग्दा दर्केर पानी पऱ्यो। प्लास्टिक ओढ्यौँ। पानी जति दर्के पनि मलाई पीर थिएन। बरु भयङ्कर डरमर्दो गरी असाध्यै ठूलो आवाजसहित पड्किरहेको चट्याङले मेरो सात्तो लियो। त्यति तिखो र भयावह आवाज मैले जिन्दगीमै सुनेको थिइनँ। त्यसमाथि कालो निलो आकाश।

यस्तो बेला वास्तै नगरी सुरुसुरु हिँड्नुको कुनै विकल्प नरहेको अमृत बताइरहेका थिए। मलाई भने अब आजभन्दा उता बाँचिँदैन भन्ने परिरहेको थियो।

त्रासैत्रासका बीचमा मैले एउटा ठूलो रूखनिर अडिएर चट्याङ थामुन्जेल कुर्ने निधो गरेँ।

मेरो ताल देखेर अमृत झनै खित्का छाडेर हाँसे।

'रूखमा ओत लागेर चट्याङबाट बाँचिन्छ भनेको होला !' उनी खिसी गरिरहेका थिए, 'केही गरी यस ठाउँमा चट्याङ परेछ भने त्यो रूखमै पहिले खस्छ भन्ने कुरा त थाहा पाउनुपर्छ नि !'

सुन्नेबित्तिकै म झनै भयभीत भएँ। लौ अब कता जाने होला ?

'खुरुखुरु हिँड्ने,' उनी एकोहोरो भनिरहेका थिए, 'यस्तो ठाउँमा डरायो भने समस्या झनै बढ्दै जान्छ।'

हामीले ओढेको प्लास्टिक सम्हाल्दै उकालो लाग्ने निधो गऱ्यौँ।

त्यो पनि चानचुने उकालो होइन।

पूर्वी रुकुमकै भयावह याम्खारको उकालो।

यो जटिल उकालोबाट खसेर मानिस मरेका कथा गाउँलेले सुनाइरहेका थिए। हामी उक्लँदै गरेको दिन पनि एक जना चिप्लेर तलै पुगेको र घाइते उनलाई उपचारका निम्ति मैकोटतिर लगिएको गाउँलेले बताएका थिए।

त्यस्तो जटिल उकालो हामी झमझमी पानी परिरहेकै बेला प्लास्टिक ओढेर चढिरहेका थियौँ।

उकालो चढ्नुन्जेलको सास्ती बरु जसोतसो धानिएको थियो ।

माथि भन्ज्याङमा पुगेपछि चिप्लो बाटोले झनै ठूलो परीक्षा लिन थाल्यो। पानी परेर चिप्लो भएको माटामा खुट्टै नअडिने ।

'देख्दाको मात्र राम्रा सस्ता ट्रेकिङ बुटहरूको समस्या यही हो,' अमृत भनिरहेका थिए, 'यस्तो यात्रा गर्न कम्तीमा जुत्ताचाहिँ स्तरीय खोजेरै लगाउनुपर्छ ।'

अनि गाउँलेहरूचाहिँ हवाई चप्पल लगाएरै कसरी सुरुसुरु हिँडिरहेका छन् त ?

'उनीहरूले यस्ता जटिल बाटामा हिँडेरै जीवन बिताएका छन्,' अमृत भनिरहेका थिए, 'तिनले जत्तिको सन्तुलन मिलाएर हिँड्न हामी सहरियाले के जादन्थ्यौँ !'

तर्कमा दम थियो। म घरी लौरोले टेकेर त घरी अमृतको हात समातेर अघि बढिरहेँ ।

त्यसपछि याम्खार गाउँ आइपुग्यो ।

यस्तो सास्ती झेलेर आजलाई थप अगाडि बढ्न चाहेनौँ ।

बाटै छेउको एउटा दलित परिवार हामीलाई बास दिन तयार भयो। यो यात्राभर अधिकांश बास हामीले दलितहरूकै घरमा पाएका थियौँ ।

भोलिपल्ट मैकोट पुगेर हामीले दुई रात बितायौँ । अनकन्टार त्यस ठाउँको जनजीवन अझै पनि आदिम युगमै बाँच्न विवश थियो । राज्यको उपस्थिति भनेको एउटा सानो प्रहरी चौकी मात्र देखिन्थ्यो। प्रहरीहरू पनि कसैले लगाएको टोपी त कसैले लगाएको ज्याकेटका भरमा चिन्नुपर्ने ।

'एक त अनकन्टार छ,' चौकी रुँगेर बसेका प्रहरी भनिरहेका थिए, 'अर्को अभावले ग्रस्त यस्तो ठाउँ मैले अन्त देखेको छैन ।'

मैकोटपछि हामी हुकाम हुँदै अर्को दिन बास बस्न बिर्गुन पुग्यौँ ।

बिर्गुनबाट तकसेरातर्फ लाग्दा भने बाटामा पहिरो गएर भयावह स्थिति थियो । पाइतालासमेत बाङ्गो पारेर टेक्नुपर्ने बाटो यति डरलाग्दो थियो,

जहाँबाट चिप्लियो भने तल उत्तरगङ्गाको खोँचमा कता पुगिएला भनेर देख्दा पनि नदेखिने । एक ठाउँमा मेरा खुट्टा काँप्न थाले, फर्किएर हेर्दा मभन्दा त्रस्त अमृतका आँखा देखेँ । उनी मेरो अवस्थालाई लिएर भयभीत थिए ।

त्यो जटिल यात्रा हुँदै अन्ततः तकसेरा पुगेका थियौँ । त्यो साँझ भने हामी अझ माथि उक्लेर दम्चनमा बास बस्यौँ ।

भोलिपल्ट बेलुकीदेखि ढोरपाटन सुरु भइहाल्यो ।

झन्डै दुई दिन लगातार ढोरपाटन हिँड्दा र एक दिन जलजलाको गुराँसे जङ्गल छिचोल्दा अमृतले यो गीत तयार पारेका थिए ।

गीत तयार पार्ने उनको आफ्नै शैली थियो । शब्द मनमा राखिरहन्थे । कहिलेकाहीँ डायरीमा पनि नोट गर्थे । कुनै गजबको दृश्य देख्नासाथ त्यसलाई गुनगुनाएर उच्चारण गर्थे । अनि 'कस्तो छ ?' भनेर सोध्थे । चित्त बुझ्नासाथ उनी रेकर्डर निकालेर त्यसलाई भरिहाल्थे ।

यसरी धौलागिरि हिमालको काखकाखै हिँड्दा फेला परेका अद्‌भुत सुन्दरताका दृश्यहरूले तयार पारिदिएको गीत हो यो– 'शिरफूल शिरैमा' । हाम्रो त्यो यात्रा अन्तिममा मुना, दरबाङ हुँदै म्याग्दीको सदरमुकाम बेनीमा गएर टुङ्गियो ।

खासमा यस यात्राको बेला अमृत शिरफूल भाकाको खोजी गर्दै थिए । त्यसका निम्ति हामीले गाउँमा जान्ने भनिएका धेरै मानिसको खोजी गऱ्यौँ । केहीले यो संसार छाडेर गइसकेका थिए भने कतिपयले बसोबासै मधेशतिर सारिसकेका । भेटिएकाजति कसैले पनि चित्तबुझ्दो गरी गाएर सुनाउन सकेनन् ।

यस्तो अवस्थामा अमृत आफैँले गुनगुनाएर तयार पारेको यो गीत कालान्तरमा नेपथ्यको आजसम्मकै लोकप्रिय गीतहरूको सूचीमा पर्न सफल भइदियो ।

सन् २०१७ मा नेपथ्यले आफ्नो आधिकारिक युट्युब च्यानलमार्फत सार्वजनिक गरेको यो गीत ब्यान्डका सर्वाधिक रुचाइएका गीतमध्येमा पर्न सफल भएको छ ।

ब्यान्डसितै बुटवल आएको बेला उत्तरतिरको आकाश नियालिरहेका मेरा आँखाले तिनै स्वप्निल दिनहरूको याद गरिरहेको थियो।

त्यही बुटवलको रामनगर खेलमैदानमा पुस ८ गते बेलुकी ब्यान्ड लोकरक सुनाउनेवाला थियो। त्यसमा पक्कै पनि एउटा गीत हुने थियो–

शिरफूल शिरैमा, वनफूल वनैमा
हिउँको फूल धौलासिरिमा

बुटवलको रामनगर खेलमैदान भरिने गरी मानिस थिए। छेउछाउका सहरहरूदेखि दर्शक ओइरिएका थिए। तिलोत्तमा र सैनामैनाका नगर प्रमुखहरूसमेत उपस्थित थिए।

कन्सर्टमा महिला दर्शकका लागि भनेर मञ्चको ठीक अगाडि घेरा लगाएर सहज स्थान बनाइन्छ। त्यहाँ महिलाको उत्साहजनक सहभागिताले सिङ्गो मैदानलाई ऊर्जा दिएको थियो।

कन्सर्ट अघि बढ्दै गएपछि दर्शकलाई नृत्य गर्न उत्साहित पार्ने गीत धमाधम आउन थाले।

नेपथ्यले यसरी भित्रैदेखि आदर गर्ने महिला दर्शक देख्दा जहिले पनि प्रशा तुलाधरको सम्झना हुन्छ। न्युयोर्ककी एउटी यस्ती दर्शक जसले ब्यान्डलाई आफ्ना प्रशंसकहरूको अन्तरात्मा छाम्न सिकाएकी थिइन्।

सन् २०१२ मा नेपथ्यले एउटा अप्रत्याशित क्षण भोग्नुपरेको थियो। सदैव समयमै भिसा उपलब्ध भएर आउजाउ गरिरहेको अमेरिका यात्रा त्यो वर्ष भने दूतावासको नचिताएको प्रतिक्रियापछि कन्सर्ट हुनै लाग्दा हठात् रोकिएको थियो। त्यही रनाहामा अमृत र मैले पूर्वी नेपालको सङ्खुवासभासम्म पैदल यात्रा गरेका थियौँ।

त्यसको तीन वर्षपछि अर्थात् सन् २०१५ मा फेरि न्युयोर्कको कन्सर्ट तय हुँदा नेपालयले अघिल्लो पटकको इख लिएरै तयारी अघि बढायो।

अन्तर्राष्ट्रिय स्तरका कार्यक्रमहरू आयोजना भइरहेको म्यानहटनको महत्त्वपूर्ण कन्सर्ट हल 'ह्यामरस्टाइन बलरुम' मा नेपथ्य उभिनेवाला थियो।

यसपाला ब्यान्डका सदस्यहरूको बसोबास प्रबन्ध पनि चौबिसै घण्टा झकिझकाउ रहने म्यानहटनकै एक होटलमा थियो।

घडीले तोकिएको समय देखाउनेबित्तिकै दुई हजारभन्दा बढी दर्शक अटाएको हलमा उज्यालो र नेपथ्य आवाज एकसाथ फैलियो।

गीत प्रस्तुत हुँदा जाँदा साना केटाकेटीदेखि तन्नेरी, अधबैँसेदेखि बुढाबुढीसम्म नाचिरहेका देखिन्थे।

त्यस हुलमै एक ठाउँ अनौठो दृश्य देखिँदै थियो। नृत्य गर्नेहरूको जमात बीचमै एक युवती ह्विलचेयरमा बसेकी थिइन्। अमृतले अऊ ध्यान केन्द्रित गरेर हेरे। ती युवतीको हातमा पाइप बेरिएको थियो र त्यो पाइप टाउका पछाडिबाट ल्याएर नाकभित्र जोडिएको थियो। ह्विलचेयरको छेउमा राखिएको सिलिन्डरबाट आएको त्यस पाइपलाई सम्हाल्दै ती युवती घरी-घरी उभिएर नाच्थिन्।

'रक कन्सर्टमा यस्ता दर्शक दुर्लभ हुन्छन्,' अमृत सम्झन्छन्, 'एकपटक काठमाडौँमै स्पाइनल इन्जुरी भएका दर्शकका लागि आयोजित नेपथ्य कन्सर्टमा बाहेक यस्तो दर्शक मैले जीवनमा कहिल्यै देखेको थिइनँ।'

ह्विलचेयरबाट उभिएर अक्सिजनको पाइप लगाईकनै नृत्य गरिरहेको दृश्य त झनै पहिलोपटक थियो। स्टेजबाटै ती युवतीलाई देख्दा अमृतको मनमा 'अरे !' भनेजस्तो भयो। त्यसपछि कार्यक्रमभरि नै उनका आँखा बारम्बार त्यतैतिर गइरहे।

अमृत मात्र होइन, त्यो साँझ किरणलाई पनि ती युवतीको अवस्था र उपस्थितिले सम्मोहित गरेको थियो। उनी घरी-घरी हलमा कता-कताबाट घुम्दै फेरि तिनै युवतीसामु पुगिरहेका थिए।

'ह्विलचेयरबाट उठ्थिन्, नाच्न खोज्थिन्, फेरि थामिन्थिन्, ह्विलचेयरमा बस्थिन्, फेरि उठ्थिन्, घरी खोक्थिन् अनि फेरि उफ्रिन्थिन्,' किरण त्यस बेलाको दृश्य सम्झँदै भन्छन्, 'हुँदा-हुँदा एकाधपटक त चिच्याएर उफ्रँदै गरेको पनि देखेँ । त्यसबाट मलाई अनौठो खुसीको अनुभूति भयो ।'

किरणका भनाइमा त्यस अवस्थाको मानिसलाई यति धेरै खुसी पार्न सायद सङ्गीतबाहेक अरू कुनै कुराले सक्दैन थियो।

त्यस साँझको भव्य न्युयोर्क कन्सर्टमा नेपथ्य र नेपालयका अगुवाले एक अनौठो दर्शकको रोचक गतिविधि नियाल्दा-नियाल्दै कार्यक्रम सकिएको पत्तै पाएनन् ।

त्यसपछि अमृत ब्याकस्टेजमा पुगे ।

किरणलाई भने ती दर्शकबारे खुलदुली चल्न थाल्यो ।

उनी थिइन्- न्युयोर्कमै बसोबास गर्दै आएकी प्रशा तुलाधर । उनलाई स्केलेरोडर्मा, पल्मोनरी फाइब्रोसिस र पल्मोनरी आर्टेरियल हाइपरटेन्सन भएको रहेछ । यी रोगहरूबारे किरणलाई कुनै जानकारी थिएन ।

उनको पहिलो रोग शरीरमा भएको तन्तुसँग सम्बन्धित रहेछ । दोस्रो फोक्सोसँग सम्बन्धित रहेछ । फोक्सोमा अक्सिजन पस्ने छिद्रहरू टालिँदै जाने रहेछ ।

तेस्रो अर्थात् पल्मोनरी आर्टेरियल हाइपरटेन्सन भनेको चाहिं थुप्रै काममा संलग्न रहनुपर्ने फोक्सो नै कमजोर भइसकेपछि त्यसले मुटुको चालमा पार्ने प्रभाव रहेछ ।

प्रशामा फोक्सो, मुटुदेखि पेट सबैतिर यसको दुष्प्रभाव विस्तार हुँदै गएको रहेछ ।

कन्सर्ट सकिएपछि सुरक्षाकर्मीले हल खाली गराउँदै थिए ।

किरणले हठात् प्रशालाई अमृतसँग भेट्ने इच्छा छ कि भनेर सोधे ।

जवाफमा प्रशाको अनुहार झलमल्ल बल्यो ।

'आहा !' उनले भनिन्, 'पाएदेखि भेट्छु नि दाइ ।'

त्यसपछि जसोतसो बन्दोबस्त मिलाएर किरणले प्रशालाई ह्विलचेयरबाटै ब्याकस्टेजसम्म पुऱ्याए । साथमा प्रशाका पति र अन्य केही साथी पनि थिए । भेट भएपछि अमृत र प्रशाबीच किरणले नै परिचय गराइदिए ।

'त्यति बेला प्रशामा देखिएको खुसी र उत्साह म शब्दले बयान गर्न सक्दिनँ,' किरण भन्छन्, 'त्यो दृश्य देखेर म दङ्ग परिरहेँ ।'

अघि हलमा जुन किसिमले प्रशा नाचिरहेकी थिइन्, त्यसरी उफ्रिन त उनको स्वास्थ्यले मिल्दै नमिल्ने रहेछ । एक मिनेट लगाएर कुनै काम गरिन् भने पनि पाँच मिनेट आराम गर्नुपर्ने डाक्टरको सल्लाह थियो । हिँड्दा वा जोडले बोल्दा पनि शरीरमा अचानक अक्सिजनको मात्रा घट्ने र त्यसले मुटुलाई समेत प्रभाव पार्ने रहेछ । तर उनी चिच्याएर उफ्रिरहेकी थिइन् ।

त्यस्तरी नाच्दा गाह्रो भएन ?

'त्यो सब छाडिदिनुस् दाइ,' उनी उत्साहसाथ भनिरहेकी थिइन्, 'मैले मेरो जीवनकै सबैभन्दा रमाइलो क्षण बाँचिरहँदा केही समयलाई त म बिरामी छु भन्ने नै बिर्सिसकेकी थिएँ ।'

त्यो क्षण अमृत भावुक बने ।

'तन्नेरी उमेरमा हामीले लहडैलहडमा नेपथ्य स्थापना गरेका थियौँ,' उनी भन्छन्, 'यसरी हामीले सिर्जना गरेका गीतहरूले यस्तो अवस्थाका मानिसमा पनि यति गहिरो प्रभाव पारिदिन्छ भन्ने मैले कल्पनासमेत गरेको थिइनँ ।'

त्यो बेला अमृतसँग भेटिरहँदा प्रशाले भनेको अर्को कुराले सबैलाई स्तब्ध बनाइदियो ।

'धेरै लामो समयदेखिको इच्छा आज पूरा भयो,' प्रशाले भनेकी थिइन्, 'दाइको कन्सर्ट हेर्ने मौका अब फेरि मैले पाउँछु कि पाउँदिनँ !'

त्यस भनाइले उनको जीवन कति अनिश्चित छ र मृत्यु कति नजिकै आइसकेको छ भन्ने इङ्गित गर्थ्यो।

'नेपालमा सबैलाई मेरो माया सुनाइदिनुहोला।'

प्रशा स्वास्थ्यकै कारण स्वदेश जान नपाउने विवशतामा थिइन्। उनको भनाइले त्यहाँ उपस्थित सबै स्तब्ध भए।

उनी भने हाँसिरहेकै थिइन्। हाँस्दाहाँस्दै बिदा पनि भइन्।

त्यो भेट ब्याकस्टेजको हुलमुलमा छोटो भलाकुसारीमै सीमित भए पनि प्रशा सबैको ध्यानमा बसिसकेकी थिइन्।

उनका बारेमा थप जिज्ञासा बढ्दै गयो।

बिमारले गाँज्नुअघि प्रशा न्युयोर्ककै पोलिटेक्निक स्कुलमा पढ्दै थिइन्। शरीरको अवस्थाले गर्दा उनले पढाइ छाडिन्।

प्रशा फोक्सो प्रत्यारोपणको प्रतीक्षामा रहिछन्। कसै गरी सामान्य अवस्थामा पुगे पढाइलाई फेरि निरन्तरता दिने र बाँकी जीवन बिरामीको सेवा गरेर बिताउने चाहना रहेछ।

उनले आफू उपचाररत अस्पतालमै एउटा सानो 'सपोर्ट ग्रुप' पनि खोलेकी रहिछन्।

यस्तो विषम परिस्थितिमा पनि प्रशाले कपकेक बनाएर न्युयोर्कको सडकमा बेच्दै गोर्खाको स्कुलमा सौर्यबत्ती पुऱ्याउने जमर्को गरेकी रहिछन्।

अमृतले गीत गाउँदै हिंड्दा जीवनमा धेरै किसिमका दर्शकसँग साक्षात्कार गरे। द्वन्द्वकालमा गाउँ-गाउँ डुलेर हिंड्दा अनाथहरूको अनुहारले उनलाई उत्तिकै हल्लाएको थियो।

न्युयोर्कमा भेटिएकी प्रशा भने उनको जीवनकै यादगार दर्शकमध्ये एक बन्न पुगिन्।

फर्किएर नेपाल आइसकेपछि पनि किरणले प्रशासँग फोनमार्फत नियमित सम्पर्क जारी राखे। उनको अवस्थाको 'अपडेट' ब्यान्डले पाइरहेको थियो।

बीचमा फेरि एकपटक नेपथ्य एएनए (अमेरिकामा बस्ने नेपालीहरूको सङ्गठन) को सम्मेलन उद्घाटनमा आयोजित कन्सर्टका लागि अमेरिका पुग्यो। तर त्यो यात्रा सम्मेलन हुने स्थान एटलान्टा र अर्को एउटा आयोजनास्थल लसएन्जलस गरेर अमेरिकाको दक्षिणवर्ती भेगमै सीमित भयो। त्यसैले प्रशासँग भेट भएन।

त्यसपछिको अर्को अमेरिका यात्रा भने न्युयोर्ककै थियो।

म्यानहटनस्थित त्यही पुरानै हलमा पुरानै किसिमले कन्सर्ट गर्ने गरी यो प्रस्ताव आएको थियो।

न्युयोर्कको त्यस हलमा तोकिएको समय भइसक्यो। तैपनि कमै मानिस मात्र जम्मा भएका देखिन्थे। प्रशा भने समयमै हलमा आइसकेकी थिइन्।

ब्यान्डले प्रस्तुति सुरु गऱ्यो।

यसपटक अपेक्षाकृत अलिक थोरै दर्शक भए पनि कार्यक्रम राम्रैसँग अगाडि बढ्यो।

न्युयोर्कको कन्सर्ट सकिएपछि निर्धारित अर्को कन्सर्टका लागि ब्यान्ड सानफ्रान्सिस्को जाने तयारीमा थियो।

अचानक सामाजिक सञ्जालतिर नेपथ्यका विषयमा नकारात्मक टीकाटिप्पणी देखिन थाले। त्यहाँ ब्यान्डलाई 'दम्भ प्रदर्शन गरेको' आरोप लगाइएको थियो।

एक किसिमको नचाहिने टाउको दुखाइ आइलाग्यो।

नेपथ्यसँग विभिन्न समयमा विभिन्न कारणले चित्त नबुझेका सबै थरी मानिस त्यस टीकाटिप्पणीमा सरिक भएका थिए।

न्युयोर्ककै आयोजकहरूले पनि 'तपाईंहरूले सानफ्रान्सिस्कोमा कार्यक्रम गर्न पाउनुहुन्न' भन्दै दबाब दिन थाले। न्युयोर्कको कार्यक्रममा ठूलो लगानी गरेको र खर्च नउठेको आक्रोश उनीहरू पोखिरहेका थिए। तनाव फैलियो।

यो तनावकै बीच फेरि प्रशासँग भेट भयो।

उनको स्वास्थ्यमा थोरै सुधार आएको देखिन्थ्यो। अघिल्लोपटक उनलाई बेरेर राखेका अक्सिजनका पाइप शरीरबाट हटिसकेका थिए।

प्रशा ब्यान्डका लागि खाजा लिएरै होटलमा भेट्न आएकी थिइन्। साथमै बसेर सबैले खाजा खाए। रमाइलो भयो।

अघिल्लोपटक न्युयोर्क आएको बेला प्रशाले 'फेरि भेट होला कि नहोला' भनेर मलिनो स्वरमा सुनाउँदा भित्रभित्रै कहाली छुटे पनि अमृतले उनको स्वभावअनुसारै दृढ भएर 'के कुरा गरेको ? हामी फेरि भेट्छौँ' भनेका थिए। आफूले बोलेको कुरा यसरी पूरा भइरहेकामा अमृत पनि दङ्ग परे।

भएको के रहेछ भने पछिल्लो न्युयोर्क कन्सर्ट सकिएपछिको १४ महिनासम्मै प्रशाले अङ्गदाताबाट ग्रहण गर्ने पालो पर्खिछन्।

अङ्गदानका निम्ति इच्छुक व्यक्तिको मृत्यु भएपछि चारदेखि पाँच घण्टाभित्रै प्रत्यारोपण गरिसक्नुपर्ने भएकाले हरघडी बिरामीलाई तयार राखिँदो रहेछ। दाताको मृत्यु हुनासाथ परीक्षण सुरु भइहाल्यो।

यस्तो स्थितिमा अस्पतालमै कृत्रिम श्वासप्रश्वासबाट बाँच्दै आएकी प्रशालाई छैटौँ दाताको फोक्सो मिल्न गएछ र बल्लतल्ल उनको शल्यक्रिया सफल भएको रहेछ।

नयाँ फोक्सो पाएपछि पनि उनले पुनःस्थापनाको लामै प्रक्रियाबाट गुज्रनुपरेको थियो।

त्यसैको परिणाममा उनको शरीरबाट अक्सिजनका पाइपहरू हटेका रहेछन्।

ब्यान्डका साथीहरूलाई भेटेर असाध्यै उत्साहित भएकी प्रशाले उनको पुनःस्थापना केन्द्र देखाउने इच्छा व्यक्त गरिन्। अमृत र किरण साथै गए।

त्यसरी जाँदा उनको अनुहार उत्साह र उमङ्गले धपक्क बलेको थियो।

पुनःस्थापना केन्द्रमा प्रशाले मेसिनहरू देखाइन्, त्यहाँका कर्मचारी र टिमका सदस्यहरूसँग परिचय गराइन् अनि नयाँ फोक्सोलाई आफ्नो शरीरले कसरी आफूअनुकूल बनाइरहेको छ भनेर वर्णन गरिन्।

प्रशाले यसबीच नेपालमा शक्तिशाली भूकम्प जाँदा न्युयोर्कमा औषधि सङ्कलन गरेर काठमाडौँ विश्वविद्यालयका विद्यार्थीमार्फत सहयोगार्थ पठाएकी रहिछन्। यो जानकारीले उनीप्रतिको श्रद्धा झनै बढ्यो।

पुनःस्थापना केन्द्र घुमिसकेपछि अमृत र किरणले उनको लामो आयु होस् भनेर शुभकामना दिए। प्रशा खुसी भइन्।

सबै बिदाबारी भए।

एउटा मिठो अनुभव लिएर ब्यान्ड न्युयोर्कबाट सानफ्रान्सिस्को जाँदै थियो।

एयरपोर्टमा बिदा गर्न भने आयोजकका कोही पनि मानिस आएनन्। उनीहरूमा अझै तुस मरेको रहेनछ। यसलाई पनि एउटा अनुभवकै रूपमा लिएर व्यवस्थापन पक्ष आफैँले विमानस्थलमा सबै बन्दोबस्त मिलायो।

यसै यात्राको दौरान किरण र अमृतले एउटा नौलो किसिमको प्रयोगका लागि सल्लाह गरे। अमेरिकामा यसरी यात्रा गरिरहँदाको दृश्यलाई आइफोनमा कैद गरेर म्युजिक भिडियो तयार पार्ने। त्यसै हिसाबले फोन निकालेर खिच्न सुरु गरे।

१२ वर्षअघि कन्सर्टका लागि अमेरिका आएको बेला अमृतले एउटा गीत तयार पारेका थिए-

घरको कुरा भन्नै मैले पाइनँ

नेपालमा सशस्त्र द्वन्द्व चरमोत्कर्षमा पुगेको त्यो बेला ब्यान्ड अमेरिका पुगेको थियो। साथीलाई भेटेर सुनाउनका लागि अमृतले मनमा धेरै कुरा बोकेर लगेका थिए। तर उता साथी नै भेट भइदिएनन्। यस्तो व्यथामा यो गीत त्यहीँ हवाई यात्रा गर्दाका क्रममा लेखेका थिए। त्यस गीतमा आफ्नो मनको कुरा मनैमा बोकेर फर्कनुपर्दाको पीडा थियो।

त्यो गीत द्वन्द्वकालीन सिर्जनाहरूको सङ्ग्रहका रूपमा सन् २००५ मा नेपथ्यले तयार पारेको एल्बम 'घटना' मा समावेश थियो।

त्यो पुरानो गीतलाई अमेरिका आएको बेला रचना गर्दाकै परिवेशमा खिच्ने हिसाबले योजना अघि बढ्यो।

न्युयोर्कको विमानस्थलबाट उड्नै लाग्दाको दृश्य किरणले छायाङ्कन गरे। उनले क्यामराबाटै अमृतलाई पछ्याए। यो क्रम त्यस वर्षको अमेरिका यात्राभर चल्यो र पछि तिनै दृश्यलाई समेटेर तयार पारिएको म्युजिक भिडियो हाल युट्युबमा उपलब्ध छ।

न्युयोर्कमा विमान चढिसकेपछि अमृतको मनमा अनेक कुरा खेल्न थाले। आफूहरूले राम्रो गर्न खोज्दाखोज्दै पनि एकथरी मानिसको नकारात्मक सोचसँग नसकिने रहेछ भन्ने उनलाई पऱ्यो।

अमृत आफैँ पनि कन्सर्ट आयोजकका हकहितका बारेमा जिज्ञासु रहँदै आएका छन्।

कन्सर्ट गर्ने बेला हत्तपत्त आयोजकलाई घाटा नपरोस् भन्ने हेतुबाट नेपालयले व्यवस्थापकीय खाका नै बनाइदिएको छ। त्यो खाकासँगै एउटा विस्तृत सम्झौतामा दुवै पक्षले हस्ताक्षर गरेका हुन्छन्। सम्झौतापत्रमा लेखिएका बुँदाहरू आयोजकले गम्भीरतापूर्वक नपढ्दा संरचना बिग्रन्छ र असमझदारीको शृङ्खला सुरु हुन्छ। संरचना बिथोलिएपछि यदाकदा तलमाथि पर्ने गरेको छ।

न्युयोर्कमा भएको त्यही थियो।

यस्तो अवस्थामा अघिल्लो साँझको कन्सर्टलाई लिएर सामाजिक सञ्जाल प्रयोग गर्दै ब्यान्ड तथा व्यवस्थापकविरुद्ध विषवमन गरिएको थियो।

आरोप लगाउनेमध्ये केहीले त न्युयोर्कमा नेपाली दर्शकसँग भेटघाट गर्न नमानेर ब्यान्डका सदस्यले घमण्ड प्रदर्शन गरेको भन्दै आक्रोश पनि पोखिरहेका थिए। नेपाली कलाकार विदेश गएको बेला उनीहरूको आत्मसम्मान गिराएर कतिपय आयोजकले अत्यन्तै आपत्तिजनक गतिविधिसमेत गराइरहेका हुन्छन्। सामाजिक सञ्जालमै पनि आयोजकका त्यस्ता छुद्र गतिविधि सचेत नेपालीले देख्दै आएकै हुन्।

नेपथ्य भने त्यस्तो परिस्थिति नआओस् भनेर सतर्क रहने गर्छ। यति गर्दागर्दै पनि कलाकारलाई होच्याउने गतिविधि कता-कताबाट आइलागिहाल्छ।

'के हामीले हाम्रा आयोजकलाई दु:ख दिने वा दर्शकलाई चोट पार्ने कहिल्यै चिताएका हुन्छौं ?' अमृतले मनमनै यो प्रश्न आफैँतिर तेर्स्याए ।

सानफ्रान्सिस्कोका लागि जहाज उड्नै लागेको थियो ।

अमृतले फेरि एकपटक आँखा चिम्ले । अघिकै प्रश्नमा फेरि एकपटक गमे । कता-कता जवाफ पाएजस्तो लाग्यो । उनको दिमागमा प्रशासँगका क्षणहरू सिनेमाजस्तै घुम्न थाले । चिम्लेकै आँखाका बीच हल्का मुस्कानलाई उनले रोक्न सकेनन् ।

'असम्भव,' उनको मनले भनिरहेको थियो, 'आयोजक र दर्शकको चित्त दु:खाउने काम हामीबाट कहिल्यै हुँदैन ।'

जहाज उड्यो ।

समय गयो ।

ब्यान्ड नेपाल फर्किएपछि पनि प्रशाबारे जानकारी लिने काम जारी थियो ।

त्यत्रो प्रतिकूल परिस्थितिमा पनि जीवनसँग लड्दै आफूलाई सकारात्मक पथमा अविराम समर्पित गरेकी प्रशालाई प्रत्यारोपण गरिएको अङ्गले पनि लामो समय साथ दिएनछ । प्रशासँग दोस्रो भेट गरेर अमेरिकाबाट फर्किएको अढाई वर्ष पनि भएको थिएन । २०१९ फेब्रुअरी ७ का दिन नमिठो समाचार आइपुग्यो । नेपथ्यले आफ्नी सदा स्मरणीय प्रशंसकलाई त्यो दिन गुमायो ।

यो समाचार थाहा पाउनेबित्तिकै अमृतले फेसबुकमा लेखेका थिए–

'भेट्नु मिठो जोग थियो, सधैँ मायालु सम्झना भएर रहनेछौ प्रशा बहिनी ।

अर्कोपटक न्युयोर्क आउँदा तिम्री छोरीलाई भेट्नेछु । तिम्रो तस्बिर दिनेछु र भन्नेछु– 'तिम्री आमाजस्तै जीवनसँग लडेर अगाडि बढ । तिम्री आमा एक प्रेरणादायक असल मानिस थिइन् । आत्मस्वाभिमानी थिइन् ।'

आफ्ना प्रशंसकले भरिएको सहर बुटवलको मैदानमा आठौँपटक प्रस्तुत हुँदै गर्दा ब्यान्डको जोसजाँगर अर्कै देखिन्थ्यो। त्यसमाथि गितारवादक नीरजको त घरै बुटवल। अघिल्लो साँझ मात्र नीरजको पारिवरिक आतिथ्य स्विकारेर हाम्रो समूह नै उनको घर पुगेको थियो।

नेपथ्यको कन्सर्टका बीचमा वाद्यवादकहरूलाई उनीहरूले बजाउने साजको छोटो प्रस्तुति पनि दिन लगाइन्छ।

त्यो शनिबार साँझ नीरज आफ्नो गृहमैदानमा हजारौँ दर्शकको घेराबीच लिड गितारको पिस सुनाउन गइरहेका थिए।

नीरजले बजाउन्जेल मञ्चअगाडि बसेका युवतीहरूको ठूलै डफफाले 'नीरज नीरज' भनेर नाराबाजी गर्न थाल्यो। त्यसले नीरजको उत्साह झनै बढाउँदै लग्यो।

अनेकथरी ग्याजेटबाट गितारका बाक्ला-मसिना आवाज निकाल्दै घरी-घरी दर्शकतर्फ हेर्ने, प्रतिक्रिया लिने, चस्मालाई मिलाएजस्तो गर्ने र मुसुक्क हाँसेर सलाम गर्ने उनको शैलीले त्यहाँ पनि निरन्तरता पाइरहेको थियो।

सन् २००८ मा गितारवादकका रूपमा नीरजलाई भित्र्याउँदै गर्दा उनीभित्र यति चाँडो यस्तो आत्मविश्वास विकास हुन्छ भनेर नेपथ्यले चिताएको थिएन। ब्यान्ड त त्यो बेला पारङ्गत गितारवादक हरि महर्जनलाई गुमाएकामा बरु चिन्तित थियो।

हरिले ब्यान्ड छाड्नेबित्तिकै गितार बजाउने नयाँ मानिसको खोजी सुरु भयो।

नेपथ्यमा आएर बजाउन चाहनेहरूका निम्ति 'अडिसन' राखियो।

अडिसनमा 'तालको पानी', 'आमा' र 'सा कर्णाली' गीतमा ब्यान्डसँग गितार बजाएर देखाउनुपर्थ्यो। अडिसन सुरु भयो।

अडिसनमा आएकाहरूमध्ये एक जना परिचित तन्नेरी थिए– नीरज गुरुङ, नेपथ्य ब्यान्डकै पुराना साथी निर्मल गुरुङका भाइ।

अमृतले पोखरा छाडेर आएपछि दीपकको पुल्चोक डेरामा पहिलो दिन भेटिएका साथी निर्मलले ब्यान्डलाई स्थापनाकालदेखि सघाउँदै आएका छन्। नीरजलाई त केटाकेटी छँदा औँला समातेरै हिँडाएको सम्झना अमृतसँग थियो।

'ए बाबु तँ पनि आइस् ?' पारिवारिक जमघटमा यसअघि पनि नीरजको कला देख्दै आएका अमृतले दङ्ग पर्दै भनेछन्, 'लौ त लौ बजा।'

नीरजले गितार समातेर माझिएका औँलाहरूको खुबी देखाइदिए।

त्यसपछि अमृत मात्र होइन, त्यहाँ भएका सबै जना नीरजलाई ब्यान्डमा भित्र्याउन राजी भए।

त्यति बेलै ब्यान्ड कन्सर्टका निम्ति पहिलोपटक अस्ट्रेलिया जानुपर्ने भयो।

हङकङबाट उडेको क्याथे प्यासिफिकको विमानले ब्यान्डलाई सिड्नीमा ओराल्यो।

२००८ को अन्तिम दिन अर्थात् डिसेम्बर ३१ को साँझ कन्सर्टका लागि नेपथ्यले सिड्नी टेक्यो।

वर्षकै अन्तिम क्षण मनाउने रमाइलोमा सिड्नी सहर झिलिमिली थियो। त्यसमाथि आकाशभरि आतसबाजी। दैनिक १८ घण्टा लोडसेडिङ चलिरहेको नेपालबाट यसरी उज्यालो ठाउँ पुग्दा सबैलाई रमाइलो लाग्यो।

यस ठाउँमै नीरजको स्टेज परीक्षण हुनेवाला थियो।

अस्ट्रेलियामा ओपनिङ गीतै घटना राखियो। मैनापोखरी घटनामा आधारित त्यो गीत गितारका निम्ति गाह्रो मानिन्थ्यो। एउटा दुःखद र बीभत्स अवस्थाको चित्रण गर्ने गीत।

पुगेको रात अबेरसम्म खानपिन र रमझम चल्यो।

नीरज मासुका असाध्यै सौखिन। अस्ट्रेलिया पुगेपछि अमृतलाई कङ्गारुको मासु खानुपर्छ भन्न थाले। 'दाइ, यो त कङ्गारुको देश हो। मासु त खानु पऱ्यो नि !'

उनले इच्छाएको मासु आइपुग्यो। नीरज आफैँ राम्रो कुक पनि रहेछन्। पकाउने सुविधा अपार्टमेन्टमै थियो।

कार्यक्रमचाहिँ 'युनिभर्सिटी अफ न्यु साउथ वेल्स' को हलमा थियो ।

त्यस भ्रमणमै सिड्नीमा दोस्रो कार्यक्रम पनि थियो, जुन सहरकै ग्यालिक क्लबमा राखिएको थियो। त्यो पब रहेछ। मदिरा बेच्ने, स्टेजसमेत भएको पब। त्यहाँ पहिले पनि धेरै कलाकारले आफूलाई प्रस्तुत गरेका रहेछन्।

यी दुवै कन्सर्ट सिड्नीका दर्शकका निम्ति आयोजित थिए। तर ब्यान्डका सबै सदस्यको ध्यान नीरजमा केन्द्रित रह्यो ।

त्यसमा पनि मञ्चभन्दा पर बसेर व्यवस्थापक नेपालयका टोली नेता किरणकृष्ण श्रेष्ठले भ्याएसम्मका कोणहरूबाट नीरजको प्रस्तुति नियालिरहेका थिए। उनले बोकेको भिडियो क्यामराको फोकस केवल नीरजमै थियो। उनी अरूसँग पनि नीरजको प्रस्तुतिलाई लिएर सल्लाह गरिरहेका थिए।

सबै हिसाबले नीरज नेपथ्यमा 'फिट' देखिए।

ब्यान्डले सिड्नीलगत्तै ब्रिसबेन र मेलबर्नमा पनि प्रस्तुति दियो।

अस्ट्रेलियाको त्यो पहिलो यात्राले पढ्न तथा अवसरका निम्ति बिदेसिएका नेपाली तन्नेरीहरूले फरक संसारमा पुगेर पनि आफ्नो गीत-सङ्गीतलाई माया गर्न छाडेका रहेनछन् भन्ने महसुस गरायो। आज नेपालबाहिर नेपथ्यलाई असाध्यै धेरै मन पराउनेहरूको मुलुकमा अग्रपङ्क्तिमै अस्ट्रेलिया उभिएको छ।

त्यस यात्राले ब्यान्डका लागि यो उपलब्धि हासिल गर्नुका साथसाथै समूहको नयाँ सदस्य गितारवादक नीरजको योग्यता पनि प्रमाणित गरिदिएको थियो।

'अस्ट्रेलियाका स्टेजहरूमा नीरज प्रस्तुत हुँदै गर्दा म घरी-घरी उसको अनुहार हेर्थें,' अमृत सम्झन्छन्, 'त्यति बेला मैले उसका अग्रजहरू नरेश र हरिको मुहार देखिरहेको थिएँ।'

तिनै नीरज कालान्तरमा ब्यान्डका एक महत्त्वपूर्ण सदस्य मात्र नभई कुशल गितारवादकको पहिचान बनाउन अग्रसर छन्।

बुटवलमा त्यो साँझ उनी घरी-घरी गितारका जटिल आरोहअवरोहको यात्रा गराउँथे अनि मुसुक्क हाँस्दै भिडतर्फ कान थाप्थे।

भिडले चिच्याइरहेको थियो, 'नीरज, नीरज, नीरज!'

यो दृश्य देखिरहँदा केही दिनअघि मात्र भरतपुरदेखि शारदानगरसम्मको पैदलयात्रामा अमृतले त्यसै बेलुकीको चितवन कन्सर्टबारे व्यक्त गरिरहेको चिन्ता सम्झनामा आउन थाल्यो ।

यो यात्रा सुरु भएकै बेलादेखि नीरजलाई सन्चो थिएन । तैपनि उनले त्यत्रा कन्सर्टहरूमा बिसन्चोको छिसिक्क सङ्केतसम्म दिएनन् । विराटनगर, वीरगन्ज र त्यसपछि हेटौँडा। हेटौँडामा कन्सर्ट सकेर बायोमेट्रिक्सका निम्ति काठमाडौँ गएपछि भने उनी उपचार गराउनतर्फ लागे । साथीहरू चितवन आइसक्दा नीरज कन्सर्टको बिहानसम्म पनि काठमाडौँमै थिए ।

'डेङ्गीको शङ्का लागेर काठमाडौँमा टेस्ट गर्न दिएको छ,' हामी पैदलयात्रा गरिहँदा अमृतले भनेका थिए, 'नीरज नआउन्जेल खुलदुली भइरहेको छ ।'

तै डेङ्गीको परीक्षण नेगेटिभ आएछ। त्यति भएपछि शरीरको असहजता सहेरै बस्ने आत्मबल मिलिहाल्यो। र, कन्सर्टका लागि समयमै नीरज चितवन आइपुगेका थिए ।

यो नीरजको मात्र कुरा होइन । नेपथ्य ब्यान्ड सदस्यहरूको यस्तै प्रतिबद्धताले थेगिएको छ ।

अर्को उदाहरण त नीरजकै छेउमा उभिइरहेका बेस गिटारवादक सुबिन शाक्य नै हुन् ।

यो घटना पनि अस्ट्रेलियाको हो–

सन् २०१२ मा ब्यान्ड दोस्रोपटक अस्ट्रेलिया पुग्यो । कन्सर्ट सिड्नीको टाउन हलमा चलिरहेको थियो ।

हल पूरै तरङ्गमा डुबेको थियो । तर त्यही क्षण मञ्चमा बजाइरहेका सुबिन असाध्यै तनावमा थिए ।

मञ्चमा गाइरहेको बेला अमृतलाई जहिले पनि सुबिनको बेस गिटारबाट निस्कने आवाजले असाध्यै ऊर्जा दिइरहेको हुन्छ ।

'एक त सुबिनमा बजाउने मात्र होइन, सङ्गीतभित्र डुब्ने खुबी पनि छ,' अमृत भन्छन्, 'उनी यस्तरी बेसको दमदार आवाज निकाल्छन् कि गाउँदागाउँदै मनमनै म 'यस्स्स्' भनिरहेको हुन्छु ।'

तर त्यो दिन स्टेजमा छिर्नुअगावै सुबिनका बुबा नेपालमा अचानक गम्भीर बिरामी परेको खबर आइपुग्यो।

त्यस्तो तनावको क्षणमा पनि सुबिनले कार्यक्रमलाई धैर्यसाथ उत्तिकै ऊर्जा निकालेर अघि बढाए। एउटा कलाकारको परीक्षा हुने नै यस्ता घडीहरूमा हो।

कार्यक्रम सफलताका साथ सम्पन्न भयो। ब्यान्डका सबै सदस्य स्टेजबाट ओर्लिए।

'म नेपाल जानुपर्छ दाइ,' चेन्ज रुममा पुग्दा नपुग्दै अमृततिर हेरेर सुबिन भन्न थाले।

अमृत पनि सुबिनको अवस्थालाई लिएर चिन्तित थिए।

'तिमी जानुपर्छ,' उनले भने, 'जाऊ।'

आयोजकले सुबिनलाई त्यो राति नै दौडादौड एयरपोर्ट लगिदिए।

'बुबा यतिन्जेल हुनुहोलाजस्तो लागिरहेको छैन,' हिंड्ने बेला सुबिनले अमृतलाई भनेका थिए।

त्यस्तो मनोदशाका बीच पनि सुबिनले कत्रो आत्मबल जुटाएर गितार बजाइदिएका थिए। उनको समर्पण देखेर सबै नतमस्तक भए।

सिड्नीको त्यो कन्सर्ट चानचुने थिएन।

सहरकै महत्त्वपूर्ण सम्पदा 'टाउन हल' मा कन्सर्ट चलिरहँदा बाहिर सडकमा ट्राफिक जाम भएर सिङ्गो क्षेत्र अस्तव्यस्त बनेको थियो।

त्यसपछि नै नेपथ्यले सिड्नी कन्सर्टमा अरू फराकिला हलको खोजी सुरु गर्नुपरेको थियो।

सिड्नीको टाउन हलमा त्यो ऐतिहासिक कन्सर्ट दिएको केही घण्टामै सुबिन एक्लै घर फर्किएका थिए। बाँकी ब्यान्ड सदस्यहरू अस्ट्रेलियामा थप केही दिन बिताएर नेपाल आइपुग्दा सुबिनका पिताको अन्त्येष्टि भइसकेको थियो।

बुटवलको कन्सर्ट सकिएपछि रङ्गशाला अगाडिको बाटो एकछिनसम्मै जाम भयो। मानिसको भिड नसकिएसम्म पार्किङमा राखिएका मोटर र मोटरसाइकलको लस्कर निस्कने बाटै थिएन। पैदल आएका मानिसपछि मोटर र मोटरसाइकलको लस्कर सकिन अर्को एक घण्टाजस्तो लाग्यो।

ब्यान्डका सदस्यहरूलाई मैदानबाट होटल लैजान ढिलो भइसकेको थियो।

प्राय: आयोजनास्थलमा कन्सर्ट सकिएको केही सेकेन्डमै अमृतलाई मैदानबाट बाहिर लैजाने बन्दोबस्त गरिएको हुन्छ। तर बुटवलमा पर्याप्त पूर्वसावधानी अपनाउन नसकेकाले लामो अवधिसम्म उनलाई मैदानमै सुरक्षित राख्नुपर्ने अवस्था सिर्जना भइदियो।

उता दर्शकदीर्घा र अस्थायी ब्याकस्टेज बीचका बारहरू पन्छ्याएर तन्नेरीहरू कलाकारहरूको क्षेत्रमा पस्न थालिसकेका थिए।

यस्तो अवस्थामा ब्याकस्टेजमा अमृतलाई राख्नु जोखिमपूर्ण हुन सक्थ्यो।

त्यसैले मोटरको पछिल्लो सिटमा उनलाई बसालेर मैदानकै पर एकान्त भागमा गाडी उभ्याइयो। कसैले थाहा नपाउने हिसाबले अन्धकारमा राखिएको त्यस मोटरका बत्तीहरू सबै निभाइएका थिए।

बार नाघ्दै भित्र पसिरहेका दर्शकले भने जतातते अमृतको खोजी गरिरहेका थिए। ब्याकस्टेज र मोटरका बीचमा निकै ठूलो दूरी भएकाले अमृत भएतिर कोही नआइपुग्लान् भन्ने अन्दाज थियो।

तर त्यसो भइदिएन।

एक युवती नपत्याउँदो पाराले मोटर छेवैबाट गइन् र पर पुगेर ठूलै जमात बोक्दै फेरि आइन्। त्यसपछि तत्काल सुरक्षाकर्मीलाई बोलाएर मोटर वरपर घेरा हाल्न लगाइयो।

नजिक आएको जमात भने जसरी भए पनि अमृतलाई नभेटी नछाड्ने अडान लिइरहेको थियो। अरू विशेष गरी ती युवती असाध्यै जिद्दी गरिरहेकी थिइन्।

'हामीले एकपटक भेटेर फोटो खिच्न पनि नपाउनु?' उनी आक्रोश व्यक्त गरिरहेकी थिइन्, 'यो कहाँको न्याय हो?'

उनी एक्लोलाई भेट्ने प्रबन्ध मिलाउन खासै समस्या थिएन। तर उनीसँग

भेट्नेबित्तिकै त्यहाँ साथै आएको जमातमा हलचल मच्चिन्थ्यो । त्यस जमातको गतिविधि देख्नासाथ उता फेरि ब्याकस्टेजतिर खोजतलास गरिरहेको अझ ठूलो जमातलाई थाम्न मुस्किल पर्थ्यो ।

यस्तो अवस्थामा बाटो खुला नहुन्जेल जसोतसो सुरक्षाकर्मीको घेरामा अमृत मोटरभित्रै बसिरहे । लगत्तै मोटर कुदाएर उनलाई त्यहाँबाट निकालियो ।

सामान्य अवस्थामा प्रशंसक भेट्दा खासै समस्या हुँदैन । कन्सर्ट सकिएको भोलिपल्टै पनि उत्तेजना धेरै थामिइसकेको हुन्छ, जसले गर्दा अप्ठेरो पर्दैन । तर कन्सर्टलगत्तै जोसिएको ठूलो जमातलाई झेल्नु भनेको सम्भावित जोखिम उठाउनु पनि हो । कन्सर्टमा मादक पदार्थ खपत गरेर आएका दर्शक नै सबैभन्दा बढी उत्तेजित देखिने र कलाकारलाई नभेटी नछाड्ने दाउमा रहन्छन् । यस्तोमा बुटवलजस्तो छ हजारभन्दा बढी दर्शक जम्मा भएको रक कन्सर्टमा उचित व्यवस्थापन भइदिएन भने कहिलेकाहीँ परिस्थिति असाध्यै जटिल बन्न पुग्छ ।

जे होस्, त्यो रात अमृत सकुशल होटल पुगे ।

अबको यात्रा पोखरातर्फ–

सुन्तलाको सिजन चरमोत्कर्षमा रहँदा सिङ्गो नेपालको यात्रा गर्नु आफैँमा स्वादको अर्को मिठो नाम हो ।

हामी बुटवलबाट पोखराको यात्रा गर्दै छौँ । स्याङ्जाली बस्तीहरू बाटोछेउ थुपारिएका सुन्तलाले बिहानैदेखि रमाइला देखिएका छन् ।

यसपाला पूर्व कोसीदेखि पश्चिम महाकालीसम्म यात्रा गर्दाको हाम्रो अनुभवलाई आधार मान्ने हो भने नेपालमा सबैभन्दा रसिलो सुन्तला चखाउने जिल्ला स्याङ्जा नै हो । मुखमा राखेर चुस्ने बित्तिकैको त्यो चिसो अनि तिक्खर गुलियो भित्रैसम्म हरहराउँदो भइरहने ।

यात्रामा गितारवादक नीरज मेरो छेउमा छन् । उनीसँगै धेरै कुराकानी भइरहेको छ । स्याङ्जाको राजमार्ग भएर हिँड्दै गर्दा नीरज पश्चिमतर्फका

पहाडी दृश्य देखाउँदै मलाई बाल्यकालका सम्झनाहरू सुनाइरहेका छन्। उनको पुर्ख्यौली घर पर्वतबाट उहिले-उहिले आउजाउ गर्ने बाटो त्यतैतिर पर्दो रहेछ।

बाल्यकाल पर्वत र किशोरावस्था बुटवलमा बिताएका नीरज लामो समय जापान बसेका थिए।

'ए साँच्चै हामी त जापान पनि सँगै गएका थियौँ नि!' नीरजले सम्झे।

हो त।

नेपथ्यसँग जापान जाँदा बिलकुलै फरक परिस्थिति थियो।

त्यो बेला भूकम्प आएको महिनादिन पनि भएको थिएन। परकम्पहरू चलिरहेकै थिए। सारा परिवार त्रस्त भएर बाँचिरहेको बेला आफू जापान जाऊँ कि नजाऊँ दोधारमा परेँ।

भूकम्प आउनुभन्दा अगावै भिसाको तयारी भइसकेको थियो। अन्तिम समयमा नाइँ पनि कसरी भन्ने ? त्यसमाथि चानचुने देश होइन, बाल्यकालदेखि कल्पेको मुलुक जापान।

अन्ततः म नेपथ्यसँग टोकियोमा आयोजित कन्सर्टमा सरिक भएँ। जस्तोसुकै परिस्थिति भए पनि करिब एक साता लामो त्यो बसाइ उपलब्धिपूर्ण नै रह्यो। त्यति बेलै मैले हामीकहाँ भन्दा असाध्यै धेरै भूकम्प जाने मुलुक जापानले आफूलाई कसरी व्यवस्थित गरेको छ भनेर बुझ्ने मौका पनि पाएँ। भूकम्पसँग जोडिएका टोकियोका स्मारक र सङ्ग्रहालयहरू घुमेँ अनि त्यहाँ भेटिएसम्मका मानिससँग कुराकानी गरेँ।

हामी भूकम्पको एउटा मात्र 'फल्ट लाइन' माथि बसे पनि योजनाविहीन हिसाबबाट अघि बढेकाले जोखिममा रहेछौँ। तीनवटा 'फल्ट लाइन' माथि बसेको र जहिल्यै भुइँचालो झेलिरहेको जापान भने त्यत्रा अग्ला-अग्ला घर भईकन पनि ढुक्क।

सिन्जुको स्टेसनबाट रेल चढेर म अनेक ठाउँ पुगेँ। त्यस क्रममा भेटिएका अधिकतर मानिस म नेपालबाट आएको भन्ने थाहा पाउनासाथ भुइँचालोको ताण्डव सम्झेर आँखीभौँ उचाल्थे।

त्यति बेलै जापानी अग्रणी टेलिभिजन 'एनएचके' ले अमृतको लामै अन्तर्वार्ता लिएको थियो। त्यस अन्तर्वार्ताको सुटिङमा हामी पनि सँगै गएका थियौँ। टेलिभिजनले समाचारसँगैको 'प्राइम टाइम' मै फिचरका रूपमा तयार पारेर अन्तर्वार्तालाई नेपथ्यको कन्सर्टअगावै भव्य रूपले प्रस्तुत गरिदिएको थियो। त्यसमा नेपथ्यको सङ्घर्षदेखि नेपालले हालै बेहोरेको शक्तिशाली भूकम्पसम्मका सन्दर्भ समेटिएका थिए। त्यसैको प्रतिफलमा होला, टोकियोको कामदास्थित भव्य एप्रिकोट हलमा आयोजित कन्सर्टमा जापानी दर्शकको पनि उल्लेख्य उपस्थिति देखिएको थियो।

राष्ट्रिय शोकको घडीमा जापान पुगेको नेपथ्यले भने त्यो दिन परिस्थिति सुहाउँदा सामाजिक गीतहरू मात्रै गाएर जसोतसो दायित्व निर्वाह गऱ्यो।

'हामी यसपटक रमाइलो गर्न होइन, समवेदना बाँड्न आएका हौँ,' मञ्चबाट अमृतले भनेका थिए, 'मनोरञ्जनका निम्ति फेरि पनि अर्को कुनै समय आउनेछौँ।'

त्यसको एकाध वर्षमै नेपथ्य फेरि जापान पुगेर त्यहाँकै भव्य 'टोकियो डोम' मा ब्यान्डको इतिहासमै अर्को उल्लेखनीय कन्सर्ट दिन सफल भएको थियो।

शोकको बेला गरेको जापान यात्रा भने जसोतसो सम्पन्न गरेर हामी फर्किएका थियौँ। जतिसुकै वैभवशाली मुलुकमा पुगे पनि यस्तो अनुभव अलिक के नमिलेको नमिलेको जस्तो हुँदो रहेछ।

जबकि एक महिनाअघि नेपालमा त्यसरी भुइँचालो (२०७२ वैशाख १२) ले हल्लाइरहेको बेला नेपथ्य ब्यान्ड विदेशमै थियो। अस्ट्रेलियाको साङ्गीतिक यात्रा गरिरहेको बेला ब्यान्डका सदस्यहरूलाई झन् त्यतिखेर कस्तो भयो होला!

त्यो वर्ष पर्थमा सुरु भएको नेपथ्य शृङ्खला सिड्नी, ब्रिसबेन, डार्बिन हुँदै अन्तिममा मेलबर्न पुगेको थियो।

सहरकै ऐतिहासिक स्मारक मानिने 'टाउन हल' मा प्रस्तुत हुन ब्यान्ड तम्तयार थियो। सन् १८८७ मा २० वर्ष लगाएर तयार भएको त्यस हलमा

१९६४ मा तत्कालीन विश्वप्रसिद्ध साङ्गीतिक टोली 'बिटल्स' को नागरिक अभिनन्दन गरिएको रहेछ ।

अमृतलाई कुन बेला भोलि होला र त्यो श्रद्धेय हलमा टेकूँला भन्ने भइरहेको थियो ।

आवासको बन्दोबस्त गरिएको 'मन्त्र' मै भेटघाटका निम्ति आएका आफन्तहरूबाट उनी घेरिएका थिए ।

भोलिको कार्यक्रमलाई लिएर पनि हल्का दबाब थियो ।

त्यसैबीच एकछिन टेलिभिजन खोले ।

हेर्दाहेर्दै टेलिभिजनमा परिचित दृश्य सलबलाउन थाले ।

'ओहो... यहाँ अस्ट्रेलियाका टेलिभिजनमा नेपालका दृश्यहरू कसरी ?'

सारा ध्यान अब टेलिभिजनमै केन्द्रित भयो ।

तर जुन दृश्य अनि जस्ता जानकारी त्यहाँ दिन थालियो, त्यसले अमृतलाई पैताला मुनिको जमिन भासिएजस्तो हुन थाल्यो ।

त्यो भुइँचालोको खबर थियो ।

काठमाडौँ उपत्यकाका परिचित सार्वजनिक थलोहरू एकपछि अर्को गरी धुलिसात भएका दृश्य घुमिरहेका थिए ।

जति बेला वसन्तपुर दरबार क्षेत्र देखाइयो, अमृत खङ्ग्रङ्गै भए ।

'हामीले देख्दै आएका हनुमानढोका क्षेत्रका मन्दिरहरू नै थिएनन्,' अमृत भन्छन्, 'धरहरा पनि ढलेको देखेपछि मलाई मेलबर्नमै पनि भुइँचालो आएजस्तो आभास भयो ।'

समाचारमा देखिएको एकपछि अर्को दृश्यले अत्यास बढाउँदै लग्यो ।

रातभर निद्रा लागेन । भोलि कार्यक्रम छ । मन नेपालतिरै पुगेको छ । यस्तो विचित्रको परिस्थितिमा अमृत पुगे ।

रातभरि जागै रहेर बिहान उठ्दा आँखामा निद्रा बाँकी नै थियो । साथीहरूले सुत भन्दै थिए । रातमा नपरेको निद्रा बिहान झनै के लाग्थ्यो !

तय भइसकेको कार्यक्रम रोक्न पनि सकिँदैन थियो। अब के गर्ने ?

तत्काल कार्यक्रमका लागि गीतहरूको सूची परिवर्तन गरियो।

नेपथ्यसँग भएका सम्पूर्ण गम्भीर गीतहरूलाई निफनेर पहिले एकातिर राखियो। त्यसपछि तिनैमध्येबाट त्यस दिनको कन्सर्टमा प्रस्तुत गरिने गीतहरूको सूची तयार पारियो।

त्यो दिन किरणको सुझावअनुसार मञ्चमा प्रस्तुत हुँदा ब्यान्डका सबै सदस्यले हातमा कालो पट्टी लगाउने निर्णय गरियो।

'नेपाल त्यत्रो वेदनामा डुबेको बेला हामीले मनोरञ्जनात्मक कार्यक्रम गर्नुको कुनै तुक थिएन,' अमृत भन्छन्, 'त्यसैले त्यो दिन गम्भीर प्रकृतिका केही गीत मात्र सुनाएर आधा कार्यक्रममै मञ्चबाट फर्किने निधो गर्‍यौँ।'

त्यो दिन धेरै मानिस त त्यसै पनि आउँदै आएनन्। त्यस्तो राम्रो हलमा कार्यक्रम आयोजना गरिएको छ, उपस्थितिचाहिँ त्यति थोरै।

त्यो कार्यक्रम गर्न एकदमै गाह्रो भएको थियो। मञ्चमा उभिउन्जेल पनि सकस झेल्नुपरिरहेको।

'भूकम्प त एकछिन नेपालमा आएर जे गर्नु थियो, गरिहाल्यो,' अमृत भन्छन्, 'कम्प त मन-मनमा संसारभरि छुटिरहँदो रहेछ।'

उनको अनुभवमा यस्तो बेला विदेशमा बसेर आफन्तहरूको चिन्तामा डुब्नु झनै कहालीलाग्दो हुँदो रहेछ।

मञ्चका कलाकारदेखि तल दर्शकदीर्घासम्म सबै निन्याउरो देखिन्थे।

त्यस बेलामै ब्यान्डले नेपालका निम्ति सहयोगमा एकजुट हुन आह्वान गर्‍यो र मञ्चबाट भारी मन लिएरै बिदा भयो।

त्यसपछि त एकछिन पनि मेलबर्नमा बसिरहन मन लागेन। ब्यान्डले हिँडिहाल्ने तयारी थाल्यो।

तै त्यत्रो भुइँचालोले काठमाडौँको एयरपोर्टलाई खासै असर पुर्‍याएको थिएन। विमानहरू नियमित आवतजावत गरिरहेका थिए।

ब्यान्ड आफ्नो नियमित टिकटलाई सारेर सबैभन्दा चाँडो उपलब्ध विमानबाट स्वदेश फर्कियो।

मेलबर्नको टेलिभिजनमा समाचारको बेला देखाइएका दृश्य हेर्दा काठमाडौँ पूरै ठप्पै भएको होला भन्ने लागिरहेको थियो। मानौँ, अब केही पनि बाँकी छैन।

सिङ्गापुरबाट चढेको दोस्रो जहाजले ब्यान्डलाई काठमाडौँ ओराल्दै थियो। त्यो जहाज जसै टीकाभैरवको माथिबाट उपत्यका प्रवेश गर्न लाग्यो, अमृत मन थामेर बसे। उनका आँखा भुइँका दृश्यहरू नियाल्न पर्खिरहेका थिए। एक हिसाबले छटपटी नै थियो।

धरहरा नै ढलेपछि अब के पो बाँकी होला भन्ने पीर लागिरहेको बेला अब आफ्नै आँखाले नेपालको भुइँ देख्नेवाला थियो।

जसै विमानले बिस्तारै-बिस्तारै उचाइ घटाउँदै लग्यो, तलका दृश्यहरू देखिन थाले। त्यसरी ओर्लने बेलामा त जताततै सग्ला घरहरू पो देखिए! पुरानो सभ्यतालाई बोकेर उभिएको काठमाडौँ उपत्यकाका प्राचीन संरचनाहरू भत्किएको देख्दा सिङ्गो सहर तहसनहस भएको भान पर्दो रहेछ। जबकि अस्ट्रेलियाको टेलिभिजनमा देखिएका बाहेकका संरचना त सग्लै रहेछन्। अमृतको मन हरियो भएर आयो।

जे होस्, भूकम्पको प्रभावचाहिँ विमानस्थलबाट बाहिरिँदै गर्दादेखि नै महसुस हुन थालिसकेको थियो।

नेपालीहरूमा एक प्रकारको गजब सहनशीलता छ। त्यस्तो बेला सारा नेपाली मिलेर बसेका थिए। टोल-टोलका बासिन्दा एकै ठाउँमा अटाएर आफूलाई सुरक्षित राखिरहेका देखिन्थे।

काठमाडौँ भत्किएको थियो। तर काठमाडौँ थियो। मान्छेहरू धमाधम उद्धार र राहतमा जुटिरहेका थिए। सोग्याउने-उभ्याउने काम पनि चलिरहेका थिए।

भोलिपल्टै अमृत पाटन दरबार स्क्वायर पुगे। मन्दिरहरू ढलेर पुरातात्त्विक महत्त्वका मूल्यवान् वस्तुहरू जताततै छरिएकाले प्रहरीले त्यता प्रवेश नियन्त्रित गरेको थियो। नेपालयमा आबद्ध पाटनका रैथाने पुरोहित

खलकका शशीश्याम शर्माले भनिदिएपछि अमृतले क्षतिग्रस्त संरचना भएको त्यस स्थानमा प्रवेश पाए । त्यसपछि त्यहाँ खटिएको टोलीलाई केही समय स्वयम्सेवक भएर सघाए ।

देशको अवस्था यस्तो छ । उता जापान र दुबईमा कन्सर्टका लागि टिकट बिक्री भइसकेका छन्, भिसा पनि लागेर आइसकेको छ ।

अब के गर्ने ?

यस्तो स्थितिमा आफ्नो तर्फबाट सुरुमै पाँच लाख रुपैयाँ अलग्गै छुट्याउने र जापान र दुबईको कन्सर्टबाट उठ्ने रकम थपेर प्रधानमन्त्री राहत कोषमा जम्मा गर्ने निर्णय ब्यान्डले लियो । ती दुवै कन्सर्टमा समयानुकूल सामाजिक गीतहरू मात्र गाउने र दुवै कन्सर्टलाई भूकम्पपीडितको राहतका लागि जनचेतना फैलाउन प्रयोग गर्ने निधो पनि भयो ।

दुबईको कन्सर्ट 'अल नासर लिजरल्यान्ड' मा आयोजना गरिएको थियो, जहाँ दोस्रोपटक नेपथ्य प्रस्तुत हुँदा साथमा जाने मौका मैले पाएको थिएँ ।

बरफमा चिप्लेर हकीलगायत विभिन्न खेल खेलिने मैदान समाहित त्यस विशाल कभर्डहलमा कन्सर्ट गर्दाको अनुभव पनि अद्भुत थियो । त्यहाँ बरफको पत्रमाथि फलेक ओछ्याएर मैदान बनाइएको थियो । त्यसले गर्दा दुबईको हपहपी गर्मीमा पनि भित्र हल भने चिसो हुन्थ्यो ।

भूकम्पलगत्तै दुबईको कन्सर्टमा गाइएको 'कोसीको पानी यो जिन्दगानी' को दृश्यलाई समेटेर नेपथ्यले उक्त गीतको म्युजिक भिडियो पनि तयार पार्‍यो ।

पहिले नै कबुलेका जापान र दुबईका कार्यक्रम सम्पन्न भएपछि नेपथ्यले भूकम्पको प्रभाव सामान्य नहुन्जेलका लागि विदेशका यात्रा स्थगन गर्‍यो ।

दुबईबाट फर्किनेबित्तिकै अमृत भूकम्पबाट सर्वाधिक क्षति पुगेको स्थान पुग्न चाहन्थे । त्यसैले उनी सिन्धुपाल्चोक र दोलखा जिल्लाको पदयात्रामा निस्किए । उनले क्षतिग्रस्त ग्रामीण भेगमा गरेको यात्रा विवरण पत्रिकामा पनि प्रकाशित भएको थियो ।

~

बुटवलको कन्सर्ट सकेर पोखरातर्फ बढेको हाम्रो यात्रा अब स्याङ्जा पुतलीबजारको शेरचन गेस्टहाउस पुग्यो। गल्याङ ननाघ्दै खानाको अर्डर गरिएकाले त्यस दिनको मेन्युमा अनेकथरी परिकारका साथ आँधीखोलाका ताजा माछा पनि थपिएका थिए। त्यस बजारमा मोटर राख्नलाई पार्किङको समस्याबाहेक बाँकी सब गजब थियो।

खानाको आनन्द लिइसकेपछि गितारवादक नीरजले मलाई अमेरिकानो पिलाउन केही परको क्याफे लगे। त्यतिन्जेल ट्राफिकले अप्ठेरो ठाउँमा रोकिएको हाम्रो मोटरका चालकलाई हावाकावा खेलाइसकेका थिए। नेपाली सेनामा रहिसकेका हाम्रा चालक पनि कम्ता महसुर थिएनन्। जसोतसो त्यस परिस्थितिबाट निस्किएर यात्रा पोखरातिर बढ्यो।

केही बेरमै गाडीले स्याङ्जा र कास्कीको सिमाना नाघ्यो। अब केही मिनेट पनि नलाग्दै नेपथ्यका गायक अमृत गुरुङको गोठ आउनेवाला थियो। कालाबाङको मूलपानी गोठ।

मोटरमा बसेका कतिपयलाई त्यो गोठ कता छ भन्ने थाहासमेत थिएन। थाहा पाएकामध्ये पनि सबैभन्दा बढी गोठमा पुगेर बस्ने मै थिएँ।

मैले औँल्याएँ। सबैले रुचिपूर्वक गोठतिर हेरे।

त्यसपछि हाम्रो कुराकानी अमृतको किसानी जीवनतर्फ मोडियो।

अमृतको सङ्गीत र खेतीपाती दुई फरक कर्म छन्। उनले यी कर्तव्यलाई बेग्लाबेग्लै राखेर निर्वाह गर्दै आएका पनि छन्।

तर कहिलेकाहीँ यी दुवै भूमिका एकसाथ निर्वाह गर्नुपर्ने पनि भइदिन्छ।

यस विषयमा त केही वर्षअघि मात्र न्युजिल्यान्ड पुग्दा अमृतलाई भोगेका ब्यान्ड सदस्यहरूसँग जत्तिको अनुभव अरू कसलाई होला ?

सन् २०१७। सिड्नीबाट उडेको विमानले नेपथ्यलाई न्युजिल्यान्डतर्फ लैजाँदै थियो। छवैंको अस्ट्रेलियामा आएर धेरैपटक कन्सर्ट गरिसकेको ब्यान्डका लागि एन्टार्टिका महादेशको सबैभन्दा नजिक रहेको यो मुलुक पहिलो अनुभव हुन लागेको थियो।

विमानमा यात्रा गरुन्जेल अमृतको दिमागमा दुईवटा कुरा तीव्र वेगका साथ दौडिरहेका थिए।

एउटा थियो, बाल्यकालका आदर्श शिक्षक ब्रायन सर। अर्को, न्युजिल्यान्डका गाई र भेँडाका लोभलाग्दा तस्बिरहरू देख्दै आएका अमृतका लागि त्यहाँका गोठहरू घुम्ने चाहना।

अमृतलाई स्कुलमा सङ्गीतको कखरा सिकाउने हेडसर अर्थात् ब्रायन उड न्युजिल्यान्डकै थिए। बेलायती सेनाको कर्णेलबाट अवकाश पाएपछि उनले नेपालको स्कुलमा आएर पढाउन थालेका थिए। त्यस क्रममा गण्डकी बोर्डिङ स्कुल उनको रोजाइ बन्न पुग्यो। अमृतको बाल्यकालका मिठा सम्झनाहरू तिनै ब्रायन सरसँग जोडिएका छन्।

स्काउटमा लागेर उनी हेडसर ब्रायनसँग धेरैतिर हाइकिङ पनि गएका थिए। क्याम्पिङहरू पनि उत्तिकै गए।

परिवारसहित बसोबास गरेका ती गोरा हेडसर आफ्नो घरबाटै खाएर आइसकेका हुन्थे। तैपनि छात्रावासमा बस्ने आफ्ना झन्डै चार सय विद्यार्थीको मेसतिर पस्न छुटाउँदैन थिए। त्यहाँ कस्तो कुरा पकाएर आफ्ना विद्यार्थीलाई दिइँदै छ भनेर जान्न सधैँ आफूले चाखेर हेर्थे। त्यसपछि मात्र उनले त्यो खाना विद्यार्थीलाई पस्कन आदेश दिन्थे।

हेडसर क्ल्यारिनेट बजाउँथे। अनि बेला-बेलामा कक्षाभित्र पसेर आफैँले बनाएको नेपाली गीत 'चियाको चिनीलाई' गाएर सुनाउँथे। विद्यार्थीलाई गाउन पनि सिकाउँथे। उनको नेपाली बोलाइमा जुन अनौठोपना थियो, त्यो उनले रचना गरेका गीतमा पनि झल्किन्थ्यो। त्यो बेला अमृत ५ कक्षाका विद्यार्थी थिए।

हेडसर असाध्यै मायालु थिए। जेसुकै चीजलाई पनि 'राम्रो छ, राम्रो छ' भन्ने उनको थेगो नै थियो।

एउटा वर्षको दसैँ बिदामा ब्रायन सर अन्नपूर्ण र माछापुच्छ्रेको बेसक्याम्प पदयात्रामा गए।

त्यो बेला अहिलेको जस्तो सञ्चार सुविधा थिएन। दसैँ बिदामा घर आएका अमृत बिदा सकेर फर्कँदा स्कुललाई अप्रत्याशित समाचारले ढपक्कै

ढाकेको थियो। सारा‌का सारा विद्यार्थी विह्वल बन्न पुगे।

आधार शिविरतर्फ पदयात्रा गएका ब्रायन सर भिरबाट चिप्लिएर सदाका निम्ति यस संसारबाट बिदा भएछन्।

'बिदा सकेर स्कुलको होस्टलमा जाँदा त्यस्तो अप्रिय खबर सुन्नुपरेको थियो,' अमृत भन्छन्, 'त्यति बेला हामीलाई हेडसरको शोकमा १३ दिन स्कुल बिदा दिइएको थियो, त्यो शोक मैले जीवनभर महसुस गर्दै आएको छु।'

त्यति बेला पोखराकै साइनिङ हस्पिटलका एक जना डाक्टरसँग हेडसर ट्रेकिङ गएका थिए। बाटामा चिप्लेपछि हेडसर ब्रायन निकै तल पुगेछन्। साथीचाहिँ त्यहीँ बसिरहँदा हिउँ पर्न सुरु भएछ। पाँच या छ दिनपछि ती साथीको जीवितै उद्धार भएको रहेछ।

'सरको त निधनै भइसकेको थियो,' अमृत भन्छन्, 'उद्धार गरेर ल्याइएको साथीको चाहिँ उपचार भयो।'

भिरबाट चिप्लिएर खाँचमा पुगेका हेडसर ब्रायनको पार्थिव शरीरलाई निकालेर पोखरा ल्याई अन्त्येष्टि गर्ने कुरा चल्यो। तर हेडसरकी श्रीमतीले आफ्ना प्रिय पतिको पार्थिव शरीरलाई खाँचबाट निकाल्न मानिनन्।

'ऊ हिमाल मन पराउने मानिस हो,' म्याडमको भनाइ थियो, 'उसको शरीर त्यहीँ रहिरहोस्।'

सङ्गीत सिकाउने तिनै ब्रायन उड सरको मुलुकमा कन्सर्ट गर्न गइरहँदा अमृतले त्यो मायालु चेहरा झलझली सम्झन थाले। उनी भावुक हुँदै गए।

न्युजिल्यान्डको आकाशमा पुगिसकेपछि तल हेर्दा हिमाल देखियो।

कति समानता रहेछ ब्रायन सर र अमृतका मुलुकहरूबीच।

त्यति बेलै अमृतले त्यही भावना राखेर फेसबुकमा पोस्ट पनि गरेका थिए–

'सर, तपाईंको देश न्युजिल्यान्ड आइपुगेँ सपनामा जसरी, तपाईंले भन्नुभएजस्तै सुन्दर रहेछ। तपाईंको याद आयो, स्ट्याम्प सङ्कलन गरेको, क्रिकेट खेलेको, सङ्गीत सिकेको अनि क्याम्पिङ गएको...। तपाईं माछापुच्छ्रे हिमालको काखमा समाधि लिई लीन हुनुभो... आत्मालाई शान्ति मिलोस्... हाम्रो हेडसर ब्रायन उड।'

न्युजिल्यान्डको सबैभन्दा बढी जनसङ्ख्या ओगटेको उत्तरी टापुमा अवस्थित सहर अकल्यान्डमा विमान ओर्लंदा साँझ परिसकेको थियो। त्यस मुलुकमा क्वारेन्टिन असाध्यै कडा थियो। जुत्ताको माटोधरि टकटकाउन लगाइने।

कन्सर्ट आयोजना गरिएको हल छेउमै चौबिस घण्टै खुला रहने क्यासिनोसहितको राम्रो होटल थियो। त्यहीँ ब्यान्डको बसोबास मिलाइएको रहेछ।

त्यसपछि कास्कीको गाउँमा गोठ ब्युँताएका अमृतलाई न्युजिल्यान्डका गोठहरू घुम्ने इच्छा जाग्यो।

'माटामाटा' भन्ने ठाउँमा बस्तुपालन गरिएको फार्म रहेछ। त्यो अलिक टाढै थियो।

'त्यो फार्म कति ठूलो भने,' अमृत सम्झन्छन्, 'एक महिनाको अन्तरालमै दुई सयभन्दा बढी गाई ब्याउने।'

त्यहाँ हरेक कुराका लागि मेसिन फिट गरिएको थियो। असाध्यै उन्नत तरिकाले 'सिस्टम' बनाइएको देखिन्थ्यो। अत्यन्त दूरगामी सोचका साथ यस्तो गोठ तयार पारिँदो रहेछ भनेर अमृतले प्रत्यक्ष देखे।

बाच्छाबाच्छीको व्यवस्थापनदेखि दूधको बन्दोबस्तसम्मका काम उनले हेरे।

यस्ता बाच्छाबाच्छीमध्ये अधिकतर त मासुका निम्ति जाँदा रहेछन्।

फार्ममा काम गर्ने नेपाली परिवारले ब्यान्ड टोलीलाई खानाको पनि बन्दोबस्त गरेको थियो। त्यहाँ खाना खाँदा गाउँतिरकै कुनै गोठमा बसेर खाइरहेजस्तो अनुभूति भइरह्यो। पक्का गाउँले पाराको।

सात समुद्रपार जाँदा पनि उतातिर बस्तुभाउ कसरी व्यवस्थापन गरिएका रहेछन् भनेर हेर्न नछुटाउने अमृतको आफ्नै कास्कीको गोठ नाघेको एकैछिनमा हामीले पोखरा उपत्यकाको फराकिलो दृश्य देख्न थाल्यौं।

जोमसोमे बजारमा, बाह्र बजे हावा सरर
ए हजुर... घर हाम्रो पोखरा

झट्ट सुन्दा यी शब्दले नीलगिरि हिमालदेखि उत्तरतर्फ पुगेर त्यो फराकिलो पठारलाई दक्षिण तर्फका पोखरेली तन्नेरीहरूले पुकारा गरिरहेको भान पार्छन्।

त्यसपछिको लाइन 'अहिलेसम्म भा'छैन घरबार' ले भने नेपालभित्र र संसारभरि छरिएका तन्नेरी मनहरूलाई झङ्कृत पारिदिन्छ।

यति मिठो गीत गाउने तन्नेरीहरूको 'घरबार नहुनु' र त्यत्रो हिमाल पारिको भेगमा पुगेर पुकारा गर्नु पक्कै पनि सोचनीय विषय बन्न पुग्छ। अनि त्यसले उत्पन्न गर्ने तरङ्गकै बीच सिङ्गो गीत मिठो सुनिन्छ। आजसम्म उत्तिकै मिठासपूर्वक सुनिँदै आइएको पनि छ।

यो गीत प्रस्तुत गर्ने नेपथ्यका संस्थापकत्रय अमृत, दीपक र भीम मात्र होइन, गीतका प्रथम गायक गौतमको समेत घर हो पोखरा।

सिङ्गो मुलुकको साङ्गीतिक भ्रमण गरेर नेपथ्य अब उसको पोखरा आइपुगेको छ।

पोखरा संसारभरका लागि दृश्यहरूको सहर हो भने अमृतका लागि यो सम्झनाहरूको सहर हो। उनको आफ्नै धुलो र माटोको सहर हो। यहाँको प्रत्येक संरचनामा दृश्यभन्दा पनि बढी याद अटाएर बसेका छन्।

पोखरा पुगेको बेला उनी बिरलै ट्याक्सी चढ्छन्। अझ कतिपय बेला त सहरभन्दा १२ किलोमिटर परको गोठसम्मकै यात्रा पनि पैदलै गरिरहेका हुन्छन्। केटाकेटीमा पोल्टाभरि भुटेको मकै चपाउँदै हजुरआमाको पछि-पछि गोठ जाँदा कहाँ मोटर चल्थे र! बाटाभरि हेर्दै र गम्दै पैदल जाँदा जुन आनन्द मिल्छ, त्यो एकैछिनमा पुऱ्याउने मोटर चढेर के पाइन्थ्यो!

अमृत घरी फेवाताल पुग्छन् र अनेकथरीका रङ्गीबिरङ्गी बोट हुइँकिँदै गरेको दृश्य देख्छन्। तर बाल्यकालमा एकपाखे डुङ्गा चढेर यो विशाल दहको आनन्द लिँदाको जस्तो रमाइलो अहिले कहाँ पाइनु! त्यो गहिरो अनि

निलो पानीमा पौडी खेल्दाको जस्तो आनन्द अब कहाँ पाइनु ! सेतीको पानीमा घण्टौंसम्म खुट्टा डुबाएर बसिरहँदाको जस्तो मजा अब कहाँ पाइनु !

अब कहाँ भूपी शेरचनको घरमा जम्ने नारायणगोपालका बैठकीहरू भेटिनु ?

त्यसो त हिजोआज पनि पोखराका बाटामा हिँडिरहँदा तीर्थ श्रेष्ठ, सरुभक्त, विक्रम गुरुङ, दुर्गा बराल र प्रकट पगेनीहरू नभेटिइने होइनन् । तर यो सहरबाटै उदाएर एकताका सबैतिर चिनिएका अरुण थापा र सरोजगोपालहरू एकादेशका कथाजस्तै बनिसकेका छन् ।

अरुण भने कुनै न कुनै तवरबाट नेपथ्यकै कथाको पात्र पनि बनेका थिए ।

तीसको दशकमा पोखराबाटै उदाएका गायक अरुण थापा जसै काठमाडौँ आए, उनका दुःखका दिन सुरु भए ।

पोखराबाट भगाएर ल्याइएकी प्रेमिकासँग काठमाडौँमा बिहे पनि गरिसकेका थिए । त्यसमा मित ओमविक्रम विष्ट लगायतको साथ-सहयोग थियो । तर त्यो घरजम केही समयमै भाँडियो ।

त्यसपछि अरुण दुर्व्यसनतर्फको यात्रामा लगातार उक्लँदै गए । उनले आफूलाई सम्हाल्नै सकेनन् । अर्को बिहे गरे । तैपनि पुरानो सम्बन्ध बिर्सन सकेनन् । लागूऔषधको दुर्व्यसनी झनै बढ्दै गयो । भएभरका सम्पत्ति बेचेर सिध्याए । वैवाहिक जीवन पनि चौपट भयो ।

नेपथ्यको प्रारम्भका दिनमा अरुणबाट पनि गीत गाउन लगाउने प्रयास भएको थियो । त्यति बेला अरुण जेल परेका थिए । जेलबाट फर्किएपछि पनि सहमतिअनुसार गीत गाइदिएनन् ।

अरुण आफ्नै बाटामा अघि बढिरहे, नेपथ्य आफ्नै यात्रामा लागिरह्यो ।

'मीनपचासमा' एल्बम निस्कनुभन्दा केही पहिलेदेखि अमृत नियमित रूपमा नमस्ते स्टुडियो जान थाले ।

त्यहाँ महत्त्वपूर्ण साङ्गीतिक जमघट भइरहन्थ्यो । त्यो बेला 'जङ्की' अवस्थामा पुगिसकेका अरुणलाई नमस्ते स्टुडियोमै बसोबासको बन्दोबस्त मिलाइएको थियो । त्यसैले ती जमघटमा अरुणका गीतहरू पनि सुन्न पाइन्थे ।

यसरी पुराना परिचित अरुण र अमृतबीच पोखरेली साङ्गीतिक साइनो फेरि नवीकरण भयो।

उनी त्यसपछि फेरि हराए। अरुणलाई एक ठाउँमा थामेर राख्नु नै महाभारत थियो।

एक दिन 'अरुण स्वर्णिम सन्ध्या' को चर्चा सुरु भयो। नमस्ते छाडेर गइसकेका अरुणलाई फेरि खोजखाज गरेर फिर्ता ल्याइयो र त्यहीं स्टुडियोमा रिहर्सल सुरु भयो।

जाडोको महिना थियो। स्टुडियोका सञ्चालक ईश्वर बिहानै उठेर अरुणलाई पनि जगाउँथे। अण्डा, दूध, चना खुवाउनेदेखि लिएर 'एक्सरसाइज गर्नुपर्छ' भन्दै हिंड्नसमेत लगाउँथे।

त्यो ताका अरुणले एकाधपटक 'अब म सुध्रिन्छुँ अमृत' भनेको सुन्दा चमत्कार भई पो हाल्ला कि भन्ने पनि लागेको थियो।

तर जति गरे पनि अरुणको जीवनबाट चुरोट, रक्सी, गाँजा, चरेस र ब्राउन सुगर छुट्दै छुटेन।

नमस्ते स्टुडियोमा अरुणको रिहर्सल सङ्गीतकार शिलाबहादुर मोक्तानको संयोजनमा चलेको थियो।

'अरुण दाइले समयको कहिल्यै ख्याल गर्दैन थिए, जसले गर्दा घडी हेरेर पुग्ने मानिसहरू पीडित बन्थे,' अमृत सम्झन्छन्, 'तर जब दाइ आएर गीत गाउन सुरु गर्थे, एकछिनमै त्यो स्वरको प्रभावबाट साराले सारा कुरा बिर्सँदै मन्त्रमुग्ध बनेर सुनिरहेको देखिन्थ्यो।'

रुग्ण अवस्थामा बाँचिरहँदा पनि अरुण जब गितार समाएर गीत गाउन बस्थे, त्यहाँ उनको आवाजसँगै एउटा माहोल तयार हुन्थ्यो। अरुण सशरीर गाउने गायक थिए। उनका अङ्ग-अङ्गले गीत गाउँथे। भित्रैसम्म महसुस गराउने आवाज निस्कन्थ्यो। एउटा मुड बन्थ्यो त्यहाँ। ईश्वरीय वरदानमा पाएको त्यस्तो गुणलाई उनले लागूऔषधको अम्मल समातेर ध्वस्त पारिदिए।

अरुणको स्वरमा जस्तो जादु आफूले अरू गायक-गायिकामा विरलै भेटेको अमृत सुनाउँछन्।

अमृत हरेक दिन रिहर्सलमा जाने र तस्बिर खिच्ने गर्थे।

त्यति बेला उनी नेपाल टेलिभिजनमा जागिरे थिए। मुलुकमा यही एउटा मात्र टेलिभिजन थियो।

'अरुण स्वर्णिम सन्ध्या' लाई जसरी भए पनि टेलिभिजनले देखाउनुपर्छ भन्ने उनको ध्याउन्न थियो। अर्कातिर लागूऔषधले बिजोग पार्दै लगेका अरुणको अवस्था हेर्दा यो कुरै पनि टेलिभिजनमा कसरी राख्ने होला भनेर अप्ठेरोमा पनि थिए। तैपनि जे पर्ला-पर्ला भनेर एक दिन व्यवस्थापनका अघिल्तिर यो कुरा राखे।

टेलिभिजनका पदाधिकारीले अमृतको प्रस्ताव वास्तासमेत गरेनन्। 'ओबी भ्यान' को माग गर्दा कसैले मतलबै राखिदिएनन्।

त्यसपछि अमृतले उनका सिनियर रोशनप्रताप राणासँग कुरा गरे।

रोशनले तत्कालै 'हुन्छ, ओबी भ्यान लिने हो' भनिहाले।

टेलिभिजनका मानिसहरूचाहिँ 'त्यो अरुण थापाको भरै छैन, जङ्की मान्छे हो, भरे कार्यक्रममै नआइदिन सक्छ' भनेर अडिरहेकै थिए। 'त्यत्रो तयारीका साथ ओबी भ्यानमा जाने मान्छे त्यत्तिकै फर्किनुपरे त्यसको जिम्मा कसले लिइदिने ?' भन्ने प्रश्न पनि उठाए।

'म जिम्मा लिन्छु,' रोशनप्रतापले भने, 'लाइभको तयारी नगरौँ तर रेकर्डिङचाहिँ गरौँ।'

यति भएपछि बल्ल ओबी भ्यान जाने भयो।

कार्यक्रम कमलादीस्थित प्रज्ञा-प्रतिष्ठानको हलमा आयोजना गरिएको थियो। अमृत लगायतको टोलीले बिहानै पुगेर साउन्ड, लाइट सबै तयार पार्‍यो।

कार्यक्रम सुरु हुने बेला भयो।

अधिकांश दर्शक परिवार लिएरै आएका देखिन्थे।

कलाकारहरू पनि सबै आइसके। अरुण भने कतै देखिँदैनन्। अब त सुरु गर्ने पनि समय भइसक्यो। अरुणको भने पत्तोफाँट छैन।

पहिलो गीत नै 'करोडौँ मुटुहरूको एउटै ढुकढुकी नेपाल' राखिएको थियो।

खोइ त अरुण ? आउँदैनन् त !

यही कार्यक्रम हेर्नकै निम्ति हङकङदेखि विक्रम गुरुङ पनि आइपुगेका थिए।

अरुणले गाएका 'भुलूँ भुलूँ लाग्यो मलाई सपनीमै' र 'आँखाको निद खोसी लाने' जस्ता गीतका शब्द र सङ्गीत तयार पारेका विक्रम पुराना पोखरेली दौँतरी थिए। अरुणलाई तीसको दशकमा गायकका रूपमा उभ्याउने परम मित्र पनि थिए उनी।

यसरी उनका पुराना साथीदेखि दर्शक-श्रोतासम्म सबै आइसक्दा अरुण भने कतै देखिँदैनन्।

कहाँ गए अरुण भन्दै खोजी गर्दा एकेडेमीकै एउटा कुनामा पो भेटिए।

आफैँलाई थुनेर असिनपसिन अवस्थामा उनी बसिरहेका रहेछन्। 'ठीकै छु, ठीकै छु' भन्दै उठे। पसिना पुछे।

अरुण भेटिएको समाचार सबैभन्दा पहिले ओबी भ्यान छेउमा आत्तिएर बसिरहेका रोशनप्रतापलाई दिइयो। रोशनप्रतापको अनुहार उज्यालो भयो।

अर्कातिर फेरि आयोजकहरूले उद्घोषक पनि कोही तोकेका रहेनछन्। हत्तपत्त रोशनप्रतापलाई जिम्मा लगाइयो।

उत्तिखेरै रोशनप्रताप मञ्चमा पुगी पनि हाले। 'अब आउँदै हुनुहुन्छ अरुण थापा' भनेपछि गडगडाएर ताली बज्यो।

अरुणले राष्ट्रिय गीतबाट कार्यक्रम सुरु गर्ने अनुमति माग्दै मञ्चमा साथ दिन गायिका सुनिता सुब्बालाई बोलाए।

त्यसपछि एकल प्रस्तुति अघि बढ्यो।

त्यो दिन अरुणको आवाजले चमत्कार गरिरहेको थियो। एकपछि अर्को गीत सुरु हुनासाथ हल चकमन्न शान्त हुन्थ्यो। सकिनेबित्तिकै तालीले गुन्जिन्थ्यो।

झन्डै १० वटा गीत त्यसै गरी गाएपछि अचानक अरुण झ्याप्पै पछाडि फर्किए। दर्शक उता छन्, गाउने मान्छेचाहिँ हलको भित्तातर्फ फर्किएर बसिरहेका।

'के भयो ?' रोशनप्रतापले फर्किएर अमृतलाई सोधे।

'म हेर्न जान्छु' भन्दै अमृत दौडिएर स्टेजतिर गए। अरुण भने पछाडि फर्किएरै उभिएको उभियै।

अरुण पिसाब थाम्न नसक्ने रोगले पीडित थिए।

सबै कुरा बुझिसकेपछि अमृतले कुदेर रोशनप्रतापलाई एकछिन ब्रेक घोषणा गरिदिन अनुरोध गरे।

'एकैछिन अरुणजी फ्रेस भएर आउनुहुन्छ,' रोशनप्रतापले घोषणा गरे।

त्यस बीचमा रोशनप्रतापले बाँसुरीको एउटा राग बजाएर सुनाए।

एकछिनपछि अरुणले फेरि उत्तिकै मिठोसँग गीत गाएर सुनाए।

त्यो रात यसै गरी झन्डै २२ वटा गीत सुनाइयो।

मध्यान्तरपछि कताकति थोरै कमजोरी देखिए पनि समग्रमा कार्यक्रम गजब भएको थियो।

नेपाल टेलिभिजनले अरुण स्वर्णिम सन्ध्याको रेकर्ड गरेकै कारण एक जना प्रतिभाशाली गायकको प्रत्यक्ष रेकर्ड भावी पुस्ताले टेलिभिजनमा हेर्न र सुन्न सम्भव भइदियो।

'नत्र अरुणको सम्पादन नगरिएको अडियो भिजुअल उपलब्धै हुने थिएन,' अमृत भन्छन्, 'नेपाल टेलिभिजनमा बसेर मैले गरेको एउटा राम्रो कामका रूपमा यसलाई लिने गरेको छु।'

त्यसको एक वर्षजतिमा एउटा अर्को अविस्मरणीय यात्रा अमृतले अरुणका साथ गरेका थिए। त्यति बेला हङकङमा आयोजित एउटा साङ्गीतिक कार्यक्रममा अरुण, ओमविक्रम विष्ट, सुवर्ण लिम्बू, दीपक थापा, देव रानाजस्ता पुराना कलाकारहरूका साथमा अमृतलाई निम्त्याइएको थियो।

त्यहाँ अरुणका धेरै फ्यान थिए। उनलाई भने ब्राउन सुगर लिइरहनुपर्ने। त्यसैले अरुण बेला-बेलामा हराउँथे।

बाँकी कलाकारचाहिँ बिहानैदेखि बियरमा झुम्म।

त्यस्तो बेला नेपाली सङ्गीतका ती हस्तीहरू पुराना कुरा निकाल्थे। सबैभन्दा रमाइलो त्यसैमा हुन्थ्यो। यसरी हङकङको बसाइ रमाइलो बन्दै थियो।

कार्यक्रमको दिन पनि आइपुग्यो। हल चुनवाङमा थियो।

शो सुरु हुने बेला भइसक्यो। सबै मान्छे आइसकेका छन्। यता अरुणको पत्तोठेगान छैन। कहाँ गए भनेर खोज्दै जाँदा त हङकङका फ्यानहरूले उनलाई पूरै कब्जामा लिएर बाहिर लगेका रहेछन्।

कार्यक्रम सुरु भइसकेको थियो। केही बेरपछि अरुण थापा आइपुगे। भर्खरै किनिएको नयाँ लुगा लगाएर चिरिच्याट्ट देखिन्थे।

त्यस यात्रामा गायिका ममता दिपविम र उद्घोषकका रूपमा भर्खर मिस पोखरा भएकी विनिता गुरुङ पनि साथै गएका थिए।

ममताले ओमविक्रमसँग 'सुनचाँदीभन्दा महँगो यो ज्यानलाई' र 'यौवन यसै बितिसक्यो' लगायतका गीत गाएकी थिइन्।

कार्यक्रम रमाइलोसँग अगाडि बढिरहेको थियो।

तर जब अरुण थापाले आएर गीत गाउन सुरु गरे, सारा कार्यक्रमको ताज आफ्नो उपस्थितिलाई बनाइदिए। शोको चमक नै अरुणमा आएर अडियो। 'वाह! गीत त यस्तो पो गाउनु' भनेजस्तो। सारा दर्शकले अघि गाउने त्यत्रा कलाकारहरूलाई नै बिर्सिदिए। मातिएर झ्याप हुँदाहुँदै पनि त्यस्तरी अरुणले बाजी मारिदिएका थिए।

शो सकिएपछि अमृत र अरुणको भेट भयो।

'त्यत्रो बेर कहाँ हराएको बुढा ?' अमृतले सोधे।

'म राम्रो हुनुपरेन ?' अरुणले लरबरिएकै तालमा थपे, 'यस्तो कार्यक्रममा त्यस्तो थोत्रो लुगा लगाएर उभिने ?'

हङकङकै एक जना फ्यानले अरुणलाई बजारमा लगेर कोट र पाइन्ट किनिदिएका रहेछन्। उनी त्यसैमा दङ्ग देखिन्थे।

कार्यक्रम सकिएको साँझ हङकङमा जाँडरक्सीको खोलै बग्यो। उता अरुण भने उज्यालो हङकङको कुनचाहिँ अँध्यारो गल्लीमा हराए, पत्तै भएन।

हङकङबाट फर्किएपछि लागूऔषधले अरुणको अवस्था झनै नाजुक बनाउँदै लग्यो। उनी अशक्त पनि बन्दै गए।

एक हिसाबले भन्ने हो भने त्यसपछि अरुण गुमनामै भइदिए।

त्यस्तैमा एक दिन अमृत नेपाल टेलिभिजनमै काम गरिरहेका थिए। क्यामराम्यान सुरेश मानन्धरले 'तिमीलाई खोज्दै बाहिर एक जना मान्छे आएको छ' भने।

अमृतले 'को हो ?' भनेर सोधे।

'मलाई अरुण थापा हो कि जस्तो पो लाग्यो,' यसो भनिरहँदा सुरेशको आवाज मसिनो थियो।

अमृत बाहिर निस्किए। नजिकै पुग्दा ह्वास्स नमिठो गन्ध आयो। अनुहार रुमालले र टाउको क्यापले छोपिएको थियो। जिउभरि खटिरैखटिरा भएको एउटा लुरे मान्छेको कानतिरबाट पिप पनि चुहिरहेको देखिन्थ्यो।

अमृतले देख्नेबित्तिकै अरुणलाई चिनिहाले।

'दाइ नमस्ते,' उनले भित्रै बोलाए, 'आउनुस्।'

'भो, भित्र त नजाऊँ,' अरुणले अप्ठेरो माने।

त्यसअगाडि पनि अमृतले उनलाई नेपाल टेलिभिजनमा पटक-पटक भेटेका थिए। अघिल्ला भेटहरूमा अरुण स्वस्थ र सुग्घरी देखिन्थे। त्यस्तो क्षणमा चिया पिउँदै 'उहाँ नै अरुण थापा हो' भनेर अरूलाई चिनाउने मानिसहरू यसपटकचाहिँ चिन्दा पनि नचिनेको जस्तो गर्दै पन्छिएर हिँडिरहेका थिए।

जेजस्तो भए पनि अमृतले अरुणलाई जिद्दी गरेरै क्यान्टिनमा लगे। उनले फेन्टा पिउने इच्छा राखे। अमृतले मगाइदिए। तर त्यो पिउन सकेनन्। बान्ता गरिदिए।

'मलाई सन्चो छैन भाइ,' अरुणले थपे, 'अलिकता पैसा चाहिएर आएको।'

'कति ?' अमृतले सोधे।

'दुई हजार रुपैयाँ,' अरुणाले भने।

अमृतसँग पैसा थिएन। उनले टेलिभिजनकै माधव कार्कीसँग सापटी मागेर दिए।

'थ्याङ्क यु, म जान्छु अमृत,' यति भनेर अरुण सम्हालिँदै उठ्न खोजे।

'सबैभन्दा पहिले यो पैसाले औषधि गर्नुस् दाइ,' अमृतले भने।

त्यसपछि दुवै छुट्टिए।

अरुणको यो हालत देखेपछि अमृतले उनका शुभचिन्तक पोखरेलीहरूसम्म सूचना पुऱ्याइदिए।

ईश्वर गुरुङ अरुणका मामलामा निराश भइसकेका थिए। विक्रम गुरुङले हङकङबाटै केही पैसा पठाइदिए। त्यसले थोरै भरथेग गरे पनि अरुणमा कुनै तात्त्विक अन्तर आएन।

बस्दै आएको सुन्धाराको गेस्टहाउसबाट अरुण फेरि लापता भए।

यसै बीच फेरि विक्रम हङकङबाट आइपुगे। आउनुको उद्देश्य थियो, आफ्ना गीतहरू अरुणको स्वरमा रेकर्ड गर्ने।

अरेन्जमेन्टका लागि अमर पोखरेली, प्रकाश गुरुङ र सुवर्ण लिम्बूहरूले सघाइदिए। त्यसपछि नमस्तेमै रेकर्डिङको तयारी सुरु भयो।

विक्रमले खोजी गरेपछि अरुण पनि भेटिए। एक साँझको जमघटमा उनी आइपुग्दा अवस्था हरिबिजोग थियो। जताततै रसाइरहेका घाउ, खटिरा अनि लत्रक्कै गलेको शरीर। उनी थरथरी काँपिरहेका थिए।

शरीरबाट यस्तरी दुर्गन्ध फैलिरहेको थियो कि छेउमा बस्न पनि मुस्किल।

विक्रमको इच्छा आफ्ना गीतहरू अरुणकै स्वरमा रेकर्ड होस् भन्ने थियो।

भरे फेला पर्दा अरुणको हालत त्यस्तो थियो। गीत गाउनु त परको कुरा सद्देसँग उभिन पनि सक्ने अवस्थामा उनी थिएनन्।

'विकी म गीत गाउँछु,' लरबरिएकै आवाजमा अरुण भनिरहेका थिए, 'म सक्छु।'

अरुणले जिद्दी गरेपछि विक्रम पनि प्रयासमा लागे।

विक्रमको गीत यस्तो थियो-

एक युगपछिको तिम्रो स्मृति
अझै पनि आलो लाग्छ
संसार कहाँ पुगिसक्यो
म त यतै कतै अलमलिएजस्तो लाग्छ

विक्रमले गाएरै अरुणलाई सिकाउने कोसिस गरे। त्यस गीतको ट्र्याक पनि तयार भइसकेको थियो।

अरुणको गलामा अझै पनि उस्तै स्वाद त थियो तर स्वर तान्नै सकेनन्। तान्नलाई बल चाहिन्थ्यो, जुन अरुणको ज्यानमा बचेकै थिएन।

उनी एकोहोरो हेर्नसमेत सकिरहेका थिएनन्। थाकेको मानिसजस्तो लत्रिरहेको टाउकामा चिम्म आँखा।

त्यो लोडसेडिङ चलिरहेको बेला थियो। एकातिर हार्मोनियममा विक्रम र अर्कातिर गितार समाएर अरुण बसेका थिए। मैनबत्तीको धिपधिपे प्रकाशमा अमृत, चित्र पुन, राजु थापा, अमर पोखरेली लगायतको मधुरो आकृति देखिन्थ्यो।

धेरैपटक कोसिस गर्दा पनि अरुणले त्यस गीतलाई तान्नै सकेनन्।

अन्तिममा हार खाएर विक्रमले 'अरुण तैँले सक्दैनस्, भो छोड्दे' भने।

अरुणको जिद्दी कायमै थियो।

'तैँले अहिले सक्दैनस्। जाती भएपछि गाउलास्,' विक्रमले सम्झाए, 'बरु तँलाई गाउन मन लागेको अरू कुनै गीत सुनाउन मन छ भने सुना न त।'

त्यति बेला अरुणले ईश्वरबल्लभका शब्दमा नारायणगोपालले गाएको 'मेरो बेहोसी आज मेरै निम्ति पर्दा भो' सुनाए। स्वरले त यसमा पनि साथ दिइरहेको थिएन। तैपनि जे जति र जसरी सुनिन्थ्यो, असाध्यै मिठो लागिरहेको थियो।

उनले गाउन्जेल सबैले मुग्ध भएर सुने। सकिएपछि ताली बजाए। उता अरुण भने थरथरी काँपिरहेका थिए।

त्यो दृश्य एकदमै पीडादायी थियो।

त्यो साँझ अरुण नमस्तेमै बसे।

सबै जना मिलेर अरुणलाई नुहाइधुवाइ गरिदिए। जीर्ण भइसकेको शरीरमा चलिरहेको सास अब कतिन्जेललाई हो, ठेगान थिएन।

हडकड फर्कनुअघि विक्रमले अमृतको सहयोगमा अरुणलाई फेरि होटल खोजिदिएर बसोबासको बन्दोबस्त मिलाइदिए। अमृतको परिचय अरुणका भाइ किरण थापासँग पनि गराइदिए।

केही तलमाथि परिहाले परिवारको कसैलाई त खोज्नै पर्थ्यो। त्यसैले विक्रमले उनीहरू दुईबीच चिनापर्ची गराइदिएका थिए।

विक्रम त हडकड गइहाले।

यता अरुणलाई बिरालोको गुँड सारेजस्तै गरेर कोठा सारिरहनुपर्थ्यो। जुनसुकै होटलमा राखे पनि केही दिनमै होटलका मानिसले आपत्ति जनाउन थालिहाल्थे।

यही क्रममा बागबजारको एउटा लजमा उनलाई राखिएको थियो।

अमृत भेट्न गए। एकछिन त ढोका खोल्दै खोलेनन्। धेरै बेरपछि खुल्यो।

भित्र पस्दा अरुण लागूऔषधको सुई घोच्न तयार देखिन्थे। त्यति सुई हाल्न पनि उनी असमर्थ थिए। नसा भेटिइरहेका थिएनन् र हात काँपिरहेको थियो। ठीक त्यही बेला असाध्यै मायालु अनुहार लगाएर अरुणले अमृतलाई अनुरोध गरे, 'भाइ प्लिज हेल्प मी।'

अमृतलाई माया लागेर आयो।

'के गरिदिऊँ ?' सोधे।

अरुणले पाखुरा समातिदिन अनुरोध गर्दै हात अगाडि बढाए।

अमृतले पाखुरा थामिदिए। त्यसपछि पनि नसा भेटिएन।

अब भने अरुणले नाडी समातिदिन अनुरोध गरे।

अमृतले जोडले नाडी समातिदिए ।

यता अमृतले दुइटै हातले कसेर अरुणको नाडी समातिरहेका थिए । उता अरुणले हातका औँलाहरू एकछिनसम्म चलाए र मुट्ठी पारेर घुमाए ।

त्यसपछि फेरि लागूऔषध भरिएको सुई समातेर घोच्न खोजे ।

उनको हात थरथरी काँपिरहेको थियो । शरीर पसिनाले लछेप्रै भिजेको थियो ।

त्यति बेलै कता-कता देखिएको उनको नसामा सुई घोच्न खोज्दाखोज्दै त्यो काँपिरहेको हातबाट सुई आफ्नो नाडीतर्फ नगएर अमृतले समातिरहेको हातमा च्वास्सै घोपियो ।

अमृत अत्तालिए ।

अरुण पनि अत्तालिए ।

अमृतको हातमा घोपिएको सुई स्वाट्ट बाहिर निकाल्दा तरतरी रगत बग्न थाल्यो ।

'के गरेको यो ?' अमृतले चिच्याएर भने ।

अरुणले 'सरी सरी' भन्दै डिटोल साबुन ल्याएर अमृतको हात धुने कोसिस गर्न थाले ।

अमृत जुरुक्क उठे र कोठाबाट सरासर बाहिर निस्किए ।

अरुण एचआईभी सङ्क्रमित हुन् भन्ने जानकारी अमृतलाई थियो । अब के गर्ने ? अमृतले साथीहरूलाई यो घटना सुनाए । उनीहरूले तत्कालै टेकु अस्पताल जाने सल्लाह दिए ।

टेकु अस्पताल पुगे ।

आफूमाथि घटेको घटना सुनाउँदा अमृतलाई अस्पतालका मानिसले समेत असाध्यै घृणाको नजरले हेरे । उनीसँग त्यस परिस्थितिलाई बेहोर्नुको विकल्प थिएन ।

त्यो बेला एचआईभी कतिसम्म अभिशाप थियो भने एक त समाजले यसलाई कलङ्कका रूपमा हेर्थ्यो, अर्कातिर परीक्षण गराउन खोज्दा पनि रगत निकालेपछि परिणाम आउन ४२ दिन लाग्थ्यो ।

यता अमृतले भर्खर बिहे गरेका थिए। अब यो कुरा घरमा कसरी सुनाउने ? के गर्ने ? उनी मानसिक हिसाबले नै विक्षिप्त बन्न पुगे।

त्यसपछि अमृत 'डकुमेन्ट्रीका निम्ति फिल्ड रिसर्च गर्न जानुपऱ्यो' भन्दै बहाना बनाएर साथी सरोज मानन्धरसँग मुस्ताङतिर लागे।

उता फेरि अरुणलाई त्यत्तिकै छाड्न नमिल्ने। होटल मालिक जहिल्यै किचकिच गरिरहेका हुन्थे। यस्तो अवस्थामा लामो समय बाहिरिनुपर्ने भएपछि अमृतले ती होटल मालिक र ईश्वरबीच सम्पर्क गराइदिएका थिए।

साउनको महिना चलिरहेको थियो। अमृत नीलगिरि हिमालको काख मार्चे लेकमा थिए। सिमसिम पानी परिरहेको थियो। कुहिरो आउँथ्यो, जान्थ्यो। घाम नदेखेको त कति दिनै भइसकेको थियो।

अमृतले रेडियो खोले। मन्द बतासको सिरेटोबीच रेडियोमा अरुण थापाको गीत बज्न थाल्यो। अनकन्टारमा रेडियोको तरङ्ग राम्ररी नसमातिरहे पनि लगातार अरुणको स्वर आउने र जाने गरिरहेको थियो।

अमृत लार्जुङ झरे। त्यहाँ पुगेपछि चाहिँ रेडियो राम्ररी बज्न थाल्यो। कान थापेर सुनेकै बेला रेडियोले अरुण थापा यस संसारबाट बिदा भएको समाचार सुनायो। अमृत स्तब्ध भए।

नेपाली सङ्गीतमा मर्म भरिएको एउटा दुर्लभ आवाज सधैँका निम्ति अलप भएर गयो। अमृतले मनमनै अरुणलाई श्रद्धान्जलि दिए।

छेउमै कालीगण्डकी सुसाइरहेको थियो। अमृत बसेको ठाउँलाई कुहिरोले डामडुम्मै ढाक्यो।

मुस्ताङको पदयात्रा सकेर काठमाडौँ फर्किंदा ल्याबको रिपोर्ट आइसकेको थियो। त्यसले अमृतको रगतमा एचआईभी नेगेटिभ देखायो। अर्थात् अरुणले प्रयोग गरेको सुई घोपिनुको सजाय पदयात्राभर भोगेको अत्यासमा मात्रै सीमित रह्यो। परिस्थितिले गरेको एउटा बीभत्स मजाक।

पोखराबाट सुरु भएका दुई आवाजबीच गाँसिएको सम्बन्ध सदाका निम्ति यादमा परिणत भइसकेको थियो।

पोखरामा कन्सर्टको अघिल्लो दिन मानवसेवा आश्रमले हेम्जास्थित उसको भवन निर्माणस्थलमा स्वागत कार्यक्रम आयोजना गरेको थियो।

त्यस अवसरमा गण्डकी प्रदेशका मुख्यमन्त्री खगराज अधिकारीले पोखरा, अमृत गुरुङ र नेपथ्य ब्यान्ड बीचको साइनो केलाएका थिए। आफ्नो भूमिबाट उदाएको यस ब्यान्डले संसारभर फैलिएर सिङ्गो नेपाली पहिचानका लागि योगदान गरेको अधिकारीले उल्लेख गरे।

त्यसपछि बोल्न मञ्चमा पुगेका अमृतले बाल्यकालको पोखरा र अहिले भएका परिवर्तनबारे चर्चा गरे।

'त्यो बेला पोखरामा जताततै चौरैचौर थिए। झलमल्ल हिमाल देखिन्थ्यो। हामीले खेल्दै हुर्केका ती सारा चौरहरूमा अहिले घरैघर फलिसकेका छन्। हिमाल छोपिँदै गएका छन्। ती फराकिला चौरहरूमा सिमलका ठूलठूला रूखहरू हुन्थे। रातो फूल फुलेको बेला सिमलको रूखै अर्को देखिन्थ्यो। त्यसमाथि ती रूखबाट निस्कने भुवाहरू यत्रतत्र उडिरहेका हुन्थे। हामी ती भुवा समात्न दौडन्थ्यौं।

ती रूखहरू हराए।

त्यो बेला हरायो।

हामीले पाएको त्यति मिठो बाल्यकाल आजका पुस्ताहरूको भाग्यमा रहेन।

ती चौर, रूख र बेलाहरू जस्तै हामी पनि एक दिन हराएर जानेछौं।

जसरी बाल्यकालका ती सारा चीज सम्झना भए, एक दिन हामी पनि सम्झना हुनेछौं। त्यस सम्झनामा हामीले के गरेका थियौं भन्ने कुरा मात्र बाँकी रहनेछ।

नेपालमा अहिले घरबारविहीनहरूको उदेकलाग्दो अवस्था सडकमा जताततै देखिन्छ।

परिवार हुनेको हेरविचार त परिवारले गरिदिन्छ। नहुनेको कसले गर्छ?

त्यस्ताका लागि यो मानवसेवा आश्रम खुलेको छ।

नेपथ्य अहिले त्यही पवित्र उद्देश्यका लागि यस संस्थाको साथसाथै हिँडिरहेको छ।

आउनुस्, हामीपछिका हाम्रा सम्झनाहरूलाई एउटा उचाइ प्रदान गरौँ ।'

अमृतले यसरी बोल्दा बीच-बीचमा 'आज म अलिक भावुक भएँ कि क्या हो?' भन्दै थिए। खासमा उनको कुरा सुनिरहेकाहरूचाहिँ भावुक भइरहेका देखिन्थे।

त्यसको एक साताभित्रै अमृत मानवसेवा आश्रमद्वारा काठमाडौँमा आयोजित त्यस्तै स्वागत समारोहमा बोलिरहेका थिए। त्यहाँ उनले पोखराको एउटा घटना उल्लेख गरे।

'पोखरामा कन्सर्टको बिहान म पैदल पृथ्वीचोकतिर गइरहेको थिएँ। अन्दाजी ३२ वर्षका एक जना भाइले मेरो नजिकै आएर नमस्ते गरे। ती भाइ ज्यामी काम गर्दा रहेछन्। उनले कन्सर्टका लागि दुईवटा टिकट किनेका रहेछन्। ती दुई टिकट उनको एक दिनको कमाइभन्दा निकै बढी मूल्यको थियो। मेरो फ्यान हुनुभन्दा बढी उनलाई यस यात्राको उद्देश्यले छोएको रहेछ। यस्तो काममा आफ्नो पसिनाको कमाइ लगाउन भित्रैबाट हुटहुटी भएपछि टिकट किनेको ती भाइले सुनाए। म उनको कुरा सुनेर भावविभोर भएँ। शरीर त हामी सबै मानिसले एकैनासको पाएका छौँ। तर विचार र व्यवहारले कति फरक पार्दो रहेछ! सामान्य मजदुरी गरेर रोजीरोटी चलाइरहेका ती भाइजत्तिको धनी मानिस अरू को होला!'

पृथ्वीचोकमा ती तन्नेरीलाई भेटेकै बेलुकी नयाँबजारस्थित प्रदर्शनी केन्द्रमा नेपथ्य प्रस्तुत भएको थियो।

विराटनगरबाट सुरु भएको यात्राभरिकै सबैभन्दा धेरै दर्शकले भरिएको टनाटन मैदानमा अमृत भावुक भएर उभिएका थिए। सिङ्गो नेपालकै साझा सम्पत्ति बनिसकेको नेपथ्य आफ्नै घरेलु मैदानमा खडा थियो।

अमृत घरी त्यो दिन बिहानैदेखि झलमल्ल देखिएको चम्किलो हिमालको चर्चा गर्दै थिए भने घरी गाउँलेलाई आफ्नो थातथलो छाडेर अन्त नजान सल्लाह दिँदै थिए। घाटु र रोदीहरू रित्तिए भने त्यससँगै आफूहरूको पहिचान रित्तिँदै जाने उनी सम्झाइरहेका थिए। तिनै पहिचानहरूबाट आएका स्वर र सङ्गीत श्रोतालाई नाच्दै-नाच्दै सुनाइरहेका थिए। अनि उत्तरतर्फका चम्किला हिमालहरू नै आफ्ना लागि ऊर्जाको मुख्य स्रोत रहेको बताइरहेका थिए।

आफ्ना बाजे-बराजुको सानो बस्तीबाट आज महानगर बनेको पोखरा अऋ विस्तार हुने भएकाले त्यसलाई भविष्यमा कस्तो बनाउने भन्ने विषयमा आजैदेखि परिकल्पना गर्न पनि उनी उपस्थित दर्शकलाई आह्वान गरिरहेका थिए।

अमृतको प्रत्येक सन्देशको प्रतिउत्तरमा तन्नेरीहरूको चर्को आवाज र ताली गुन्जिरहेको थियो। वृद्धवृद्धा पनि अमृतको गीतमा नाचिरहेका देखिन्थे। यस्तो लाग्दै थियो, सिङ्गो पोखरा उसको नेपथ्यलाई सुन्न विशाल मैदानमा उपस्थित भएको छ।

यस्तो लाग्दै थियो, पोखराले अघिल्लो पटकको पैंचो पनि तिर्दै छ।

त्यस्तो के भएको थियो अघिल्लोपटक ?

१० वर्षअघिको घटना।

नेपथ्य त्यो बेलुकी प्रदर्शनी केन्द्रको यसै चौरमा उभिनेवाला थियो। ब्यान्डले गृहमैदानमा पहिलोपटक खुला आकाशमुनि कन्सर्ट दिने क्षण पर्खंदै गर्दा नचिताएको परिस्थिति आइलाग्यो। फागुनको महिनामा पनि बिहानैदेखि रातिसम्म परेको अविरल झरीले ब्यान्डको हप्तौंदेखिको सम्पूर्ण तयारीलाई चेपुवामा पारिदियो। जबकि काठमाडौंदेखि ओसारिएको मञ्च उभ्याउन मात्रै दुई दिन लागेको थियो।

खुला मैदानमा कन्सर्ट आयोजना गरेको क्षण लगातार पानी परिरहँदा कस्तो हुन्छ ? त्यस्तो प्रतिकूल अवस्थामा पनि चार हजार हाराहारी दर्शक सहभागी भइदिएका थिए।

त्यो बेला नेपथ्य पोखरा आउनुको उद्देश्य भने अर्कै थियो।

बेलायतको प्रसिद्ध वेम्बली एरिनामा आफ्नो इतिहासकै उल्लेखनीय कन्सर्ट दिन सफल भएपछि ब्यान्ड गृहमैदानमा पनि उभिने लालसा बोकेर पोखरा आएको थियो।

२०१३ अगस्ट ३ का दिन बेलायतको सर्वाधिक चर्चित वेम्बली-एरिनामा नेपथ्य प्रस्तुत भएको थियो। विदेशी भूमिमा आयोजित त्यस कन्सर्टको

सफलता नेपथ्यको आजसम्मकै मानक हो। त्यसलाई उभ्याउनका निम्ति धेरै टेकोको भूमिका थियो।

सबैभन्दा पहिले त अस्ट्रेलियाको सिड्नी सहरस्थित टाउन हलमा नेपथ्य प्रस्तुत हुँदाको एउटा घटनाले महत्त्वपूर्ण भूमिका खेलिदियो।

त्यसअघि विदेशका कुनै पनि ठूला सहरमा नेपाली कार्यक्रमको आयोजनाबाट त्यहाँको जनजीवन प्रभावित भएको सुनिँदैन थियो। विश्वविद्यालयका सभाकक्ष वा त्यस्तै कुनै औसत मञ्चमा चुपचाप कार्यक्रम आयोजना हुन्थे र सकिन्थे।

पहिले पनि सिड्नी पुगिसकेको नेपथ्यले सन् २०१२ मा भने त्यस सहरकै ऐतिहासिक महत्त्वको सभागृह 'टाउन हल' लाई आफ्नो मञ्च बनायो। दुई हजार दर्शक अट्ने क्षमताको त्यस हलका लागि त्यति नै सङ्ख्यामा स्थानीय आयोजकले टिकट तयार पारेका थिए। तर टिकट नकाटेका आयोजक टोलीका सदस्य, स्वयम्सेवक र स्थानीय कलाकारसमेत गरेर दुई हजारको सङ्ख्या पुग्नासाथ सेक्युरिटीले ढोका लगाइदिएपछि टिकट काटेरै आएका केही सय दर्शकले प्रवेश नपाउने स्थिति बन्यो। यता आयोजकका टेलिफोनहरू बन्द गरिए। त्यसले भद्रगोल निम्त्यायो।

कार्यक्रम हेर्न भनेर त्यहाँ पुगेका सयौँ दर्शक बाटामै थिए। उनीहरू तत्कालै घर फर्किदिएनन्। सिड्नीको टाउन हल सहरकै मुटुमा छ। यस्तो अवस्थामा हलभित्र प्रवेश नपाएका दर्शकका कारण त्यस सहरकै मुख्य धमनीका रूपमा रहेको बाटो जर्ज स्ट्रिट नै अस्तव्यस्त बन्न पुग्यो। भिड नियन्त्रणमा लिन प्रहरी नै परिचालन गर्नुपऱ्यो।

केही सयको सङ्ख्यामा रहेका थप दर्शकका कारण त्यसरी सहरको मुख्य केन्द्र नै अस्तव्यस्त बन्न पुगेपछि त्यो खबर संसारभर विस्तार भएका नेपालीमाझ फैलियो।

नपत्याउँदो किसिमले त्यसको असर नेपथ्यका लागि सकारात्मक बनिदियो। त्यसपछि ब्यान्डका पक्षमा एकखाले लहर तयार हुँदै गयो।

विदेशमा स्तरीय कन्सर्ट हेर्दै आएका नेपाली घेरामा 'अब नेपथ्य छुटाउनु हुँदैन' भन्ने धारणा व्यापक बन्दै गयो। विशेष गरेर पढ्नका निम्ति बिदेसिएका तन्नेरीहरू त झनै आफ्नो ठाउँमा नेपथ्य अनुभव गर्न व्यग्र देखिए।

परिणामस्वरूप ब्यान्डलाई व्यवस्थापन गर्दै आएको नेपालयको कार्यालयमा विदेशबाट आउने निम्तोको ताँती लाग्न थाल्यो।

त्यस्तैमा एक दिन नेपालयको कार्यालयमा आइपुगे, शुभ गिरी।

उनीसँग लन्डनमा साङ्गीतिक कार्यक्रम आयोजना गर्दै आएको अनुभव थियो। दिवङ्गत कलाकार एवम् पाइलट विजय गिरीका छोरा शुभ नेपथ्य र नेपालयसँग सहकार्यको सम्भावना बुझ्न आएका थिए।

उनको कुरा सुनिसकेपछि नेपालयले लन्डन सहरमा नेपथ्य प्रस्तुत हुनका लागि सम्भाव्यता अध्ययन गर्न एउटा कार्यालय नै चलाउने निधो गऱ्यो। कालिकास्थानस्थित नेपालय परिसरभित्रै दैनिक कार्यसम्पादन गर्ने हिसाबले शुभका निम्ति कार्यकक्ष बन्दोबस्त गरियो।

लन्डनमा यसरी नेपथ्यलाई प्रस्तुत गर्न विशेष तयारीमा लाग्नुको पनि कारण थियो। त्यो थियो- १० वर्षअघि अर्थात् सन् २००३ मा काठमाडौँमै आयोजित गैरआवासीय नेपालीहरूको पहिलो अन्तर्राष्ट्रिय सम्मेलन, जसमा किरणले एउटा कार्यपत्र पेस गरेका थिए। त्यो सम्मेलन सोल्टी होटलमा भएको थियो।

किरणले आफ्नो कार्यपत्रमा 'नेपाली सङ्गीतलाई प्रस्तुत गर्दै जाने क्रममा यसलाई लन्डनको वेम्बली एरिनामा लगेर उभ्याउने मेरो इच्छा छ' भनेर उल्लेख गरेका थिए। त्यसो भइदियो भने बल्ल नेपालको सङ्गीतले विश्वस्तरको मञ्चमा ठाउँ पाएको ठहर्छ भनेर त्यसमा लेखिएको थियो।

किरणले नेपाली कलालाई उठाउनका निम्ति प्रस्तुत गरेको त्यो कार्यपत्र सहभागीबीच चर्चाको विषय बनेको थियो।

अब त्यही सपना ब्युँताउने बेला आइपुगेको थियो।

लामै समय काठमाडौँ बसेर यतातर्फको तयारी पूरा गरेपछि शुभ बेलायतको प्रबन्ध मिलाउन उता लागे।

बेलायतमा कन्सर्ट गर्ने नै हो भने ठूलै आँट गर्नुपर्छ भन्नेमा नेपालय र नेपथ्य दुवै एकमत थिए ।

शुभले नेपथ्य र नेपालयबाट पाएको मौखिक अख्तियारीकै आधारमा बेलायतमा विभिन्न सम्भावनाको खोजी गरे । त्यसै क्रममा वेम्बली एरिना उपलब्ध हुन सक्छ भनेर जवाफ आयो । अमृत र किरण उत्साहित भए । कुरा थप अगाडि बढ्यो ।

शुभ बेलायतमै बसेर विश्व सङ्गीतमा आबद्ध कलाकार र आयोजकहरूसँग उठबस गर्थे । अर्थात् कार्यक्रमको प्राविधिक पक्षको स्रोत र जनशक्ति पहिचान गर्न सक्ने पहुँच उनले बनाएका थिए । यही आत्मविश्वासका कारण उनी वेम्बली छिर्न सफल भए ।

वेम्बलीमा कार्यक्रम गर्ने सम्भावनाको ढोका त खुल्यो । तर त्यहाँको नेपाली समाजमा शुभको राम्रो पहुँच थिएन ।

वेम्बलीमै कार्यक्रम गरे पनि आखिरमा आउने त नेपाली दर्शक नै हुन् ।

त्यसैका लागि शुभले त्यहाँ बस्ने नेपाली तन्नेरीहरूले चलाएको 'पर्चा प्रोडक्सन' सँग सहकार्य गरे ।

हुन त प्रचारप्रसार गर्ने जिम्मेवारी स्थानीय आयोजककै हुन्छ । तर यस कन्सर्टलाई प्रभावकारी बनाउन नेपालयले विशेष चाखका साथ नेपालबाटै प्रचारप्रसार सुरु गऱ्यो । नेपाली कलाकार वेम्बलीमा प्रस्तुत हुन लागेको समाचारले सञ्चारमाध्यममा पनि राम्रै प्राथमिकता र चर्चा पायो ।

सबैको साझा प्रयासले त्यस कन्सर्टको व्यापक हल्ला चल्यो ।

व्यवस्थापनका मानिसहरू आफ्नो तयारीतर्फ लागे भने ब्यान्डका सदस्यहरू पनि नियमित रिहर्सलमा व्यस्त भए ।

बेलायतको यो यात्रा ब्यान्डका हिसाबले पहिलो थियो । यसअघि यूके तमु धिंको आयोजनामा ब्यान्डलाई त्यहाँ बोलाइएको थियो । तर अमृतबाहेक ब्यान्डका कुनै पनि सदस्यले भिसा पाएनन् । आयोजकले नेपथ्यका नाममा विज्ञापन गर्नेदेखि टिकट बेच्ने काम पनि सिध्याइसकेको अवस्थामा लाचार

भएर अमृत एक्लै पुग्नुपरेको थियो ।

पहिलो पटकको प्रयास त्यसरी अलिनो किसिमले सम्पन्न भएकाले पनि यसपाला नेपथ्य र नेपालयले सकेसम्मको शक्ति लगाउने मनस्थिति बनाइसकेका थिए ।

रिहर्सलदेखि सारा प्रयास धुमधामका साथ अघि बढ्यो ।

फेरि यति बेलै अमृतको घाँटीको समस्या बल्झिन थाल्यो । उनको मुख्य समस्यै स्वरको थियो । फेरिन्जाइटिस त नियन्त्रण भइसकेको थियो । स्वर सुक्ने समस्याचाहिँ थामिएन । गाउँदागाउँदै समस्या बल्झिन्थ्यो । अमृतका लागि यो यातनादायी बन्दै थियो ।

उनले स्वरका लागि के मात्र गरेनन् ? खानपिनका आनीबानी बदले । कसैले सिसीमा लामो समय राखेको अचार नखानू भनेपछि उनले त्यसै गरे । पछि-पछि अमिलो खानै बन्द भयो । दूध हालेको चियाले फाइदा गर्दैन भनेपछि त्यो पनि छाडिदिए । तेलमा डुबाएर तारेको खानेकुरा त एकादेशको कथा भइसकेको थियो । हिँडडुल बढाए, योगाभ्यास गरे । एलोप्याथिक, आयुर्वेदिकदेखि होमियोप्याथिकसम्मका उपाय खोजियो । तर स्वर सुक्न थामिएन ।

मूलबाट पानी सुक्दै गएको धारोजस्तै अमृत निरीह बन्दै गए । कन्सर्टमा पाँचवटा गीत नाघेपछि नै सास्ती सुरु हुन्थ्यो । गाउँदागाउँदै स्वर माथि पुग्नै सक्दैन थियो ।

त्यसले एक किसिमको निराशा बढाउँदै लगेको थियो ।

उता अन्यत्रका कन्सर्टभन्दा वेम्बलीको अवस्था बेग्लै प्रतीत भइरहेको थियो । अनलाइनबाटै टिकट काट्ने लगायतका सम्पूर्ण अत्याधुनिक बन्दोबस्तका लागि नेपालयले नेपालबाटै प्रबन्ध मिलाइरहेको थियो । नेपथ्य अब एउटा फरक र भव्य भेन्युमा उभिन जाँदै छ भन्ने कुराको आभास नेपालय परिसरको प्रत्येक गतिविधिमा झल्कन्थ्यो ।

वेम्बली एरिनाको क्षमता नै १२ हजारसम्म मानिस अट्ने छ । लन्डनमा कति दर्शक आउलान् भन्ने खुलदुली पनि उत्तिकै थियो । त्यस्तो व्यस्त

सहरमा नेपालीको सङ्ख्या विचार गर्दा चार हजारभन्दा माथि दर्शक आए भने पनि धन्य हुन्छ भन्ने किरणको ठम्याइ थियो। त्यस्तोमा स्थानीय आयोजकले आठ हजार दर्शकको सङ्केत दिए। किरणका लागि यो गजब भइरहेको थियो।

पत्रपत्रिकामा लगातार आइरहेका समाचार एवम् टिप्पणीले नेपथ्य र नेपालय दुवैलाई असाध्यै कौतूहल बनाइरहेका थिए।

हेर्दाहेर्दै कन्सर्टका निम्ति बेलायत उड्ने दिन आइपुग्यो।

ब्यान्डका सदस्यहरू सधैँजस्तै नेपालय परिसरमा जम्मा भए र एकसाथ त्रिभुवन अन्तर्राष्ट्रिय विमानस्थलतर्फ लागे।

विमान उड्यो।

त्यो दिन मौसम एकदमै सफा थियो।

अमृतले विमानयात्राका क्रममा थुप्रै तस्बिर खिच्न भ्याए। आकाशबाट माछापुच्छ्रे र धौलागिरिका नयाँ कोणहरू उनको क्यामराले समात्दै थियो। अझ अचम्म त त्यो बेला उनीहरूले आकाशबाटै फोक्सुण्डो र रारा तालसमेत देखेका थिए। केही छिनमै अझ पर मानसरोवर र कैलाश पर्वत पनि देखिए।

एक हिसाबले बेलायतको त्यस भ्रमणमा सुरुदेखि नै साइत परेको थियो।

अमृतको मन चङ्गा बनेर ती हिमाल र तालहरूभन्दा माथि-माथि उडिरहेको थियो।

लन्डनको हिथ्रो विमानस्थलमा अवतरण गर्दा आयोजकहरू ब्यान्डलाई पर्खेर बसिरहेका थिए। विमानस्थलमा स्वागतलगत्तै वेम्बलीनजिकै पर्ने होटलमा नेपथ्यलाई पुर्‍याइयो।

त्यसको केही बेरमै कार्यक्रमको प्राविधिक पक्ष संयोजन गर्ने व्यक्तिलाई शुभले होटलमा लिएर आए। ती व्यक्तिले सम्पूर्ण तयारीबारे ब्यान्डलाई 'ब्रिफिङ' गरिदिए। ती बेलायती प्राविधिकसँग अर्पण र किरणले भेटेर तयारीका थप पक्षहरूबारे छलफल गरे।

ती प्राविधिकको प्रस्तुति आश्वस्त पार्ने किसिमको थियो ।

भोलिपल्टै प्राविधिक टोली र नेपालदेखि गएको व्यवस्थापन टिम हल निरीक्षणमा जाने सल्लाह भयो । सँगसँगै ब्यान्डका सदस्यहरू पनि पुगे ।

वेम्बली एरिना हेर्ने इच्छा सबैमा थियो ।

भित्र छिर्दा त्यो विशाल हल ह्वाङ्गै खाली देखियो । त्यहाँको नियमअनुसार हल मात्रै भाडामा उपलब्ध हुँदो रहेछ । हल लिइसकेपछि मञ्च निर्माणदेखि आवश्यकता अनुसारका सबै खाले प्राविधिक व्यवस्थापन आफ्नै डिजाइनअनुसार गर्नुपर्ने रहेछ ।

यस्ता हलमा काम गर्दा त्यसै हलले आधिकारिकता दिएका प्राविधिक तथा प्रोडक्सन कम्पनीसँग भए सजिलो हुन्छ । नेपथ्य र नेपालयका लागि त्यो हल नौलो भए पनि बेलायती प्राविधिक टोली यस मामलामा अभ्यस्त थिए । त्यसै अनुभवलाई प्रयोग गर्दै उनीहरूले मञ्च, प्रकाश र ध्वनि व्यवस्थापन उचित तरिकाले मिलाइदिए ।

हलबाट बाहिर आउँदा पहिले प्रस्तुति दिइसकेका अन्तर्राष्ट्रिय ख्यातिप्राप्त कलाकारहरूको नाम र उनीहरूको पन्जाको डाम टायलमा छापेर भुइँभरि ओछ्याइएको देखियो । त्यसमा कोभन्दा को कम, संसारकै एकसे एक नाम थियो । त्यहीँको मञ्चमा अब नेपालको गौरवशाली प्रतिनिधित्व गर्दै नेपथ्य उभिनेवाला थियो ।

त्यो दौरान बेलायतमै पनि प्रचारप्रसारलाई अझ तीव्र बनाउनुपर्छ भनेर अर्पण र किरण लागिपरे । त्यत्तिकैमा बीबीसीमा आबद्ध पुरानो चिनजानका बेलायती पत्रकार ओवेन आमोससँग सम्पर्क पुनःस्थापित भयो ।

उनले बीबीसीको मुख्यालयमा नेपाली टोलीलाई निम्ता गरे ।

आमोसले नै विश्वप्रसिद्ध समाचार संस्थाका विभिन्न विभागमा लगेर भ्रमण गराए । र, अन्त्यमा अमृतसँग अन्तर्वार्ता लिएर बीबीसीको न्युज पोर्टलमा प्रेषण गरे ।

त्यस समाचारको शीर्षक थियो– ‘नेप्लिज फोक रक ब्यान्ड नेपथ्य टु हेडलाइन वेम्बली एरिना’ ।

यस समाचारले भोलिपल्टै हुन लागेको नेपथ्य कन्सर्टको महत्त्व र प्रचारप्रसार दुवैलाई चुलीमा पुऱ्याउन योगदान गरिदियो।

सबैको मनमा हुटहुटी चलिरहेकै अवस्थामा कार्यक्रमको क्षण पनि आइपुग्यो।

ब्यान्ड सधैँजस्तै निर्धारित समयमै हलमा पुग्यो। सबै सदस्य ग्रिन रुममा बसे। अमृतको स्वरमा समस्या अझै थियो। गीत गाउनै गाह्रो हुने।

उता गितारवादक नीरजको पनि समस्या थियो। 'घरको कुरा' गीतका लागि रिहर्सल गर्ने बेला उनको हात सड्किएको थियो। कतिसम्म भने उनका चिकित्सकले वेम्बली कन्सर्टकै बेला गितार बजाउन बन्द गर्ने सल्लाह दिएका थिए।

'डाक्टर साहेब वेम्बलीमा बजाउने मेरो सपना हो,' नीरजले भनेका रहेछन्, 'मलाई त्यत्ति एउटा कार्यक्रममा बजाउनका लागि भए पनि तपाईंले रेडी बनाइदिनुस्।'

त्यसपछि नदुख्ने सुईका भरमा नीरजलाई वेम्बलीमा उभिन तयार पारिएको थियो।

किबोर्ड बजाउने सुरजलाई पनि नाकको समस्या चर्केको थियो। उनलाई पिनासले दुःख दिइरहने गर्छ।

पुर्पुरोमा लेखिएका विडम्बना भोग्दै त्यो साँझ नेपथ्य टोली वेम्बलीको 'ब्याकस्टेज' मा बसेको थियो। सधैँझैँ चिया आइपुग्यो। चियाको सुर्को लिनै लाग्दा हलबाट विशाल हल्ला सुनियो। त्यस आवाजको कम्पनले नै त्यहाँ कति मानिस अटाएका होलान् र उनीहरू कस्तो उत्साहमा छन् भन्ने आभास दिइरहेको थियो।

हलमा त्यति बेला बीबीसीका प्रस्तोता सुमन खरेलले कन्सर्टको प्रारम्भिक उद्घोषण गरिरहेका थिए। नेपथ्यलाई सुन्न आतुर दर्शकको चर्को आवाज र उत्तेजनाबीच अमृत र उनका साथीहरू मञ्चतर्फ बढे।

सधैँजस्तै किरणले ब्यान्डका सदस्यहरूलाई साथ दिँदै मञ्चसम्म लगिदिएका थिए।

हल भित्रको चर्को अवाजले झन्पछि झन् रोमाञ्चकतातर्फ धकेल्दै थियो।

'नेपथ्यले आजसम्म प्रस्तुत गरेका इनडोर कन्सर्टमध्ये सबैभन्दा बढी दर्शक अटाएको हलमा हामी प्रवेश गर्दै थियौँ,' अमृत सम्झन्छन्, 'त्यहाँबाट आएको आवाज, ताली, हल्लिएका हातहरू र जताततै बलिरहेका मोबाइलको उज्यालोले खट्टालाई यस्तोसँग लुलो बनाइदिएका थिए कि सोझो अडियोस् भन्नकै खातिर बल लगाएर टेक्नुपरिरहेको थियो।'

अमृतका अनुसार त्यो क्षण जीवनकै एउटा चुनौती बनेर उनीहरूका सामुन्ने उभिएको थियो।

मञ्चमा चढेपछि आफूले भएभरका सबै चीज बिर्सिदिएको अमृत सुनाउँछन्।

'एक किसिमको शून्यमा पुगेको थिएँ,' उनी भन्छन्, 'ठीक त्यति बेलै जब नीरजले बजाएको गितारको मधुरो आवाज सुरु भयो, मेरो अन्तरआत्माबाटै स्वर बाहिर निस्किन थाल्यो।'

नीरजको गितारले 'नाँसै छ्याँवा मनो ह्युल' को कर्ड बजाएको थियो। त्यो गीत मनाङतिर गएको बेला अमृतले तयार पारेका थिए। गुरुङ भाषामा 'गाउँहरूमध्येमा मनाङ गाउँ राम्रो' भनिएको यस गीतमा यौवन र सुन्दरताको बयान गरिएको छ।

गीत गाउँदै गर्दा अमृतले यसको रचनागर्भ सम्झे। एक दशकअघि मनाङबाट मुस्ताङतर्फ उकालो लाग्दै गर्दाको हिमाली सम्झना दिमागमा बग्दै गयो। त्यही सम्झनालाई समातेर अमृतको स्वर निस्किरह्यो।

पहिलो गीतले उनमा रहेको धक फुकाइदियो।

एकछिनपछि यसो आँखा उघारेर हेरे। ध्वनि नियन्त्रण गर्ने ठाउँमा हेम बसिरहेका थिए। नेपथ्यको सङ्घर्षका दिनदेखि साथसाथै हिंडेका हेम पछिल्लो समय बेलायत बसोबास गर्न थालेका थिए। हेमलाई देख्नेबित्तिकै अमृतको आँट झनै बढ्यो।

त्यो मञ्च यति भव्य थियो, त्यहाँ उपस्थित दर्शक यति हार्दिक थिए अनि त्यहाँ पाएको माया यति आत्मीय थियो, अहिले सम्झँदा पनि अमृतलाई आनन्द लाग्छ।

'हामीले गाइरहेको स्टेजको अधिल्तिर टन्नै युवकयुवती थिए,' अमृत भन्छन्, 'फेरि उनीहरूलाई नेपथ्यको गीत कस्तो कण्ठस्थ !'

पछाडि बसेका प्रौढदेखि लिएर बुढाबुढीसम्म नाचिरहँदा त सिङ्गो हल नाचेको भान पर्दै थियो ।

त्यहाँ अमृतका आफन्त पनि थिए । ८१ वर्षका उनका कान्छा हजुरबा पनि दङ्ग परेर नाचिरहेका थिए ।

गीत गाउँदै जाने क्रममा चिनेका नचिनेका अनुहार देखिँदै गए ।

यसै क्रममा एक ठाउँमा गएर ठूलो बत्तीको फोकस अडिन पुग्यो । अमृत अचम्म परे ।

'त्यो बत्ती अडिएको ठाउँमा मैले नेपथ्यका पुराना ड्रमर सुरेश भाइ पो देखें !' उनी थप्छन्, 'कुनै समयको आफ्नै नेपथ्यलाई उनी वेम्बली एरिनामा दर्शक भएर हेरिरहेका थिए ।'

एकैछिनमा त्यो बत्ती नाचेर कता-कता पुग्यो। अमृतलाई सुरेशको अनुहार हेर्ने धीत मरेकै थिएन। उनले फेरि त्यो अनुहार खोज्न थाले। तर फेरि बत्ती त्यस स्थानमा पुगेर अडिएन। कार्यक्रमभरि उनका आँखाले त्यो अनुहार खोजिरहे। तर त्यो अँध्यारो भिडमा सुरेश देखा परेनन् ।

'मेरो जीवनमै त्यो दिन सबैभन्दा कम समयमा दुई घण्टा बितेको थियो,' अमृत भन्छन्, 'त्यो कसरी बित्यो, मैले पत्तै पाइनँ ।'

कार्यक्रम सकियो । दर्शकचाहिँ 'वन्स मोर' भन्न छाड्दै छाडिरहेका थिएनन् । यता अमृतको स्वर भासिएर खत्तम भइसकेको थियो ।

दर्शकले त्यत्रो चाहना राख्दाराख्दै 'नाईं' भन्न गाह्रो भयो । अमृत फेरि फर्किएर आए । 'सा कर्णाली' गाउन खोजे, आवाज निस्कँदै निस्किएन, स्वरै थिएन, केवल सास निस्किरहेको थियो ।

त्यति बेलै अमृतले दर्शकदीर्घामा साथी विल्कोलाई देखे । उनी लन्डनको कन्सर्ट हेर्नकै निम्ति नेदरल्यान्ड्सको आम्स्टर्डामदेखि आएका थिए ।

आम्स्टर्डामस्थित फ्राइय्य युनिभर्सिटीमा मेडिकल फिजिसिस्ट रहेका

विल्कोले अमृतको स्वर फिर्ता ल्याउन दक्ष चिकित्सकहरूको परामर्शबमोजिम सघाउँदै आएका छन् ।

त्यो क्षण अमृत र विल्कोले एकअर्कालाई हेराहेर मात्र गरिरहे । दुवै दुईतिर बसेर निरीह बनिरहेका थिए ।

उता स्वर भासिएकै अमृतलाई भए पनि सुनेरै छाड्ने दर्शकको अडान जारी थियो । यस्तोमा जसोतसो 'सा कर्णाली' सुनाएपछि अमृतले बिदा माग्दै कुनै समय दानुले रचना गरिदिएको छोटो गीत सुनाए–

घाम डुब्यो, साँझ पर्‍यो
अब छुट्टिने पनि बेला भो
आजको दिन पनि बित्यो
यो रात काट्ला नकाट्ला
भोलि आउला या नआउला
फेरि भेट होला नहोला
यो छोटो गीत तिमीलाई
फेरि नभेटेसम्मलाई
यदि फेरि भेटै नभए
साँचिराख्नू सम्झनालाई

कार्यक्रम सकियो । अमृत स्वरदेखि शरीरसम्म सबै हिसाबले शून्य अवस्थामा पुगिसकेका थिए । ड्रेसिङ रुममा पुग्नेबित्तिकै उत्तानो परे ।

केही सेकेन्ड उनी एक्लै रहे ।

सबैभन्दा पहिले त्यस कोठामा किरण आइपुगे ।

'कस्तो भयो ?' सोधे ।

प्रश्न सोध्दा किरणको अनुहारमा सन्तुष्टिको भाव देखिन्थ्यो ।

'कसरी गाएँ, कार्यक्रम कसरी सकियो, पत्तै भएन । दर्शकश्रोताले यस्तो अगाध माया दिए, खुसी र सन्तुष्टिको भो कुरै नगरौँ । तर मेरो स्वर अब मसँग रहेन किरण,' अमृतले भने, 'अब गीत गाएर खाइएलाजस्तो छैन ।'

यति बोलुन्जेल पनि उनको मुखबाट स्वरभन्दा बढी हावा निस्किरहेको थियो। उनी आवाजले भन्दा पनि सासले बोलिरहेका थिए।

'यो कार्यक्रम सफलतापूर्वक सम्पन्न भयो अमृत,' किरणले अमृतलाई तत्काल सान्त्वना दिन यही वाक्य ठीक ठाने।

अमृत मौन बसे। आँखाका कुना रसाउन थाले।

त्यो मौनताकै बीच उनीहरूले चुपचाप एकअर्कालाई हेरिरहे।

त्यहाँ आवाज थिएन। तर दुई साथीबीच गहन संवाद सघन थियो।

यो घटनाको एक दशकपछि नेपथ्यले गरेको देशव्यापी भ्रमण उसको गृहमैदान पोखरालगत्तै काठमाडौँको भृकुटीमण्डप पुगेर टुङ्गिएको थियो।

अमृत गाइरहेकै छन्, श्रोताहरू बढिरहकै छन्, नेपथ्य यात्रा जारी छ...

∽

र, अन्त्यमा...

–अमृत गुरुङ

मलगायत नेपथ्यसँग सम्बन्ध राख्नेहरूका भोगाइ र अनुभव समेटेर गिरीश गिरीले लेखेको यस पुस्तकको पाण्डुलिपि प्रेसमा जानुअघि मैले फेरि एकपटक पढें। यसले मलाई अतीतमा डुबायो। आफूले फेर्दै आएका श्वास-निःश्वास, आफूले हिँडिआएका पाइला, आफूले गरेका सङ्गत र सङ्गीत, आफूले सँगालेका अनुभूति र अनुभव आफैँले पढिरहँदा मन एक तमासको भयो।

नेपथ्यका लागि म निमित्त पात्र मात्र हुँ। म जे हुँ, साथीहरूका कारण हुँ। मेरो पारिवारिक, साङ्गीतिक, व्यावसायिक, व्यावहारिक जीवनको नेपथ्यमा पनि थुप्रै-थुप्रै पात्र हुनुहुन्छ, उहाँहरू सबैप्रति म शिर निहुराई कृतज्ञता प्रकट गर्छु।

यस यात्रामा छुटेका साथीहरू– जसले नेपथ्यको पहिचानमा योगदान गरे, अहिले पनि सहकार्य गरिरहेका छन्, जसले यस यात्रालाई अघि बढाउन बल पुऱ्याइरहेका छन्, सबैलाई यतिखेर सम्झिरहेको छु। सबैलाई धन्यवाद। जानी-नजानी कसैलाई कुनै चोट परेको छ भने म मनैदेखि क्षमा माग्छु।

म सम्झिरहेको छु, ती दिदीबहिनी, दाजुभाइ, बाआमाहरू, जसका गीत मैले यात्रामा रहँदा सुन्न पाएँ, सिक्न पाएँ, टिप्न पाएँ। हाम्रा लोकगीतका ती मौलिक सर्जकहरू प्रायः गुमनाम छन्। लोकगीत जोगाउने लोकजीवनप्रति म धन्य छु। श्रुति परम्परा हाम्रो अद्वितीय पुँजी हो।

समुदायभित्र अनेक समूहमा अभ्यास गरिनुपर्ने लोकसंस्कृति दसवर्षे माओवादी द्वन्द्वकालमा धरापमा पर्‍यो। डढेलो लाग्दा वनजङ्गलबाट जीवजन्तु र वनस्पतिका प्रजाति मासिएजस्तै सशस्त्र द्वन्द्वका कारण हाम्रा अनगिन्ती लोकभाका र सांस्कृतिक परम्परा लोप भए।

बेलायती र भारतीय सेनामा लाहुर जाने प्रचलनले हाम्रो ग्रामीण लोकसंस्कृतिमा एक किसिमको प्रभाव भित्र्यायो। अहिलेको खाडी, मलेसिया र अन्य देशमा बढ्दो श्रम निर्यातका कारण कस्तो दूरगामी प्रभाव भित्रिन्छ, त्यो हेर्न बाँकी छ। लोपोन्मुख भएका केही भाका मैले गाउँ पसेर सङ्कलन गरेको छु, तीमध्ये केहीलाई नेपथ्यको विधागत हिसाबले 'लोक रक' मा ढाल्ने प्रयास गरेँ। मेरा सबै गीत तिनै लेक-भेकलाई समर्पण गर्न चाहन्छु।

अब म अलिकति मेरो र अलिकति नेपथ्यको कुरा सुनाउँछु।

गायक बन्ने मेरो सपना थिएन। गीत-सङ्गीतप्रतिको मोहले मलाई श्रोता बनायो। कविता र साहित्यको आकर्षणले पाठक बनायो।

सन् १९९० को दशकमा विस्तार हुँदै गएको पप सङ्गीतको प्रभाव नेपालमा फैलँदै थियो। ती गीतहरूमा नभेटिएको नेपालीपन प्रस्तुत गर्ने हुटहुटीले म सङ्गीतमा तानिएँ र नेपथ्यको जन्म भयो। गायकी फिक्यो कि हिन्दी वा अङ्ग्रेजी गीतजस्ता लाग्ने गीतहरूको होड रहेको बेला नेपथ्यले नेपालीपनको छनक दिने कोसिस गर्‍यो। गाउँले लोकभाकाको स्वाद भेटेपछि श्रोताले तिनै गीतलाई माया गरे। विद्यार्थीकालमा साथीभाइको सामूहिक लहडमा सुरु भएको मेरो सङ्गीत यात्राबाट धेरै साथी समयसँगै उम्किए, म भने डुब्दै गएँ। सङ्गीतले मलाई देशका विभिन्न ठाउँतिर तान्यो, विदेशका अनगिन्ती मञ्चतिर उभ्यायो। सुरुवाती दिनको लोकप्रियतामै रमाएको र रत्तिएको भए मेरो सङ्गीत यात्राले सायद एक दशक पनि पार गर्दैनथ्यो। सन् १९९० को दशकका लोकप्रियताका मापकहरू 'आँगनभरि', 'छेक्यो छेक्यो', 'हिमाल चुचुरे', 'चरी मर्‍यो', 'जोमसोमे बजार' आदिले नेपथ्यलाई पहिचान दिलाए।

मेरो आकाङ्क्षाले हाम्रो तत्कालीन पहिचानमै चित्त बुझाएर बस्न दिइरहेको थिएन। हाम्रा गीतमा वास्तविक लोक सङ्गीतको रस र सामाजिक पहिचान अझै समेटिएको थिएन। त्यही कारण 'रेशम', 'मै नाचें', 'भेँडाको ऊन', 'सा

कर्णाली', 'तालको पानी', 'जोगले हुन्छ', 'मै मरी जाऊँला', 'कोसीको पानी' हुँदै 'शिरफूल' र 'नैनताल' सम्मको यात्रा चलिरह्यो। श्रोता र दर्शकबीच आकर्षणको केन्द्र बनेपछि त्यसले समाजप्रति उत्तरदायित्व वहन गर्न पनि सिकाउँदै लग्यो। त्यसले द्वन्द्वकालीन देशका गाउँसहरमा 'शान्ति सङ्गीत यात्रा' गर्न प्रेरित गरायो, 'घटना' जस्ता द्वन्द्वकालीन क्षणहरूलाई साङ्गीतिक अभिलेखीकरण गर्न शक्ति दियो।

यात्रालाई दीर्घकालीन सफलतातर्फ डोऱ्याउन उचित व्यवस्थापनको महत्त्वपूर्ण भूमिका हुन्छ। सङ्गीतमा त यसको झनै टड्कारो आवश्यकता पर्छ। त्यसलाई पूरा गर्न नेपथ्यले सहृदयी मित्रहरूको समूह नेपालयसँग सहकार्य थालनी गऱ्यो। त्यस सहकार्यले मलाई व्यवस्थापकीय झमेलाबाट मुक्त गरिदियो र मैले सङ्गीतमै आफूलाई केन्द्रित गर्न पाएँ।

प्रायः सबै गायक-सङ्गीतकार लहडबाटै यस क्षेत्रमा होमिने गर्छन्। हामीले सङ्गीत सुरु गर्दाको समयमा अधिकतर केटाकेटीले घरबाट लुकेर सङ्गीतको अभ्यास गर्थे। अचेल सहरबजारमा बुवाआमाले किनिदिएका बाजासहित उनीहरूले नै भर्ना गरिदिएका कक्षामा सङ्गीत सिक्नेहरूको सङ्ख्या बढ्दो छ। कुनै बेला नेपाल प्रज्ञा-प्रतिष्ठानको मञ्चमा उभिन पाउँदा संसारै जितेको महसुस गर्ने यो मन कालान्तरमा बेलायतको विख्यात वेम्बलीमा समेत उभिन पुग्यो।

उमेरले ५० वर्ष नाघेसँगै पछाडि फर्केर हेर्दा जुग कहाँ-कहाँ पुग्यो जस्तो लाग्छ।

नेपथ्य यात्राको सफलताको कारक के हो भनेर प्रश्न आउँदा सुरुमा त म 'यसलाई पूर्ण सफलता भनूँ कि सापेक्षित?' भनेर सोचमग्न हुन्छु। जे होस्, नेपथ्यको कथा बोकेको यस पुस्तकको अन्त्यमा मेरो अनुभवले औंल्याएका र मैले अनुसरण गरेका केही मन्त्र यहाँ लिपिबद्ध गर्दै छु।

उसो त म आफूलाई मन्त्र सुनाउन लायक गुरु ठान्दिनँ। तर नयाँ पुस्तामा मेरो विश्वास अडिएको हुँदा उनीहरूलाई मेरा बाटाहरू र मैले चालेका पाइलाहरूले थोरै पनि प्रेरणा मिलेछ भने आफूलाई धन्य सम्झनेछु।

मैले शान्तिको कामना गर्दै सङ्गीत गरेँ। शान्तिका अग्रदूत गौतम बुद्धप्रति मेरो असीम श्रद्धा छ। त्यसैले मैले तीन दशकको आफ्नो यात्राको सिकाइलाई

बुद्धको अष्टाङ्गिक मार्गको सिको गर्दै आठ बुँदामा खिचेको छु–

१. लगावयुक्त लहड

सङ्गीतमा लाग्नेहरू प्रायः लहडकै भरमा बढेका हुन्छन्। तर लहडको आयु छोटो हुन्छ। त्यसैले धेरैले सङ्गीतको बाटो बीचमै छाड्छन्। सङ्गीतलाई सोखका रूपमा अघि बढाउने कि व्यवसायका रूपमा ? व्यवसायका रूपमा अघि बढाउने हो भने निरन्तर लगावयुक्त अभ्यासका लागि तयार रहनुपर्छ। सङ्गीतमा लागेको ३० वर्ष नाघ्यो, म अझै पनि बिहानीपख नियमित रियाज गर्छु। साङ्गीतिक अभ्यास टुट्दैन। सङ्गीत मेरो प्राथमिकता हो। म सकेसम्म शतप्रतिशत दिने प्रयास गर्छु। नयाँ धुन र गीत खोज्न लामो पदयात्रा गर्छु। यो सबै लहड अब लगाव बन्यो। र, मेरो निरन्तर अभ्यासले ममा यो लगाव झन् प्रगाढ बन्यो। अब त यो लगाव नै मेरो लहड बनिसकेको छ।

२. नमात्तिने-नआत्तिने

सङ्गीतमै लागेर जीवनयापन गर्नेको सङ्ख्या एकदम न्यून छ। यो एउटा कटु यथार्थ हो। कोही-कोही भाग्यमानीले प्रारम्भिक समयमै सफलता हासिल गर्छन् भने धेरैका लागि सफलता सपनासरह रहन्छ। सुरुवाती सफलताबाट मात्तिनु र असफलताबाट आत्तिनु दुवै दीर्घकालीन व्यावसायिक जीवनका लागि प्रतिकूल हुन्छन्। नेपथ्यले प्रारम्भकालमै सफलता पाएको थियो। त्यसपछि पनि यसको यात्रा त्यति सहज भएन। साँच्चै भन्नुपर्दा, ती प्रारम्भिक सफलता वरदानभन्दा अभिशाप बन्न पुगे। सफलताले नै साथीभाइ छुटाए। म भने आफ्नो निरन्तर प्रयास कायम राख्नमै लागिरहें। असफलतालाई अझै राम्रो गर्ने इख र सफलतालाई अर्को झनै राम्रो तथा सफल सिर्जना गर्ने ऊर्जाका रूपमा लिंदै आएको छु। एउटा स्रष्टाले सफल सर्जकसित मात्र होइन, कुनै पनि सर्जकसित आफूलाई तुलना नगर्नु राम्रो हुन्छ। अक्सर हामी आफ्नो खराब वा सङ्घर्षशील समयलाई अरूको असल वा सफलताप्राप्त समयसित तौलिरहेका हुन्छौं। यसले हामीलाई दुःखी बनाउँछ। हिँड्दा दायाँबायाँ अवश्य हेर्नुपर्छ। तर साँच्चै हिँड्नेचाहिँ आफ्नै पारामा हो। निरन्तर... निरन्तर...।

३. मनको धुन सुन्न कोसिस गर्ने

सङ्गीत क्षेत्र आफैँमा व्यापक र विशाल छ । यसमा लाग्नेले आफ्नो रुचिअनुरूप विधा छनोट गर्नुपर्छ । शास्त्रीय सङ्गीतमा रुचि राख्नेले 'बढी चल्छ' भनेर पप सङ्गीत वा रक सङ्गीतमा झुकाव हुनेले आधुनिक गीत गाउन थाल्यो भने के होला ? सबै साङ्गीतिक विधाको आफ्नै आकर्षण हुन्छ । विधागत रूपमा दर्शक-श्रोता पनि भिन्नै हुन्छन् । लगनशील सङ्गीतकर्मीले ढिलो-चाँडो श्रोता पाइहाल्छन् ।

सङ्गीतमा प्रतिस्पर्धा हुन्छ भनेर म मान्दिनँ । आफ्ना समकालीन वा विधागत सङ्गीतकर्मीलाई प्रतिस्पर्धीभन्दा पनि प्रेरकका रूपमा मैले लिने गरेको छु । उनीहरूले पाएको सफलताबाट हौसिन्छु र श्रोता परिष्कृत भएकामा सम्भावना देख्छु ।

पहिले पप र अहिले रक सङ्गीतमा मेरो झुकाव देखिए पनि मेरो सङ्गीतको वास्तविक आधार लोक सङ्गीत हो। लोक सङ्गीत सिक्ने विद्यालय मैले भेटिनँ। त्यसैले म देशभरि छरिएका गाउँघर डुल्न प्रेरित भएँ। लोक सङ्गीतको परिमार्जन गर्दागर्दै मेरा श्रोता पनि परिमार्जित हुँदै गए। नेपाली लोक कलाकारदेखि आधुनिक सर्जकहरूसम्म र पूर्वीय शास्त्रीय साधकदेखि पाश्चात्य सङ्गीतकारहरूसम्म धेरैलाई सुनेँ। उनीहरूलाई मनन गरेँ। तर ती सबैको प्रत्यक्ष प्रभावबाट आफूलाई टाढा राख्न भने सदैव सजग रहेँ। सबैबाट प्रेरणा लिएँ। जानेर कसैको सिको भने गरिनँ। आफ्नो लगाव सुहाउँदो लोक सङ्गीतको साधना गरेँ। यसमै आनन्द भेटेँ। आफूलाई जस्तो सुन्न मन छ, त्यस्तै बनाउने कोसिसमा सफलता होला-नहोला, सन्तुष्टि भने अनन्त हुन्छ।

४. श्रोता, समाज र अग्रजप्रति सम्मानभाव

पहिले पहिले रेडियो र टेलिभिजनमा गीत कतिपटक प्रसारण भयो भनेर लोकप्रियता मापन हुन्थ्यो। अचेल मापनको परिभाषा युट्युबलगायत सामाजिक सञ्जालको भ्यु र फलोइङ भएको छ। समयअनुसार सञ्चारमाध्यमको रूप परिवर्तन हुन्छ। यसबारे जानकार रहनुपर्छ। तर मेरा लागि यी भ्यु र

फलोइङभन्दा सिर्जनाबाट मिल्ने आत्मसन्तुष्टिले अहम् माने राख्छ। स्वरपरीक्षा पास नगरेका कलाकारको गीत रेडियो नेपालमा नबज्ने र प्रारम्भकालीन एफएमहरूमा आफैंले गीत दर्ता गर्नुपर्ने नियमले गर्दा हामी रेडियो नेपाल र एफएमबाट वञ्चितजस्तै रह्यौं। तर यसले श्रोतासामु पुग्न रोकेन। अचेल हाम्रा गीत हाम्रै युट्युब च्यानलबाट सार्वजनिक हुन्छन्। एउटा गीत सार्वजनिक भएपछि हामी अर्को गीतको तयारीमा जुट्छौं। त्यो गीत कतिले हेरे वा सुने भन्नेमा ध्यान नजाने होइन तर त्यसैको पछाडि लाग्दैनौं।

मलाई आफ्ना गीत बजारमुखीभन्दा पनि सिर्जनामुखी बनाउन मन लाग्छ। बजारमा चलेको गीतको ढाँचा पछ्याउँदा नयाँ सिर्जना ननिस्कने जोखिम हुन्छ। एक किसिमको गीत चलेपछि म प्रायः अर्को किसिमको गीत सिर्जना गर्नतिर लाग्छु। कुनै सिर्जना अति नै लोकप्रिय भयो भने हर सर्जकलाई रमाइलो र चुनौती दुवै हुन्छ होला। एउटै गीतमा अड्केर बस्नुभन्दा फरक खाले अर्को सिर्जनामा जुट्नु बेस हुन्छ।

कुनै सिर्जना अग्रज, लोक वा समाजबाट लिएको भए सबैलाई सम्मानजनक कृतज्ञता व्यक्त गर्छु। बजारभन्दा सिर्जनामुखी बन्दा तथा अरूको सिर्जनालाई आफ्नो दाबी नगरी सर्जक व्यक्ति वा लोकलाई इज्जत दिँदा श्रोताबाट स्वीकारोक्ति र माया पाइँदो रहेछ।

५. संयम-साधना

सङ्गीतमा छोटो बाटो हुँदैन। जसले छोटो बाटो समात्छ, उसको साङ्गीतिक जीवन पनि प्रायः छोटै हुन्छ। परिश्रम र धैर्य नै सफलताको मन्त्र हो। राम्रो हुँदैमा चल्नै पर्छ भन्ने हुँदैन, सबै चल्ने चीज राम्रै हुन्छन् भन्ने पनि छैन। कुनै कलाकार दुईचारवटा गीतबाटै अमर हुन्छ, कोही हजार गीत गाए पनि पहिचानविहीन। सङ्गीत मेरा लागि साधन होइन, साध्य हो। साधना सृजित साध्य। आफ्नो सङ्गीतबाट अल्पकालीन परालको आगो सल्काउने कि दीर्घकालीन धुनी जगाउने? यो आफ्नो मेहनत, लगाव, संयम र तपस्याले निर्धारण गर्छ। यसमा भाग्यको पनि आफ्नै योगदान हुन्छ होला। राम्रो कलाको पहिचान आफ्नो युगमा नभए पनि कालान्तरमा हुन्छ भन्ने सोचले असल कलाकार बन्न

प्रोत्साहन गर्छ। सङ्गीतलगायत कला क्षेत्रबाट लिनेभन्दा दिने मनसाय राख्दा कालान्तरमा यसले दिएकै उदाहरण धेरै छन्। संयमपूर्वक तपस्याको अवधि पूरा त गर्नै पऱ्यो।

६. अध्ययन, भ्रमण र सङ्गत

सङ्गीतका सबै सुर र ताल बुझ्न एक जुनीले पुग्दैन। सङ्गीतमा सर्वज्ञानी छु भन्नु फगत अहम् हुन्छ भन्ने म मान्छु। सङ्गीतको ज्ञाता हुँ भनेर दाबी गर्ने दुस्साहस म गर्दिनँ। म सङ्गीतको विद्यार्थी नै भएर रहनेछु। सङ्गीतमा मेरो प्रारम्भ लहडकै रूपमा भए पनि त्यसपछिका दिनमा मैले अरुण थापा, विक्रम गुरुङ, अम्बर गुरुङ जस्ताको सङ्गतबाट सिक्ने अवसर पाएँ। नेपालयको पलेटीसँगको सामीप्यले आभासदेखि फत्तेमान, शान्ति ठटालहरूको सङ्गत जुऱ्यो। यी सङ्गतबाट सङ्गीतप्रति मेरो बुझाइमा व्यापकता थपियो।

सङ्गीत र साहित्यको सम्बन्ध प्रगाढ हुन्छ। गीत लेख्न कविता र साहित्य पढ्नुपर्छ। साहित्यको पठनले शब्द भण्डारसँग परिचित गराउँछ। सङ्गीतमा लाग्न साहित्यको अध्ययन त जरुरी छ नै, संसारका उत्कृष्ट कलाकारहरूको जीवनी अध्ययनले पनि कला-सङ्गीतबारे आफ्नो बुझाइको आयामलाई परिष्कृत बनाउँछ। समसामयिक अध्ययनले चलायमान समाजको गतिसँग तादात्म्य मिलाउन मद्दत गर्छ।

नियमित भ्रमण गर्ने बानीले नयाँ ठाउँ, परिवेश, भूगोल, प्रकृतिसँग सान्निध्य बढाउन सहयोग पुऱ्याउँछ। मैले यात्रा नगरेको भए मेरा गीतहरू कस्ता हुन्थे? अध्ययन नगरेको भए मेरा शब्द कस्ता हुन्थे? सङ्गत नगरेको भए मेरो बुझाइको सीमा कति हुन्थ्यो? म कल्पना गर्न सक्दिनँ।

७. सहकार्य

सङ्गीत भनेकै सङ्गत हो। राम्रो सङ्गत जब सहकार्यमा परिणत हुन्छ, त्यसले अर्थपूर्ण सिर्जनामा सहयोग पुऱ्याउँछ। मैले सङ्गीतमा वाद्यवादक र राम्रा गायक, कलाकारहरूसँग सहकार्य गर्ने मौका पाएँ। साहित्यकार, सङ्गीतकार र सङ्कलकहरूको सहकार्यले मलाई राम्रा गीत दिलायो। दक्ष अनि मन

मिल्ने सङ्गीत संयोजकहरू र त्यसै स्तरका प्राविधिकहरूसँग काम गरें। यी सहकार्यबिना नेपथ्यको सङ्गीत सम्भव थिएन।

व्यवस्थापनका लागि नेपालयसँग सहकार्य गरेपछि त्यसबाट मिलेको भरपर्दो टेको र ब्यान्डकै संस्थागत विकासको महत्त्व फेरि दोहोऱ्याउन चाहन्छु।

आफू एक्लै पूर्ण भइँदैन। समय र परिस्थितिअनुसार गरिने सहकार्यले सिर्जनाको दायरा बढाउँछ।

८. सकारात्मक सोच

सङ्गीत गरेपछि आलोचना-समालोचना सबैलाई सकारात्मकताका साथ स्विकार्न सक्नुपर्छ। आफूले मेहनत गरेर बनाएको गीतको आलोचना सुन्न सुरुमा मलाई निकै गाह्रो हुन्थ्यो। तर समयकालले ती सबैलाई स्विकार्न सिकायो। यो सिकाइसँगै मेरा सिर्जनाहरू झन् परिष्कृत हुँदै गएको मैले अनुभव गरें।

गायक-कलाकारका प्रशंसक मात्रै हुँदैनन्, घृणा गर्नेहरू पनि हुन्छन्। घृणा गर्नेहरूको टिप्पणीलाई करुणाका साथ झेल्न पनि मलाई समयकालले नै सिकायो।

मैले सफलतालाई विलासितासँग जोडिनँ। सक्ने भएँ भन्दैमा पैदल हिँड्न र सार्वजनिक यातायातमा यात्रा गर्न छाडिनँ। यसले मलाई मेरा श्रोतासँग निकट रहन र आफ्नो स्वभावअनुरूप रहिरहन मद्दत गऱ्यो। कृषिसँगको मेरो लगावलाई बिनासङ्कोच सबैसामु उजागर गरें। हिलाम्य भएर रोपाइँ गर्न छाडिनँ। दूरदराजमा हिँड्दै गर्दा कुनै ट्रकचालकले रोकेर सेल्फी खिच्ने अनुरोध गर्दै सद्भावपूर्वक लिफ्ट दिने प्रस्ताव गर्दाको अनुभवले मलाई मेरो माटो र स्वभावसँगै बाँच्न प्रेरणा दियो, मलाई सद्भावको पाठ सिकाइरह्यो।

यीबाहेक पनि जीवनमा सिक्नुपर्ने, अँगाल्नुपर्ने र सहनुपर्ने पक्ष थुप्रै छन्। यात्रा कहिल्यै सिद्धिँदैन। सिकेर पनि कहिल्यै सकिँदैन। अलिकति सफलता पाइयो भन्दैमा परिवार, समाज र साथी बिर्सने गरिन्छ। व्यस्त हुँदै जाँदा, आफ्नो सिर्जनामा लीन हुँदै जाँदा परिवार, आफन्त र साथीसँगीलाई पहिलाको जस्तो धेरै समय दिन सकिँदैन, यो बुझाउन सकिन्छ। नत्र आफ्नै सेरोफेरोबाटै

घमण्डी भयो भन्ने आरोप लाग्छ । पारिवारिक वृत्तबाट प्रेम पाउन धेरै गर्नै पर्दैन, आफ्नो सङ्गीतमा जस्तो मिठो धुन व्यवहारमा दिए पुग्छ । अलिकति लोकप्रिय हुँदै जाँदा सम्बन्ध जोगाइराख्न गाह्रो हुने रहेछ । यतातिर ध्यान दिन सकियो भने जीवन आनन्दमय हुन्छ ।

म नयाँ पुस्तासित आशावादी छु । देश भन्नु भूगोल मात्र होइन, भावना पनि हो । संसारभर फैलिएका युवा पुस्ताको भावना मैले अलिकति छामेको छु । आफ्नो भाषा, आफ्नो धुन, आफ्नो संस्कृति, आफ्नो साहित्य भनेर बाँचिरहने, फैलिरहने नेपालित्वप्रति नेपथ्य नतमस्तक छ । यहाँहरू सबैको जय जय होस् ।

२०८१ जेठ १०, बुद्ध जयन्ती

नेपथ्यको तस्बिर सङ्ग्रह

nepathya.com.np/gallery